대학생 취준생 직장인 을 위한 **자격증부터 업무활용까지!**

컴퓨터 활용능력 지침서

EXCEL 2016

김의정 • 이해인 지음

공감북스

엑셀
교재소개

본 교재는 Office 2016 엑셀 프로그램을 쉽게 활용할 수 있도록 핵심적인 기능 설명과 예제를 따라하면서 컴퓨터활용능력 2급, MOS Excel EXPORT 2016, 정보기술자격(ITQ), 사무자동화산업기사등 자격시험의 실기시험 대비 및 취업 후 바로 사용할 수 있는 실무중심의 문제와 기능들로 직무 능력을 향상 시킬 수 있도록 구성되어 있다.

본 교재는 각 8개의 PART로 구성되어 있고 각 장별 예제를 통한 기본 설명과 PART별 연습문제를 통한 확인 학습을 할 수 있으며 언제든 유튜브 동영상을 통해 상세하고 정확한 풀이 과정을 볼 수 있다.

각 시험대비별 기출 문제를 수록하여 실제 시험과 유사한 문제를 풀어보고 관심 있는 엑셀 시험에 대한 수준 확인 및 대비를 할 수 있도록 구성하였다.

오피스 엑셀 자격증 소개

MOS란? / 국제공인자격증 – 시행청 : YBM/Microsoft

MOS(Microsoft Office Specialist)는 마이크로소프트 오피스 프로그램과 윈도우 운영체제에 대한 자격증이다. Microsoft가 직접 인증함으로써 그 공신력과 정확성을 인정받을 수 있으며 현재 170여 개국 9,500여 개 시험센터에서 시행되는 국제 자격증으로서(한국어 시험 가능) 세계 어디서나 인정 받을 수 있다.

❏ MOS2016 특징

MOS2016은 작업형 평가 방식으로 메뉴 이름을 사용하지 않으며 MOS2013버전보다 Office 기능을 더 폭 넓고 깊이 있게 이해해야 한다.

시험 종료 후 바로 시험 결과 확인 및 MOS 자격증 활용이 가능하고 취득 점수와 합격여부는 물론 기능별 0~100% 성취도를 확인할 수 있으며 취약부분을 분석해 심화 학습할 수 있다.

❏ MOS2016 Master 취득기준

필수취득	선택취득	Master를 위한 자격증 총 개수
Excel 2016 Expert Word 2016 Expert Powerpoint 2016	Access2016 또는 Outlook2016	4개

※ MOS Master는 동일 버전의 자격증을 Master 기준에 맞게 취득할 시 발급이 된다.

❏ MOS2016 시험 인터페이스 안내

프로젝트 창 : 프로젝트 지시창의 시험 문항 확인 후 프로젝트 창에서 문제 해결

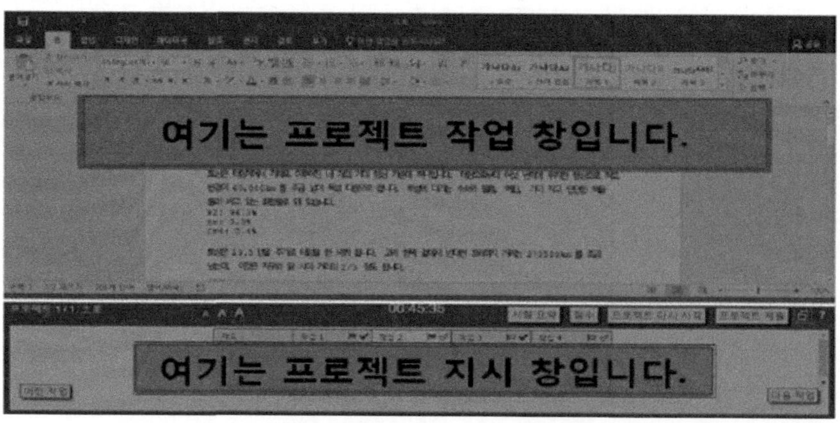

❑ MOS활용 정보

현재 170여 개국 9,500여 개 시험센터에서 시행되는 국제 자격증은 세계 어디서나 인정 받을 수 있다. 미국에서는 이미 MOS 자격증이 보편화 되었고 국내에서는 취업 자격을 갖추고자 하는 대학생들과 직장인들의 승진 및 인사고과 자료로 적극 활용되고 있다.

직장인	객관적인 인사자료(승진, 인사고과)정보능력 개발, 직원 채용시 가산점부여
대학생	취업대비, 졸업자격 및 학점인정, 군 가산점 활용
중 · 고등학생	대입에 필요한 정보소양능력 자격증 취득
일반인	국제 자격증 취득, 자기개발

컴퓨터활용능력시험이란? / 국가기술자격증 – 시행청 : 대한상공회의소

산업계의 정보화가 진전되면서 영업, 재무, 생산 등의 분야에 대한 경영분석은 물론 데이터 관리가 필수적이다. 컴퓨터활용능력 시험은 사무자동화의 필수 프로그램인 스프레드시트(엑셀), 데이터베이스(엑세스) 활용 능력을 평가하는 국가기술자격 시험이다.

❑ 컴퓨터활용능력 합격 결정기준

- 필기 : 매 과목 100점 만점에 과목당 40점 이상 평균 60점 이상
- 실기 : 100점 만점에 70점 이상

❑ 시험과목

등급	시험방법	시험과목	출제형태	시험시간
1급	필기시험	컴퓨터 일반 스프레드시트 일반 데이터베이스 일반	객관식 60문항	60분
	실기시험	스프레드시트 실무 데이터베이스 실무	컴퓨터 작업형	90분(과목별 45분)
2급	필기시험	컴퓨터 일반 스프레드시트 일반	객관식 40문항	40분
	실기시험	스프레드시트 실무	컴퓨터 작업형	40분

❑ 컴퓨터활용능력

대학생	취업대비, 졸업자격 및 학점인정
중 · 고등학생	대입에 필요한 정보소양능력 자격증 취득
일반인	자기개발, 실무능력 향상을 위한 자격증 취득

정보기술자격(ITQ) Excel? – 시행청 : 한국 생산성 본부/공인민간자격

정보화 시대의 기업, 기관, 단체 구성원들에 대한 정보기술능력 또는 정보기술 활용능력을 객관적으로 평가하는 시험이다. 정보기술 관리 및 실무능력 수준을 지수화, 등급화하여 객관성을 높였으며 과학기술 정보통신부에서 공식 인증하는 국가공인자격 시험이다.

❑ 주요특징

ITQ는 산업인력의 정보경쟁력 강화를 통한 국가정보화 촉진을 목적으로 시행하고 있으며 초등학생부터 대학생, 직장인, 노년층에 이르기까지 다양한 계층에서 필기 시험없이 실기 시험만으로 평가한다. ITQ 시험을 통해 IT실력을 검증 받고 있다.

❑ 합격 결정기준

ITQ 시험은 500점 만점을 기준으로 A등급부터 C등급까지 등급별 자격을 부여하며 낮은 등급을 받은 응시자가 차기 시험에 다시 응시 하여 높은 등급을 받으면 등급을 업그레이드 해주는 방법으로 평가를 한다.

등급	점수	수준
A등급	400점~500점	주어진 과제의 80%~100%를 정확히 해결할 수 있는 능력
B등급	300점~399점	주어진 과제의 60%~79%를 정확히 해결할 수 있는 능력
C등급	200점~299점	주어진 과제의 40%~59%를 정확히 해결할 수 있는 능력

❑ 활용정보

직장인	의무취득, 입사 시 우대, 사원교육제도, 승진가점, 경진대회 등
대학생	취업대비, 졸업자격 및 학점인정
중 · 고등학생	대입에 필요한 정보소양능력 자격증 취득
일반인	자기개발, 실무능력 향상을 위한 자격증 취득, 이직활용

사무자동화산업기사 실기 – 시행청 : 한국산업인력관리공단/국가공인자격증

1. 사무자동화산업기사란 응시자격을 갖춘 자가 산업인력공단에서 시행하는 사무자동화산업기사 시험에 합격하여 그 자격을 취득한 자를 말한다.
2. 사무자동화산업기사는 사무 업무의 효율성을 높이고 업무내용의 질적 향상을 도모하기 위해 사무자동화와 관련한 전문기술인력을 양성하기 위해 제정된 자격이다.

❑ 주요 특징

① 사무자동화산업기사 시험은 컴퓨터와 각종 사무자동화기기를 이용하여 사무환경에서 필요로 하는 정보관리 및 사무처리 등의 계획, 추진 및 운용을 수행할 수 있는 능력을 평가한다.

② 사무자동화산업기사는 사무처리용 컴퓨터 및 컴퓨터통신의 운용을 중심으로 한 모든 사무자동화 실무와 사무자동화기기 및 뉴미디어 터미널 등의 사무정보기기를 활용하여 사무능률을 극대화할 수 있도록 종합적으로 유지, 관리하는 직무를 수행한다.

❑ 시험정보

응시자격 : 응시자격에는 제한이 있다.

기술자격 소지자	모든 학과 응시가능	순수 경력자
• 동일(유사)분야 다른 종목 산업 기사 • 기능사 + 실무경력 1년 • 동일종목 외국자격취득자 • 기능경기대회 입상	• 대졸(졸업예정자) • 전문대졸(졸업예정자) • 산업기사수준의 훈련과정 이수(예정)자	실무경력 2년 (동일, 유사 분야)

※ 관련학과 : 모든 학과 응시가능

※ 동일직무분야 : 모든 직무분야

❑ 활용정보

취업	경영 관련사무직에 진출, 일반기업이나 공공기관 등의 행정 및 사무 관련부서에 취업할 수 있고 전산실 또는 사무자동화 관련부서에 진출
가산점	기술직공무원 방송통신직렬의 전 직류에서 채용계급이 8 · 9급, 기능직 기능 8급 이하일 경우에는 5%, 6 · 7급, 기능직 기능7급 이상일 경우에는 3%의 가산점이 부여
우대	공공기관 및 일반기업 채용 시 보수, 승진, 전보, 신분보장 등에 있어서 우대
자격부여	건설산업기본법에 의한 건설업(산업, 환경설비공사업)등록을 위한 기술인력 자격이 부여

CONTENTS

01 CHAPTER 데이터 입력 및 편집

02 CHAPTER 워크시트 편집

03 CHAPTER 셀 서식 및 레이아웃 적용

04 CHAPTER 수식과 함수활용

05 CHAPTER 데이터관리

부록

1. 기출문제&실전문제

2. 엑셀 단축키 모음

CHAPTER 01

데이터 입력 및 편집

CHAPTER 01 | 데이터 입력 및 편집

학습목표

- 글꼴의 모양, 스타일, 크기, 효과, 색 등의 서식을 적용할 수 있다.
- 맞춤 서식을 이용하여 들여쓰기, 텍스트 줄 바꿈, 텍스트 맞춤, 셀에 맞춤, 회전, 셀 병합 기능을 이용할 수 있다.
- 테두리와 채우기 기능을 이용하여 도표의 테두리와 셀 배경에 색을 설정할 수 있다.

예제파일 : 글꼴.xlsx / 완성파일 : 글꼴(완성).xlsx

1-1 글꼴 및 맞춤

글꼴을 변경하려면 글꼴 상자에서 원하는 글꼴, 글꼴 크기, 글꼴 형태를 선택한다. 리본 메뉴 [홈] 탭-[글꼴] 그룹에 해당되며 [셀 서식] 대화상자-[글꼴] 탭과 동일하다. 리본 탭은 마우스 포인터를 가져가면 적용결과를 미리보기할 수 있다.

1 글꼴 맞춤

① [셀서식1]시트의 [A1]셀을 선택한 후 [홈] 탭-[글꼴] 그룹의 글꼴은 '맑은 고딕' 글꼴 크기는 '12', '굵게' 글꼴색은 '바다색, 강조5 25% 더 어둡게'를 선택한다.

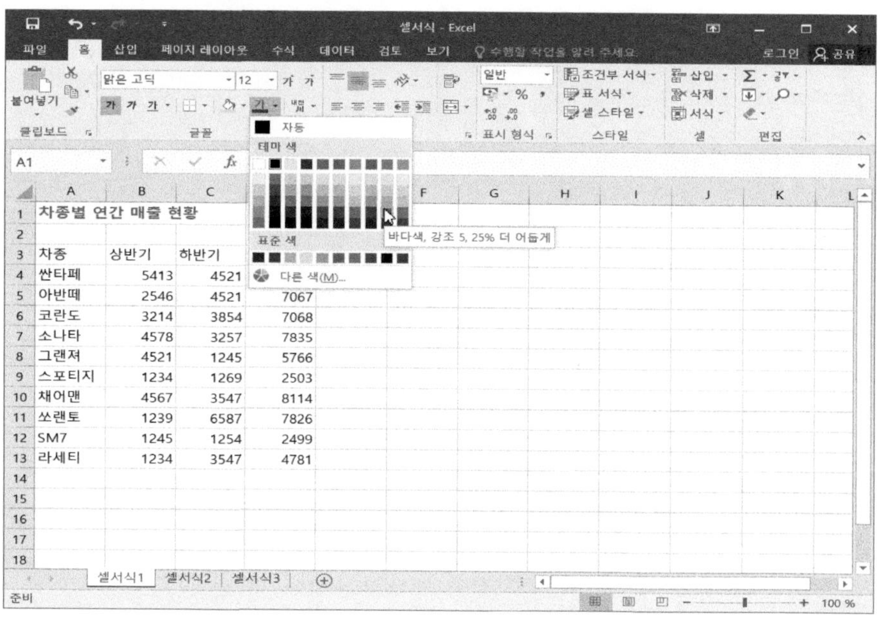

② [A3:D3]셀 영역으로 지정한 후 마우스 오른쪽 단추를 선택하여 미니 도구 모음을 이용해 글꼴 크기를 '11'로 선택한다.

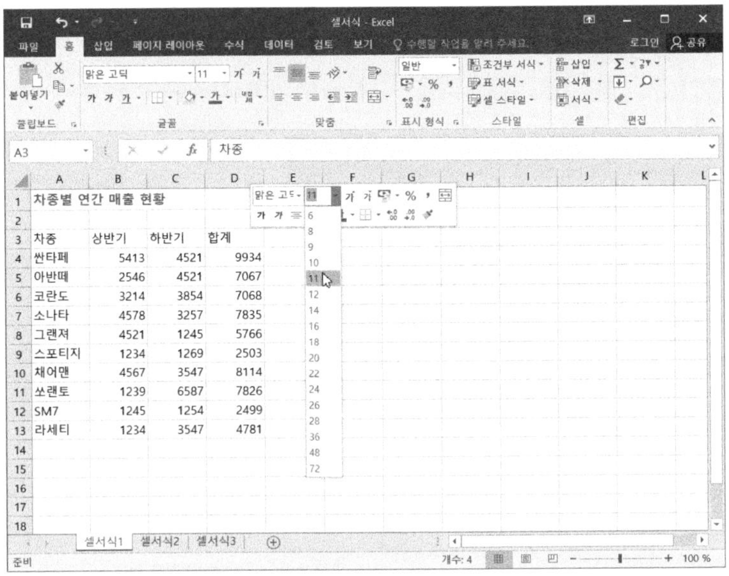

③ [A4:D13]셀 영역으로 지정한 후 [글꼴] 그룹-대화상자 표시 아이콘( )을 선택하거나 마우스 오른쪽 단추의 [셀 서식]을 선택한 후 [셀 서식]-[글꼴]탭의 글꼴은 '맑은 고딕', 크기 '11'을 선택하고 [확인]을 누른다.

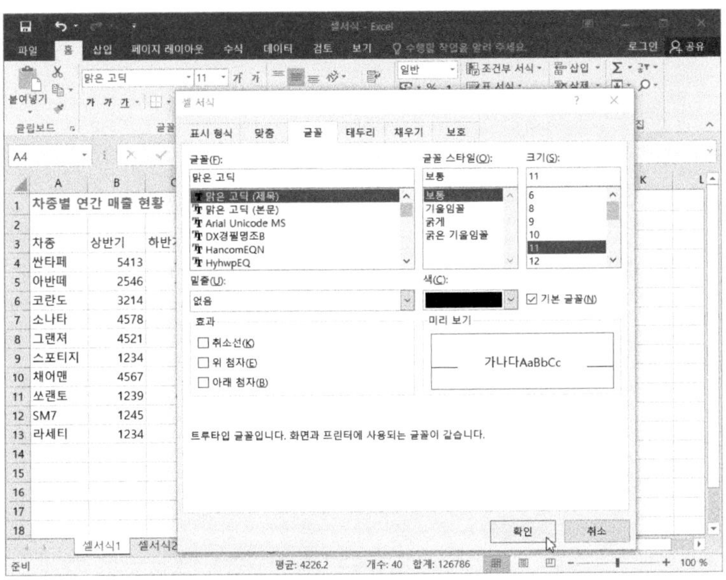

TIP |

셀 서식 바로가기 키 : Ctrl + 1

2 글꼴 맞춤

데이터를 입력하면 문자는 왼쪽으로 숫자, 날짜, 시간은 오른쪽 맞춤으로 입력된다. 맞춤 기능을 이용하여 가로 맞춤 또는 세로 맞춤 등 사용자가 원하는 맞춤을 선택 할 수 있다.

① [A1:D1]셀 영역을 선택한 후 메뉴 [홈] 탭–[맞춤] 그룹–[병합하고 가운데 맞춤]을 선택한다.

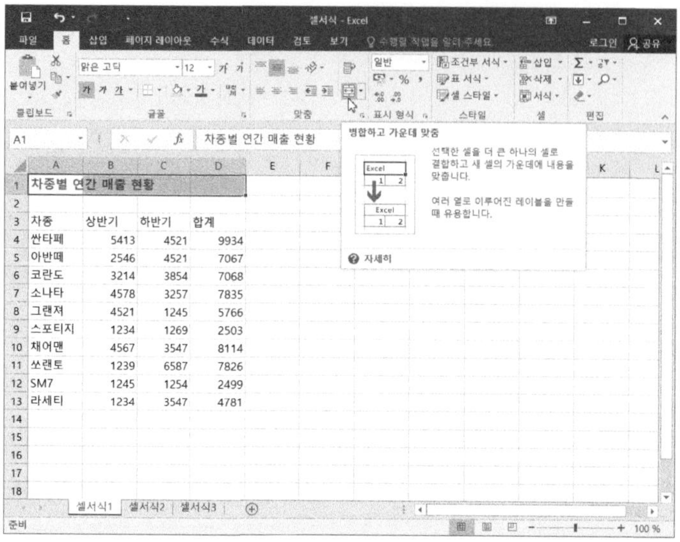

② [A3:D3]셀 영역을 선택한 후 '가운데 맞춤', 방향 '세로 쓰기'를 선택한다.

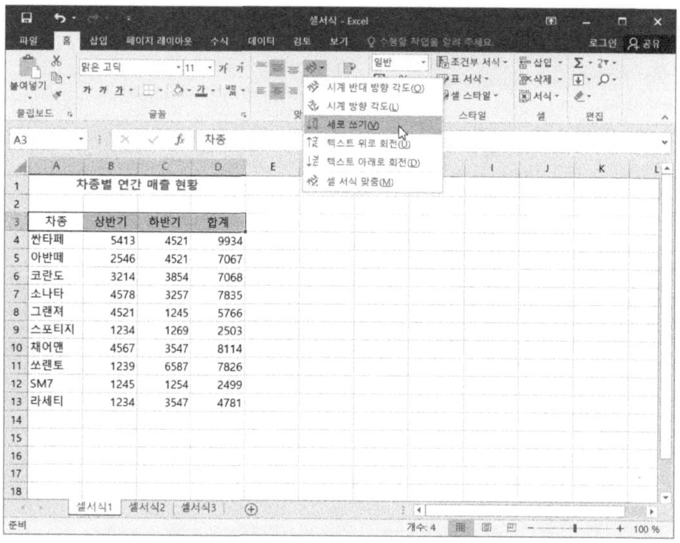

TIP | 셀 병합과 분할

가로나 세로로 인접한 둘 이상의 셀을 병합하면 셀이 여러 열이나 행에 걸쳐 표시되는 큰 셀이 된다. 병합된 셀은 별도의 셀로 다시 나눌 수 있지만 병합되지 않은 단일 셀은 나눌 수 없다.

③ [A4:A13]셀 영역을 선택한 후 [셀 서식]-[맞춤]탭의 가로 '균등 분할(들여쓰기)'을 선택한 후 [확인] 버튼을 클릭한다.

④ [B4:D13]셀 영역을 선택한 후 [셀 서식]-[맞춤] 탭의 가로 '오른쪽(들여쓰기)', 들여쓰기 '1'을 선택한다.

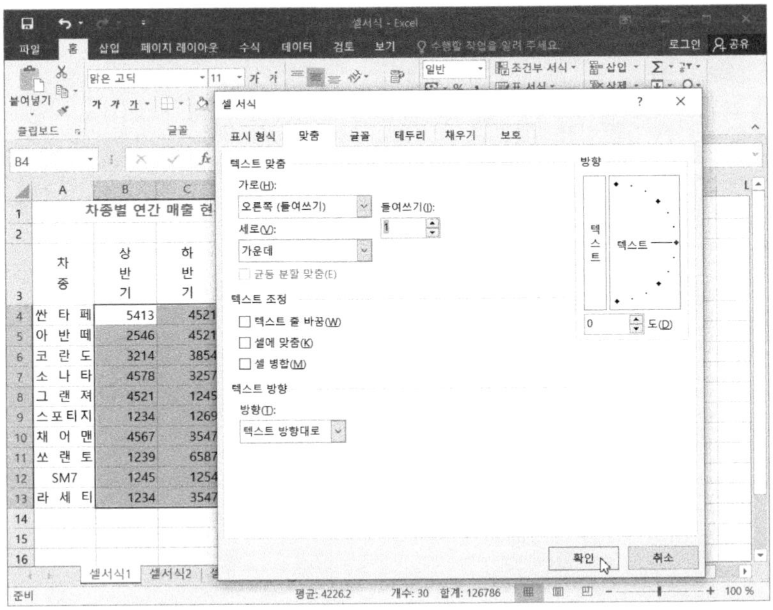

TIP | 셀의 영역지정

- 워크시트의 셀을 모두 영역 지정하려면 '모두 선택 단추'를 선택하거나 바로가기 키 Ctrl+A를 선택한다.
- 현재 범위의 셀을 모두 영역지정하려면 Ctrl+Shift+*8를 선택한다.
- 해당 필드 열을 선택하려면 Ctrl+Shift+↓를 선택한다.
- 인접하지 않은 둘 이상의 셀을 영역지정하려면 Ctrl를 누른 상태에서 범위를 선택한다.

3 테두리

미리 정의된 테두리 스타일을 사용하여 셀이나 셀 영역에 테두리를 빠르게 추가할 수 있다.

① 제목 [A1]셀을 선택하고 [홈]탭-[글꼴] 그룹-[테두리] 목록 단추-[위쪽/굵은 아래쪽 테두리]를 선택한다.

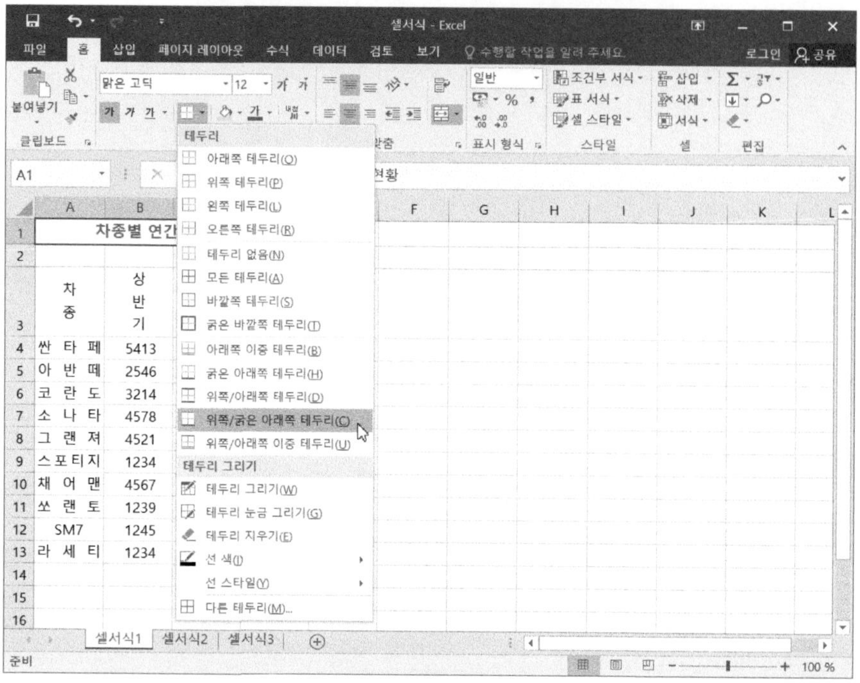

② [A3:D13]셀 영역을 선택한 후 [홈] 탭-[글꼴] 그룹-[테두리] 목록 단추-[다른 테두리]를 선택하거나 [셀 서식] 대화상자-[테두리] 탭을 선택한다.

③ 선 스타일 : 이중선, 색 : 바다색, 강조 5, 50% 더 어둡게, 미리 설정 : 윤곽선을 선택하고 [확인]을 누른다.

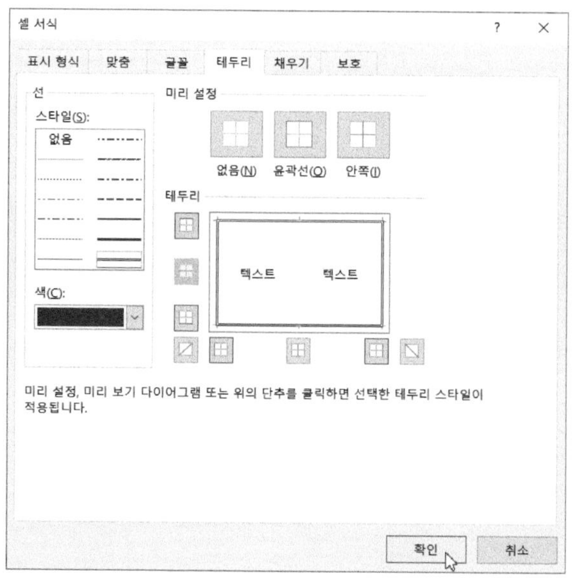

④ 동일 영역에 선 스타일 : '점선', 색 : '바다색, 강조5, 50% 더 어둡게', 미리 설정 : '안쪽'을 선택하고 [확인]을 누른다.

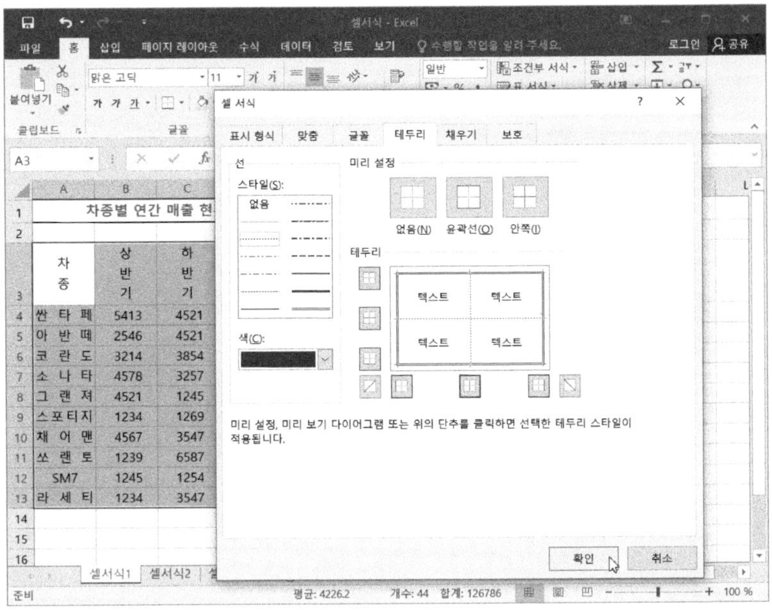

TIP | 테두리 제거

- 워크시트에서 테두리를 제거할 셀 또는 셀 영역을 선택한다.
- [홈] 탭–[글꼴] 그룹–[테두리] 목록 단추–[테두리 없음]을 클릭한다.

4 글꼴 채우기

셀을 단색이나 특정 패턴으로 셀을 채워 음영을 추가할 수 있다.

① [A3:D3]셀 영역을 선택한 후 [홈] 탭–[글꼴] 그룹–[채우기] 목록 단추를 눌러 '바다색, 강조5, 60% 더 밝게'를 선택한다.

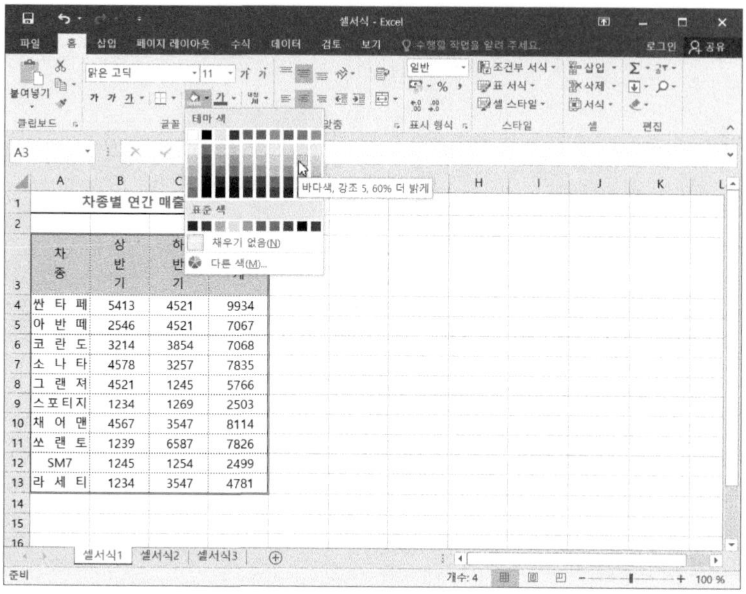

② [A6:D7], [A10:D11]셀 영역을 Ctrl 키를 눌러 영역을 다중 선택한 후 [셀 서식] 대화상자–[채우기] 탭–[채우기 효과]를 선택한다.

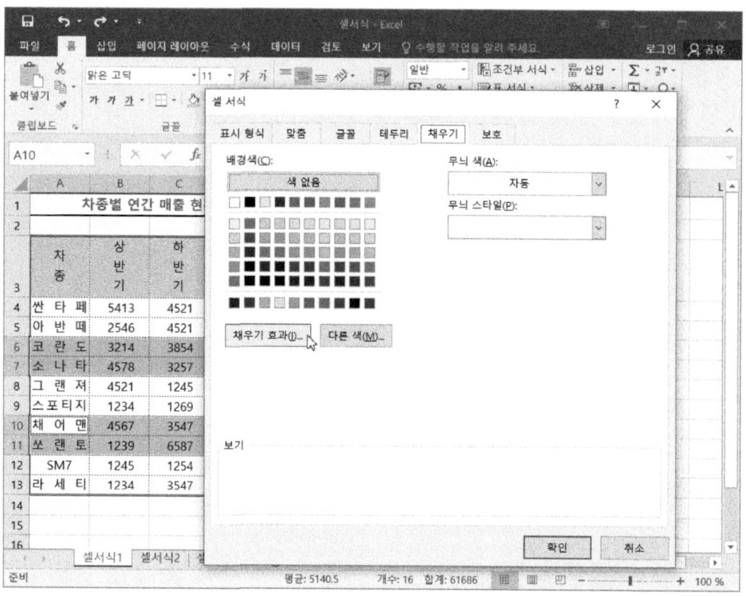

③ 색 2에 '흰색, 배경1, 25% 더 어둡게'를 선택 음영스타일 '가로'-[확인]을 누른다. [셀 서식] 대화상자-[확인]을 연속해서 누른다.

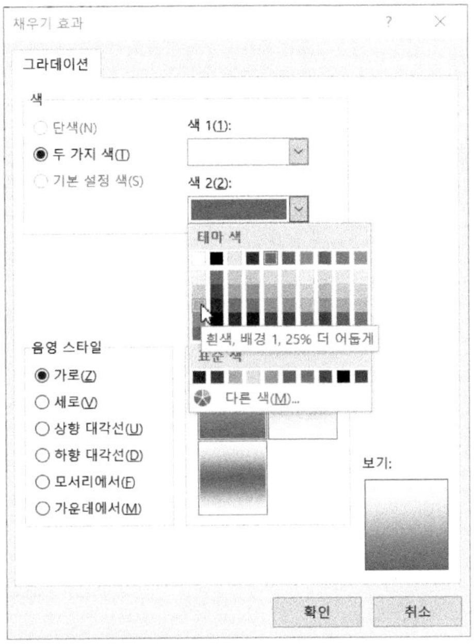

④ 셀 채우기 색이 적용된다.

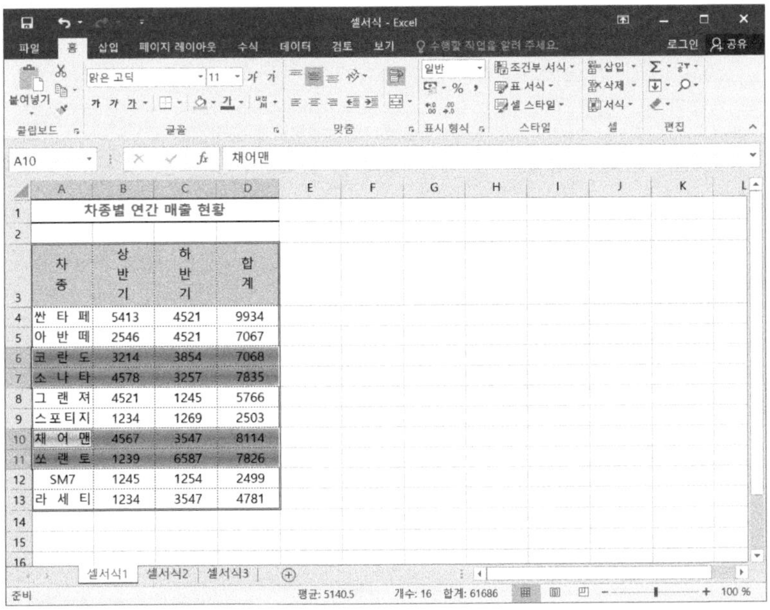

5 데이터 수정/삭제

입력된 데이터를 셀에서 직접 수정하거나 수식 입력 줄에서 셀의 내용을 수정, 삭제할 수 있다.

① [데이터 입력.xlsx] 예제 파일의 [A1]셀 제목을 선택한 후 더블 클릭 하거나 수식 입력 줄에서 제목에 연도 '2020년'를 추가한 후 Enter↵ 를 누른다.

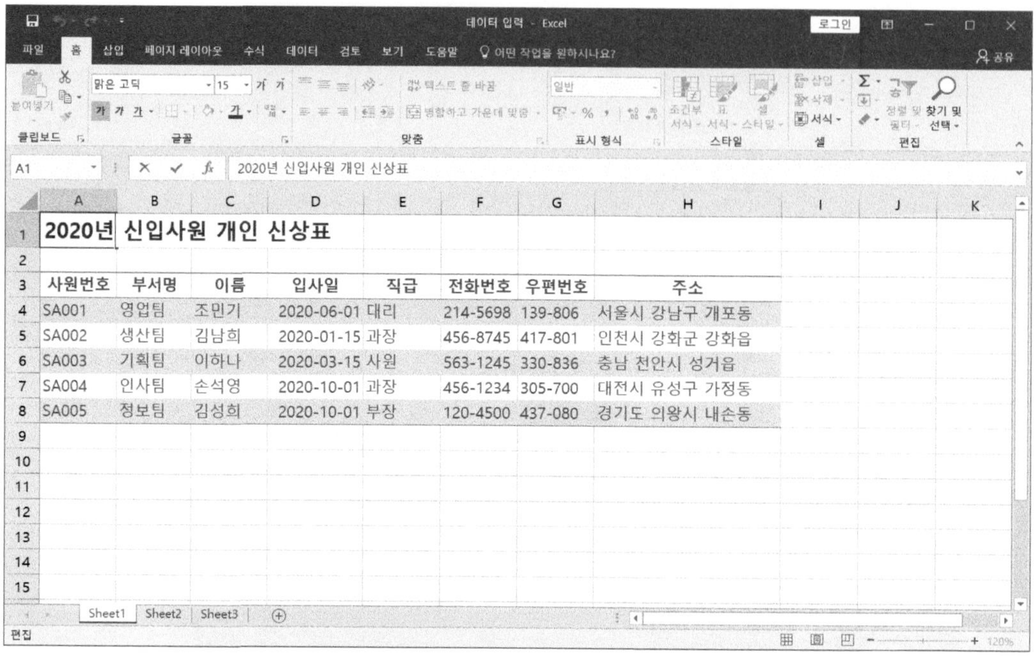

TIP |

- 셀을 선택한 후 F2 를 누르면 커서가 셀 내용 뒤로 옮겨진다.
- 셀 안의 특정 위치에서 텍스트의 줄을 바꾸려면 바꿀 위치를 선택하고 Alt + Enter↵ 를 누른다.
- 숫자를 입력한 셀이 (####)로 표시되는 경우 열 너비에 비해 데이터가 긴 경우이므로 열의 너비를 열 사이를 더블 클릭하여 늘려준다.

② 주소에 해당되는 [H3:H8]셀 영역을 선택한 후 [홈] 탭-[편집] 그룹-[지우기] 목록 단추-[모두 지우기] 명령을 선택한다.

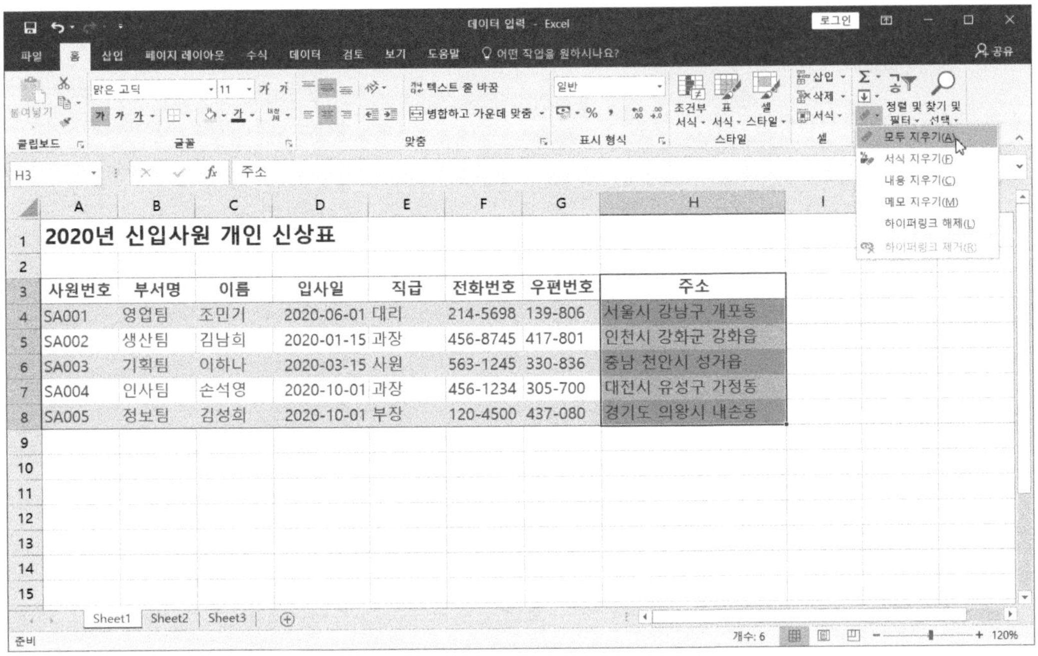

TIP |

- 모두 지우기 : 선택한 셀에 포함된 내용, 서식 및 메모를 모두 지운다.
- 서식 지우기 : 선택한 셀에 적용된 서식만 지운다.
- 내용 지우기 : 선택한 셀의 서식과 메모를 제외한 내용만 지운다.
- 메모 지우기 : 선택한 셀에 첨부된 메모를 지운다.

6 데이터 이동/복사

잘라내기, 복사 및 붙여넣기 기능을 이용하여 셀 전체 또는 셀 내용을 이동하거나 복사할 수 있다.

① 제목 텍스트 '2020년 신입사원 개인 신상표' [A1]셀의 내용을 선택한 후 [홈] 탭-[클립보드] 그룹-[잘라내기] 명령 또는 바로가기 키 Ctrl+X를 누른다.

② 이동될 위치 [C1]셀을 선택한 후 [홈] 탭-[클립보드] 그룹-[붙여넣기] 명령 또는 바로가기 키 Ctrl+V를 누른다.

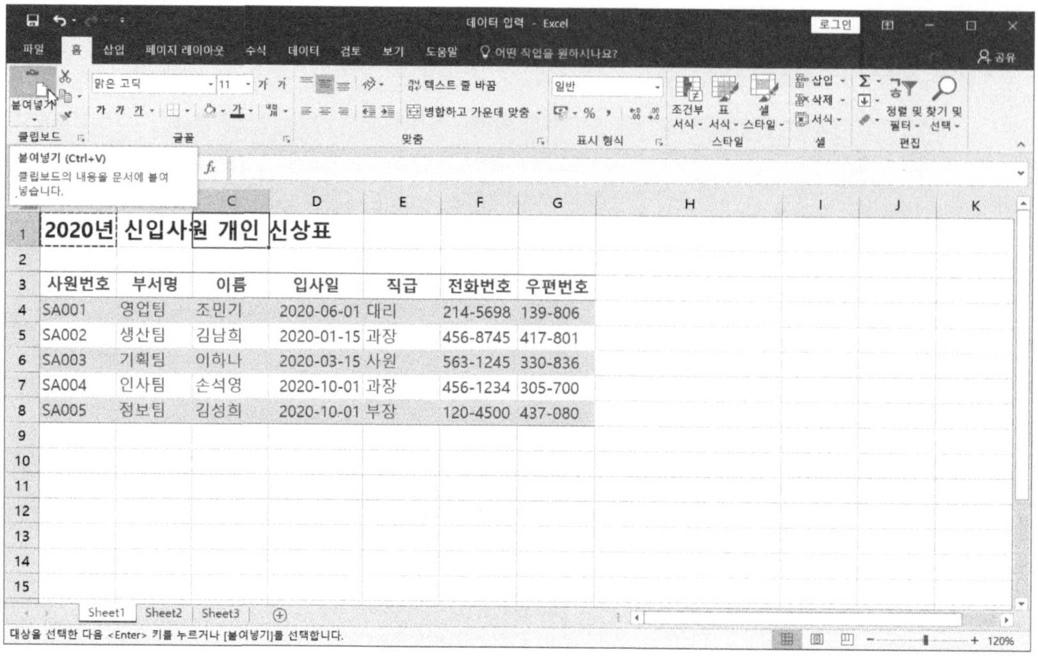

③ [C1]셀의 내용을 선택한 후 [홈] 탭-[클립보드] 그룹-[복사] 명령 또는 바로가기 키 Ctrl + C 를 누른다.

④ 복사할 위치 [A10]셀을 선택한 후 [홈] 탭-[클립보드] 그룹-[붙여넣기] 명령 또는 바로가기 키 Ctrl + V 를 누른다.

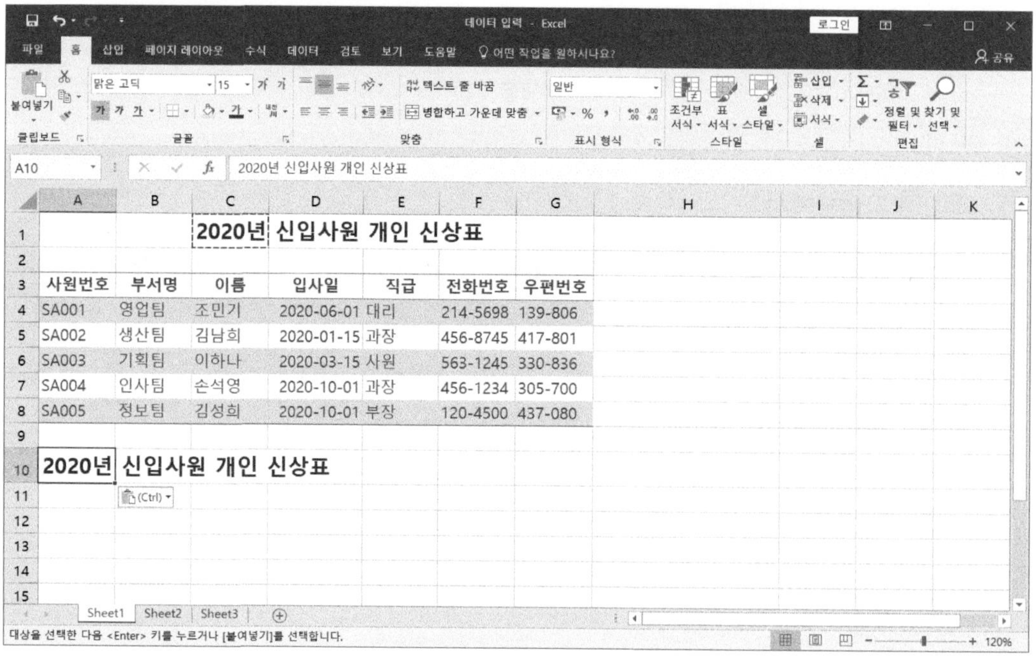

TIP | 마우스를 이용한 이동과 복사

- 이동하거나 복사할 셀이나 셀 영역을 선택한 후 선택 영역의 테두리에 마우스를 가져가면 마우스 포인터가 이동 포인터(✥)가 되며 셀이나 셀 영역을 원하는 위치로 드래그 해준다.
- 셀이나 셀 영역을 복사하려면 Ctrl 를 누른 채 선택 영역의 테두리를 가리킨 후 복사 포인터가 되면 셀이나 셀 영역을 다른 위치로 드래그 해준다.

7 붙여넣기 옵션

Ctrl + V 를 한 후 [붙여넣기 옵션] 단추를 이용하여 다양한 [옵션]을 설정할 수 있다.

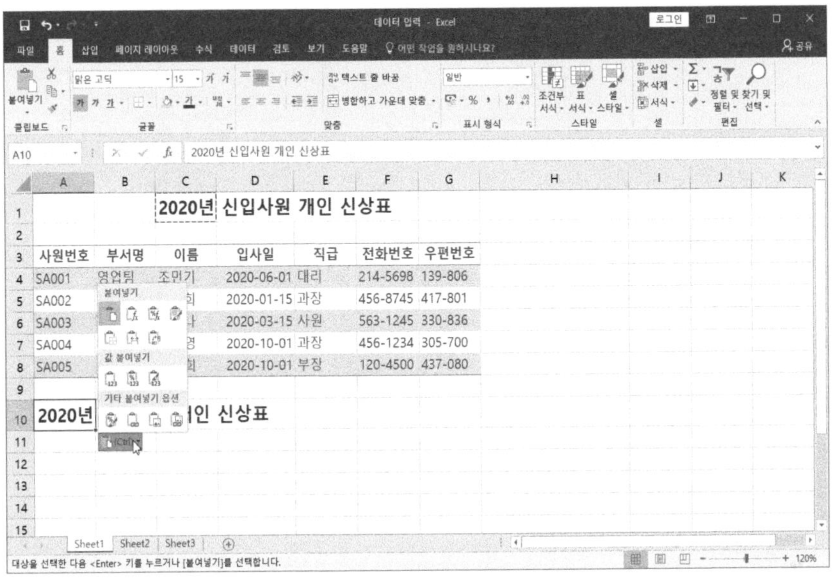

TIP | 붙여넣기 옵션

- 원본 서식 유지 : 기본값으로 원본 셀의 내용과 서식이 동일하게 복사된다.
- 대상 테마 사용 : 대상 셀의 테마가 적용되어 복사된다.
- 주변 서식에 맞추기 : 내용만 복사되며 대상 셀의 서식은 유지해 준다.
- 값 및 숫자 서식 : 수식의 경우 값과 서식만 복사된다.
- 원본 열 너비 유지 : 원본 셀의 열 너비에 맞춘다.
- 서식만 : 서식만 복사된다.
- 셀 연결 : 원본 셀과 연결되어 원본의 셀 값이 바뀌면 대상 셀도 자동으로 변경된다.

8 선택하여 붙여넣기

복사한 데이터를 [선택하여 붙여넣기] 메뉴를 사용하여 원하는 옵션으로 선택하여 붙여넣을 수 있다.

① [A3:G8]셀 영역을 선택한 후 [홈] 탭–[클립보드] 그룹–[복사] 명령 또는 바로가기 키 Ctrl+C를 누른다.

② [A12]셀을 선택한 후 [홈] 탭–[클립보드] 그룹–[붙여넣기] 목록단추–[선택하여 붙여넣기] 명령을 클릭하거나 마우스 오른쪽버튼 [선택하여 붙여넣기]를 선택한다.

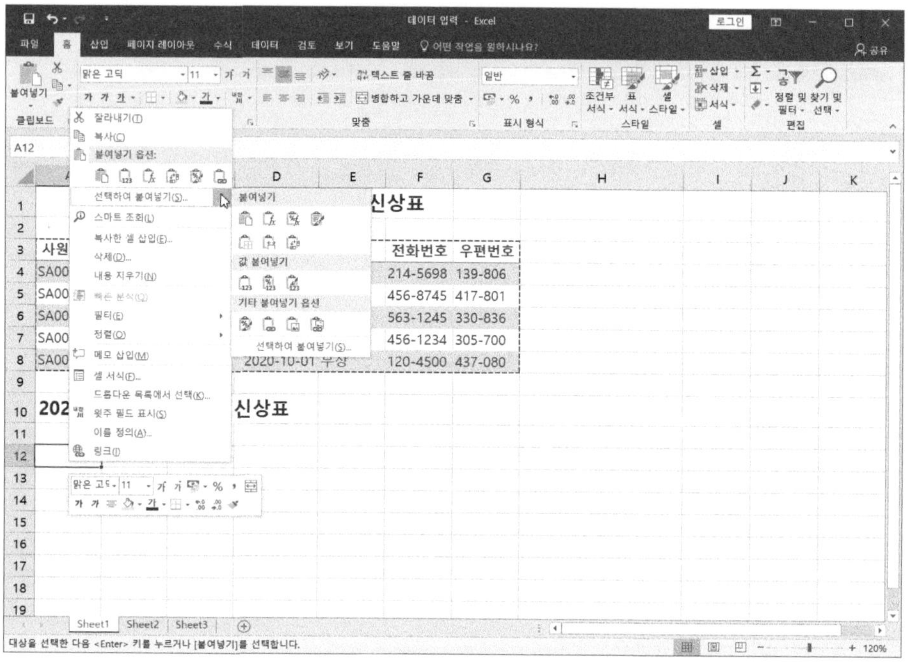

③ [선택하여 붙여넣기] 대화상자의 붙여넣기 그룹에 '값'을 선택한 후 [확인]을 누른다.

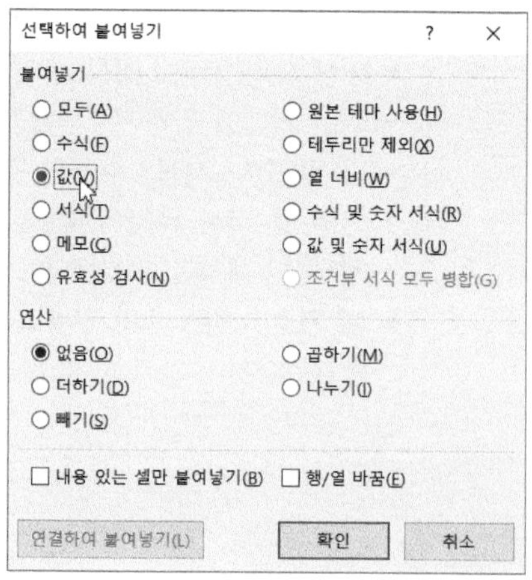

④ 수식 및 서식을 제외한 '값'만 선택한 셀에 붙여넣기가 된 것을 볼 수 있다.

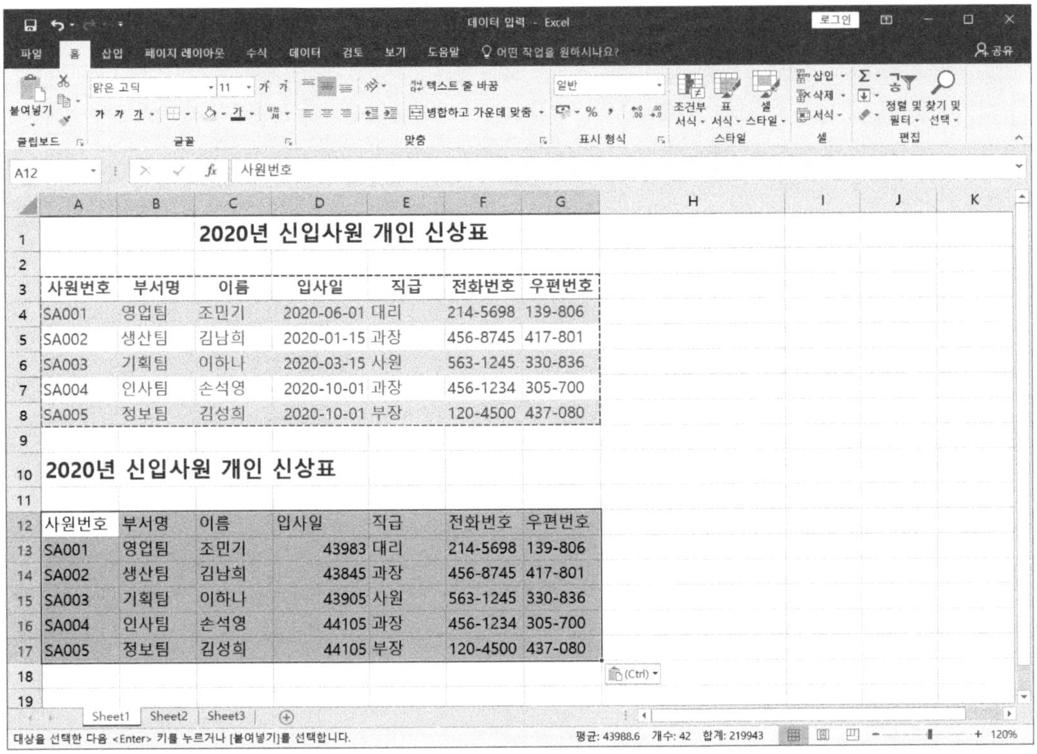

9 서식복사

셀의 영역에 선택한 서식만 원하는 영역에 붙여 넣을 수 있다.

① [A3:G8]셀 영역을 선택한 후 [홈] 탭-[클립보드] 그룹-[ ] 서식단추를 클릭한다.

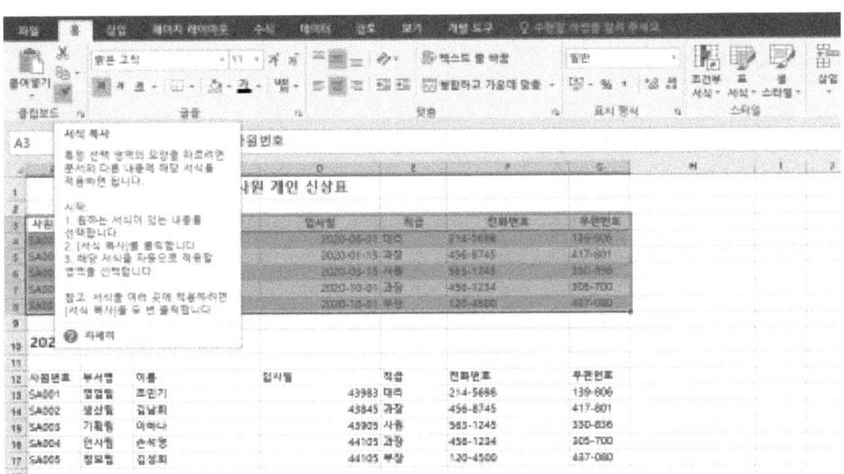

② [Sheet2]워크시트의 [A3:F8]영역을 드래그하면 복사한 서식이 적용된 것을 볼 수 있다.

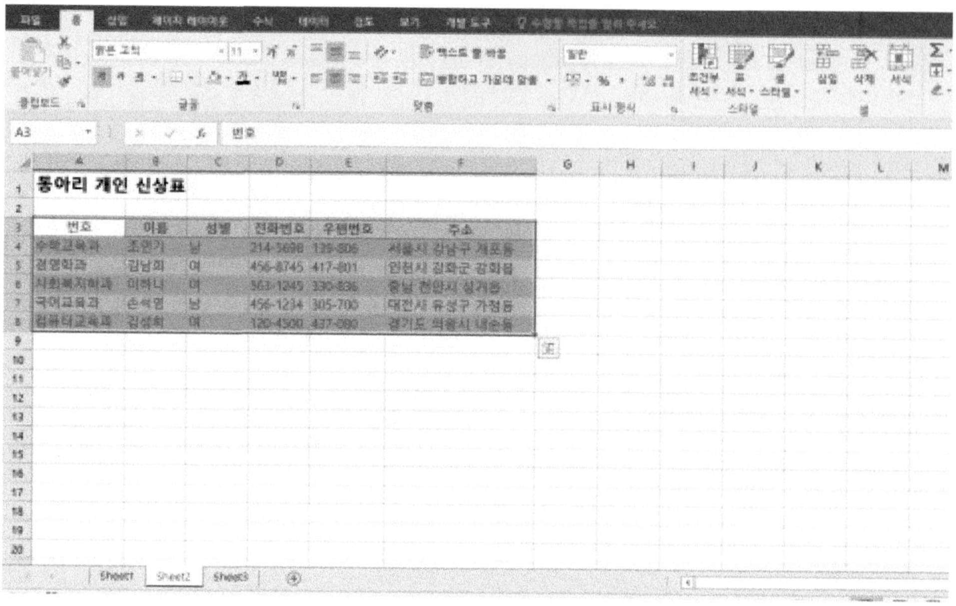

연습문제 01-1

문제파일 : 연습문제1.xlsx / 정답파일 : 연습문제1(완성).xlsx

01 데이터 [A5:C10]셀 영역을 [A4:C9] 범위로 이동하시오.

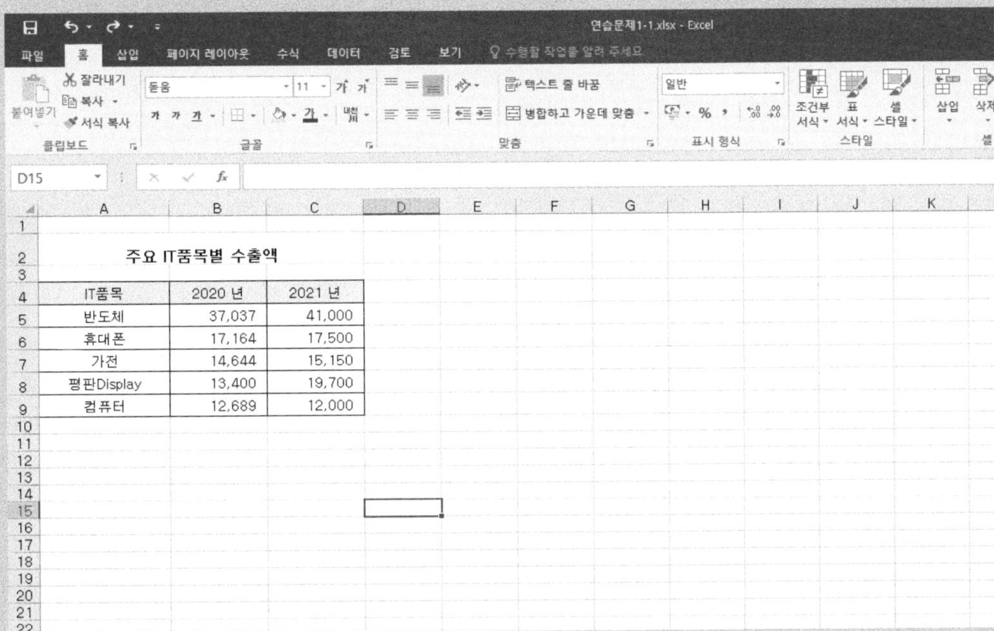

02 [IT품목별수출액] 워크시트의 [A4:C9] 셀 영역을 [LCD시장전망] 시트 [A3:E8]의 셀과 동일하게 서식을 복사하시오.

03 [LCD시장전망] 워크시트의 [B8:E8]의 영역을 복사하여 [LCD시장전망합계분석] 워크시트의 [B4:E4] 영역에 값으로 붙여 넣으시오.

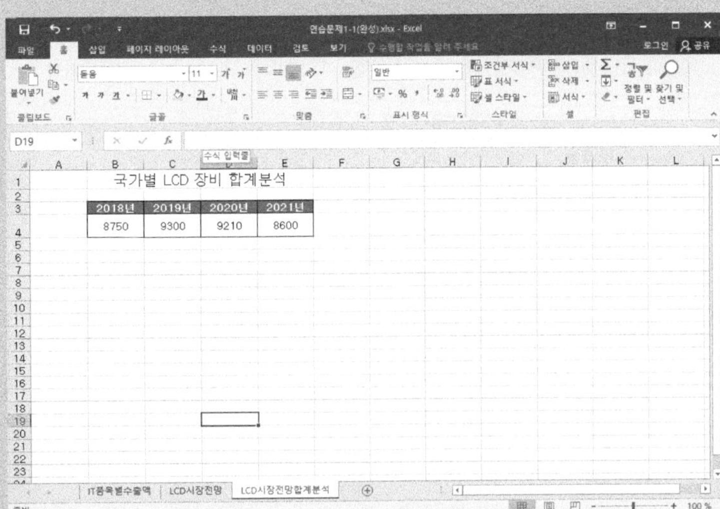

1-2 데이터 자동채우기

셀에 문자(한글, 영문, 한자, 특수기호) 계산이 가능한 숫자, 날짜, 시간 등의 다양한 데이터를 빠르게 입력할 수 있으며 요일, 일렬번호등을 연속 데이터 채우기로 빠르게 입력이 가능하며 사용자가 원하는 목록을 지정하여 빠르게 자동 채우기를 지정할 수 있다.

예제파일 : 자동채우기.xlsx / **완성파일** : 자동채우기(완성).xlsx

1 문자

셀에 문자를 입력한 후 자동 채우기 기능을 이용하여 문자를 가로(열) 또는 세로(행)을 복사할 수 있다.

① [A1]셀에 엑셀을 입력한다.

② 채우기 핸들[+]를 이용해 [A10]셀까지 드래그 한다.

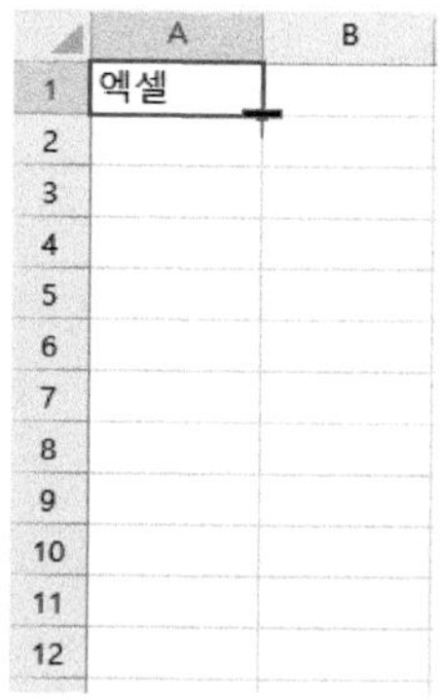

2 숫자

셀에 숫자를 입력한 후 자동채우기를 이용하여 숫자를 복사하거나 연속된 숫자를 입력할 수 있다.

① [B1]셀에 숫자 '1'을 입력한 후 채우기 핸들을 이용해 [A10]셀까지 드래그 한다.

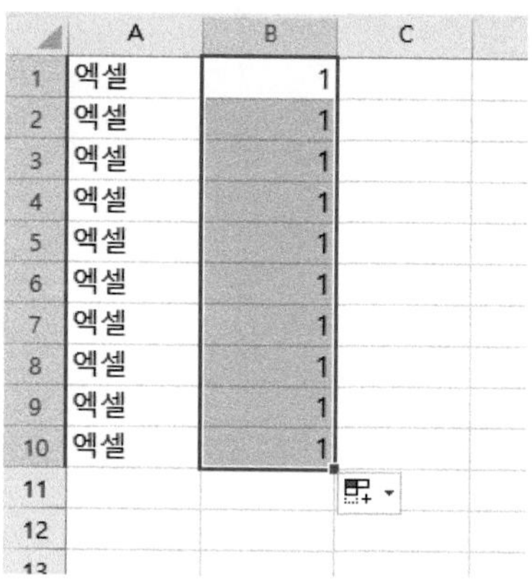

② [C1]셀에 숫자 '1'을 입력한 후 위와 동일한 방법으로 채우기 핸들을 이용해 [A10]셀까지 드래그한 후 자동채우기 옵션( )을 선택하여 **[연속 데이터 채우기]**를 선택한다.

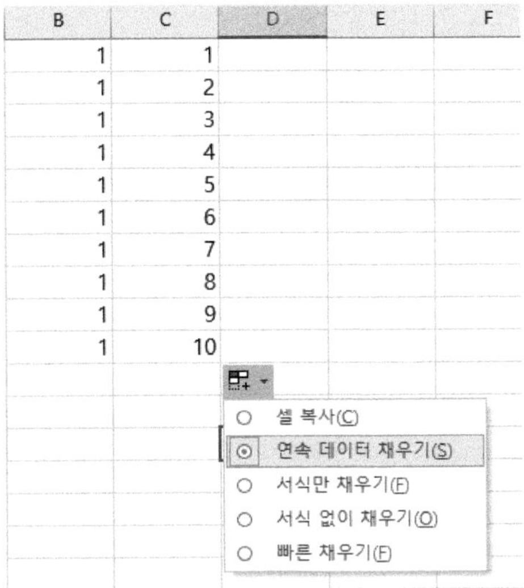

③ [D1]셀에 숫자 '1', [D2]셀에 숫자 '3'을 입력한 후 숫자 '1'과 '3'을 모두 선택하여 채우기 핸들을 이용해 [A10]셀까지 드래그하면 아래와 같이 2씩 증가하는 숫자 데이터를 입력할 수 있다.

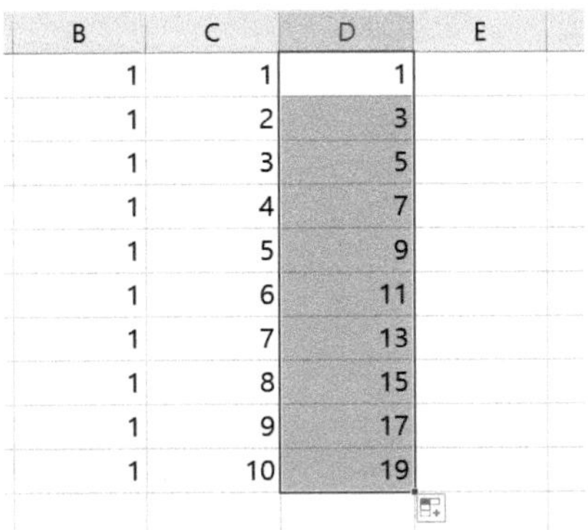

TIP |

숫자 1를 입력하고 Ctrl를 자동채우기를 하면 1씩 증가된다.

3 날짜

날짜 데이터를 자동채우기하면 일 단위로 데이터가 입력되며 자동채우기 옵션( )을 이용하여 복사, 평일 단위, 월 단위, 연 단위로 날짜 데이터를 입력할 수 있다.

① [날짜] 워크시트의 [A2]셀을 선택하여 채우기 핸들을 이용하여 [A10]셀까지 드래그 한다.

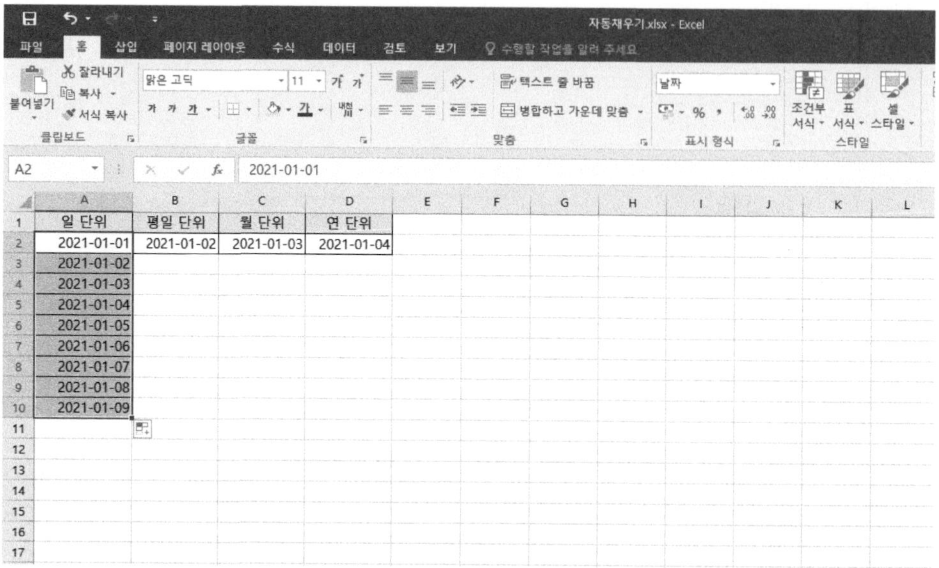

② [B2]셀을 선택하여 자동채우기 핸들로 [B10]셀까지 드래그 후 [자동채우기 옵션] 단추를 선택하여 [평일 단위 채우기]를 선택한다.

③ [평일 단위 채우기]는 입력한 날짜 기준으로 월요일부터 금요일까지 평일날짜 기준으로 날짜가 변경되어 채워진다.

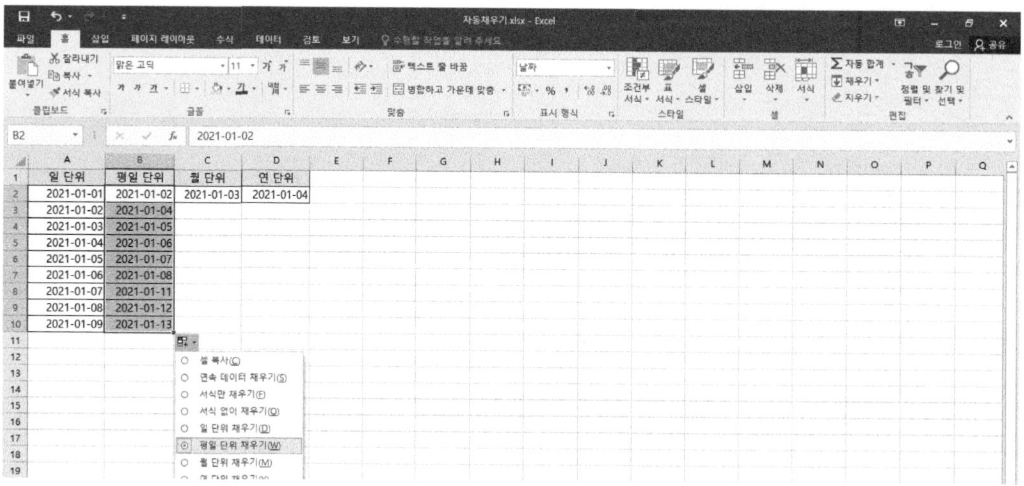

④ 월 단위와 연 단위도 채우기 옵션을 이용하여 자동채우기를 한다.

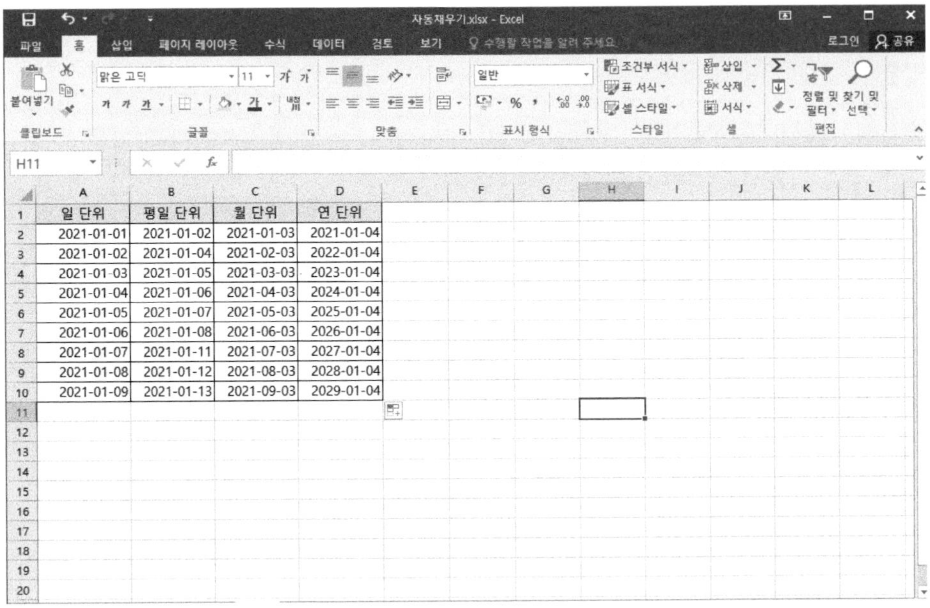

일 단위	평일 단위	월 단위	연 단위
2021-01-01	2021-01-02	2021-01-03	2021-01-04
2021-01-02	2021-01-04	2021-02-03	2022-01-04
2021-01-03	2021-01-05	2021-03-03	2023-01-04
2021-01-04	2021-01-06	2021-04-03	2024-01-04
2021-01-05	2021-01-07	2021-05-03	2025-01-04
2021-01-06	2021-01-08	2021-06-03	2026-01-04
2021-01-07	2021-01-11	2021-07-03	2027-01-04
2021-01-08	2021-01-12	2021-08-03	2028-01-04
2021-01-09	2021-01-13	2021-09-03	2029-01-04

TIP |

- 일 단위 : 1일씩 증가된 날짜가 입력되며 연속 데이터 채우기와 동일하다.
- 평일 단위 : 주말을 제외한 월~금요일까지 1일씩 증가된 날짜가 입력된다.
- 월 단위 : 1월씩 증가된 날짜가 입력된다.
- 연 단위 : 1년씩 증가된 날짜가 입력된다.

4 사용자 지정 목록

항목에 없는 특정 데이터를 사용자 지정 목록에 등록하여 자동채우기로 쉽게 입력할 수 있으며 추가 삭제가 쉽게 가능하다.

① [파일] 탭–[옵션]를 선택한 후 [Excel 옵션] 대화상자의 [고급]–[사용자 지정 목록 편집]을 선택한다.

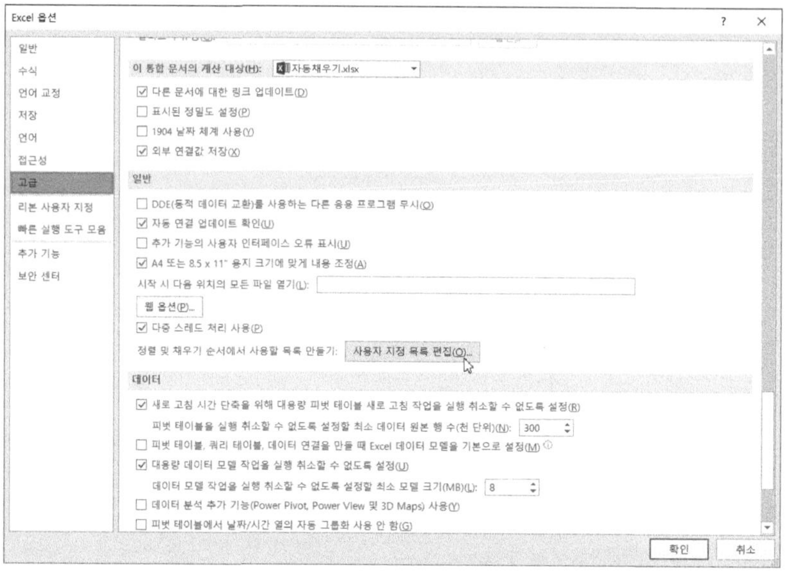

② 새 목록을 선택하고 목록 항목 상자에 첫 번째 항목부터 시작하여 사장, 부장, 과장, 대리, 사원을 입력한다.

③ 목록이 완성되면 [추가]를 선택한 후 [확인]을 누른다.

④ [Excel 옵션] 대화상자–[확인]을 누른다.

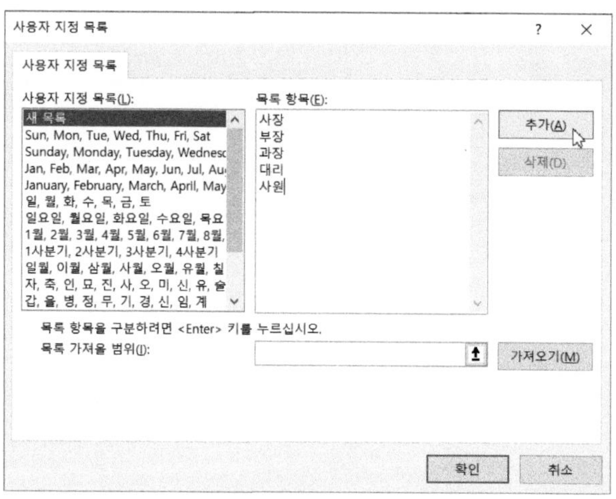

⑤ 예제 파일 [사용자 지정 목록] 워크시트를 선택한다. [B2]셀 영역을 선택한 후 채우기 핸들을 이용해 [B10]셀까지 드래그 한다.

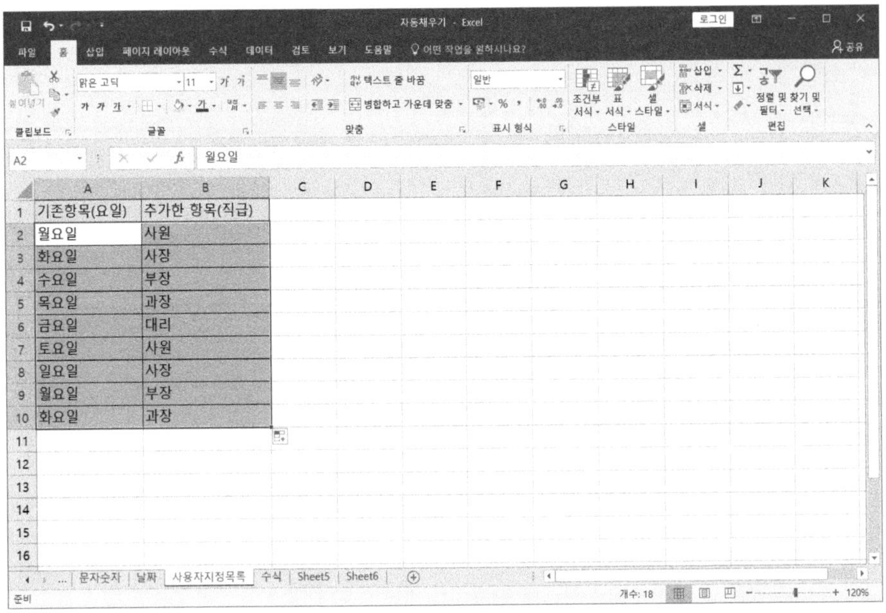

TIP |

사용자 지정 목록은 텍스트, 숫자, 날짜 또는 시간 값으로만 만들 수 있으나 셀 색, 글꼴 색 및 아이콘과 같은 서식으로는 만들 수 없다.

TIP | **사용자 지정 정의 목록 편집 또는 삭제**

[파일]-[옵션]선택-[Excel 옵션]을 선택한다. [Excel 옵션]대화상자의 [고급]-[사용자 지정 목록 편집]을 선택한다. [사용자 지정 목록] 대화상자에서 편집하거나 삭제하려는 목록을 선택하고 목록 항목 상자에서 원하는 내용을 변경하거나 추가한다.

5 수식

수식으로 입력되어 있는 셀은 자동채우기로 수식을 복사할 수 있으며 수식에 포함된 셀 주소의 행과 열은 복사나 자동채우기를 선택할 때 자동으로 증가나 감소한 행과 열만큼 수식의 셀 주소도 증가나 감소한다.

① 예제 파일 [수식] 워크시트를 선택한다.

② [C2]셀에 1과 2의 합계 '=A2+B2'를 입력한 후 [Enter]키를 누른다.

③ [C2]셀를 클릭하고 오른쪽 하단에 채우기 핸들아이콘을 클릭하여 [C6]셀까지 드래그 한다.

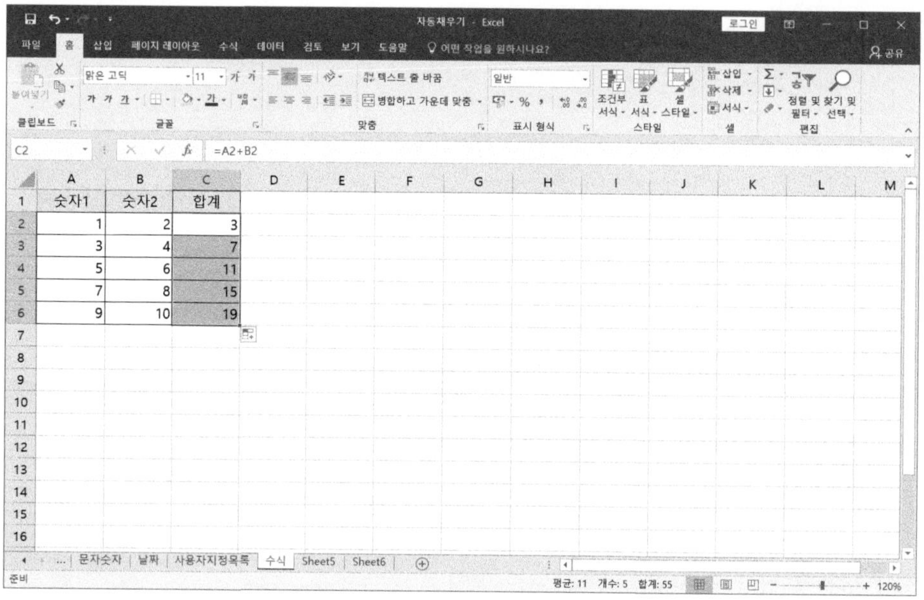

연습문제 01-2

문제파일 : 연습문제2.xlsx / 정답파일 : 연습문제2(완성).xlsx

01 번호열은 [C5]셀부터 '1'씩 증가(연속데이터 채우기)되는 값으로 [C31]까지 자동 채우기 하시오.

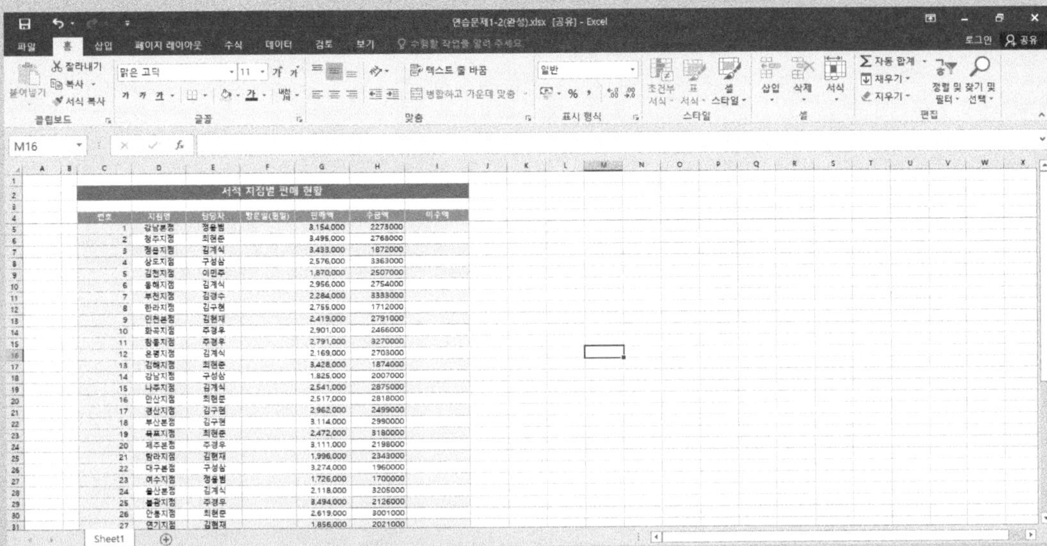

02 방문일 해당하는 열에 평일만 입력하시오.

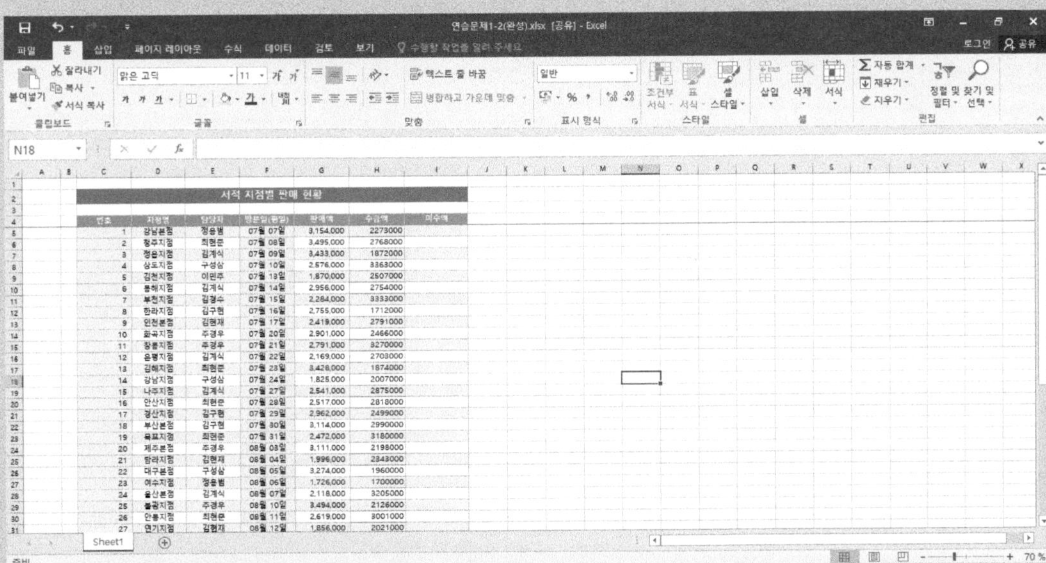

03 [I5]셀에 판매액에서 수금액을 뺀 수식(=G5–H5)을 작성하고 [J5:I31] 까지 수식을 자동채우기 하시오.

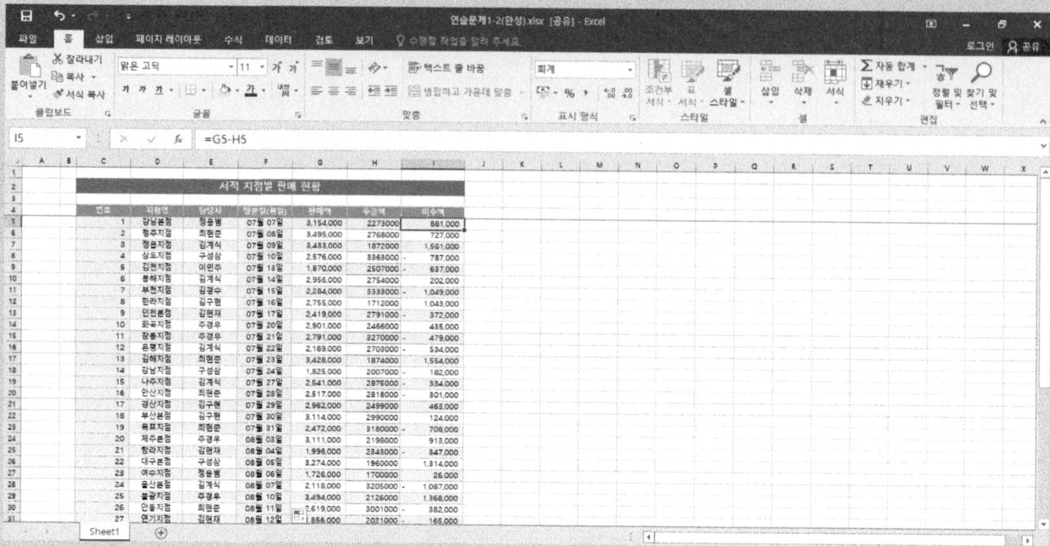

1-3 셀 편집

열 너비와 행 높이를 변경하거나 텍스트 크기만큼 자동으로 열과 행을 너비와 높이를 지정하거나 셀을 삽입하거나 삭제할 수 있다

예제파일 : 셀편집.xlsx / 완성파일 : 셀편집(완성).xlsx

1 열 너비 조절

열 너비를 0~255로 지정할 수 있으며 하나의 열 너비를 설정하거나 2개 이상의 열을 설정할 수 있다. 열의 너비가 데이터에 비해 좁을 경우 문자 데이터는 오른쪽이 잘리고 숫자 데이터나 날짜의 경우는 ### 형태나 지수 형식으로 표시된다.

① [A]열을 선택한 후 [홈] 탭–[셀] 그룹–[서식] 목록 단추–셀 크기에서 [열 너비]를 선택하거나 [A]열 위에서 마우스 오른쪽 단추를 클릭하여 바로가기 메뉴에서 [열 너비]를 선택한다.

② [열 너비] 대화상자에 '10'을 입력한 후 [확인]을 누른다.

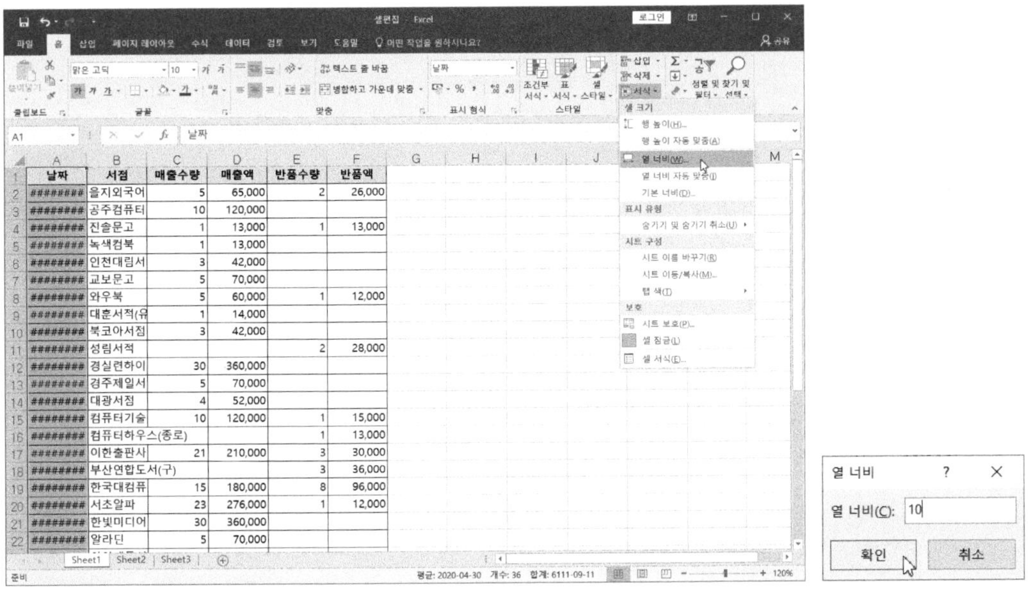

③ [B:C]열을 선택한 후 [홈] 탭–[셀] 그룹–[서식] 목록 단추–셀 크기에서 [열 너비 자동 맞춤]을 선택한다.

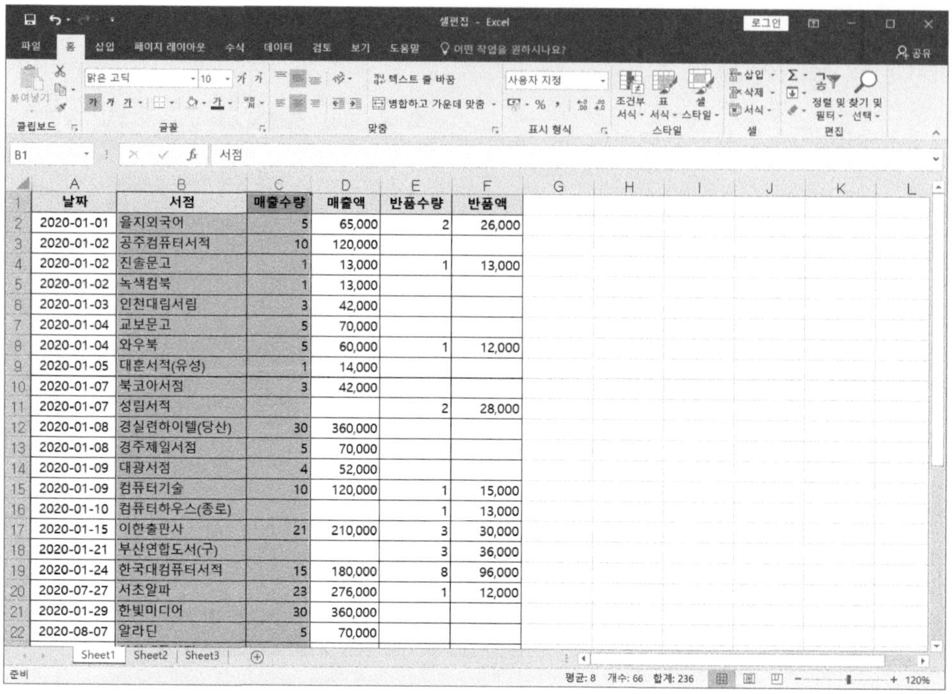

TIP |

각 열의 오른쪽 경계선에 마우스를 가져가면 마우스 모양이 아래 그림과 같이 변경되며 클릭 할 경우 열의 너비가 표시된다. 마우스를 이용하여 왼쪽이나 오른쪽으로 드래그 하여 너비를 변경할 수 있으며, 더블 클릭으로 데이터의 길이에 따라 자동으로 너비를 조절할 수 있다.

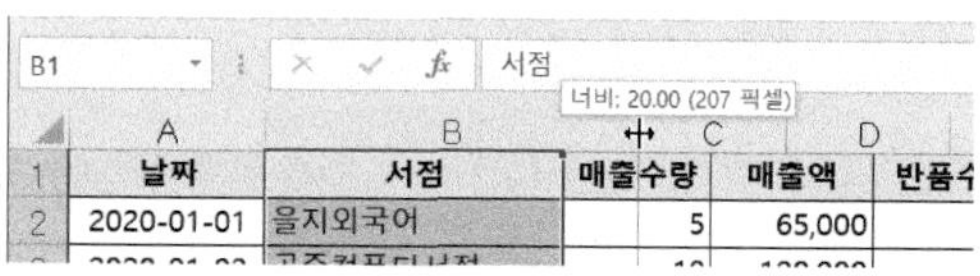

TIP | 다른 열과 동일하게 열 너비를 설정하기

[홈] 탭–[클립보드] 그룹–[붙여넣기] 목록 단추–[선택하여 붙여넣기]를 선택한다. 대화상자에서 [열 너비]를 선택한다.

2 행 높이 조절

행 높이는 0~409로 지정할 수 있다. 하나의 행 높이를 설정하거나 2개 이상의 행을 동시에 설정할 수 있다.

① [1]행을 선택한 후 행 머리글의 아래쪽 경계선을 클릭하여 아래쪽으로 드래그 하여 행의 높이를 '21.00'로 변경한다.

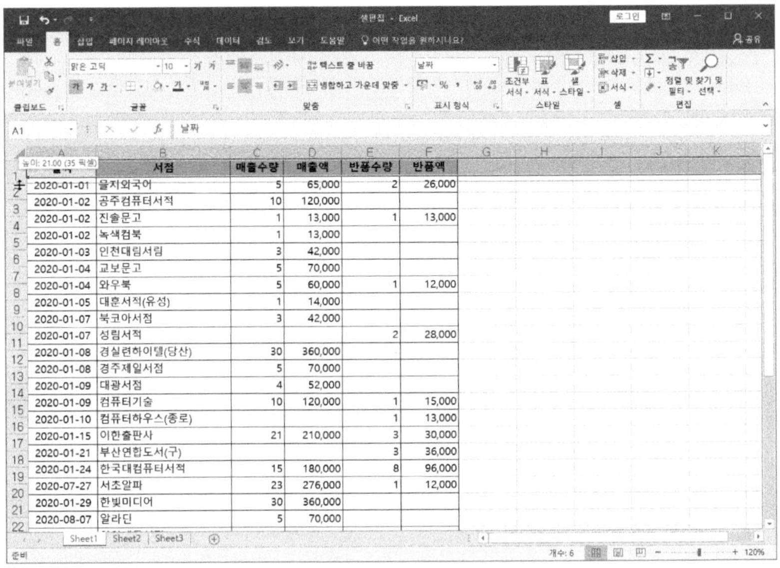

날짜	서점	매출수량	매출액	반품수량	반품액
2020-01-01	을지외국어	5	65,000	2	26,000
2020-01-02	공주컴퓨터서적	10	120,000		
2020-01-02	진솔문고	1	13,000	1	13,000
2020-01-02	녹색컴북	1	13,000		
2020-01-03	인천대림서림	3	42,000		
2020-01-04	교보문고	5	70,000		
2020-01-04	와우북	5	60,000	1	12,000
2020-01-05	대훈서적(유성)	1	14,000		
2020-01-07	북코아서점	3	42,000		
2020-01-07	성림서적			2	28,000
2020-01-08	경실련하이텔(당산)	30	360,000		
2020-01-08	경주제일서점	5	70,000		
2020-01-09	대광서점	4	52,000		
2020-01-09	컴퓨터기술	10	120,000	1	15,000
2020-01-10	컴퓨터하우스(종로)			1	13,000
2020-01-15	이한출판사	21	210,000	3	30,000
2020-01-21	부산연합도서(구)			3	36,000
2020-01-24	한국대컴퓨터서적	15	180,000	8	96,000
2020-07-27	서초알파	23	276,000	1	12,000
2020-01-29	한빛미디어	30	360,000		
2020-08-07	알라딘	5	70,000		

② [2:36]행을 선택한 후 [홈] 탭-[셀] 그룹-[서식]목록 단추-셀 크기에서 [행 높이] 명령을 선택하거나 마우스 오른쪽 단추를 클릭하여 바로가기 메뉴에서 [행 높이] 명령을 선택한다.

③ 행 높이 대화상자에 '15'를 입력한 후 [확인]을 누른다.

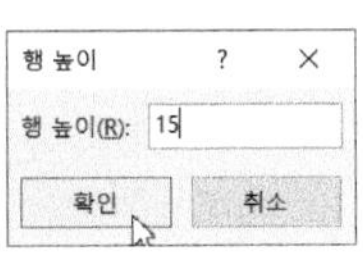

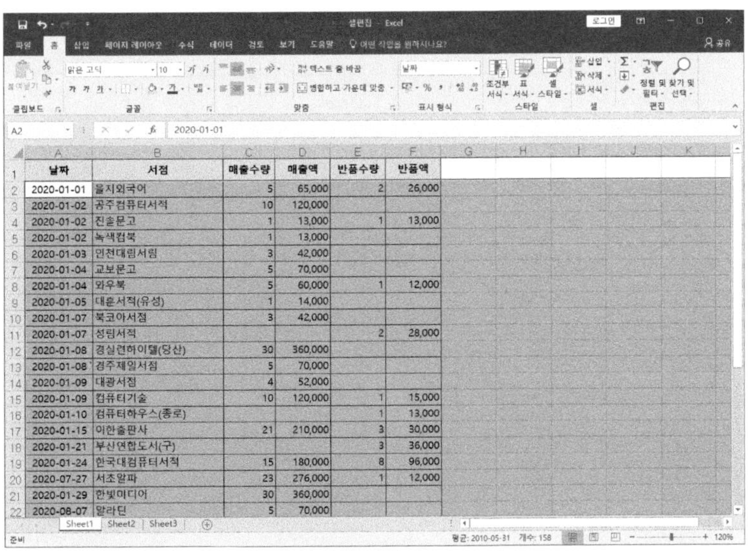

TIP | 내용에 맞게 행 높이를 변경하기

[홈] 탭–[셀] 그룹–[서식] 목록 단추–[셀 크기]–[행 높이 자동 맞춤] 명령을 선택한다.

TIP | 워크시트에 있는 모든 행의 높이를 변경하기

모두 선택을 선택하고 행 머리글 중 하나의 아래쪽 경계선을 드래그 한다.

3 행/열 삽입

행과 열을 삽입하려면 새 행과 열을 삽입할 위치의 행과 열 하나를 선택하고 행과 열을 여러 개 삽입하려면 행과 열을 마우스로 드래그 하여 원하는 행과 열만큼 선택한다. 연속되지 않은 행 또는 열을 삽입하려면 Ctrl를 누른 채로 선택할 수 있다.

① [1]행을 선택한 후 [홈] 탭–[셀] 그룹–[삽입] 목록 단추–[시트 행 삽입] 명령을 선택하거나 선택한 행을 마우스 오른쪽 단추를 클릭하여 바로가기 메뉴에서 [삽입]을 선택한다.

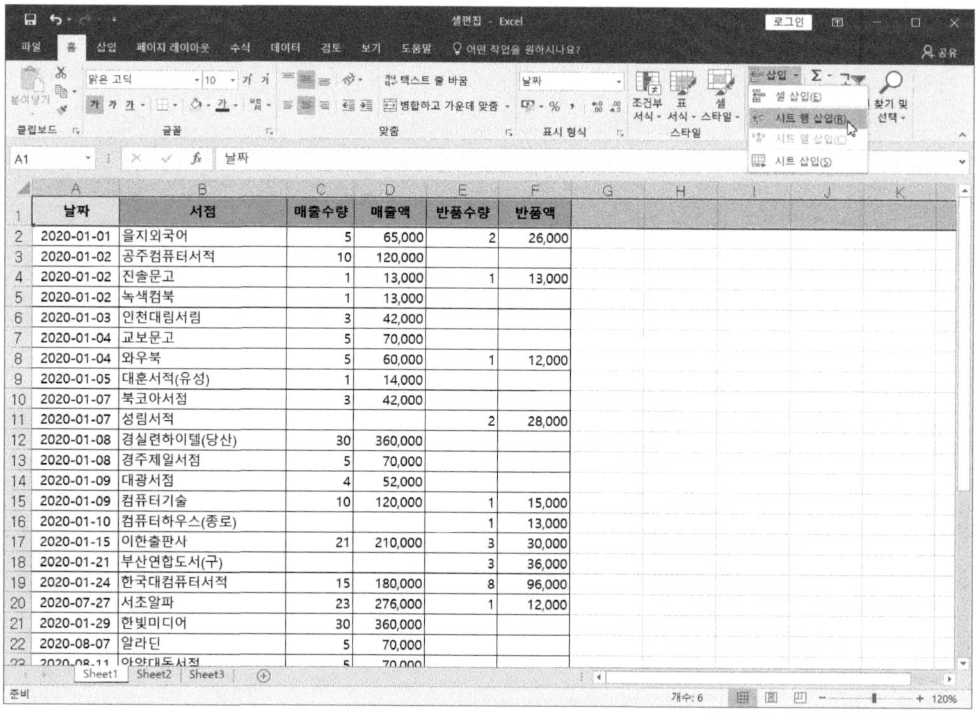

② 새로운 [1]행이 삽입되며 [삽입] 옵션을 이용하여 [1]행의 서식을 선택할 수 있다.

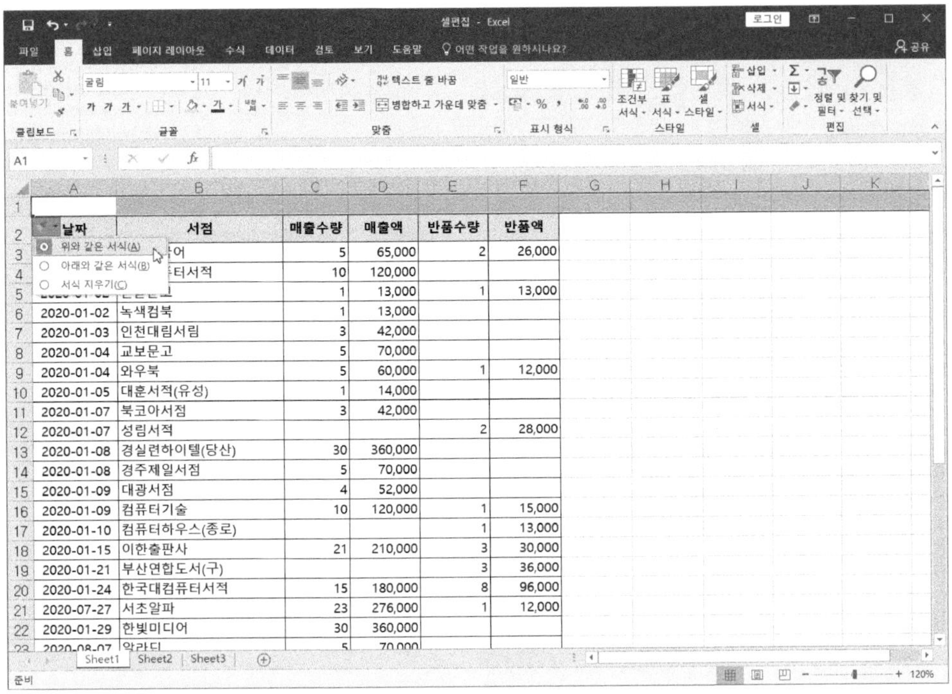

③ [B:C]열을 선택한 후 [홈] 탭–[셀] 그룹–[삽입] 명령을 선택하거나 선택한 열을 마우스 오른쪽 단추로 선택하고 바로가기 메뉴에서 [삽입]을 선택한다.

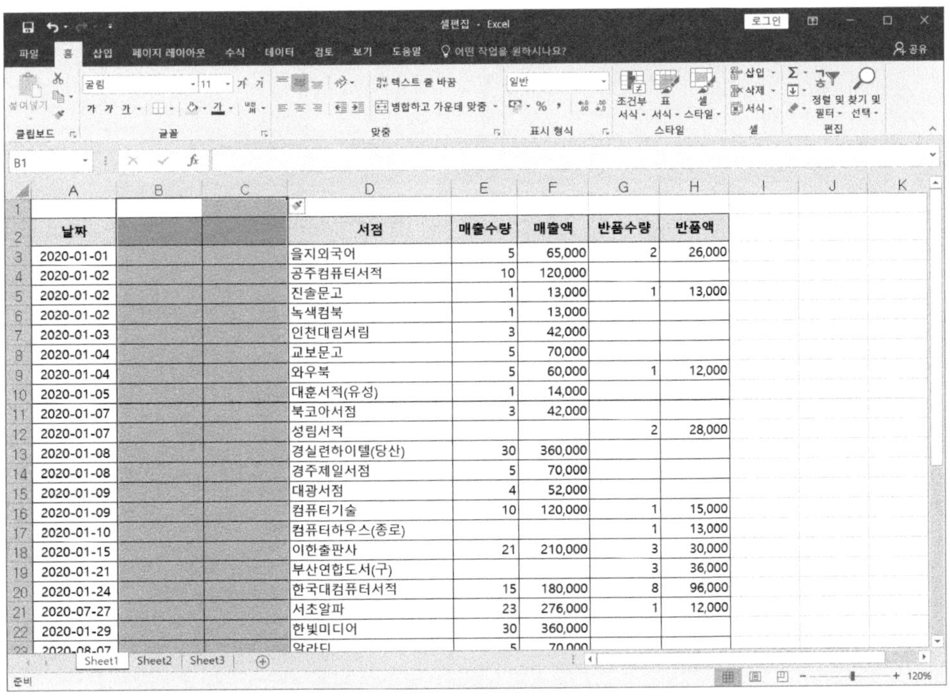

4 행/열 삭제

행이나 열을 삭제하는 경우에는 다른 행이나 열이 자동으로 위쪽 또는 왼쪽으로 이동한다.

① [1]행을 선택한 후 [홈] 탭-[셀] 그룹-[삭제] 명령을 선택하거나 [삭제] 목록 단추-[시트 행 삭제] 명령을 선택한다. 또는 마우스 오른쪽 단추를 클릭하여 바로가기 메뉴에서 [삭제]를 선택한다.

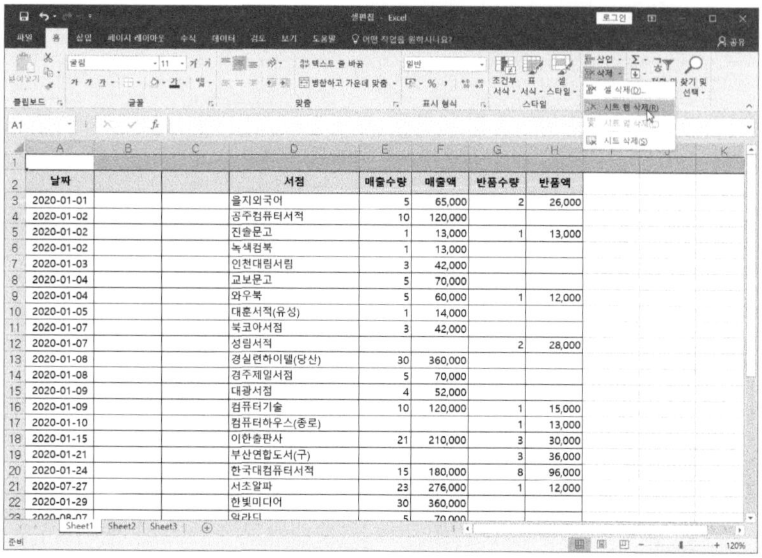

② [B:C]열을 선택한 후 [홈] 탭-[셀] 그룹-[삭제] 명령을 선택하거나 [삭제] 목록 단추-[시트 열 삭제] 명령을 선택한다. 또는 마우스 오른쪽 단추를 클릭하여 바로가기 메뉴에서 [삭제]를 선택한다.

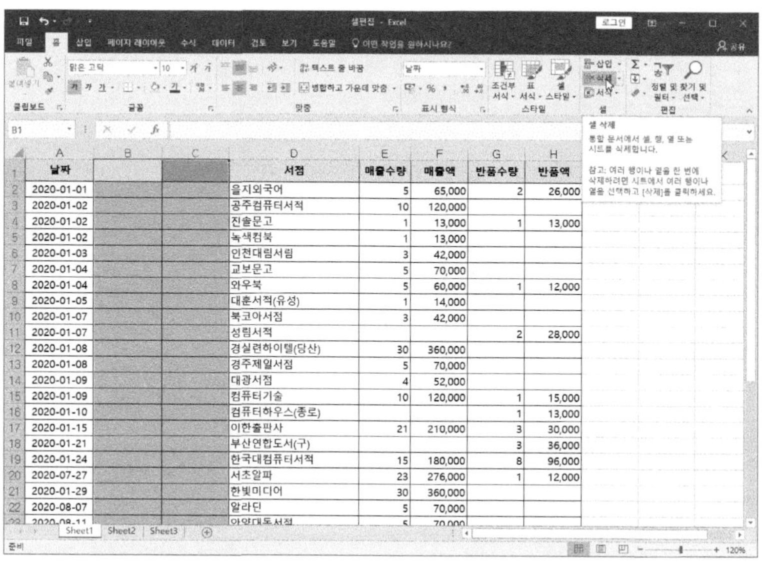

5 셀 삽입

워크시트 내에 하나의 셀 또는 2개 이상의 새로운 셀 영역을 삽입할 수 있다.

① [B5:D10]셀 영역을 선택한 후 [홈] 탭-[셀] 그룹-[삽입] 목록 단추-[셀 삽입] 명령을 선택하거나 선택한 셀 영역을 마우스 오른쪽 단추를 클릭하여 바로가기 메뉴에서 [삽입]을 선택한다.

② 삽입 대화상자에서 [B5:D10]셀 영역 데이터의 옮길 방향을 선택한다. [셀을 오른쪽으로 밀기]를 선택한 후 [확인]을 누른다.

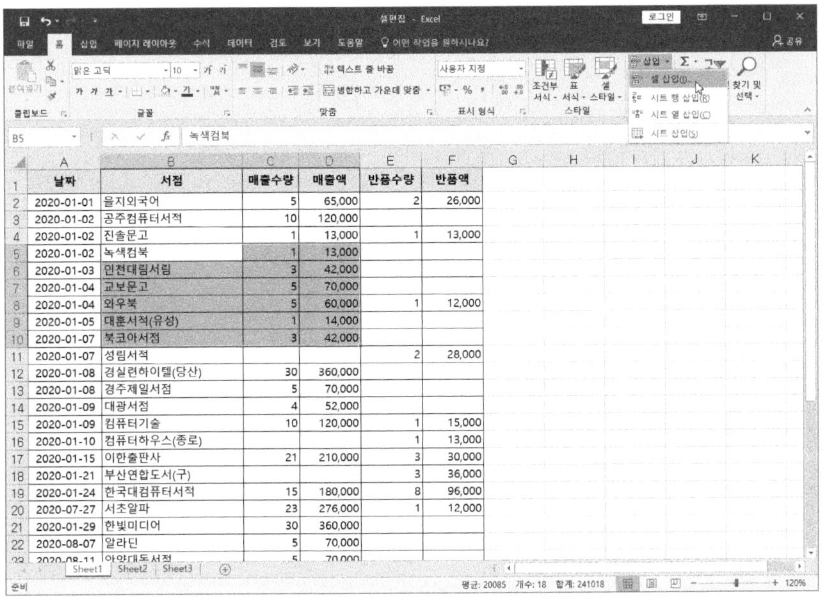

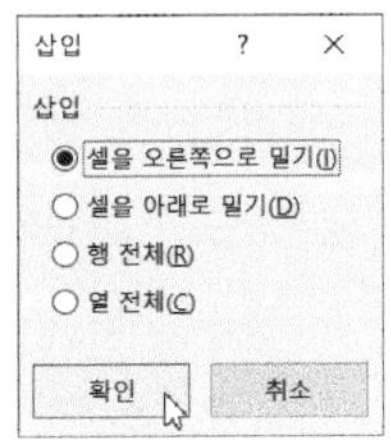

TIP |

- [셀을 오른쪽으로 밀기] – 선택한 셀 영역의 데이터를 오른쪽으로 밀어준다.
- [셀을 아래로 밀기] – 선택한 셀 영역의 데이터를 아래쪽으로 밀어준다.
- [행 전체] – 선택한 셀 영역의 행 전체를 아래쪽으로 밀어준다. 행 삽입과 동일하다.
- [열 전체] – 선택한 셀 영역의 열 전체를 오른쪽으로 밀어준다. 열 삽입과 동일하다.

③ 삽입된 새로운 셀에 [삽입] 옵션을 이용하여 서식을 적용할 수 있다.

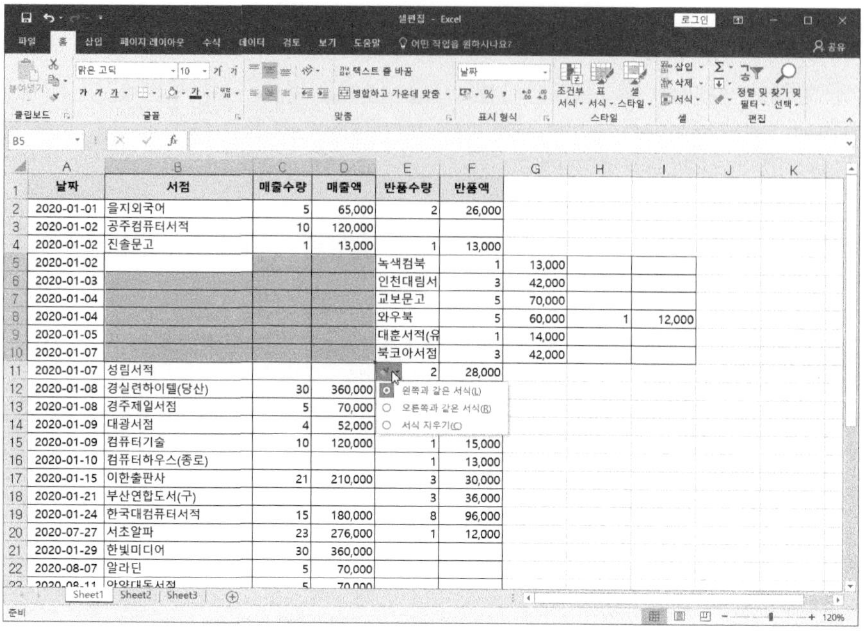

6 셀 삭제

원하는 셀 영역을 삭제할 수 있다.

① [B5:D10]셀 영역을 선택한 후 [홈] 탭–[셀] 그룹–[삭제] 목록 단추–[셀 삭제] 명령을 선택하거나 선택한 셀을 마우스 오른쪽 단추를 클릭하여 바로가기 메뉴에서 [삭제]를 선택한다.

② 삭제 대화상자에서 [셀을 왼쪽으로 밀기]를 선택한 후 [확인]을 누른다.

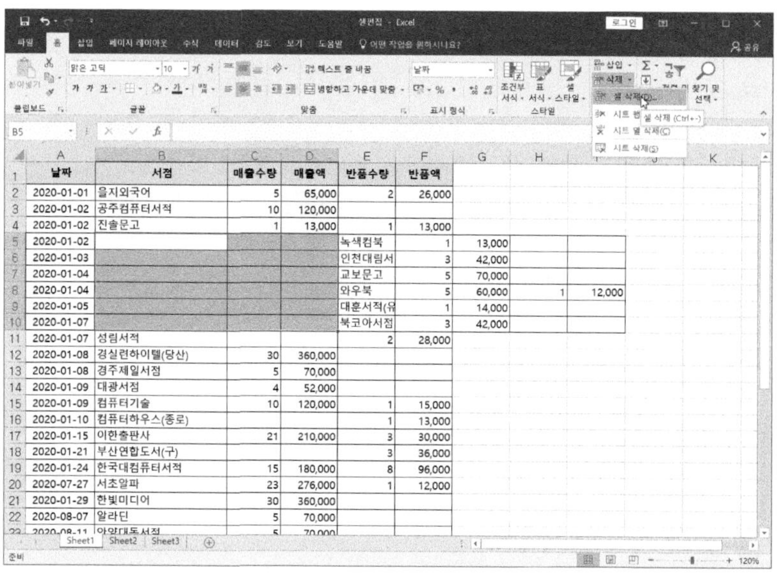

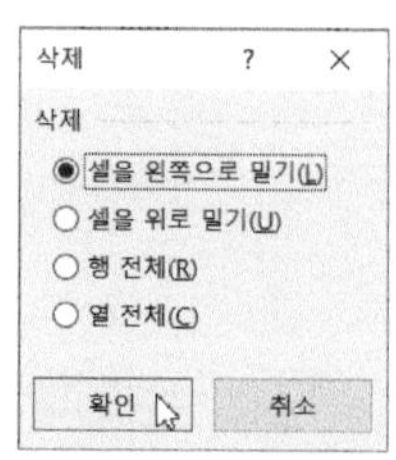

TIP |

- [셀을 왼쪽으로 밀기] – 선택한 셀 영역의 오른쪽 데이터가 채워진다.
- [셀을 위로 밀기] – 선택한 셀 영역의 아래쪽 데이터가 채워진다.
- [행 전체] – 선택한 셀 영역의 행 전체가 삭제된다.
- [열 전체] – 선택한 셀 영역의 열 전체가 삭제된다.

③ 셀 영역의 오른쪽에 위치한 데이터가 왼쪽으로 채워진다.

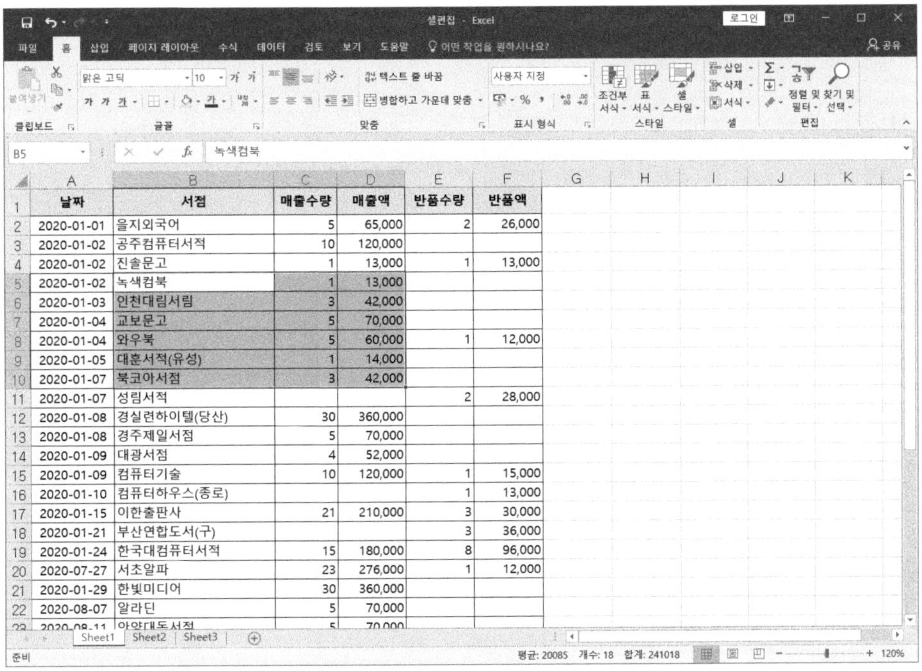

날짜	서점	매출수량	매출액	반품수량	반품액
2020-01-01	을지외국어	5	65,000	2	26,000
2020-01-02	공주컴퓨터서적	10	120,000		
2020-01-02	진솔문고	1	13,000	1	13,000
2020-01-02	녹색컴북	1	13,000		
2020-01-03	인천대림서림	3	42,000		
2020-01-04	교보문고	5	70,000		
2020-01-04	와우북	5	60,000	1	12,000
2020-01-05	대훈서적(유성)	1	14,000		
2020-01-07	북코아서점	3	42,000		
2020-01-07	성림서적			2	28,000
2020-01-08	경실련하이텔(당산)	30	360,000		
2020-01-08	경주제일서점	5	70,000		
2020-01-09	대광서점	4	52,000		
2020-01-09	컴퓨터기술	10	120,000	1	15,000
2020-01-10	컴퓨터하우스(종로)			1	13,000
2020-01-15	이한출판사	21	210,000	3	30,000
2020-01-21	부산연합도서(구)			3	36,000
2020-01-24	한국대컴퓨터서적	15	180,000	8	96,000
2020-07-27	서초알파	23	276,000	1	12,000
2020-01-29	한빛미디어	30	360,000		
2020-08-07	알라딘	5	70,000		

TIP |

Delete를 이용하여 셀의 내용을 삭제한 경우 셀 자체는 삭제되지 않고 선택한 셀의 내용만 삭제된다.

7 행/열 숨기기

행이나 열을 삭제하지 않고 화면에서 보이지 않게 숨기거나 행 높이나 열 너비를 '0'으로 변경하여 숨길 수도 있다.

① [2:11]행을 선택한 후 [홈] 탭–[셀] 그룹–[서식]–[숨기기 및 숨기기 취소]–[행 숨기기] 명령을 선택하거나 마우스 오른쪽 단추로 행을 선택한 후 [숨기기]를 누른다.

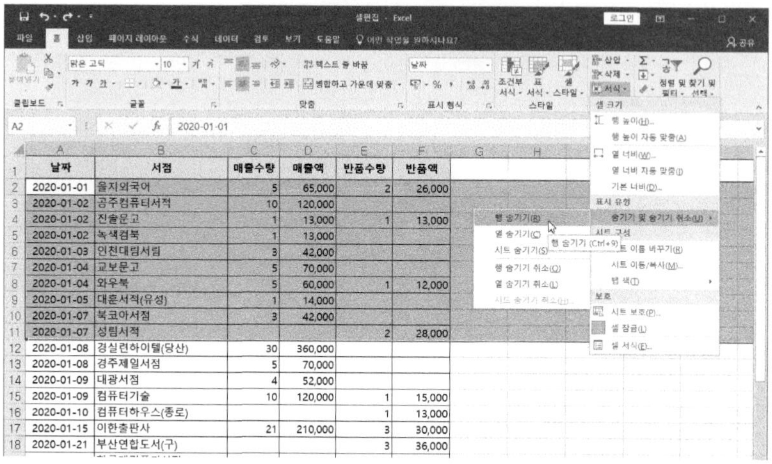

② [C:D]열을 선택한 후 [홈] 탭–[셀] 그룹–[서식] 목록 단추–[숨기기 및 숨기기 취소]–[열 숨기기] 명령을 선택하거나 마우스 오른쪽 단추로 열을 선택한 후 [숨기기]를 누른다.

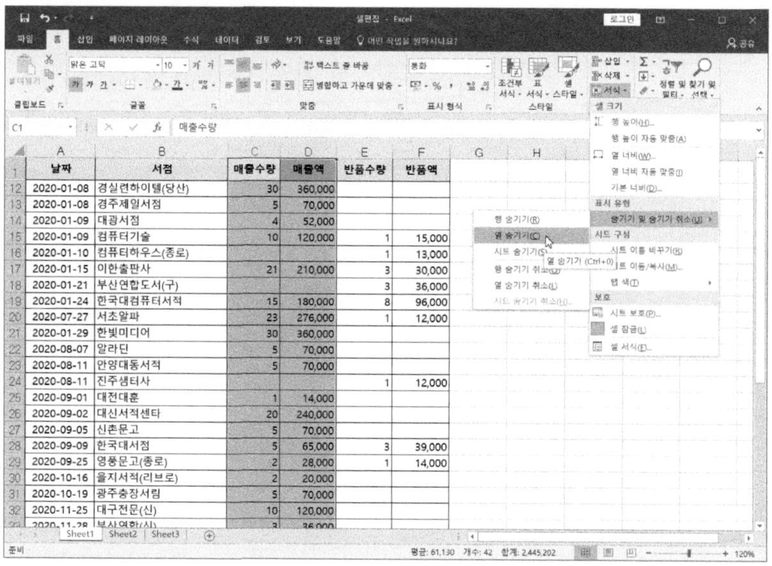

TIP | 바로가기 키

- Ctrl + 9 행 숨기기
- Ctrl + 0 열 숨기기

8 행/열 숨기기 취소

숨겨진 행이나 열을 화면에 보이도록 숨기기 취소를 할 수 있다.

① 숨겨진 [2:11]행을 취소하기 위해 [1:12]행을 선택한 후 [홈] 탭-[셀] 그룹-[서식] 목록 단추-[숨기기 및 숨기기 취소]-[행 숨기기 취소] 명령을 선택하거나 마우스 오른쪽 단추로 행을 선택한 후 [숨기기 취소]를 누른다.

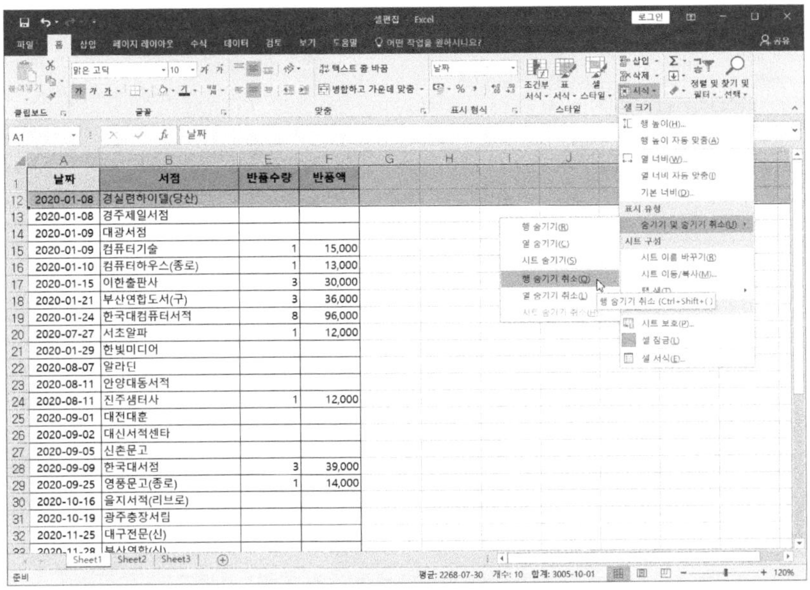

② 숨겨진 [C:D]열을 숨기기 취소를 하기 위해 [B:E]열을 선택한 후 [홈] 탭-[셀] 그룹-[서식] 목록 단추-[숨기기 및 숨기기 취소]-[열 숨기기 취소] 명령을 선택하거나 마우스 오른쪽 단추로 열을 선택한 후 [숨기기 취소]를 누른다.

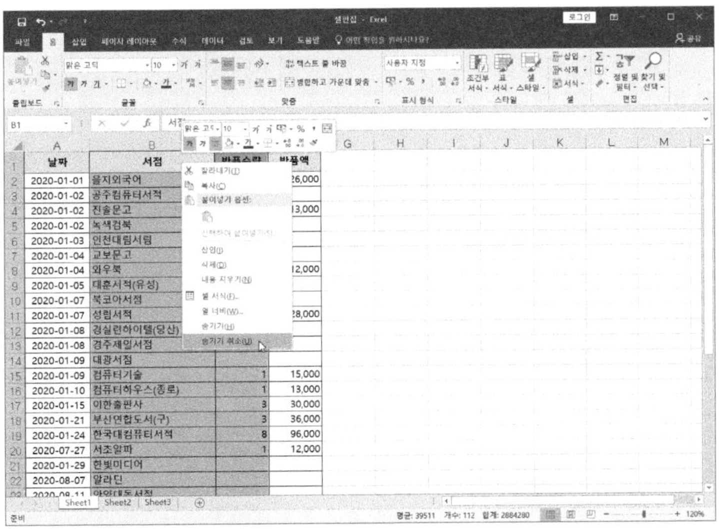

TIP | 바로가기 키

- Ctrl + Shift + 9 : 행 숨기기 취소
- Ctrl + Shift + 0 : 열 숨기기 취소

연습문제 01-3

문제파일 : 연습문제3.xlsx / 정답파일 : 연습문제3(완성).xlsx

01 [C3:C7]셀에 새 셀을 삽입하고 데이터는 오른쪽으로 밀기를 선택하시오.

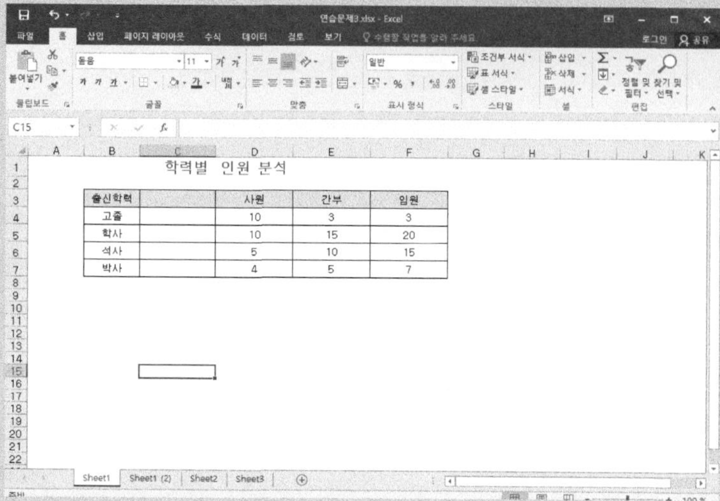

02 [C:F]열의 너비를 '13'으로 조정하시오.

03 [2]행과 [A]열을 삭제하시오.

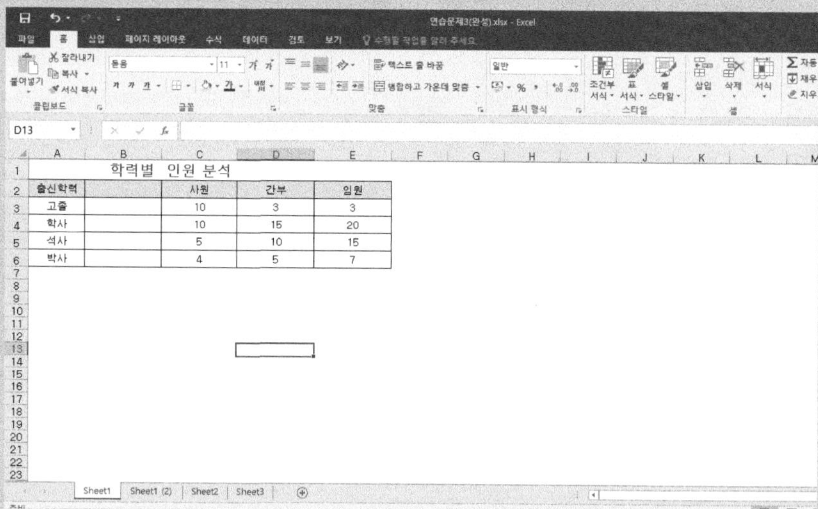

04 [2]행에 새로운 행을 삽입하고 높이를 '16.50'으로 조정하시오.

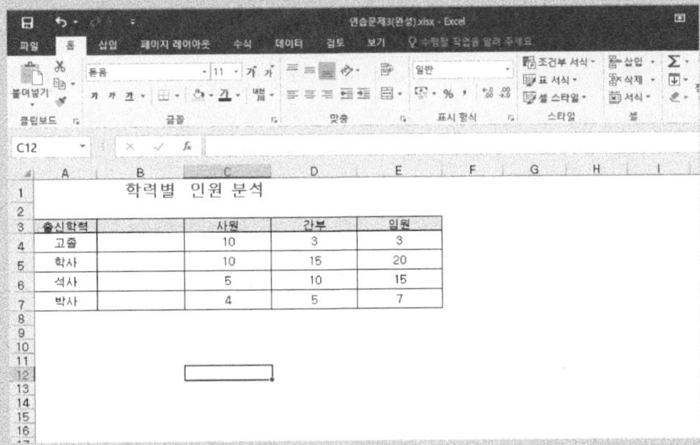

05 [B]열을 숨기기를 지정하시오.

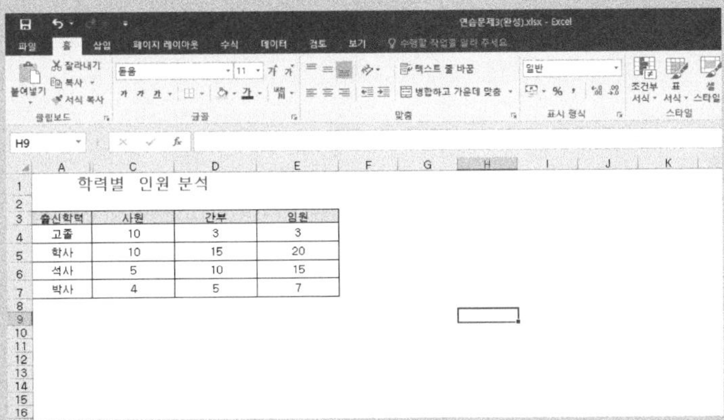

06 [Sheet2] 시트의 숨겨진 행을 모두 표시하시오.

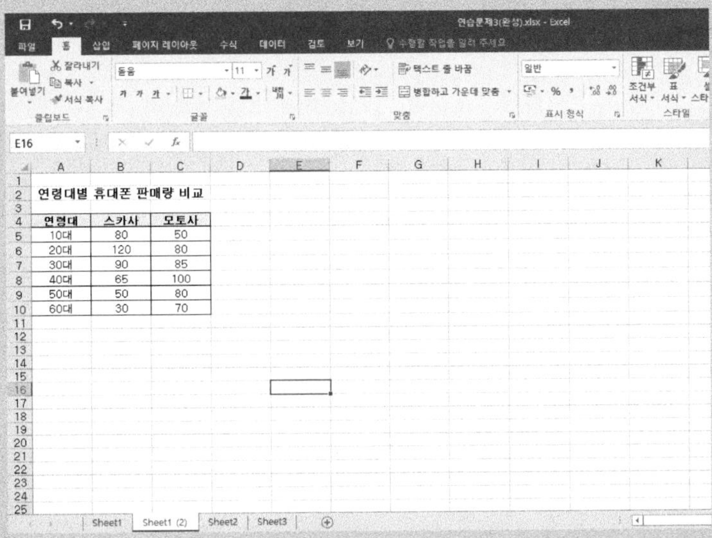

CHAPTER 02

워크시트 편집

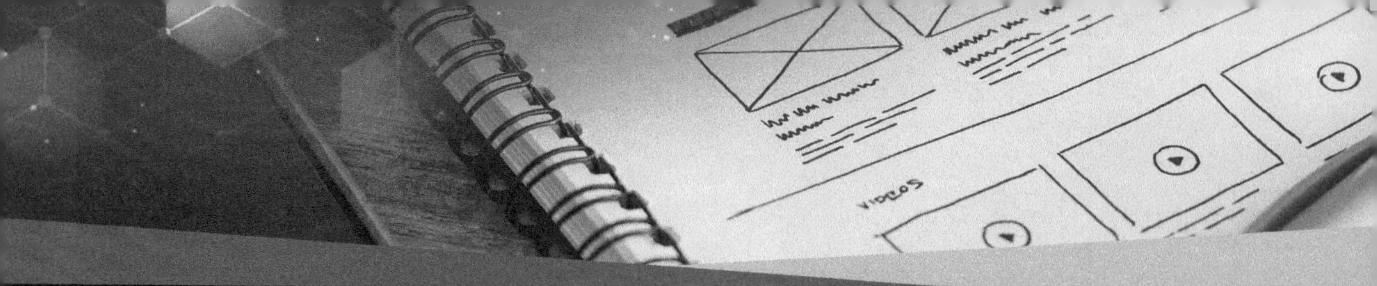

CHAPTER 02 | 워크시트 편집

학습목표
- 워크시트를 삽입/삭제, 이동/복사할 수 있다.
- 워크시트 이름을 변경할 수 있다.
- 워크시트를 숨기거나 숨기기 취소할 수 있다.
- 워크시트 옵션과 탭 색을 설정할 수 있다.

2-1 워크시트 관리

기본 통합문서의 워크시트에 사용자 필요에 따라 새 워크시트를 삽입 및 삭제, 이동 복사, 이름변경 및 중요한 시트에 색을 지정하여 워크시트를 편집할 수 있다.

예제파일 : **워크시트편집.xlsx** / **완성파일** : **워크시트편집(완성).xlsx**

1 삽입

새로운 작업시트를 추가할 수 있다.

① 새 통합문서를 열어 시트 [Sheet3]옆의 워크시트 삽입[⊕] 버튼을 클릭하거나 바로가기 키 Shift + F11 을 선택한다.

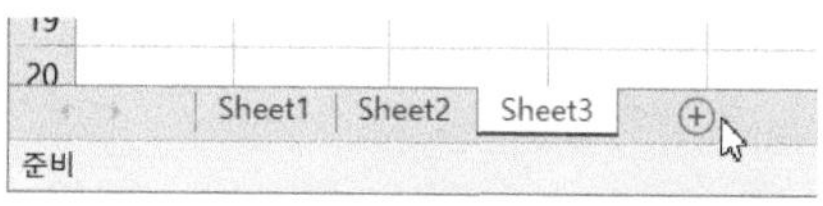

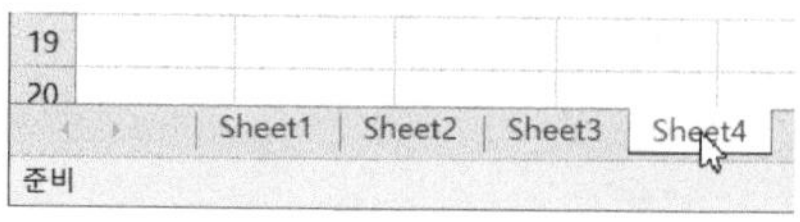

② [Sheet3]을 선택한 후 [홈] 탭-[셀] 그룹-[삽입] 목록 단추-[시트 삽입] 명령을 선택한다.

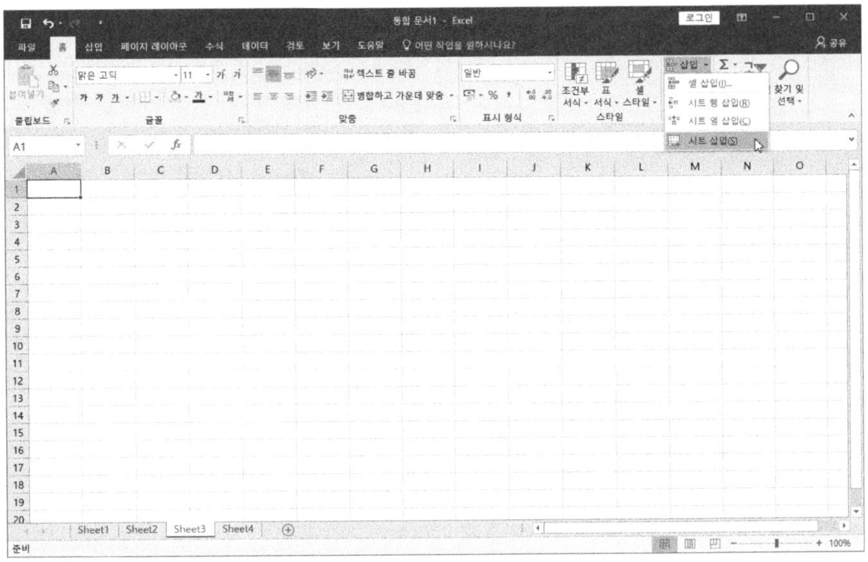

③ [Sheet3]앞에 새 워크시트 [Sheet5]가 삽입된다.

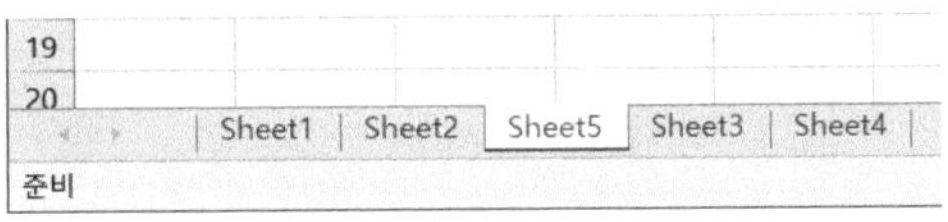

④ [Sheet3]을 선택한 후 마우스 오른쪽 단추로 클릭한 후 바로가기 메뉴의 [삽입]을 선택한다.

⑤ Worksheet를 선택하고 [확인]을 누른다.

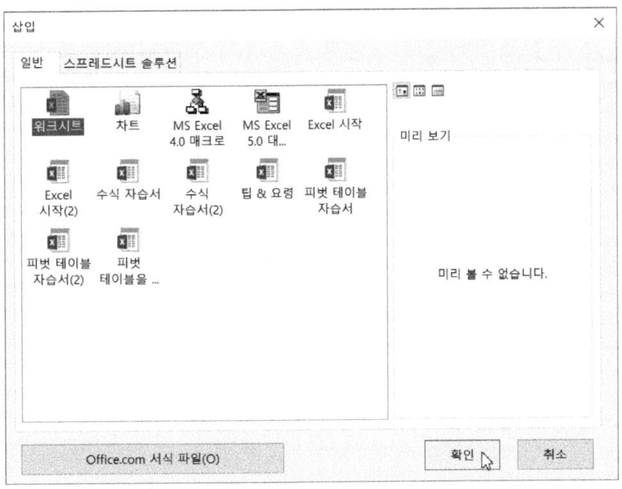

⑥ [Sheet3]앞에 [Sheet6]이 삽입된다.

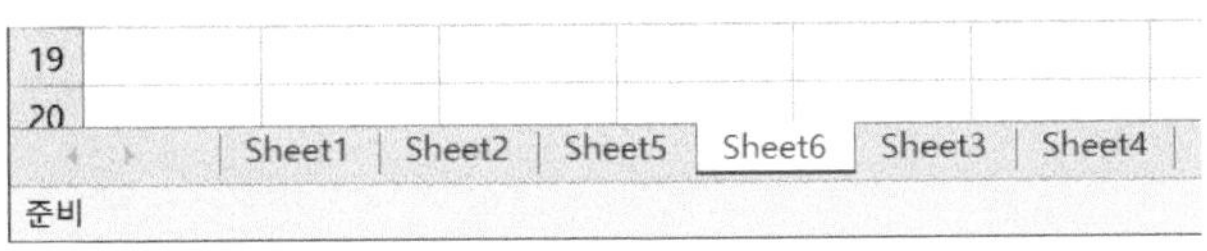

TIP | 동시에 여러 워크시트 삽입

Shift 를 누른 채로 삽입하려는 워크시트의 기존 시트 탭을 삽입할 개수만큼 선택한 후 [홈] 탭-[셀] 그룹-[삽입] 목록 단추-[시트 삽입] 명령을 선택한다.

TIP | 새 통합문서의 워크시트 개수 설정하기

[파일]-[옵션]을 선택한다. [Excel 옵션]대화상자의 [일반]-[포함할 시트 수]에 필요한 시트수를 입력한다. 1~255까지 정수를 입력할 수 있다.

2 삭제

워크시트를 삭제할 수 있다.

① [Sheet6]을 선택한 후 [홈] 탭-[셀] 그룹-[삭제] 목록 단추-[시트삭제] 명령을 선택하거나 [Sheet6]을 선택한 후 마우스 오른쪽 단추로 클릭한 후 바로가기 메뉴의 [삭제]를 누른다.

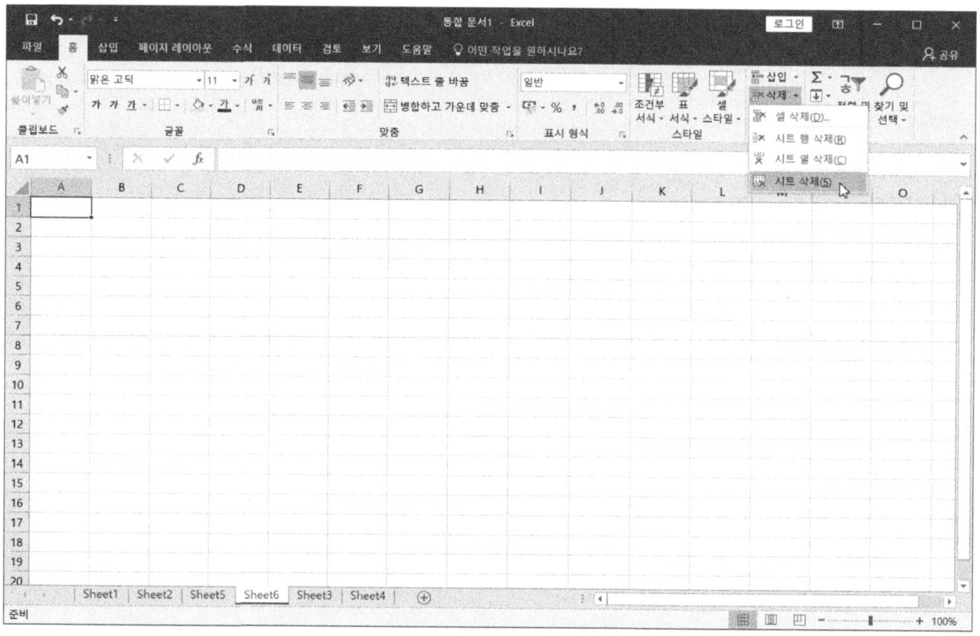

*삭제하려는 워크시트에 데이터가 있는 경우 다음과 같은 대화상자가 나타난다.

3 이름 변경

워크시트 이름을 원하는 이름으로 변경하여 사용할 수 있다.

① [Sheet1]을 선택한 후 [홈] 탭-[셀]-[서식] 목록 단추-[시트 이름 바꾸기] 명령을 선택하거나 오른쪽 버튼 [시트 이름 바꾸기]를 클릭한다.

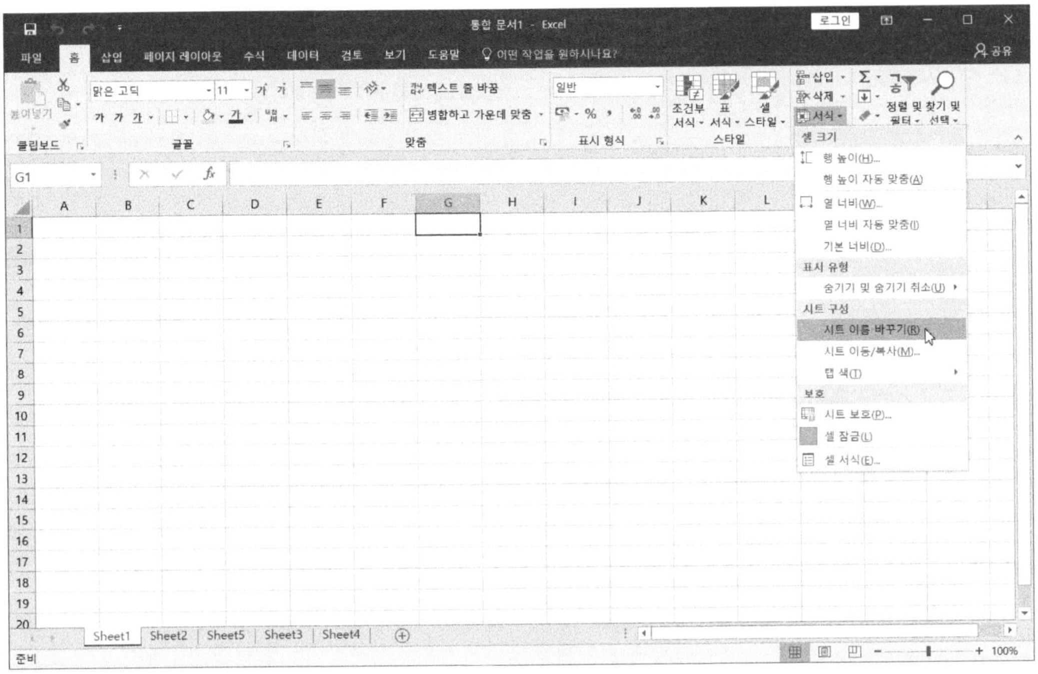

② 시트 이름이 블록으로 설정되면 '워크시트1'을 입력한 후 Enter↵를 누른다.

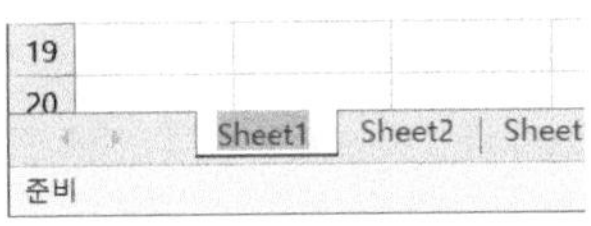

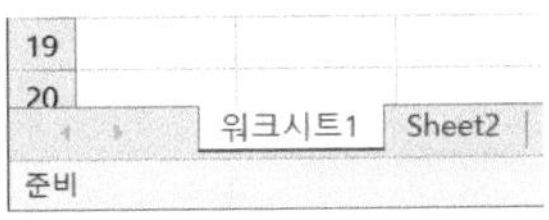

③ 시트 이름 변경 방법 중 변경할 시트를 더블 클릭하여 변경할 이름으로 입력한 후 Enter↵를 누른다.

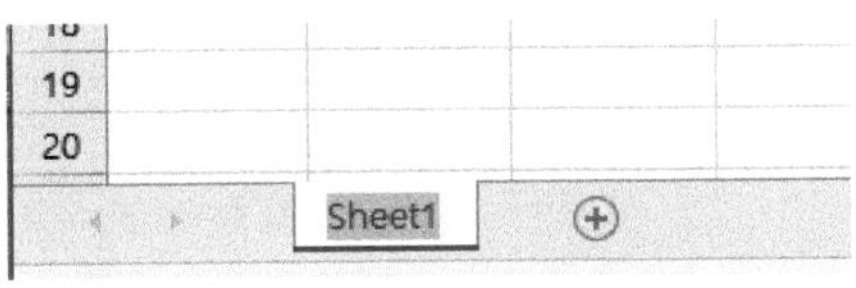

4 이동/복사

워크시트 순서를 사용자가 원하는 위치로 이동시키거나 다른 통합문서로 이동/복사 할 수 있다.

① [Sheet5]를 선택하여 [홈] 탭-[셀] 그룹-[서식] 목록 단추-[시트 이동/복사] 명령을 선택하거나 시트 탭을 선택하고 마우스 오른쪽 단추를 눌러 바로가기 메뉴에서 이동/복사를 선택한다.

② (끝으로 이동)을 선택한 후 [확인]을 누른다.

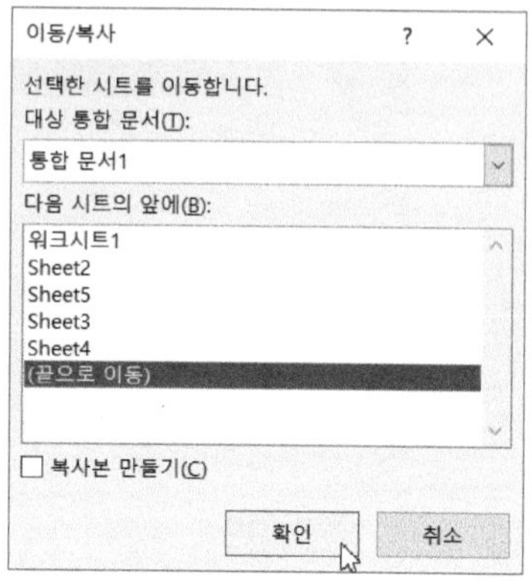

③ [워크시트1]을 선택한 후 [홈] 탭-[셀] 그룹-[서식] 목록 단추-[시트 이동/복사] 명령을 선택한다.

④ 이동/복사 대화상자의 [다음 시트의 앞에(B):]는 [Sheet2]를 선택하고 아래쪽 [복사본 만들기]를 선택한 후 [확인]을 누른다.

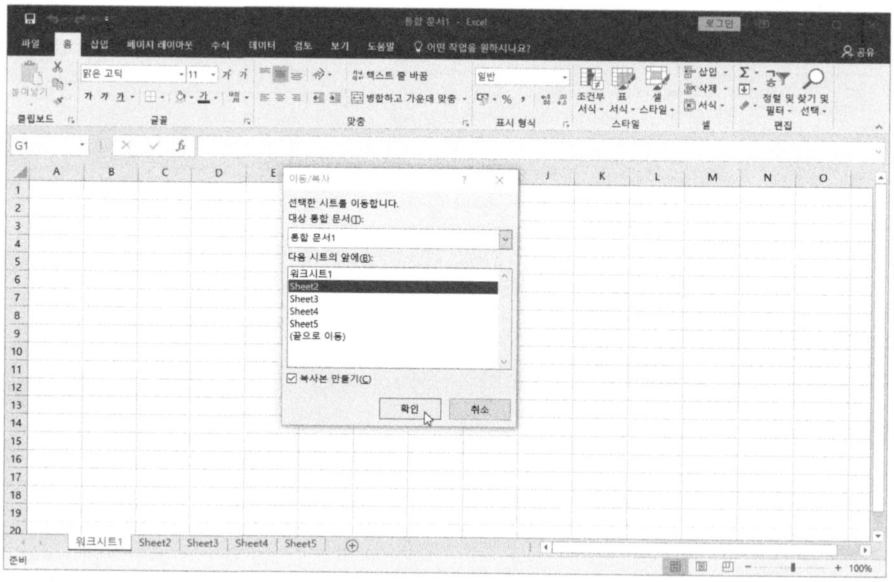

⑤ [워크시트1]의 복사본이 [Sheet2] 앞에 만들어진다.

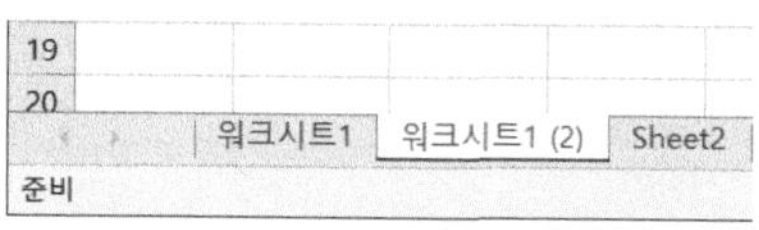

TIP |

마우스를 이용하여 간단히 시트를 이동하려면 선택한 시트를 마우스 왼쪽 단추를 눌러 시트 탭들 위로 드래그 한다. ▼모양이 원하는 위치에 있을 때 마우스를 놓는다.

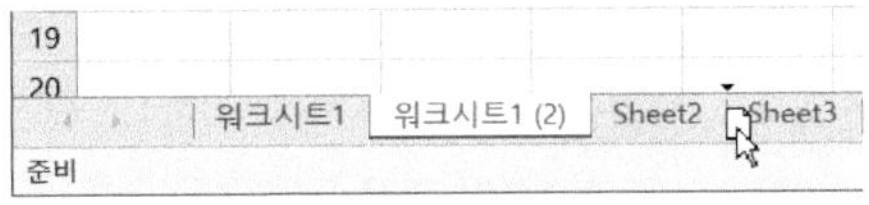

TIP |

복사를 하려면 Ctrl를 누른 채 이동과 동일한 방법으로 시트를 끌고 마우스를 놓은 다음 Ctrl를 놓는다.

5 시트 탭 색

중요한 워크시트 탭에 색을 표시하여 강조할 수 있다.

① [Sheet5]를 선택한 후 [홈] 탭–[셀] 그룹–[서식] 목록 단추–[탭 색]의 색상을 선택하거나 탭 이름 위에서 마우스 오른쪽 단추를 눌러 바로가기 메뉴의 [탭 색]을 선택한다.

② [테마색]의 '검정, 텍스트1'을 선택한다. 시트 탭의 색상이 변경된다.

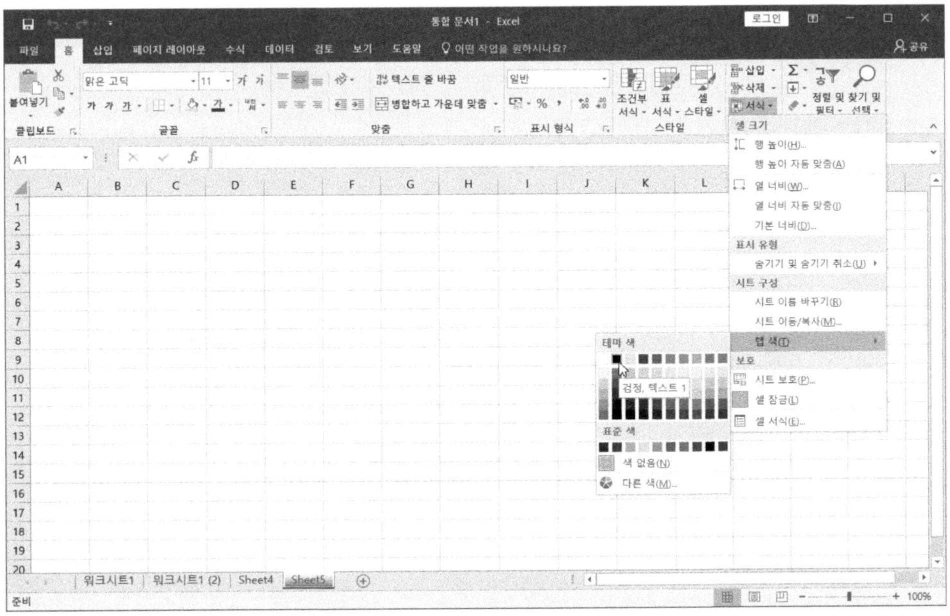

TIP | 탭 색 제거하기

[홈] 탭–[셀] 그룹–[서식] 목록 단추–[탭 색]의 [색 없음]을 선택하거나 탭 이름 위에서 마우스 오른쪽 단추를 눌러 바로가기 메뉴의 [탭 색]의 [색 없음]을 선택한다.

6 시트 옵션

현재 워크시트의 눈금선 표시, 색 조정 및 머리글 바닥글 옵션을 설정하여 워크시트를 변경할 수 있다.

① [Sheet5]를 선택한 후 [페이지 레이아웃] 탭–[시트 옵션] 그룹–[눈금선]–[보기]의 체크를 지우거나 [보기] 탭–[표시/숨기기] 그룹–[눈금선] 체크를 지운다.

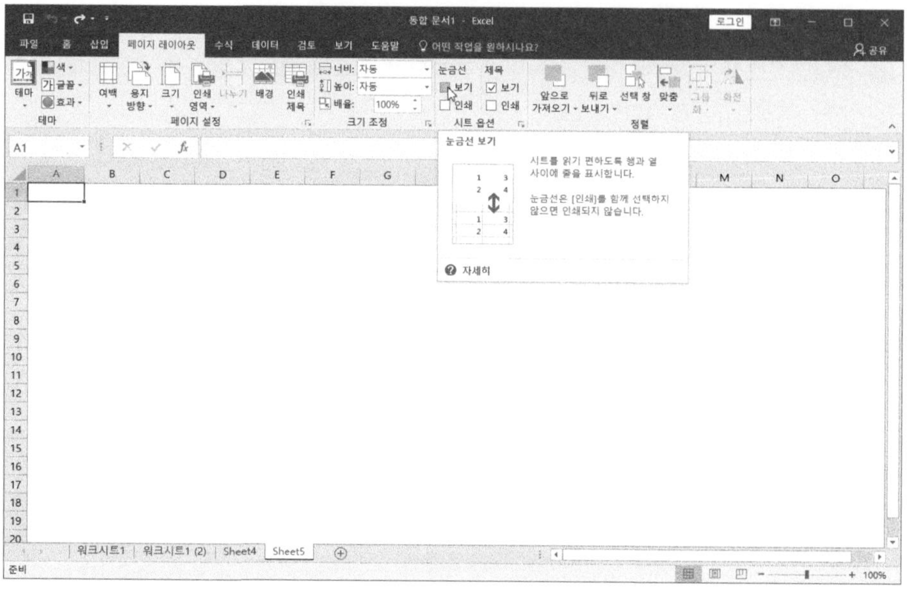

② [Sheet5]를 선택한 후 [페이지 레이아웃] 탭–[시트옵션] 그룹–[제목]–[보기]의 체크를 지우거나 [보기] 탭–[표시/숨기기] 그룹–[머리글] 체크를 지운다.

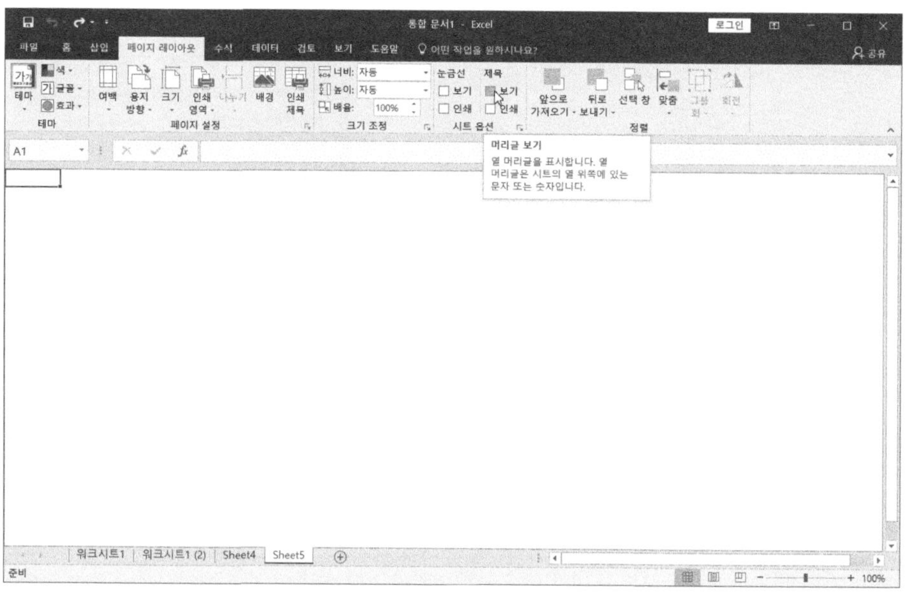

TIP | **워크시트의 눈금선색 변경하기**

[파일]-[옵션]을 선택한다. [Excel 옵션] 대화상자의 [고급]-[이 워크시트의 표시 옵션] 중 눈금선 표시를 선택한 후 [눈금선 색] 목록 단추를 선택하여 원하는 색상을 선택한다.

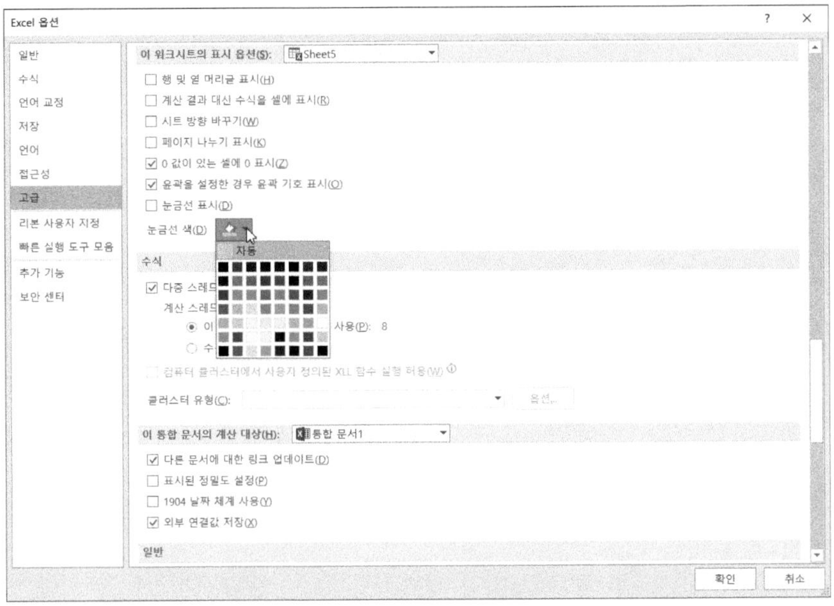

문제파일 : 연습문제4.xlsx / 정답파일 : 연습문제4(완성).xlsx

01 [2019년] 시트를 삭제하시오.

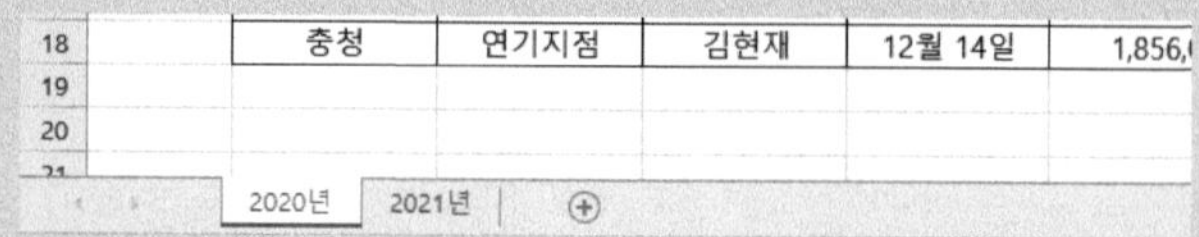

02 새 워크시트를 추가하여 시트 이름을 '합계'로 변경하시오.

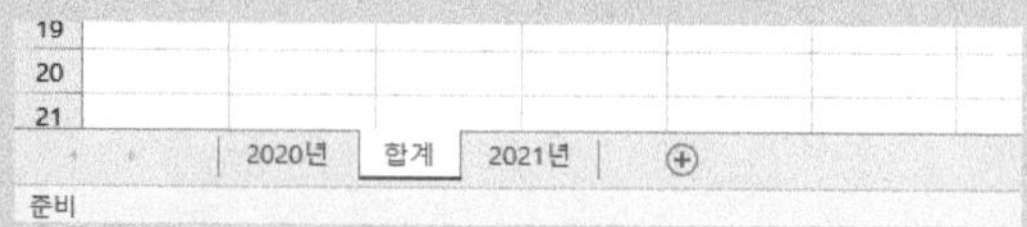

03 [합계] 시트를 [2021년] 시트 뒤로 이동하시오.

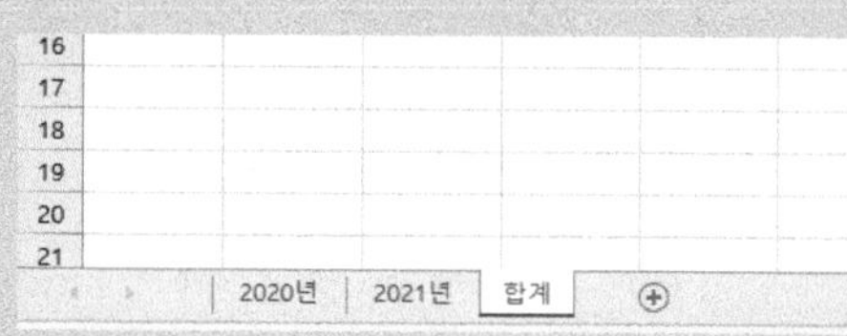

04 [2021년] 뒤에 시트 [2020] 시트를 복사하고 시트이름을 '2022'년으로 변경하시오.

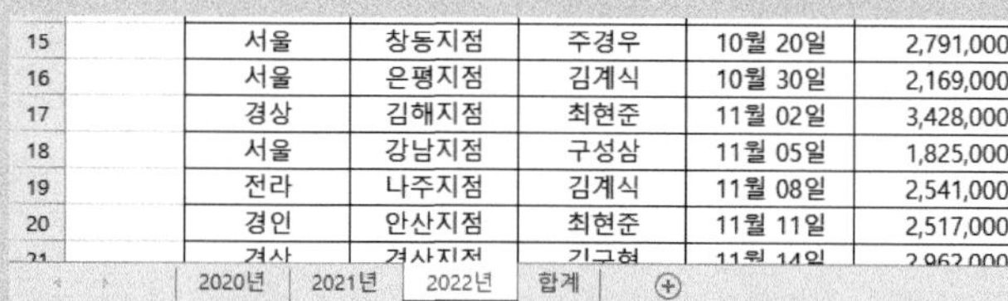

05 [2022년] 시트에 눈금선을 제거하고 탭색을 '주황, 강조 6, 40% 더 밝게'로 변경하시오.

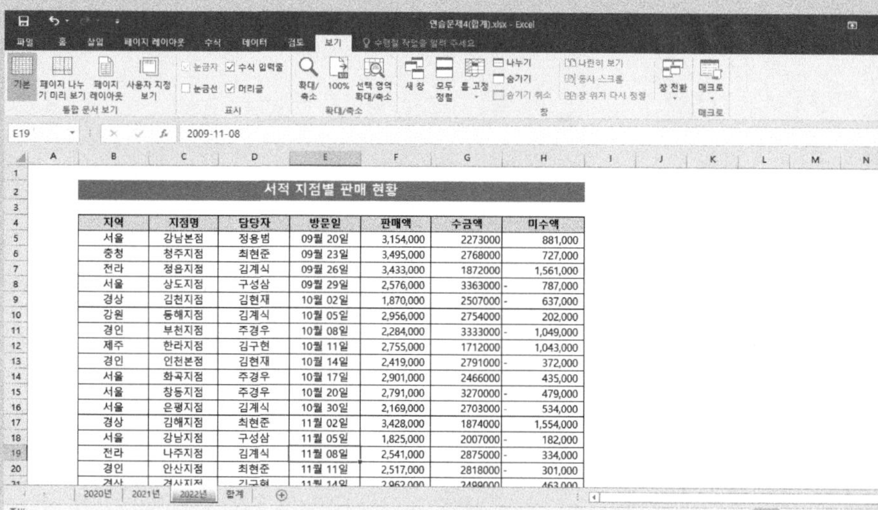

CHAPTER 03

셀 서식 및 레이아웃 적용

CHAPTER 03 | 셀 서식 및 레이아웃 적용

학습목표

- 표시형식 및 사용자 지정 표시형식을 설정할 수 있다.
- 셀 스타일 및 표 서식을 사용할 수 있다.
- 워크시트에 테마를 적용할 수 있다.

예제파일 : 셀서식.xlsx / **완성파일** : 셀서식(완성).xlsx

3-1 셀 서식

셀 서식은 셀에 입력된 데이터를 사용자가 원하는 형식으로 표시해 주는 기능으로 입력한 데이터의 속성은 그대로 유지하며 화면에 보이는 형식만 다르게 표시하는 특징을 가지는 기능이다. 예를 들어 숫자 뒤에 텍스트를 입력해도 계산이 되거나 날짜를 원하는 대로 표시할 수 있다.

1 표시형식

표시형식을 적용하면 계산을 실행하는데 사용되는 실제 셀 값에 영향을 주지 않는다.

① [B4:D13]셀 영역을 선택한 후 [홈] 탭-[표시형식] 그룹-[쉼표 스타일] 명령을 선택한다.

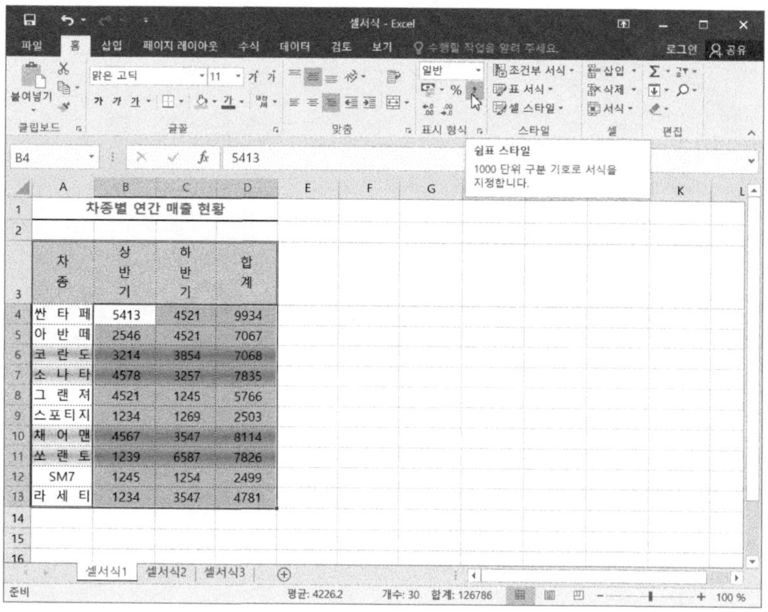

② 예제파일의 [셀서식2] 워크시트를 선택한 후 [A2:A6]셀 영역을 선택하고 [홈] 탭-[표시형식] 그룹-[회계 표시형식] 목록 단추-[한국어]를 선택한다.

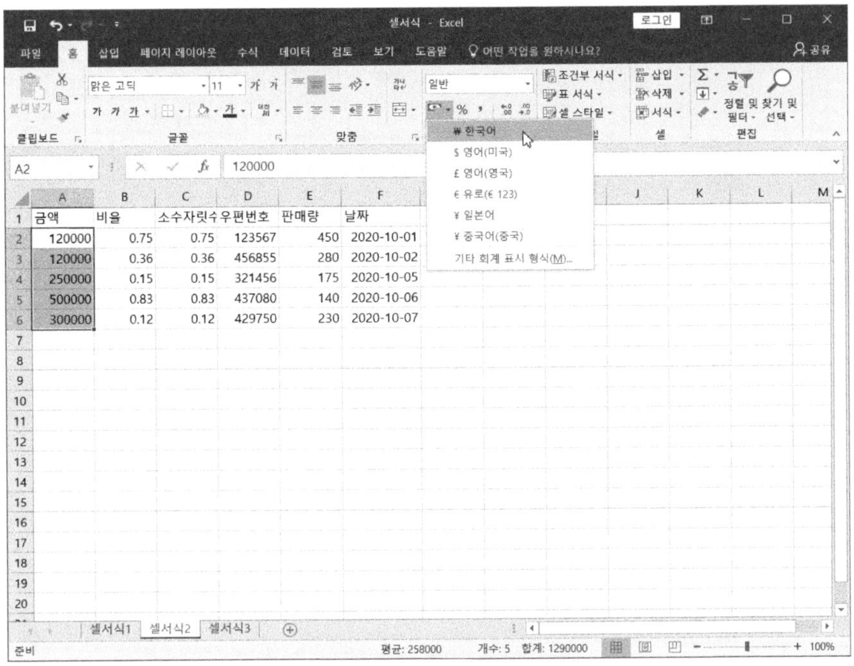

③ [B2:B6]셀 영역을 선택하고 [백분율 스타일]을 선택한다. 결과는 셀 값이 %로 환산되어 결과에 %를 붙여준다.

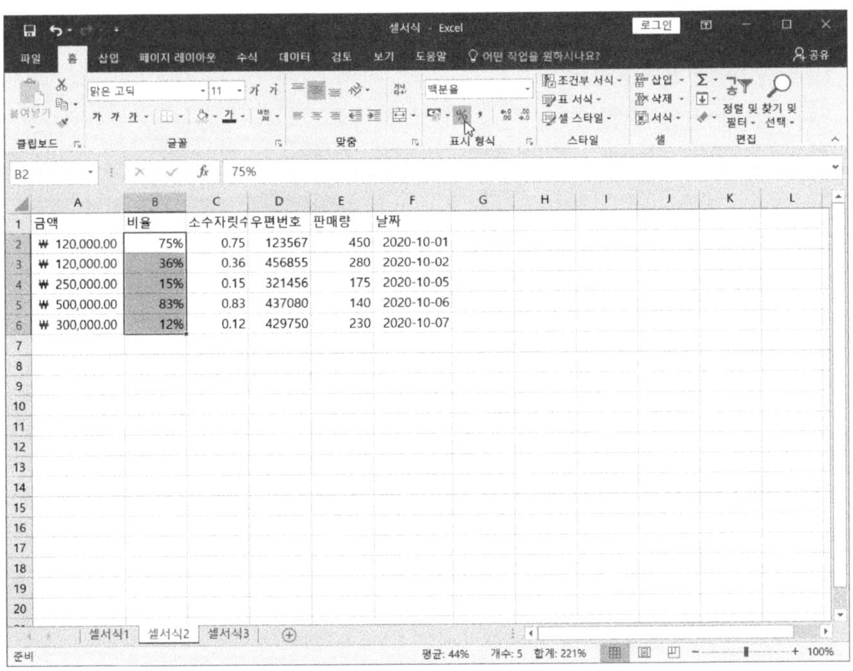

④ [C2:C6]셀 영역을 선택하고 [홈] 탭-[표시형식] 그룹-[자릿수 줄임] 명령을 선택한다. 소수 이하 자릿수를 늘리거나 쉽게 줄일 수 있다.

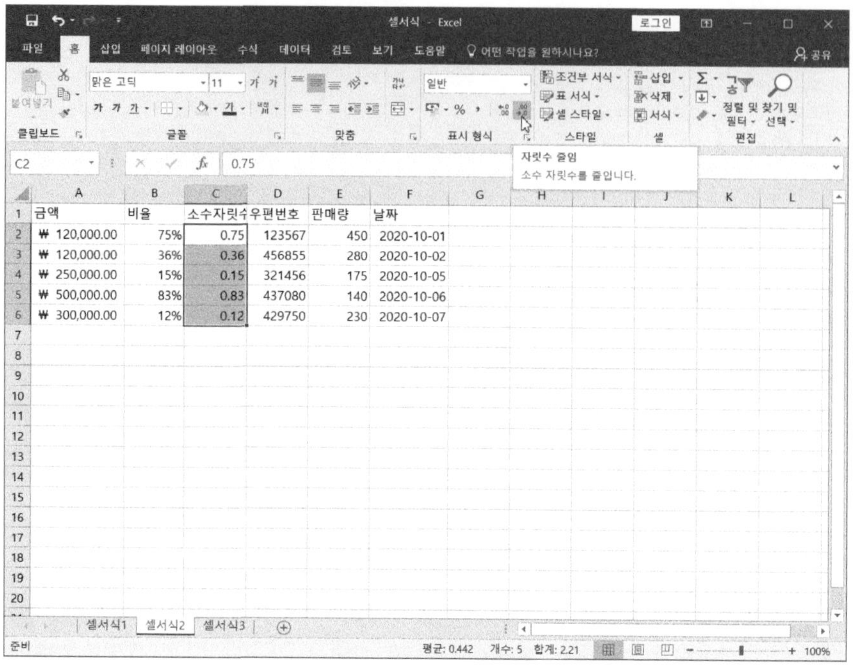

⑤ 우편번호 데이터 [D2:D6]셀 영역을 선택하고 [홈] 탭-[표시형식] 그룹-그룹의 대화상자 표시 아이콘( )을 선택한다.

⑥ [셀 서식] 대화상자-[표시형식] 탭이 나타나며 범주 : 기타, 형식 : 우편번호를 선택한 후 [확인]을 누른다.

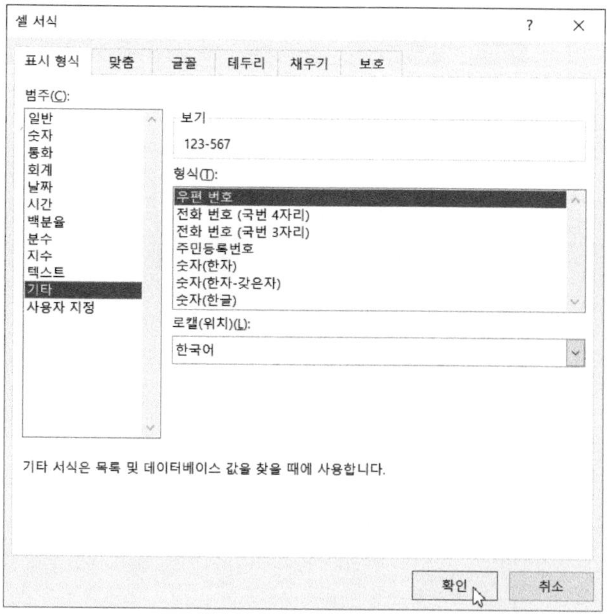

기본적으로 제공되는 표시 형식에 원하는 서식이 없다면 사용자가 직접 지정하여 요구에 맞는 표시 형식을 지정 할 수 있다. 사용자 지정서식은 표시되는 값에만 영향을 주며 실제 셀 안에 입력된 값은 변하지 않는다.

2 사용자 지정 형식

*사용자 지정서식에서 세미콜론(;)은 [양수] ; [음수] ; [0] ; [텍스트]의 구분자로 사용되며, 각 조건별로 사용자 지정서식을 적용할 수 있다.

색 및 조건서식	설명
[색상명]	데이터를 색상표에 있는 특정 색으로 표시 색 이름 [파랑], [청록], [녹색], [보라], [빨강], [노랑]과 같이 사용함
양수;음수;0;텍스트	세미콜론(;)은 조건을 구분하는 기호
[조건식]	숫자 데이터 앞에 비교 연산자 (>,<,>=,<=,<>)와 함께 표시하여 조건지정

*만약 음수 또는 0을 숨기고 싶을 경우, 세미콜론 뒤 서식을 비우면 된다(예 : [0;;]를 입력하면 음수와 양수는 표시되지 않는다).

서식	설명	입력데이터	표시형식	결과값
#	숫자 입력값이 0인 경우 그 값이 생략되어 표시되지 않으며 실수의 소수점 이하의 자릿수는 생략시 반올림	0 12.45	#원 #.#	원 12.5
0	숫자 입력값이 0인 경우 그 자릿수를 0으로 표시	0	0원	0원
#,##0	천 단위마다 구분기호 콤마(,)를 표시함	100000 100000	#,##0원 (₩#,##0)	100,000원 (₩100,000)
#,##0,	숫자 데이터 뒤에 콤마(,)를 추가할 때 마다 천단위 생략	14500000	#,##0,	14,500
@	문자 데이터에 데이터추가	공주	@대학교	공주대학교
y	연도표시	2020/06/01	yyyy	2020
m	월표시	2020/06/01	mm m	06 6
d	일표시	2020/06/01	dd d	01 1
aaa	한글 요일	2020/06/01	aaa aaaa	월 월요일
ddd/dddd	영문 요일	2020/06/01	ddd/dddd	Mon Monday,

① 판매량 데이터 [E2:E6]셀 영역을 선택한 후 [홈] 탭–[표시형식] 그룹–그룹의 대화상자 표시 아이콘( )을 선택하여 [셀 서식] 대화상자–[표시형식] 탭의 범주:사용자 지정 형식을 선택한다.

② 형식에 '#,##0 개'를 입력한 후 [확인]을 누른다.

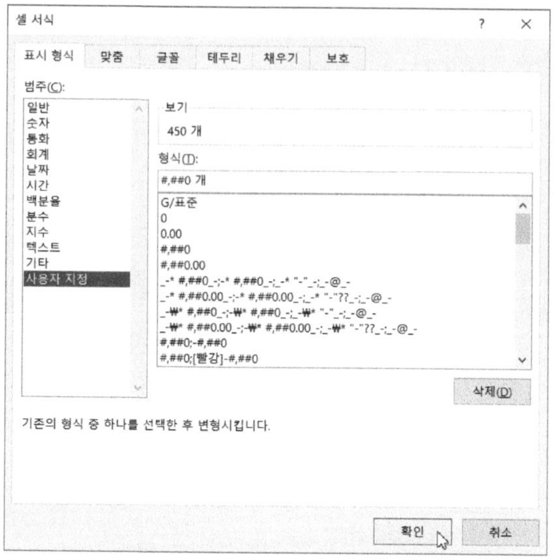

③ 날짜 데이터 [F2:F6]셀 영역을 선택한 후 [홈] 탭–[표시형식] 그룹–그룹의 대화상자 표시 아이콘( )을 선택하여 [셀 서식] 대화상자–[표시형식] 탭의 [범주:사용자 지정 형식]을 선택한다.

④ 형식에 'yyyy 년 mm–dd'를 입력한 후 [확인]을 누른다.

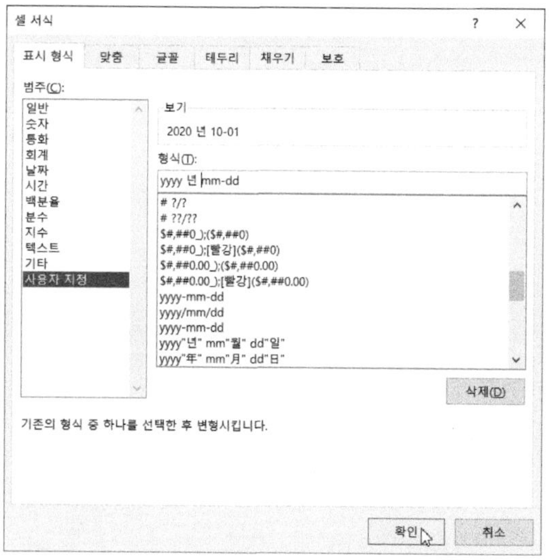

3-2 셀 스타일

셀 스타일은 글꼴, 표시형식, 셀 테두리 및 셀 음영, 맞춤 등 셀 서식의 특성이 정의된 집합으로 여러 가지 서식을 한 번에 적용할 수 있고 여러 셀에 일관된 셀 서식을 적용할 수 있다.

예제파일 : 셀서식.xlsx / **완성파일** : 셀서식(완성).xlsx

1 셀 스타일 적용/수정

셀 서식을 워크시트에 직접 적용하여 작성된 데이터를 쉽게 수정할 수 있다.

① 예제파일의 [셀서식3] 워크시트를 선택하여 [A1:D1], [A13:F13]셀 영역을 다중 선택한다.

② [홈] 탭-[스타일] 그룹-[셀 스타일] 목록 단추-제목 및 머리글의 [제목3]을 선택한다.

③ [B2:C11], [A14:A18]셀 영역에 숫자 서식의 '쉼표[0]'을 선택한다.

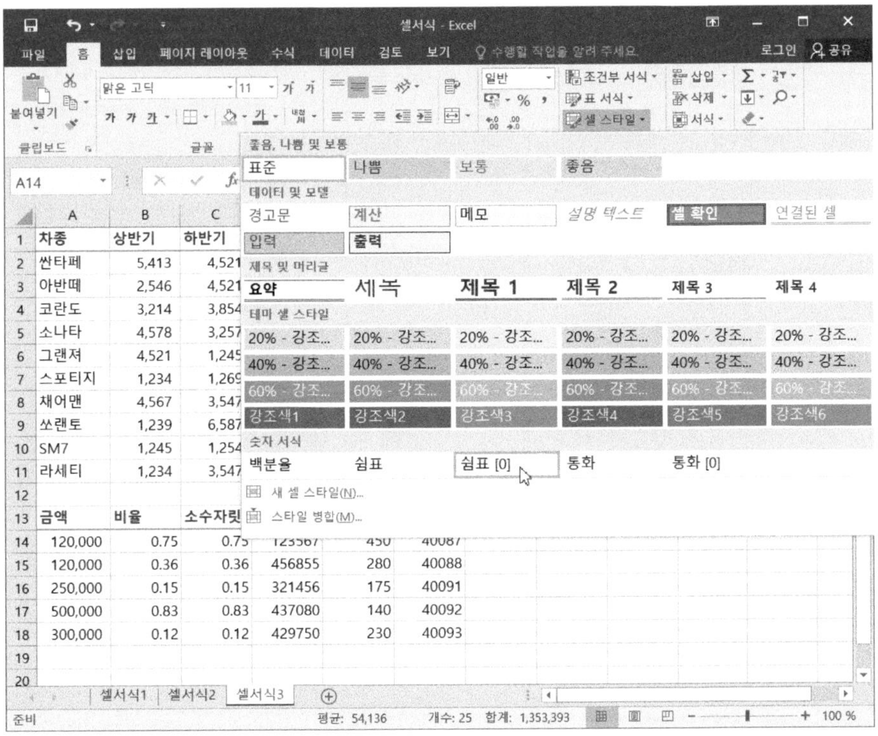

④ [A1:D1], [A13:F13]셀 영역을 선택한 후 [홈] 탭–[스타일] 그룹–[셀 스타일] 목록 단추–[제목 및 머리글] 스타일의 '제목3' 위에서 마우스 오른쪽 단추를 눌러 [수정]을 선택한다.

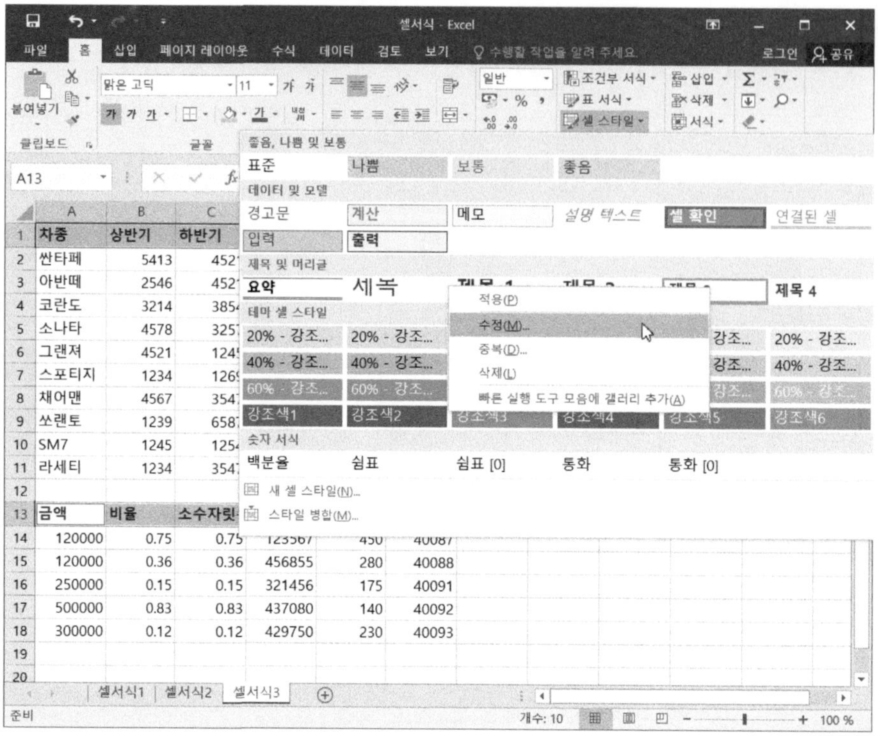

⑤ 스타일 대화상자의 [서식]을 누른다.

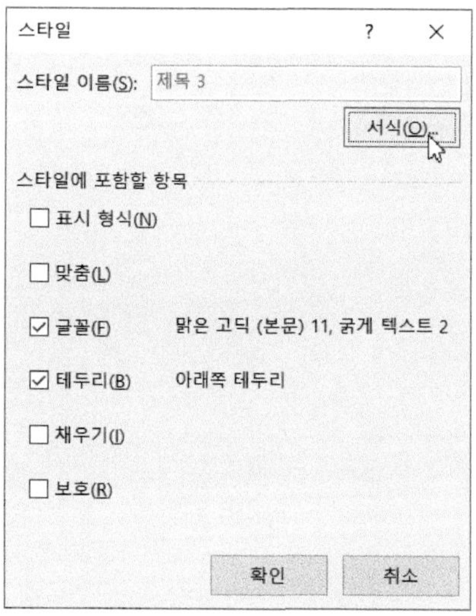

⑥ [셀 서식] 대화상자–[맞춤] 탭의 가로(H):–'가운데'를 선택한 후 [확인]을 누른다.

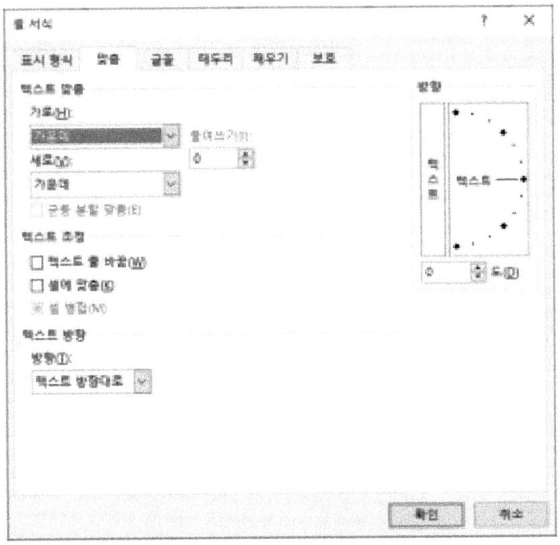

⑦ [스타일] 대화상자-[확인]을 누른다.

⑧ 선택한 영역이 가운데 맞춤으로 적용된다.

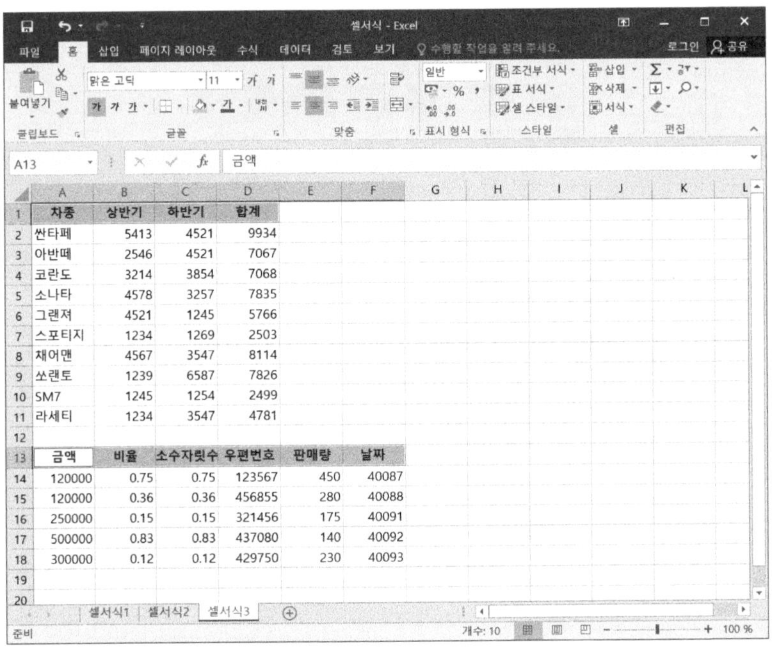

2 표 서식

표 서식은 표 스타일 기능을 활용하여 테두리 기능 및 다양한 표 작업 및 디자인을 바로 적용할 수 있다.

① [셀서식3]워크시트의 [홈] 탭-[스타일] 그룹-[표 서식] 목록 단추를 눌러 '표 스타일 밝게1'을 선택한다.

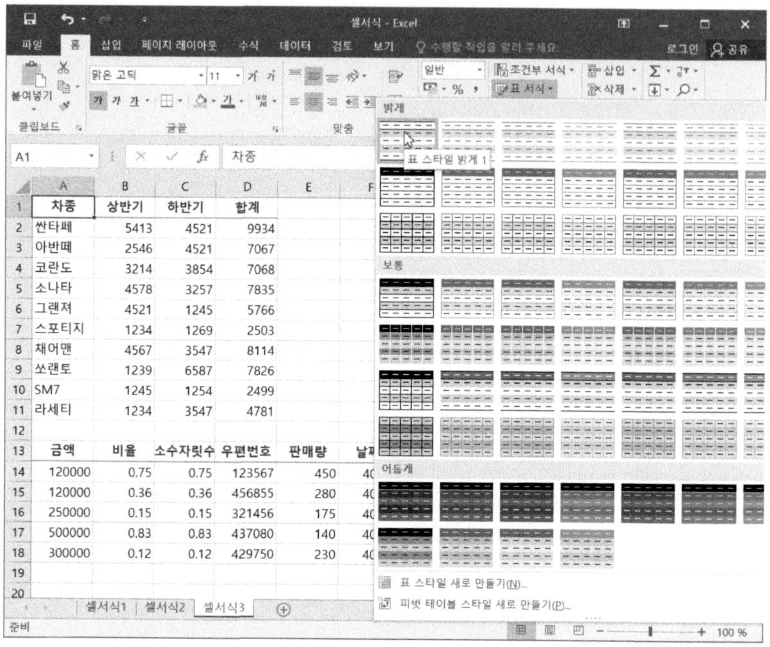

② 표 서식 대화상자에 표 서식이 적용될 데이터 [A1:D11]셀 영역을 선택한다.

③ 머리글 포함에 체크한 후 [확인]을 누른다.

④ 표 스타일이 적용되면 [표 도구]-[디자인] 탭이 설정되어 표 스타일을 쉽게 바꿀 수 있으며 옵션을 사용할 수 있다.

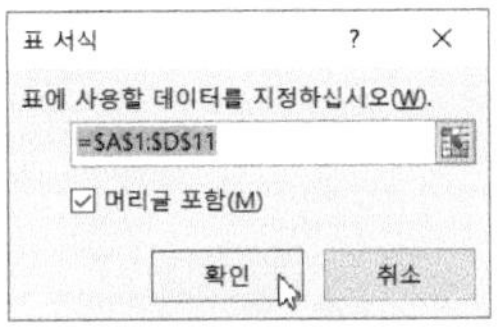

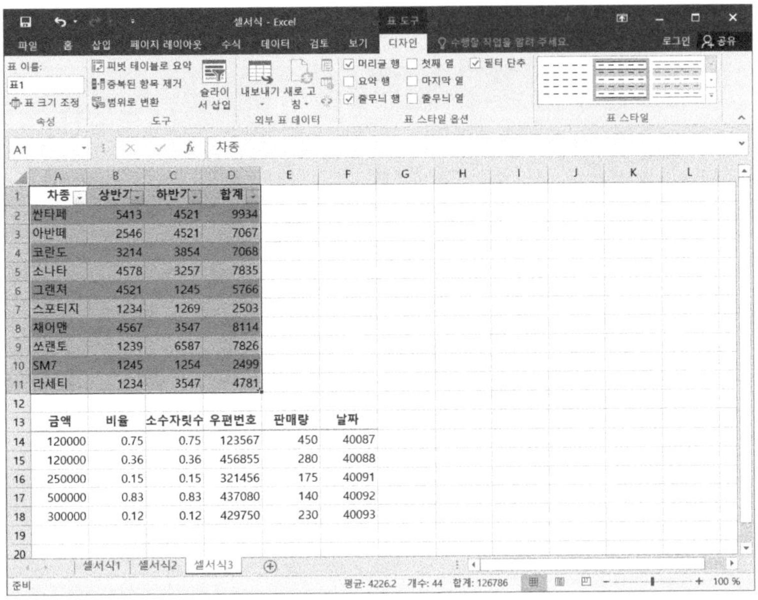

TIP | 표 스타일 옵션

- 머리글 행 : 표 영역의 첫 번째 행
- 요약 행 : 표 영역의 마지막 행
- 줄무늬 행 : 표 영역의 채우기 색이 적용된 행
- 첫째열 : 표 영역의 첫 번째 열
- 마지막 열 : 표 영역의 마지막 열
- 줄무늬 열 : 표 영역의 채우기 색이 적용된 열

⑤ 표 범위 내의 셀을 선택한 후 [디자인] 탭–[도구] 그룹–[범위로 변환] 명령을 선택하거나 마우스 오른쪽 단추를 눌러 [표] 메뉴–[범위로 변환]을 선택한다.

⑥ 다음 대화창의 [예]를 누른다.

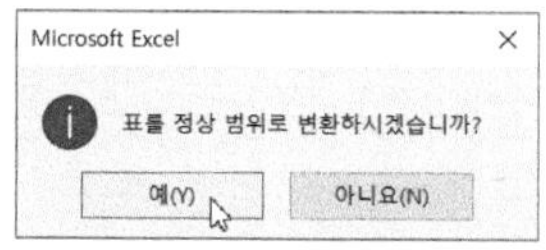

TIP | 표 삽입

데이터 범위를 선택하거나 데이터 범위 내에 셀 포인터를 선택한 후 [삽입] 탭–[표] 그룹–[표] 명령을 선택한다. 데이터 영역을 지정한 후 머리글이 있는 경우 머리글 포함을 선택한 후 [확인]을 누른다.

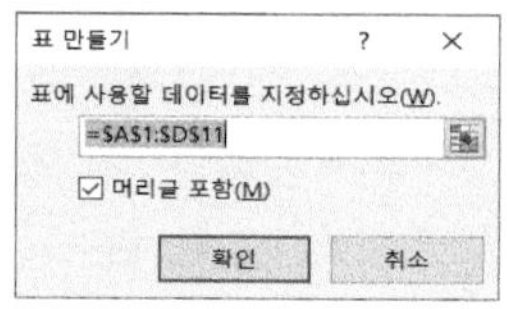

3 테마

열려있는 문서 전체 워크시트의 글꼴, 선 및 채우기 효과 등을 한 번에 간단하게 지정할 수 있다. [페이지 레이아웃] 탭-[테마] 그룹-[테마] 목록 단추를 눌러 '소포'를 선택한다. 워크시트의 내용이 테마에 맞게 적용된다.

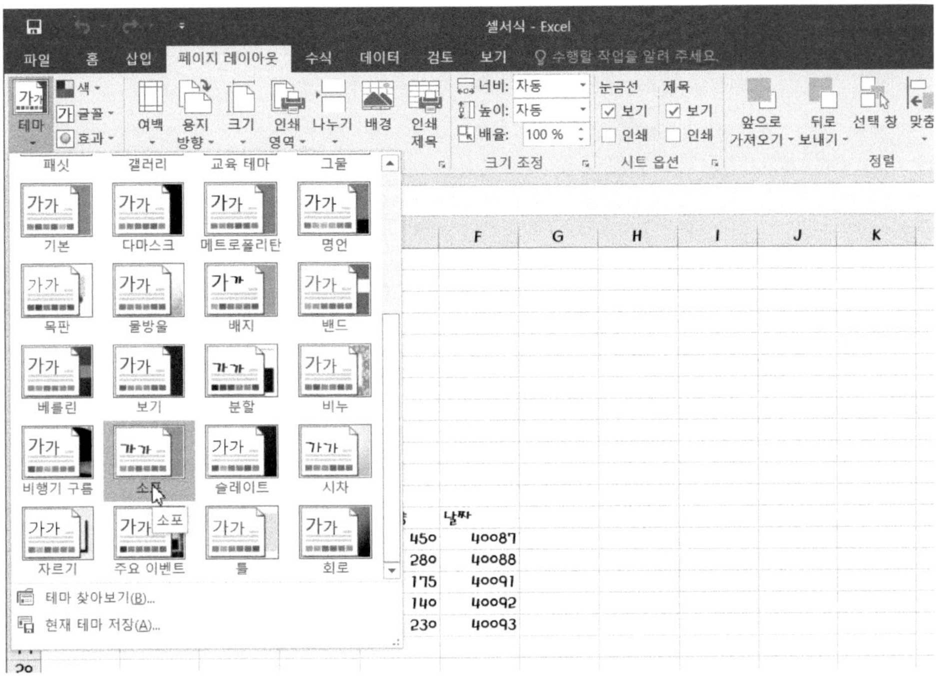

TIP |

- 색 : 현재 테마의 색을 변경한다.
- 글꼴 : 현재 테마의 글꼴을 변경한다.
- 효과 : 현재 테마의 효과를 변경한다.

연습문제 03-1

문제파일 : 연습문제5.xlsx / 정답파일 : 연습문제5(완성).xlsx

01 [A2]셀에 '맑은고딕(제목),16pt, 굵은 기울임꼴'을 적용하시오.

02 [A2:F2]셀 영역을 하나의 셀로 병합 후 가운데로 정렬하시오.

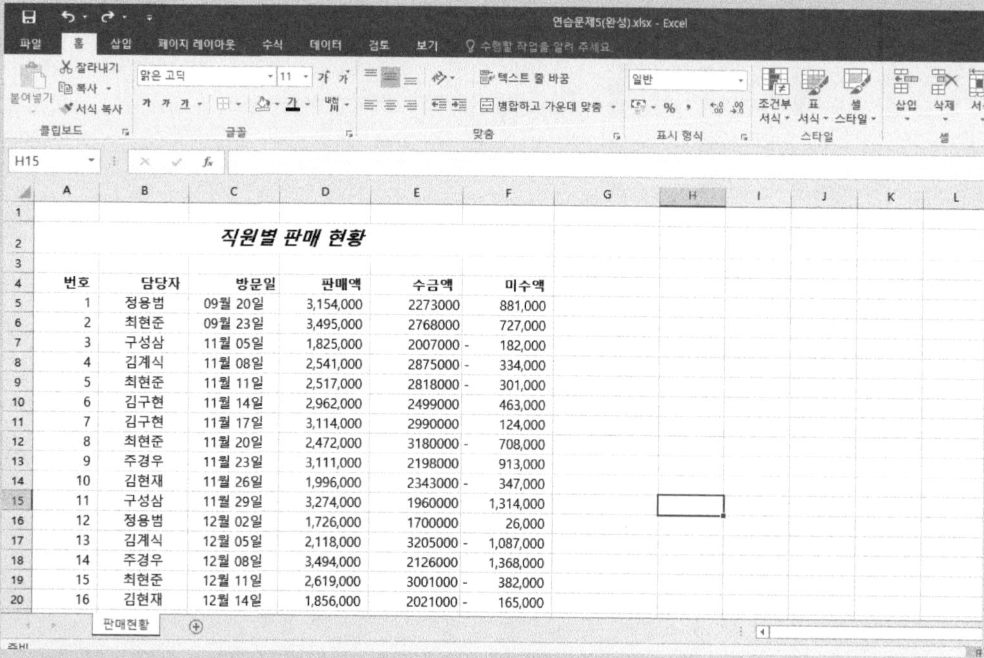

	A	B	C	D	E	F
2	***직원별 판매 현황***					
4	번호	담당자	방문일	판매액	수금액	미수액
5	1	정용범	09월 20일	3,154,000	2273000	881,000
6	2	최현준	09월 23일	3,495,000	2768000	727,000
7	3	구성삼	11월 05일	1,825,000	2007000	- 182,000
8	4	김계식	11월 08일	2,541,000	2875000	- 334,000
9	5	최현준	11월 11일	2,517,000	2818000	- 301,000
10	6	김구현	11월 14일	2,962,000	2499000	463,000
11	7	김구현	11월 17일	3,114,000	2990000	124,000
12	8	최현준	11월 20일	2,472,000	3180000	- 708,000
13	9	주경우	11월 23일	3,111,000	2198000	913,000
14	10	김현재	11월 26일	1,996,000	2343000	- 347,000
15	11	구성삼	11월 29일	3,274,000	1960000	1,314,000
16	12	정용범	12월 02일	1,726,000	1700000	26,000
17	13	김계식	12월 05일	2,118,000	3205000	- 1,087,000
18	14	주경우	12월 08일	3,494,000	2126000	1,368,000
19	15	최현준	12월 11일	2,619,000	3001000	- 382,000
20	16	김현재	12월 14일	1,856,000	2021000	- 165,000

03 번호 [A5:A20]열의 앞에 '0'을 붙여서 3자리(001)로 표시되도록 셀서식을 설정하시오.

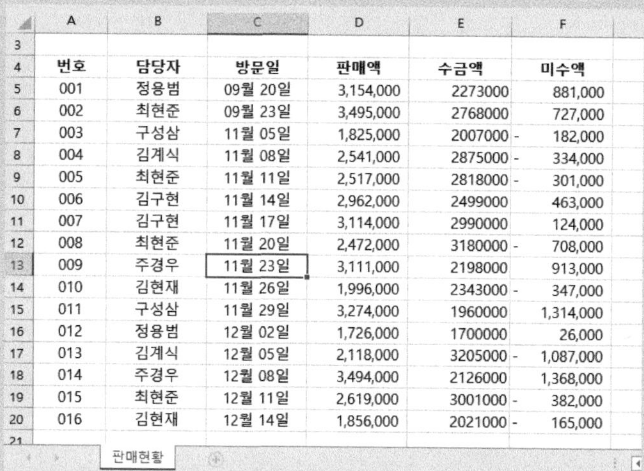

	A	B	C	D	E	F
4	번호	담당자	방문일	판매액	수금액	미수액
5	001	정용범	09월 20일	3,154,000	2273000	881,000
6	002	최현준	09월 23일	3,495,000	2768000	727,000
7	003	구성삼	11월 05일	1,825,000	2007000	- 182,000
8	004	김계식	11월 08일	2,541,000	2875000	- 334,000
9	005	최현준	11월 11일	2,517,000	2818000	- 301,000
10	006	김구현	11월 14일	2,962,000	2499000	463,000
11	007	김구현	11월 17일	3,114,000	2990000	124,000
12	008	최현준	11월 20일	2,472,000	3180000	- 708,000
13	009	주경우	11월 23일	3,111,000	2198000	913,000
14	010	김현재	11월 26일	1,996,000	2343000	- 347,000
15	011	구성삼	11월 29일	3,274,000	1960000	1,314,000
16	012	정용범	12월 02일	1,726,000	1700000	26,000
17	013	김계식	12월 05일	2,118,000	3205000	- 1,087,000
18	014	주경우	12월 08일	3,494,000	2126000	1,368,000
19	015	최현준	12월 11일	2,619,000	3001000	- 382,000
20	016	김현재	12월 14일	1,856,000	2021000	- 165,000

04 방문일 [C5:C20]열의 날짜표시 형식을 년.월.일(2020.09.20) 형식으로 표시되도록 셀서식을 설정하시오.

	A	B	C	D	E	F
3						
4	번호	담당자	방문일	판매액	수금액	미수액
5	001	정용범	2020.09.20	3,154,000	2273000	881,000
6	002	최현준	2020.09.23	3,495,000	2768000	727,000
7	003	구성삼	2020.11.05	1,825,000	2007000	- 182,000
8	004	김계식	2020.11.08	2,541,000	2875000	- 334,000
9	005	최현준	2020.11.11	2,517,000	2818000	- 301,000
10	006	김구현	2020.11.14	2,962,000	2499000	463,000
11	007	김구현	2020.11.17	3,114,000	2990000	124,000
12	008	최현준	2020.11.20	2,472,000	3180000	- 708,000
13	009	주경우	2020.11.23	3,111,000	2198000	913,000
14	010	김현재	2020.11.26	1,996,000	2343000	- 347,000
15	011	구성삼	2020.11.29	3,274,000	1960000	1,314,000
16	012	정용범	2020.12.02	1,726,000	1700000	26,000
17	013	김계식	2020.12.05	2,118,000	3205000	- 1,087,000
18	014	주경우	2020.12.08	3,494,000	2126000	1,368,000
19	015	최현준	2020.12.11	2,619,000	3001000	- 382,000
20	016	김현재	2020.12.14	1,856,000	2021000	- 165,000

판매현황

05 방문일 [C5:C20]열의 날짜에 요일을 표시되도록 셀서식을 설정하시오.

	A	B	C	D	E	F
3						
4	번호	담당자	방문일	판매액	수금액	미수액
5	001	정용범	2020.09.20(일)	3,154,000	2273000	881,000
6	002	최현준	2020.09.23(수)	3,495,000	2768000	727,000
7	003	구성삼	2020.11.05(목)	1,825,000	2007000	- 182,000
8	004	김계식	2020.11.08(일)	2,541,000	2875000	- 334,000
9	005	최현준	2020.11.11(수)	2,517,000	2818000	- 301,000
10	006	김구현	2020.11.14(토)	2,962,000	2499000	463,000
11	007	김구현	2020.11.17(화)	3,114,000	2990000	124,000
12	008	최현준	2020.11.20(금)	2,472,000	3180000	- 708,000
13	009	주경우	2020.11.23(월)	3,111,000	2198000	913,000
14	010	김현재	2020.11.26(목)	1,996,000	2343000	- 347,000
15	011	구성삼	2020.11.29(일)	3,274,000	1960000	1,314,000
16	012	정용범	2020.12.02(수)	1,726,000	1700000	26,000
17	013	김계식	2020.12.05(토)	2,118,000	3205000	- 1,087,000
18	014	주경우	2020.12.08(화)	3,494,000	2126000	1,368,000
19	015	최현준	2020.12.11(금)	2,619,000	3001000	- 382,000
20	016	김현재	2020.12.14(월)	1,856,000	2021000	- 165,000

판매현황

06 [D5:F20]숫자 데이터 영역에 통화 표시형식으로 지정하시오.

	A	B	C	D	E	F
3						
4	번호	담당자	방문일	판매액	수금액	미수액
5	001	정용범	2020.09.20(일)	₩3,154,000	₩2,273,000	₩881,000
6	002	최현준	2020.09.23(수)	₩3,495,000	₩2,768,000	₩727,000
7	003	구성삼	2020.11.05(목)	₩1,825,000	₩2,007,000	(₩182,000)
8	004	김계식	2020.11.08(일)	₩2,541,000	₩2,875,000	(₩334,000)
9	005	최현준	2020.11.11(수)	₩2,517,000	₩2,818,000	(₩301,000)
10	006	김구현	2020.11.14(토)	₩2,962,000	₩2,499,000	₩463,000
11	007	김구현	2020.11.17(화)	₩3,114,000	₩2,990,000	₩124,000
12	008	최현준	2020.11.20(금)	₩2,472,000	₩3,180,000	(₩708,000)
13	009	주경우	2020.11.23(월)	₩3,111,000	₩2,198,000	₩913,000
14	010	김현재	2020.11.26(목)	₩1,996,000	₩2,343,000	(₩347,000)
15	011	구성삼	2020.11.29(일)	₩3,274,000	₩1,960,000	₩1,314,000
16	012	정용범	2020.12.02(수)	₩1,726,000	₩1,700,000	₩26,000
17	013	김계식	2020.12.05(토)	₩2,118,000	₩3,205,000	(₩1,087,000)
18	014	주경우	2020.12.08(화)	₩3,494,000	₩2,126,000	₩1,368,000
19	015	최현준	2020.12.11(금)	₩2,619,000	₩3,001,000	(₩382,000)
20	016	김현재	2020.12.14(월)	₩1,856,000	₩2,021,000	(₩165,000)

판매현황

3-3 조건부서식

조건부 서식을 사용하면 특정 조건에 해당하는 셀이나 셀 영역이 강조 표시되고 특수한 값이 강조되고 데이터 막대, 색조, 아이콘 집합 등으로 데이터가 시각화되므로 원하는 값을 쉽게 확인할 수 있다.

예제파일 : 조건부서식.xlsx / **완성파일** : 조건부서식(완성).xlsx

1 새 규칙 지정

[조건부서식지정.xlsx] 파일을 열고 [매출] 워크시트에서 영업점별 매출이 6,000 이상인 경우에 매출 열에 셀 서식을 지정해 본다.

① [매출] 워크시트에서 [C2:C15]셀 영역을 선택하고 [홈] 탭–[스타일] 그룹–[조건부 서식]–[새 규칙] 명령을 실행한다.

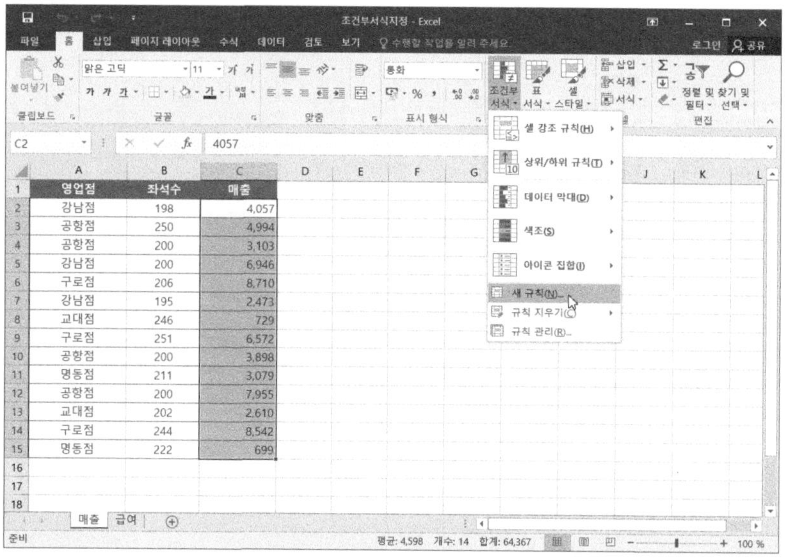

② [새 서식 규칙] 대화상자가 나타나면 규칙 유형 선택은 '다음을 포함하는 셀만 서식 지정'을 선택하고 규칙 설명 편집에는 셀 값을 '>= 6,000'로 지정한 후 셀 서식을 지정하기 위해 [서식]을 누른다.

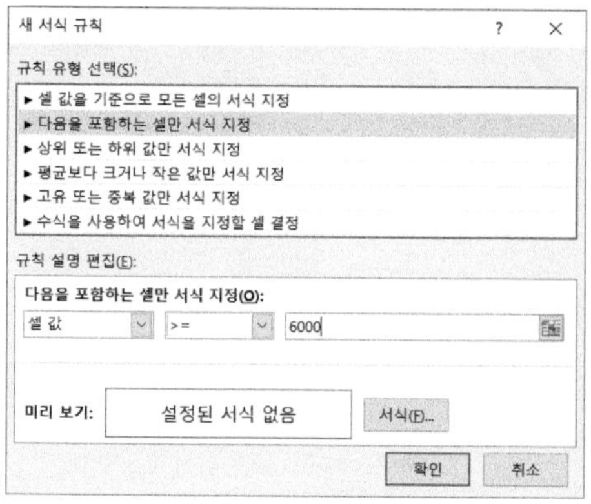

③ [셀 서식] 대화상자 [글꼴] 탭에서 글꼴색은 '빨강'으로 설정하고 글꼴 스타일은 '굵게'로 지정하고 채우기 탭에서 배경색을 '노랑'으로 지정하고 [확인]을 누른 후 [새 서식 규칙] 대화상자가 나타나면 [확인]을 누른다.

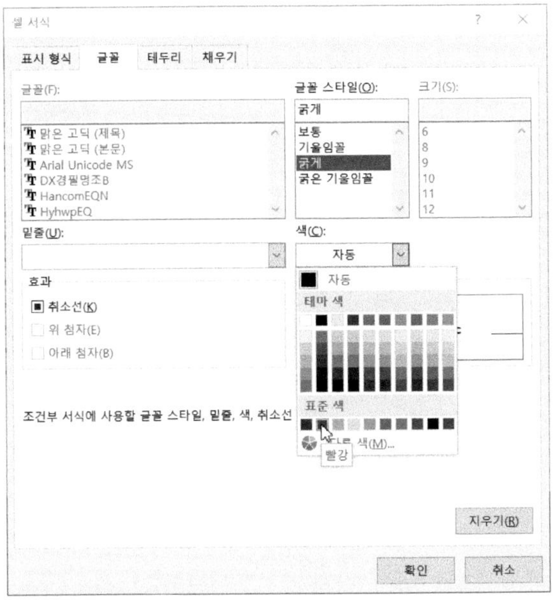

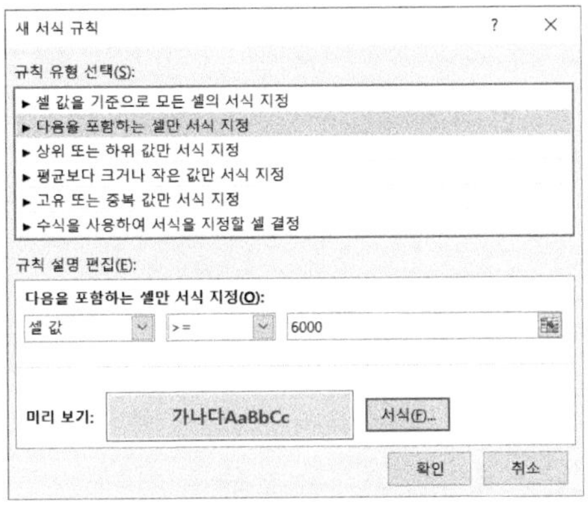

④ 매출이 '6,000' 이상인 셀에만 셀 서식이 적용된다.

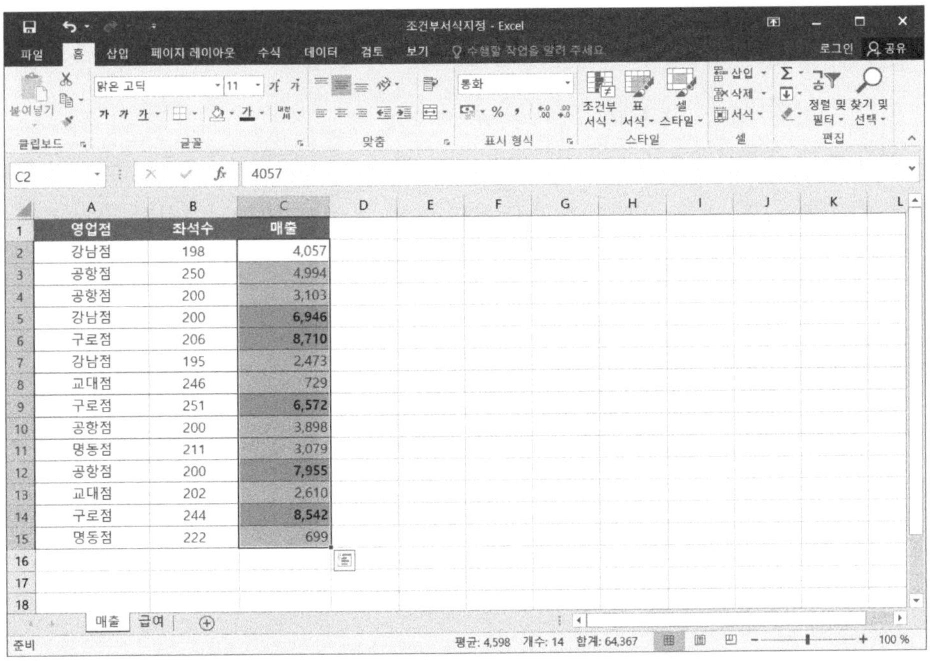

2 조건부 서식 규칙 관리자

[조건부 서식 규칙 관리자]를 사용하여 통합문서에서 새로운 조건부 서식 규칙을 만들거나 편집, 삭제할 수 있다. [홈] 탭–[스타일] 그룹–[조건부 서식] 목록 상자에서 [규칙 관리] 명령을 선택하면 [조건부 서식 규칙 관리자] 대화상자가 나타난다.

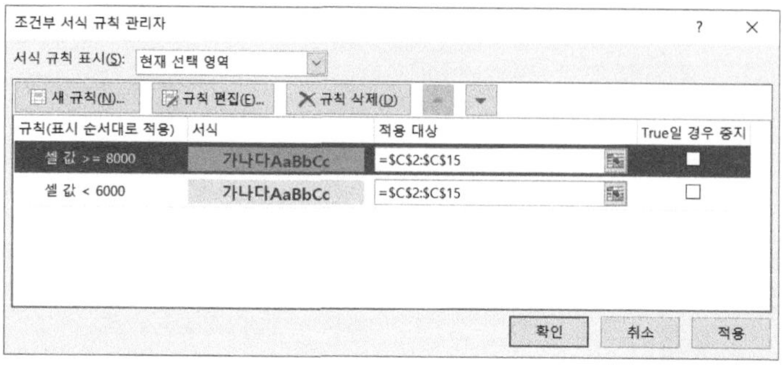

- □ **서식 규칙 표시** : 서식 규칙을 설정해 놓은 대상으로 현재 선택영역, 현재 워크시트에서 서식 규칙을 표시할 범위를 선택한다.
- □ **새 규칙** : [새 서식 규칙] 대화상자에서 새로운 조건부 서식 규칙을 지정한다.
- □ **규칙 편집** : [서식 설정 규칙 편집] 대화상자에서 미리 정의해 놓은 규칙의 조건을 수정 또는 다른 규칙 유형으로 변경한다.
- □ **규칙 삭제** : 규칙 목록 상자에 있는 규칙을 삭제한다.
- □ ▼ : 선택한 규칙의 우선순위를 위쪽으로 옮김
  ▲ : 선택한 규칙의 우선순위를 아래쪽으로 옮김
- □ **True일 경우 중지** : 다양한 조건부 서식 규칙을 지원하지 않는 엑셀 2007 이전 버전과의 호환성을 위해 Ture일 경우 중지를 체크해 두면 엑셀 이전 버전으로 저장시 규칙 평가를 중지할 수 있다.

① [매출] 시트에서 [C2:C15]셀 영역을 선택한 후 [홈] 탭-[스타일] 그룹-[조건부 서식] 목록 상자에서 [규칙 관리] 명령을 선택한다.

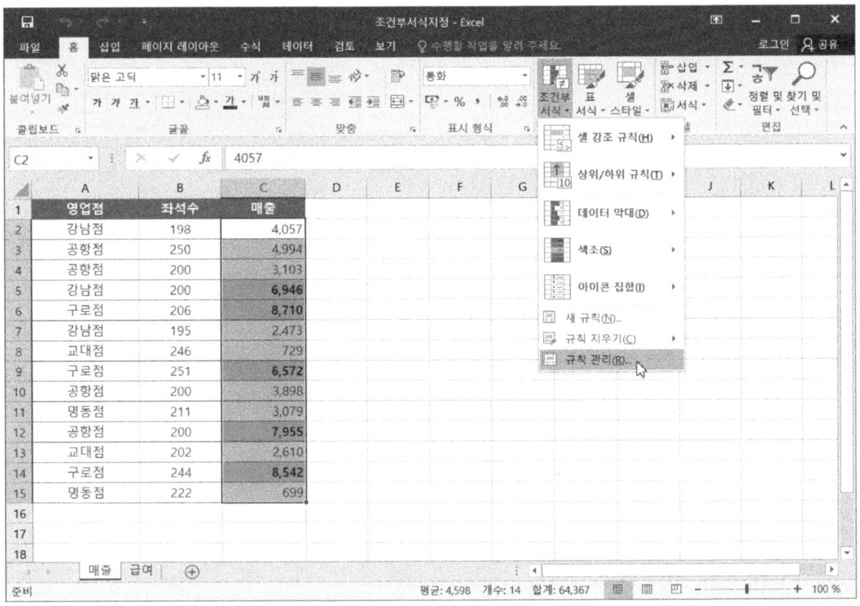

② [조건부 서식 규칙 관리자] 대화상자가 나타나면 첫 번째 규칙을 선택한 후 [규칙 편집] 단추를 선택하면 오른쪽과 같이 [서식 규칙 편집] 대화상자가 나타난다. [서식 규칙 편집] 대화상자에서 기존의 셀 값 ' >= 6000'를 셀 값 '<6000'로 변경한 후 [확인]을 누른다.

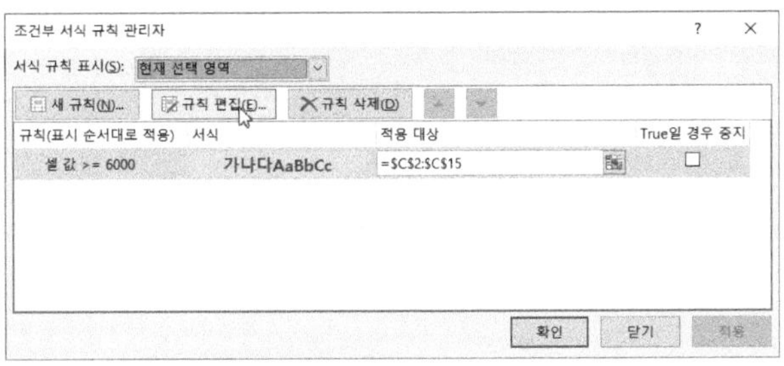

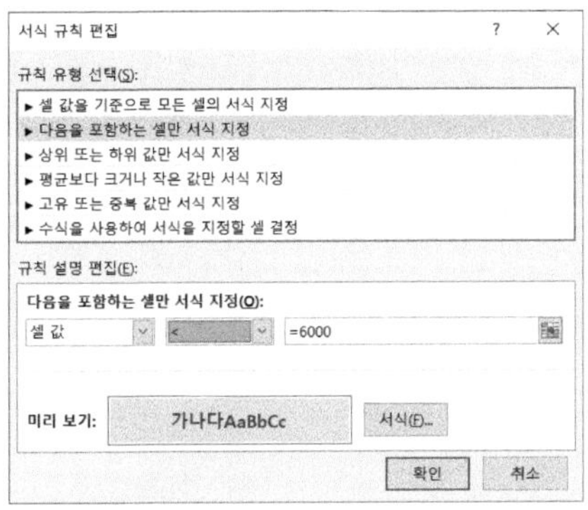

③ 새로운 규칙을 추가하기 위해 [조건부 서식 규칙 관리자] 대화상자에서 [새 규칙]을 선택하면 [새 서식 규칙] 대화상자가 나타난다. 아래와 같이 규칙 유형 선택을 '다음을 포함하는 셀만 서식 지정'을 선택하고 규칙 설명 편집에서 셀 값을 '>= 8000'로 지정한 후 셀 서식을 지정하기 위해 [서식]을 누른다.

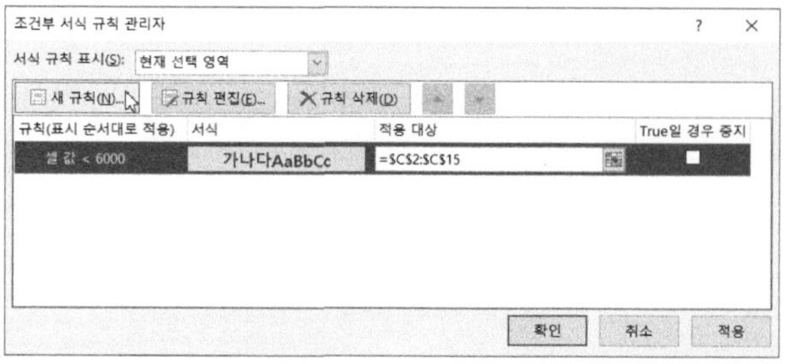

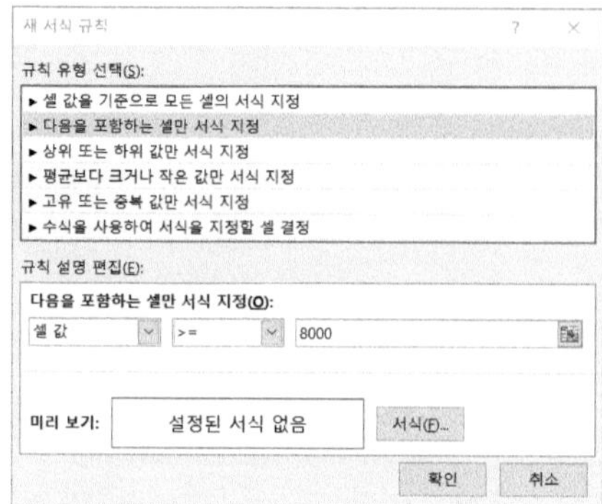

④ [셀 서식] 대화상자에서 [글꼴] 탭에서는 글꼴 스타일은 '진하게', 글꼴색은 '파랑'으로 지정하고 [채우기] 탭에서 배경색을 '연두색'으로 지정하고 [확인]을 누르면 다음과 같이 [조건부 서식 규칙 관리자] 대화상자에 새로운 규칙이 추가된다. [확인]을 눌러 데이터에 적용한다.

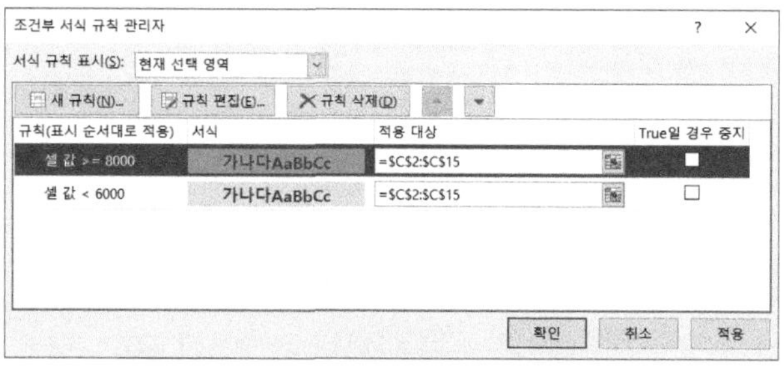

⑤ 다음과 같이 조건부 서식 규칙이 변경된다.

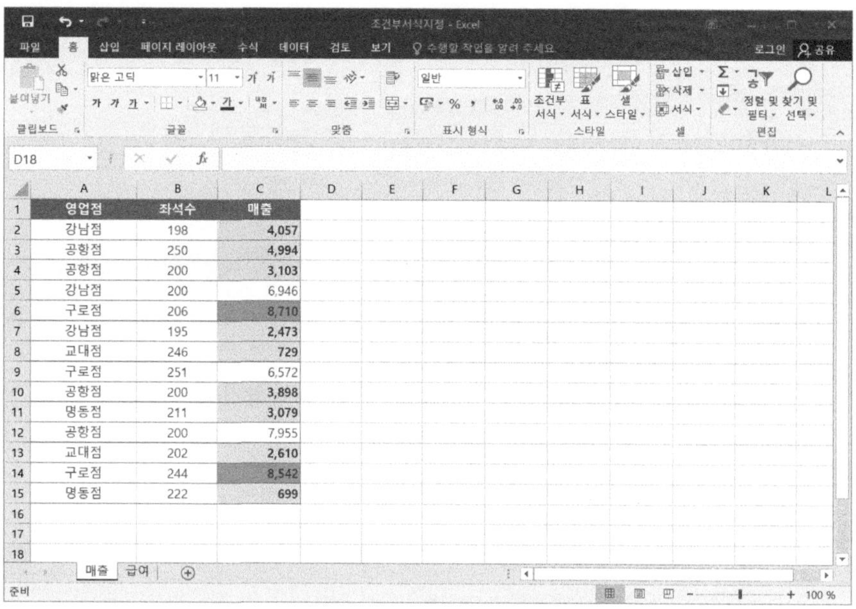

3 규칙 지우기

① [C2:C15]셀 영역을 지정한 후 [홈] 탭-[스타일] 그룹-[조건부 서식]-[규칙 지우기]-[선택한 셀의 규칙 지우기] 명령을 선택한다.

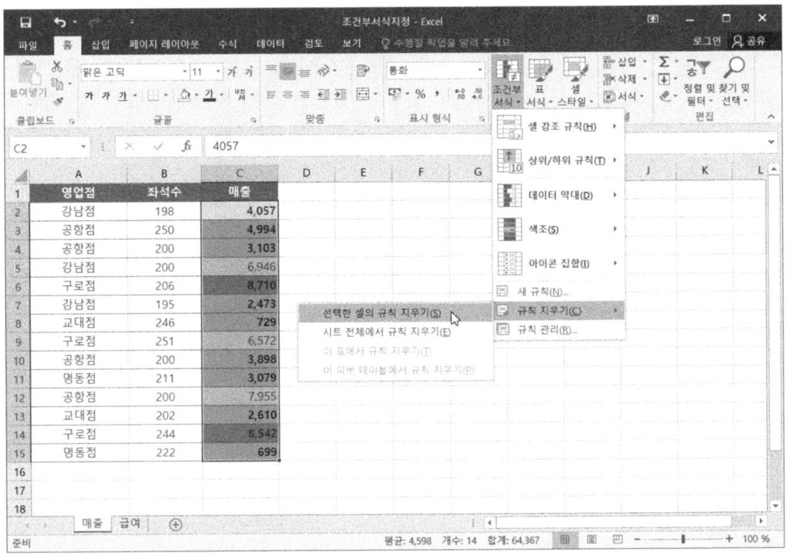

TIP |

[조건부 서식]-[규칙 지우기]에서 [선택한 셀의 규칙 지우기] 명령은 선택한 셀 영역의 규칙만 삭제하고, [시트 전체에서 규칙 지우기] 명령은 워크시트에 지정된 모든 규칙을 삭제한다.

② 다음과 같이 조건부 서식 규칙이 삭제된다.

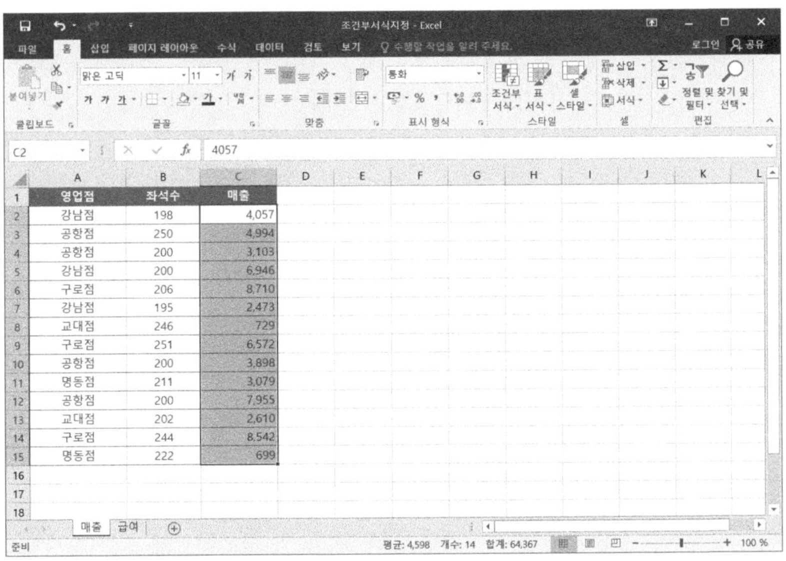

4 셀 강조 규칙

셀 강조 규칙을 이용하여 조건에 맞는 셀을 강조해서 표시할 수 있다. 예를 들어 [급여] 워크시트에서 소속이 '영업 1팀'일 경우 셀 서식을 지정하여 노란색으로 표시하거나 중복 값이 있는 셀의 색을 원하는 색으로 표시할 수 있다.

① [급여]시트에서 [C3:C17]셀 영역을 지정하고 [홈] 탭-[스타일] 그룹-[조건부 서식]-[셀 강조 규칙]-[기타 규칙] 명령을 선택한다.

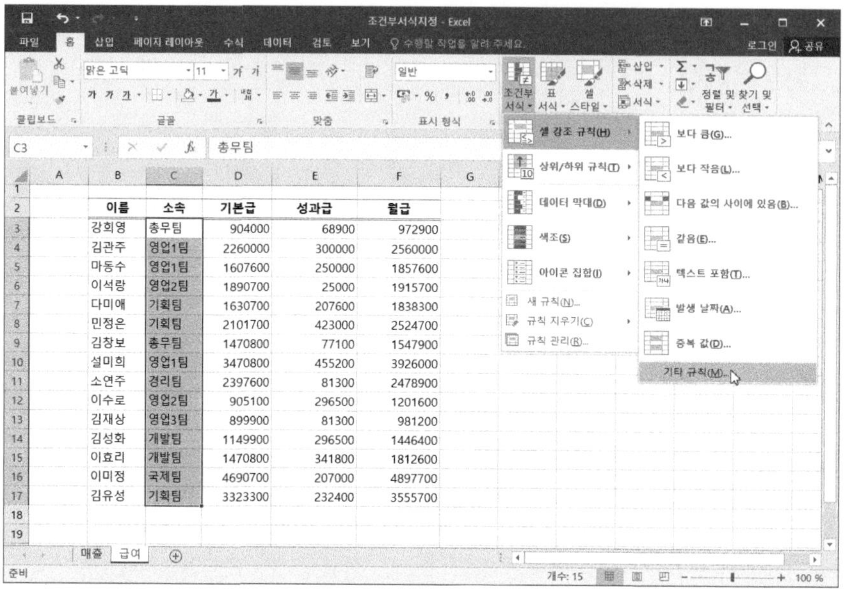

② [새 서식 규칙] 대화상자가 나타나면 [규칙 유형 선택]에서 '다음을 포함하는 셀만 서식 지정'을 선택하고 [규칙 설명 편집]에서 '특정 텍스트', '포함', '영업1팀'이라 지정하고 서식 단추를 눌러 [글꼴] 탭에서 글꼴 스타일은 '굵게', 글꼴은 '빨강'으로 지정하고 [채우기] 탭에서 배경은 '노랑색'으로 조건부 서식을 지정하고 [확인]을 누른다.

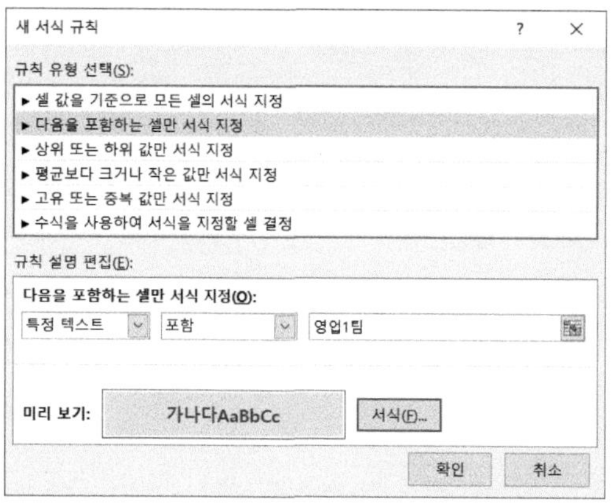

③ 다음과 같이 '영업1팀' 텍스트를 포함하는 셀에 조건부 서식이 지정된다.

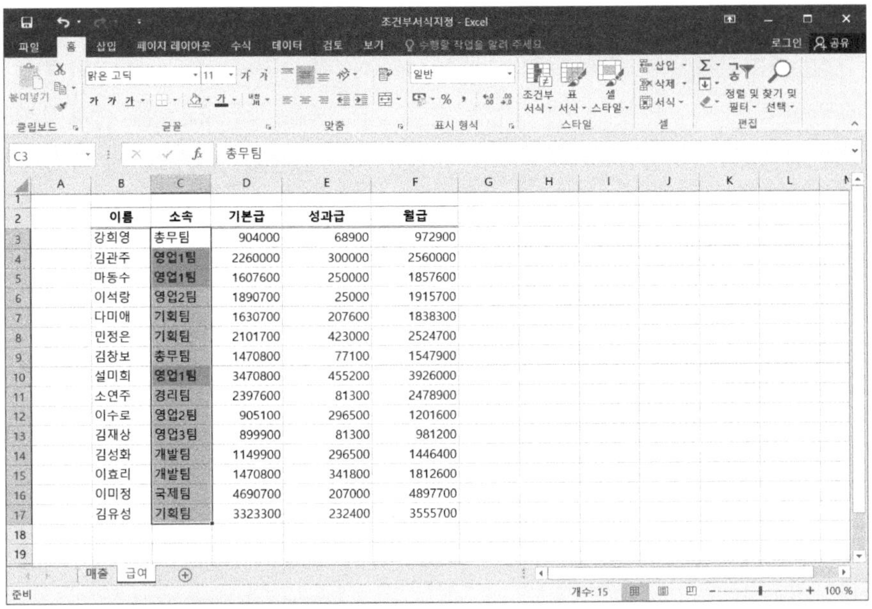

④ 기본급에 해당하는 [D3:D17]셀 영역을 지정하고 [홈] 탭-[스타일] 그룹-[조건부 서식]-[셀 강조 규칙]-[보다 큼]을 선택한다.

⑤ [보다 큼] 대화상자에서 다음 값보다 큰 셀의 서식 지정에 '3,000,000'을 입력하고 적용할 서식에 '진한 녹색 텍스트가 있는 녹색 채우기'를 선택하면 기본급이 '3,000,000 이상'인 데이터에 조건부 서식이 지정된다.

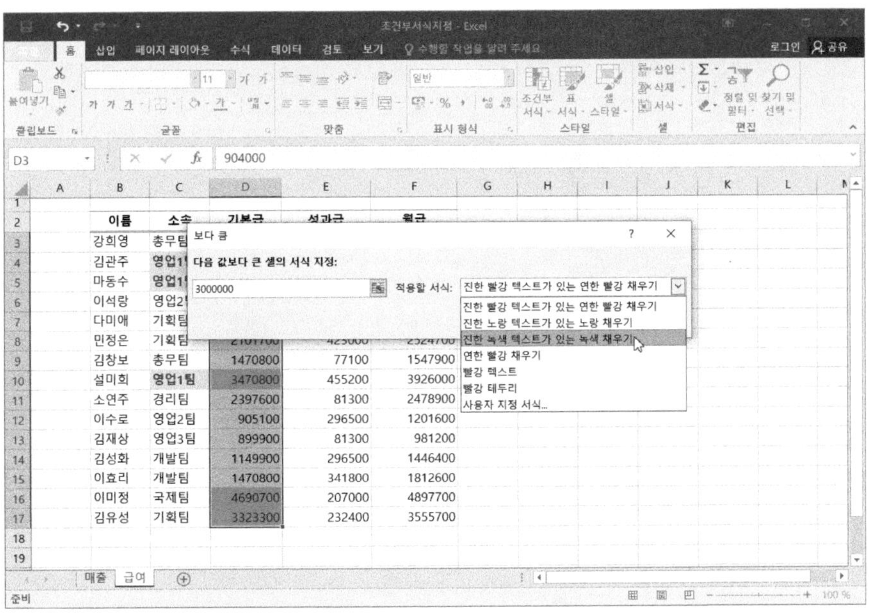

⑥ 성과급에 해당하는 [E3:E17]셀 영역을 지정한 후 [홈] 탭–[스타일] 그룹–[조건부 서식]–[셀 강조 규칙]–[기타 규칙]을 클릭한다.

⑦ [새 서식 규칙] 대화상자에서 [규칙 유형 선택]에서 '고유 또는 중복 값만 서식 지정'을 선택하고 [규칙 설명 편집]에서 '선택한 범위에 있는 다음 값에 모두 서식 지정'에 '중복'으로 지정한 후 글꼴 스타일을 '굵게', 글꼴을 '빨강'으로 지정한 후 [확인]을 누른다.

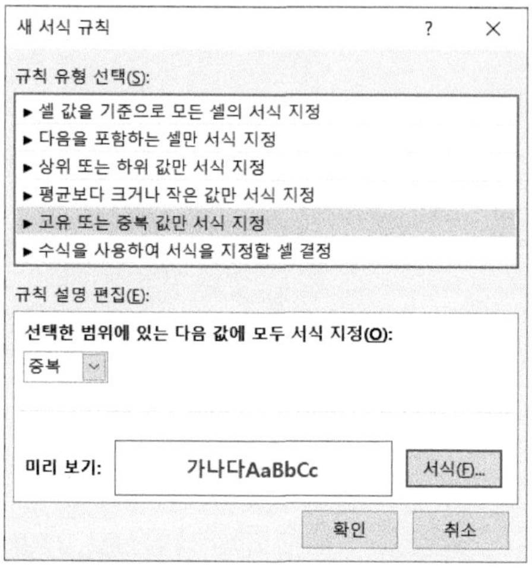

⑧ 월급에 해당하는 [E3:E17]셀 영역에서 중복 값이 있는 데이터에 조건부 서식이 지정된다.

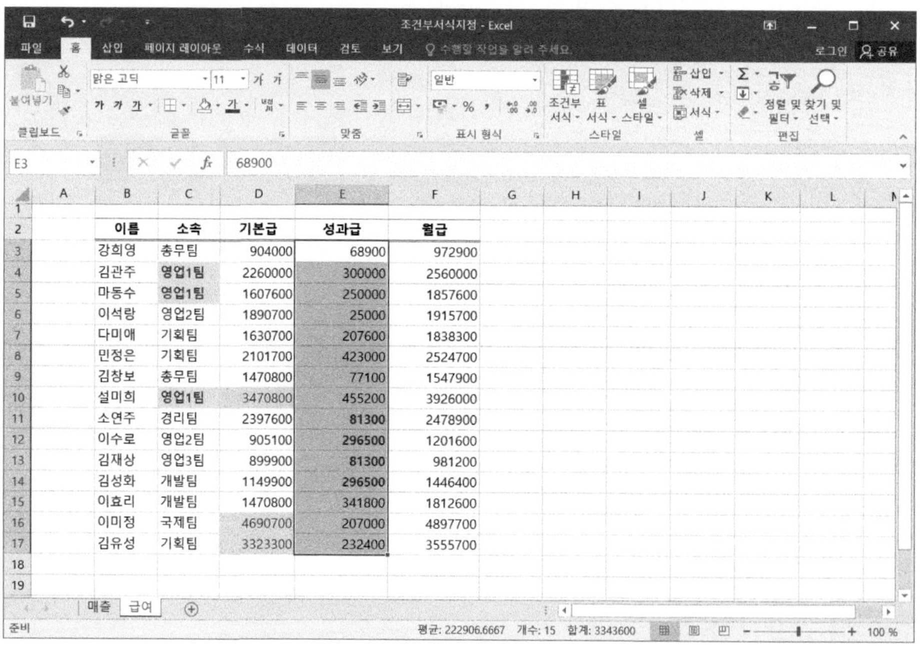

5 상위/하위 규칙

지정하는 셀의 기준 값에 따라 셀 영역에서 최상위 값과 최하위 값을 찾을 수 있다. 예를 들면 가장 많이 판매된 상위 5개 제품을 찾거나 가장 적게 팔린 하위 15%에 해당하는 제품을 찾는 것이다. [조건부서식지정.xlsx] 파일에 [매출]워크시트의 매출 금액 중 상위 5개의 값에 셀 서식을 지정해 본다.

① [조건부서식지정.xlsx] 파일의 [매출] 워크시트를 클릭하고 [C2:C15]셀 영역을 선택한 후 [홈]탭-[스타일] 그룹-[조건부 서식]-[상위/하위 규칙]-[상위 10개 항목(T)..] 명령을 실행한다.

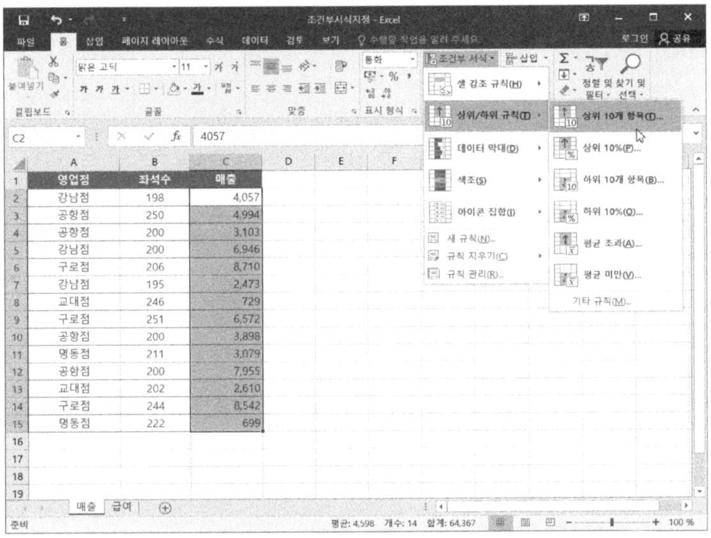

② [상위 10개 항목] 대화상자 [다음 상위 순위에 속하는 셀의 서식 지정:]에 '5'를 지정하고 적용할 서식에는 '진한 노랑 텍스트가 있는 노랑 채우기'를 선택하고 [확인]을 누른다.

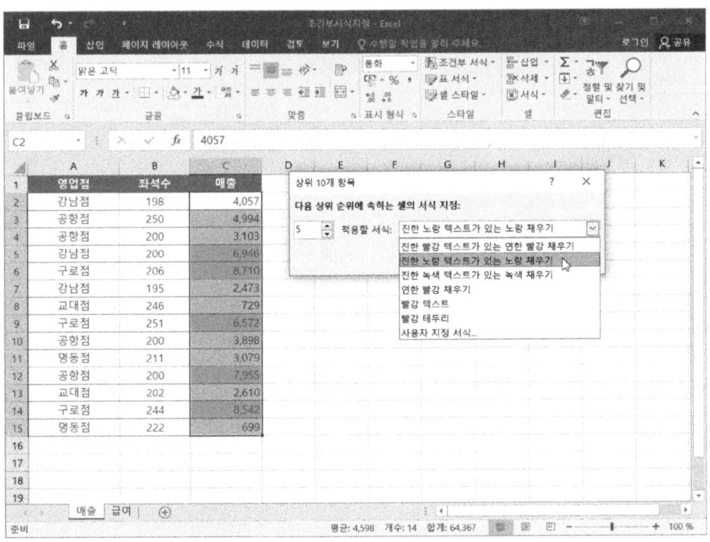

6 데이터 막대

데이터 막대를 사용하여 특정 셀 값을 다른 셀과 비교하여 데이터 막대의 길이로 셀 값인 데이터 값을 나타낸다. 데이터 막대의 길이가 길수록 높은 값을 나타내고 데이터 막대의 길이가 짧을수록 낮은 값을 나타낸다. 매출열의 파랑색 데이터 막대 그래프를 만들어 본다.

① 매출 [C2:C15]영역을 드래그 하여 선택한 후 메뉴 [홈] 탭–[스타일] 그룹–[조건부 서식]–[데이터 막대]–[연한 파랑 데이터 막대]를 클릭한다.

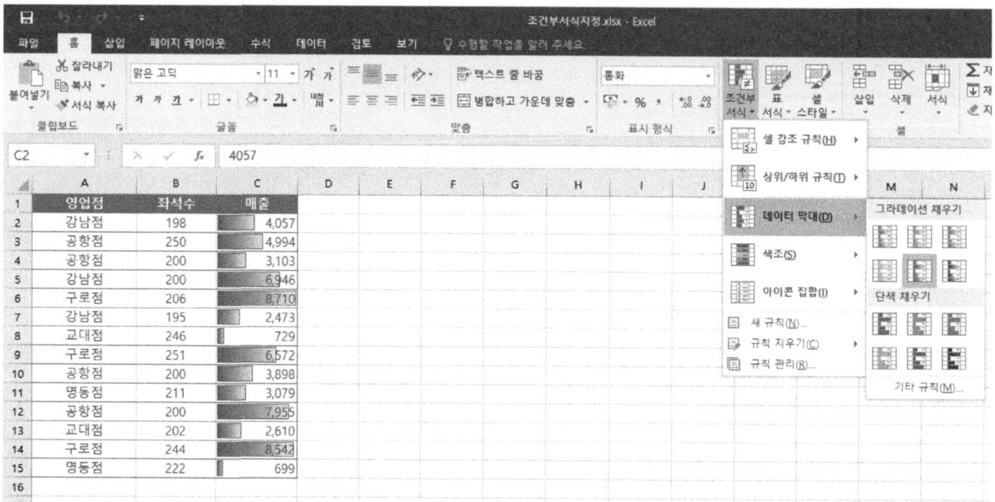

② 하단에 빠른분석 도구 옵션 아이콘( )을 클릭하면 바로 데이터 막대 그래프 및 다양한 조건부 규칙을 선택할 수 있다.

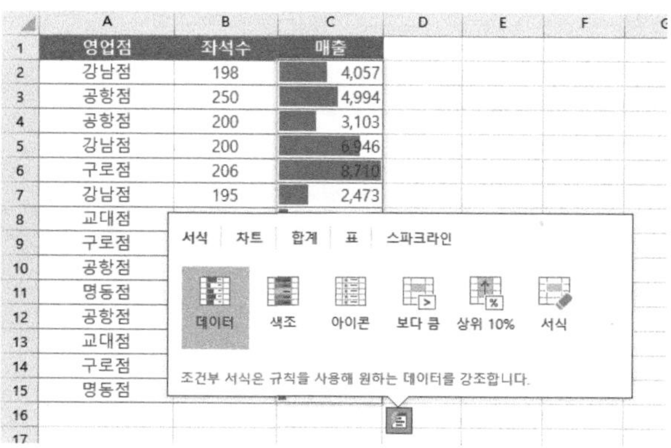

7 색조

색조는 데이터 분포와 변화를 파악하는 데 도움이 되는 시각적 표시로 셀 영역에 2색조 또는 3색조를 사용하여 그라데이션을 표시한다. 예를 들어 '녹색과 노랑의 2색조'를 사용하는 경우 높은 값 셀에 '더 진한 녹색, 낮은 값 셀에 더 진한 노랑'으로 표시하도록 지정한다. 색의 음영은 '최대값', '중간값' 또는 '최소값'을 나타낸다. 예를 들어 녹색, 노랑, 빨강의 3색조를 사용하는 경우 '최대값' 셀에 '녹색', '중간값' 셀에 '노랑', '최소값' 셀에 '빨강'으로 표시하도록 지정할 수 있다.

① 월급을 비교하기 위해 [F3:F17]셀 영역을 지정하고 [홈] 탭-[스타일] 그룹-[조건부 서식]-[색조]-[녹색-노랑 색조] 명령을 실행하면 다음과 같이 2색조가 지정된다.

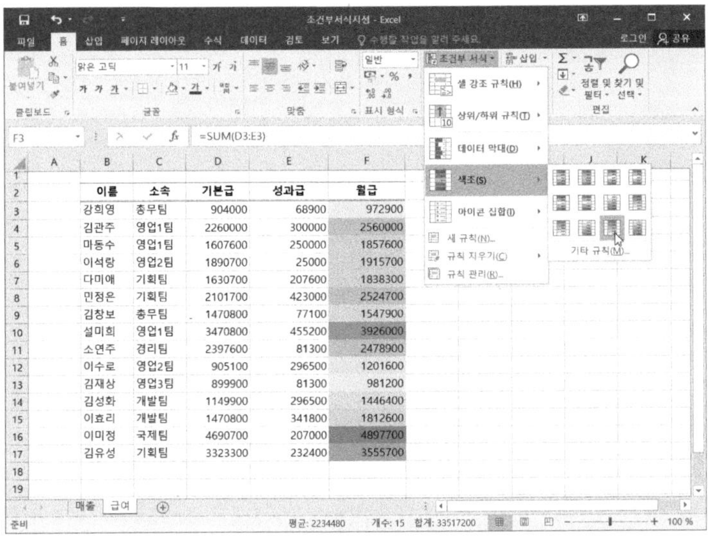

② 기본급을 비교하기 위해 [D3:D23]셀 영역을 지정하고 [홈] 탭-[스타일] 그룹-[조건부 서식]-[색조]-[빨강-노랑-녹색 색조] 명령을 실행하면 최대값 셀에 '녹색', 중간 값 셀에 '노랑', 최소값 셀에 '빨강'으로 3색조가 지정되어 표시된다.

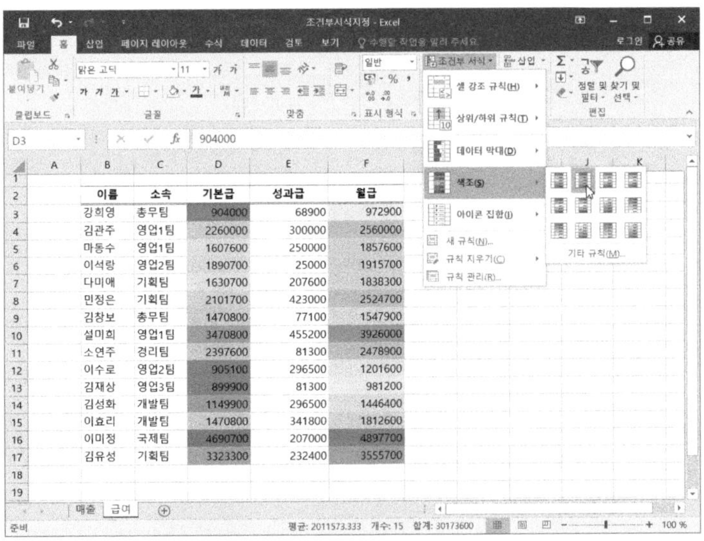

8 아이콘 집합

데이터를 임계 값으로 구분되는 3~5가지 범주로 분류하여 주석을 달려면 아이콘 집합을 사용하며 각 아이콘은 값의 범위를 나타낸다. 다음 [매출] 시트에서 좌석 수에 아이콘 집합을 이용해서 조건부 서식을 표시해 본다.

① 좌석수 [B2:B15] 영역을 드래그 하여 선택한 후 [홈] 탭-[스타일] 그룹-[조건부 서식]-[아이콘 집합]-[기타 규칙] 명령을 실행한다.

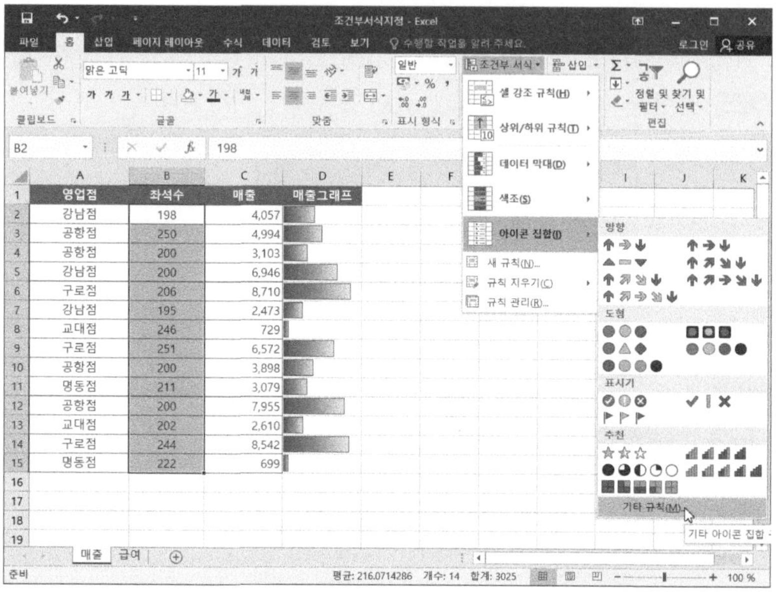

② [새 서식 규칙] 대화상자가 나타나면 [서식 스타일]은 '아이콘 집합', [다음 규칙에 따라 각 아이콘 표시]에는 아이콘 스타일을 '3가지 모양'으로 지정하고, 값을 '>=250',' >200'로 각각 지정한 후 [확인]을 누른다.

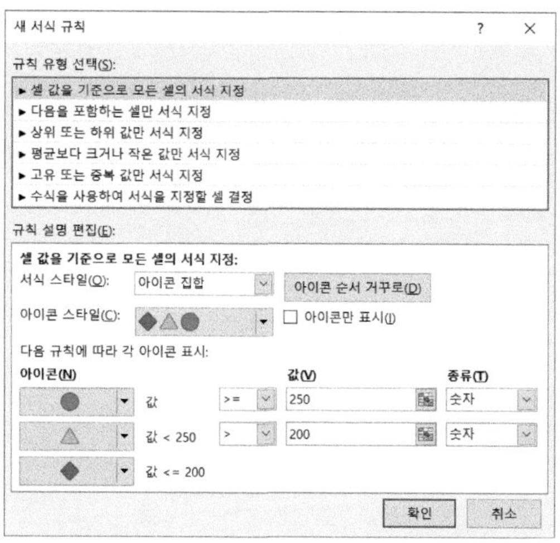

③ 다음과 같이 '3가지 모양의 아이콘 집합'을 이용하여 조건부 서식이 완성된다. '좌석수가 250 이상인 셀 값'은 가 표시되고 200 이상이고 250보다 미만인 값에는 , 200 미만인 값에는 가 표시된다.

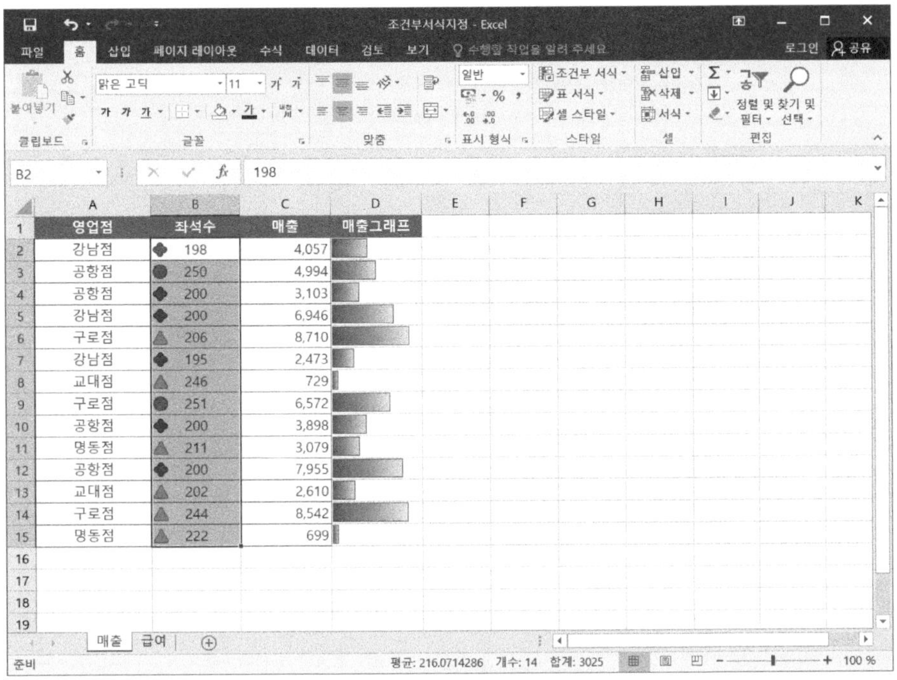

◘ 문제파일 : 연습문제6.xlsx / 정답파일 : 연습문제6(완성).xlsx

01 판매액열의 아이콘 집합 조건부 서식을 제거하고 파랑 데이터 막대를 지정하시오.

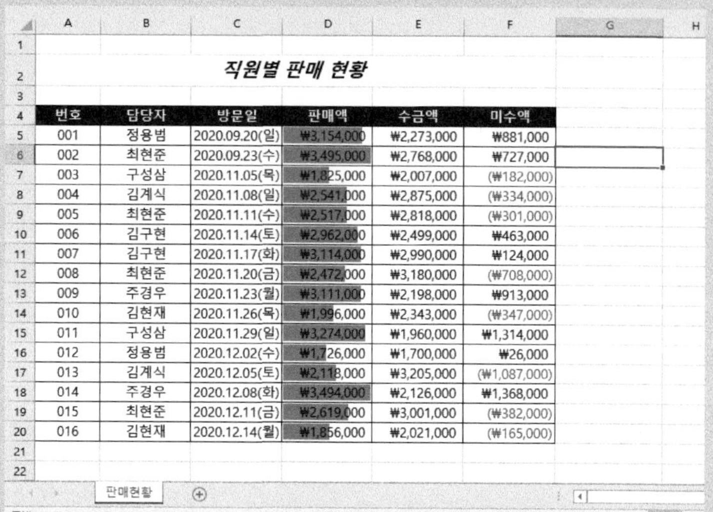

직원별 판매 현황

번호	담당자	방문일	판매액	수금액	미수액
001	정용범	2020.09.20(일)	₩3,154,000	₩2,273,000	₩881,000
002	최현준	2020.09.23(수)	₩3,495,000	₩2,768,000	₩727,000
003	구성삼	2020.11.05(목)	₩1,825,000	₩2,007,000	(₩182,000)
004	김계식	2020.11.08(일)	₩2,541,000	₩2,875,000	(₩334,000)
005	최현준	2020.11.11(수)	₩2,517,000	₩2,818,000	(₩301,000)
006	김구현	2020.11.14(토)	₩2,962,000	₩2,499,000	₩463,000
007	김구현	2020.11.17(화)	₩3,114,000	₩2,990,000	₩124,000
008	최현준	2020.11.20(금)	₩2,472,000	₩3,180,000	(₩708,000)
009	주경우	2020.11.23(월)	₩3,111,000	₩2,198,000	₩913,000
010	김현재	2020.11.26(목)	₩1,996,000	₩2,343,000	(₩347,000)
011	구성삼	2020.11.29(일)	₩3,274,000	₩1,960,000	₩1,314,000
012	정용범	2020.12.02(수)	₩1,726,000	₩1,700,000	₩26,000
013	김계식	2020.12.05(토)	₩2,118,000	₩3,205,000	(₩1,087,000)
014	주경우	2020.12.08(화)	₩3,494,000	₩2,126,000	₩1,368,000
015	최현준	2020.12.11(금)	₩2,619,000	₩3,001,000	(₩382,000)
016	김현재	2020.12.14(월)	₩1,856,000	₩2,021,000	(₩165,000)

판매현황

02 [E5:E20]셀 영역 중 상위 3번째에 속하는 데이터 값만 '진한 빨강 텍스트가 있는 연한 빨강 채우기'를 설정하시오.

직원별 판매 현황

번호	담당자	방문일	판매액	수금액	미수액
001	정용범	2020.09.20(일)	₩3,154,000	₩2,273,000	₩881,000
002	최현준	2020.09.23(수)	₩3,495,000	₩2,768,000	₩727,000
003	구성삼	2020.11.05(목)	₩1,825,000	₩2,007,000	(₩182,000)
004	김계식	2020.11.08(일)	₩2,541,000	₩2,875,000	(₩334,000)
005	최현준	2020.11.11(수)	₩2,517,000	₩2,818,000	(₩301,000)
006	김구현	2020.11.14(토)	₩2,962,000	₩2,499,000	₩463,000
007	김구현	2020.11.17(화)	₩3,114,000	₩2,990,000	₩124,000
008	최현준	2020.11.20(금)	₩2,472,000	₩3,180,000	(₩708,000)
009	주경우	2020.11.23(월)	₩3,111,000	₩2,198,000	₩913,000
010	김현재	2020.11.26(목)	₩1,996,000	₩2,343,000	(₩347,000)
011	구성삼	2020.11.29(일)	₩3,274,000	₩1,960,000	₩1,314,000
012	정용범	2020.12.02(수)	₩1,726,000	₩1,700,000	₩26,000
013	김계식	2020.12.05(토)	₩2,118,000	₩3,205,000	(₩1,087,000)
014	주경우	2020.12.08(화)	₩3,494,000	₩2,126,000	₩1,368,000
015	최현준	2020.12.11(금)	₩2,619,000	₩3,001,000	(₩382,000)
016	김현재	2020.12.14(월)	₩1,856,000	₩2,021,000	(₩165,000)

판매현황

준비

03 미수액 [F5:F20]이 1,000,000 이상인 값에 아이콘 집합의 '녹색도형'이 적용되도록 조건부 서식을 설정하시오.

직원별 판매 현황

번호	담당자	방문일	판매액	수금액	미수액
001	정용범	2020.09.20(일)	₩3,154,000	₩2,273,000	₩881,000
002	최현준	2020.09.23(수)	₩3,495,000	₩2,768,000	₩727,000
003	구성삼	2020.11.05(목)	₩1,825,000	₩2,007,000	(₩182,000)
004	김계식	2020.11.08(일)	₩2,541,000	₩2,875,000	(₩334,000)
005	최현준	2020.11.11(수)	₩2,517,000	₩2,818,000	(₩301,000)
006	김구현	2020.11.14(토)	₩2,962,000	₩2,499,000	₩463,000
007	김구현	2020.11.17(화)	₩3,114,000	₩2,990,000	₩124,000
008	최현준	2020.11.20(금)	₩2,472,000	₩3,180,000	(₩708,000)
009	주경우	2020.11.23(월)	₩3,111,000	₩2,198,000	₩913,000
010	김현재	2020.11.26(목)	₩1,996,000	₩2,343,000	(₩347,000)
011	구성삼	2020.11.29(일)	₩3,274,000	₩1,960,000	₩1,314,000
012	정용범	2020.12.02(수)	₩1,726,000	₩1,700,000	₩26,000
013	김계식	2020.12.05(토)	₩2,118,000	₩3,205,000	(₩1,087,000)
014	주경우	2020.12.08(화)	₩3,494,000	₩2,126,000	₩1,368,000
015	최현준	2020.12.11(금)	₩2,619,000	₩3,001,000	(₩382,000)
016	김현재	2020.12.14(월)	₩1,856,000	₩2,021,000	(₩165,000)

판매현황

CHAPTER 04

수식과 함수활용

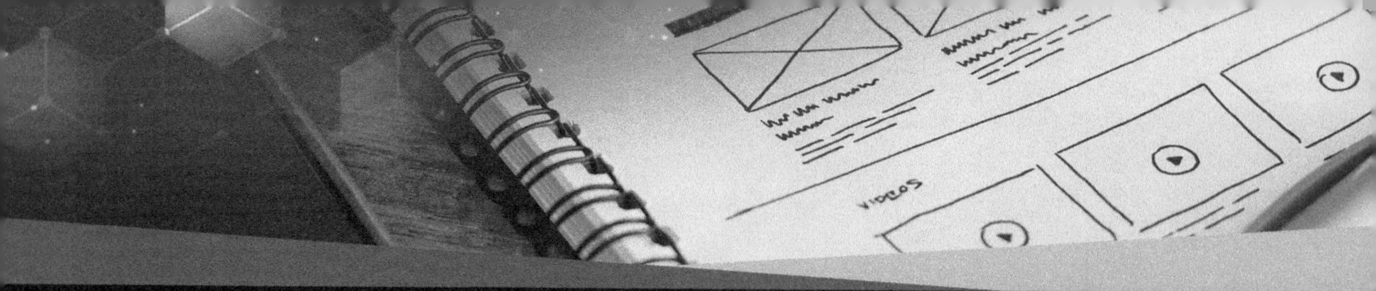

CHAPTER 04 | 수식과 함수활용

학습목표

- 기본적인 수식작성을 알 수 있다.
- 기초 함수식을 사용하여 계산할 수 있다.
- 문제해결에 필요한 적절한 함수를 선택할 수 있다.

예제파일 : 수식작성.xlsx / **완성파일** : 수식작성(완성).xlsx

4-1 수식

엑셀에서 계산을 하고자 할 때 빈 셀에서 등호(=)로 먼저 입력하고 원하는 함수나 셀을 선택 후 사칙 연산으로 계산할 수 있다.

1 수식작성

[수식작성] 시트를 통해 각 제품의 판매량과 단가를 곱하여 판매금액을 작성한다.

① [수식작성] 시트에서 [E6]셀을 선택한 후 '=C6*D6'을 입력하고 Enter↵를 누른다.

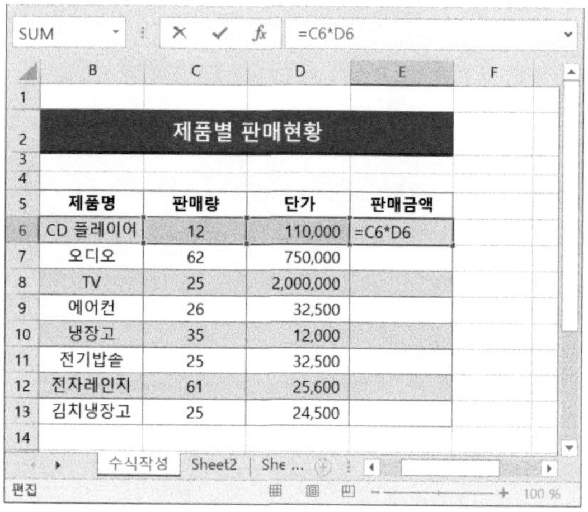

제품명	판매량	단가	판매금액
CD 플레이어	12	110,000	=C6*D6
오디오	62	750,000	
TV	25	2,000,000	
에어컨	26	32,500	
냉장고	35	12,000	
전기밥솥	25	32,500	
전자레인지	61	25,600	
김치냉장고	25	24,500	

② [E6]셀 아래쪽에 표시되는 자동채우기 핸들( )을 [E13]셀까지 드래그 한다.

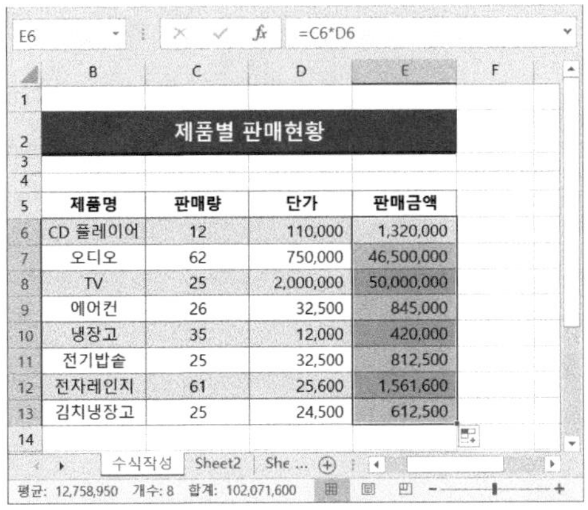

	B	C	D	E
2	제품별 판매현황			
5	제품명	판매량	단가	판매금액
6	CD 플레이어	12	110,000	1,320,000
7	오디오	62	750,000	46,500,000
8	TV	25	2,000,000	50,000,000
9	에어컨	26	32,500	845,000
10	냉장고	35	12,000	420,000
11	전기밥솥	25	32,500	812,500
12	전자레인지	61	25,600	1,561,600
13	김치냉장고	25	24,500	612,500

TIP | 수식작성과 자동채우기 핸들

- 연속적인 데이터 삽입뿐만 아니라 동일한 규칙을 가지는 수식을 작성할 때도 자동채우기 핸들을 이용하면 빠르고 쉽게 수식 작성 및 복사를 할 수 있다. 엑셀에서는 하나의 수식이 정확히 작성되면 나머지 수식은 매번 작성하지 않아도 자동채우기 핸들로 복사하여 작성할 수 있다.
- 수식을 그대로 셀에 나타내고 싶다면, 수식 앞에 작은따옴표(')를 삽입하면 된다.
- [자동채우기 옵션] 단추( )를 누른 후 [서식없이 채우기] 항목을 선택하면 표의 서식을 적용하지 않고 채우기를 적용할 수 있다.

TIP | 자동 재계산 옵션

[파일]–[Excel 옵션]–[수식] 탭의 계산 옵션 그룹에서 통합문서 계산 옵션이 '자동'으로 선택되어 있어야만 셀 값이 바뀌었을 때 수식이 자동으로 재 계산된다.

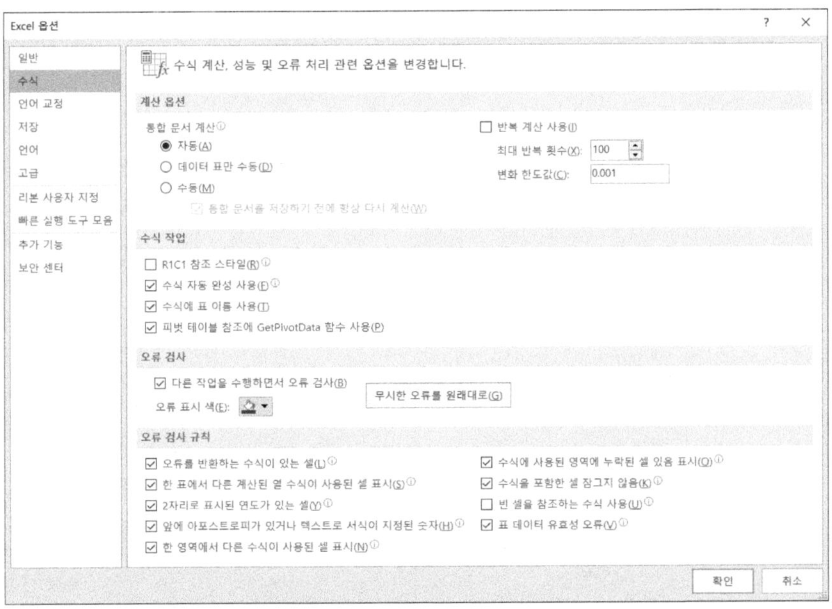

TIP | **수식을 수정하는 방법은 다음과 같다.**

- 먼저 수정하려는 셀을 선택한 후 해당 셀을 더블 클릭하여 수정한다.
- 수식 입력줄(fx)을 선택해서 수정한다.
- 수식 입력줄 옆에 있는 〈함수 삽입〉 단추(fx)를 선택하여 수정한다.
- F2 를 눌러 수정한다.

연습문제
04-1

문제파일 : 연습문제7.xlsx / 정답파일 : 연습문제7(완성).xlsx

01 [견적서]시트에 공급가액, 세액, 합계금액을 각각 구하시오.

- 공급가액[F7:F14]=수량*단가
- 세액[G7:G14]=공급가액*10%
- 합계금액[D4]=공급가액 합계[F15]+세액합계[G15]

4-2 셀 참조

상대 참조, 절대 참조, 혼합 참조에 대한 개념을 알아보고 각 참조 방식에 따른 수식을 작성할 수 있다.

예제파일 : 셀참조.xlsx / 완성파일 : 셀참조(완성).xlsx

1 상대 참조

기본으로 사용되는 참조 형태로 수식을 구한 후 수식을 복사하면 참조 주소가 위치에 맞게 바뀌게 되는 것을 상대 참조라 한다. [상대 참조] 시트를 통해 판매금액 수식을 작성한다.

① 판매금액을 구하기 위해 [E7]셀을 선택한 후 '=C7*D7'과 같이 수식을 작성하고 Enter↵를 누른다.

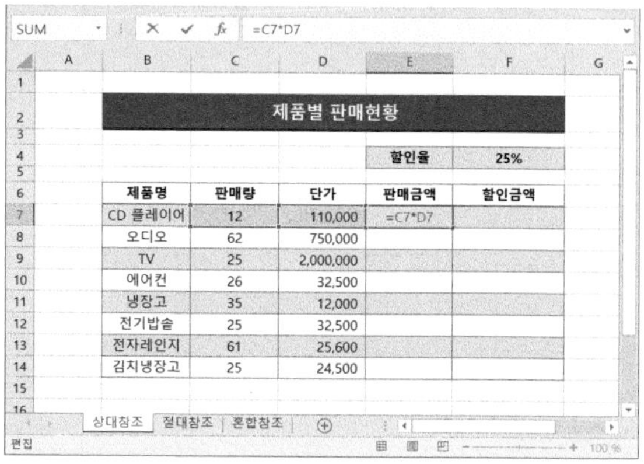

② 판매금액을 구하기 위해 [E7]셀의 자동채우기 핸들을 [E14]셀까지 드래그 하여 값을 구한 후 [판매금액]을 보면 상대적으로 셀 참조 주소가 각 행의 판매량과 단가로 계산된 것을 확인할 수 있다.

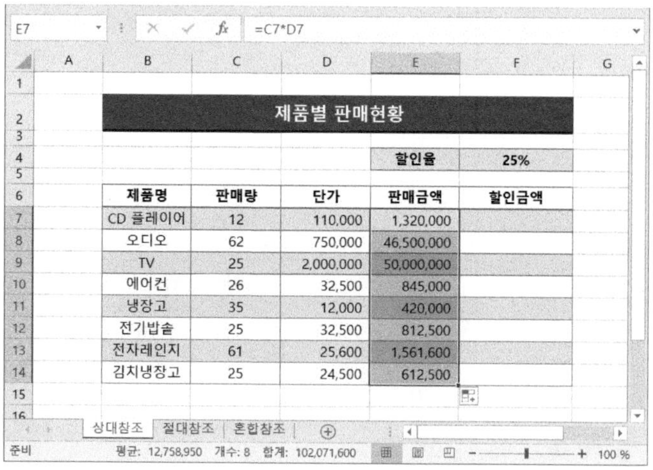

③ 키보드 Ctrl,~ 표시를 클릭하면 상대 참조로 셀의 수식이 표시되며 채우기핸들을 하면서 행의 값이 변경이 된 것을 볼 수 있다. 다시 되돌아 오려면 Ctrl,~를 누른다.

2 절대 참조

수식을 구한 후 복사할 때 수식을 구성하는 셀 주소가 바뀌지 않는 것을 절대 참조라 한다. F4를 한 번 누르면 간단히 절대 참조 형태로 바뀌게 된다. [절대 참조] 시트를 통해 할인금액 수식을 작성한다.

① [절대 참조] 시트에서 할인금액은 '판매금액*할인율'로 구할 수 있다. 이때 할인율은 [F4]셀에 고정되어 있으므로 할인율은 절대 참조 형태로 수식을 작성해야 한다. [F7]셀을 선택하고 '=E7*F4'를 작성한 후 F4를 한 번 누른다. 수식이 '=E7*$F$4'와 같이 바뀌면 Enter↵를 누른다.

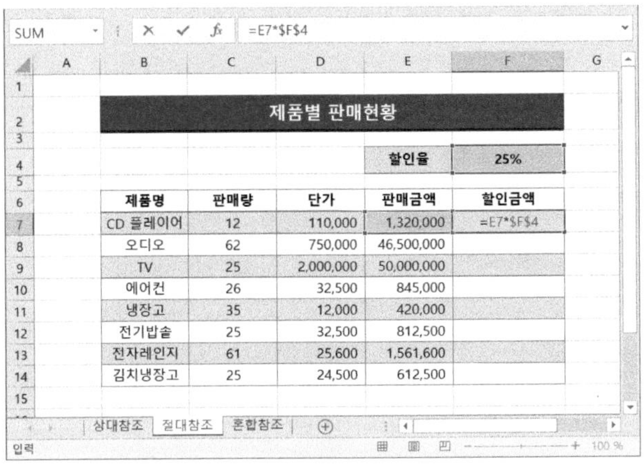

② 나머지 할인금액을 구하기 위해 [F7]셀의 자동채우기 핸들을 [F14]셀까지 드래그한 후 [F14]셀을 더블 클릭 해보면 수식을 구성하는 셀 주소 중 절대 참조 형태로 작성된 할인금액은 고정임을 확인할 수 있다.

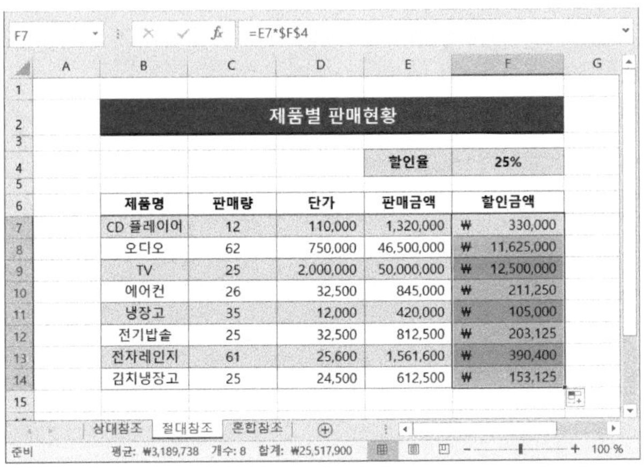

3 혼합 참조

수식을 구한 후 복사할 때 행 주소와 열 주소 중 하나는 상대 주소, 다른 하나는 절대 주소로 구성된 참조를 혼합 참조라 한다. 행 또는 열에만 $가 붙여진 형태로 F4를 눌러서 변경한다. 하나의 수식을 행과 열 방향으로 모두 복사하여 사용하려면 수식 작성 시 행이 고정되어 입력된 셀은 행 고정, 열이 고정되어 있는 셀은 열 고정 형태로 수식을 작성할 수 있다. 혼합 참조 형태 [D$6](행만 절대인 경우), [$C6](열만 절대인 경우)이다.

① [혼합 참조] 시트에서 할인율은 4행에 고정되어 있고 '판매가'는 C열에 고정되어 있다. [D5]셀을 선택하고 '=C5'를 입력하여 F4를 세 번 누른 후 '*'를 입력하고 'D4'를 입력한 후 F4를 두 번 누른다. '=$C5*D$4'와 같이 수식이 작성되면 Enter↵를 누른다.

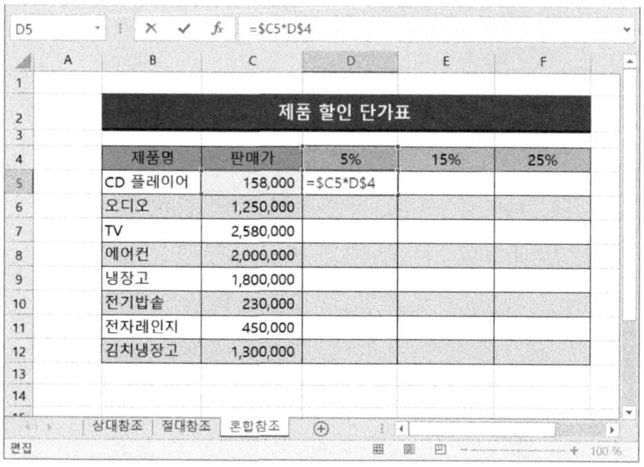

제품 할인 단가표

제품명	판매가	5%	15%	25%
CD 플레이어	158,000	=$C5*D$4		
오디오	1,250,000			
TV	2,580,000			
에어컨	2,000,000			
냉장고	1,800,000			
전기밥솥	230,000			
전자레인지	450,000			
김치냉장고	1,300,000			

② [D5]셀을 선택하고 자동채우기 핸들을 [F5]셀까지 드래그 한다.

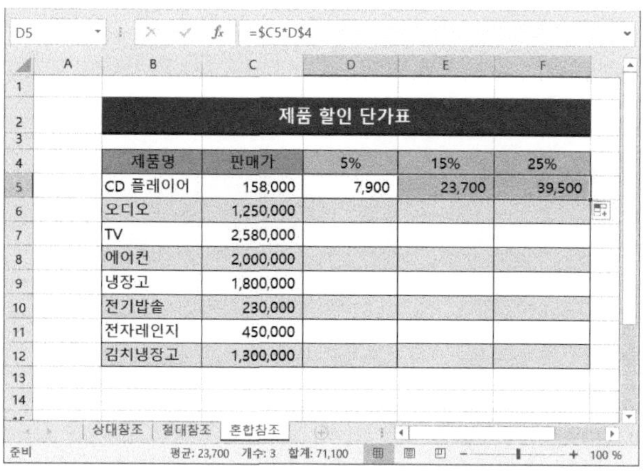

제품 할인 단가표

제품명	판매가	5%	15%	25%
CD 플레이어	158,000	7,900	23,700	39,500
오디오	1,250,000			
TV	2,580,000			
에어컨	2,000,000			
냉장고	1,800,000			
전기밥솥	230,000			
전자레인지	450,000			
김치냉장고	1,300,000			

③ [D5:F5]셀 영역이 선택되어 있는 상태에서 [F12]셀까지 자동채우기 핸들을 드래그 한다.

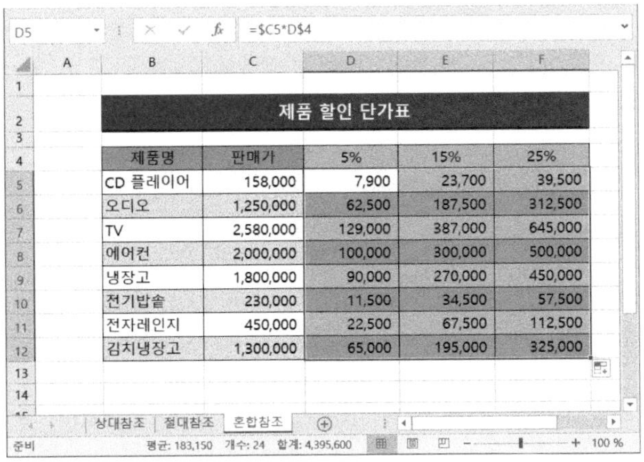

④ [F12]셀을 선택해 보면 각각의 할인율의 행주소와 열주소가 고정되어 계산된 것을 알 수 있다.

TIP |

상대 참조 상태에서 F4를 한 번 누르면 절대 참조, 두 번 누르면 행 고정 혼합 참조, 세 번 누르면 열 고정 혼합 참조, 네 번 누르면 원래 상태인 상대 참조 상태로 변경된다.

상대 참조	절대 참조	행 고정 혼합 참조	열 고정 혼합 참조
A1	$A$1	A$1	$A1

4-3 수식 입력 시 주로 발생하는 오류

수식에서 결과를 제대로 계산하지 못하면 오류 값이 표시된다. 오류는 유형마다 원인을 찾아 오류 값을 수정할 수 있다. 수식 오류가 발생하면 셀 좌측 상단에 초록색의 표식이 나타난다.

- ㅁ ##### : 열 너비가 충분하지 않거나 음수 날짜와 음수 시간을 사용하는 경우 발생한다.
- ㅁ #DIV/0! : 수식 값을 0으로 나누는 경우 발생한다.
- ㅁ #N/A : 함수나 수식에 값을 사용할 수 없는 경우 발생한다.
- ㅁ #NAME? : 없는 이름인 경우, 이름 및 함수의 철자가 틀릴 경우, 텍스트를 큰따옴표로 묶지 않고 수식에 텍스트를 입력한 경우, 범위 참조에 콜론(:)이 생략된 경우, 작은따옴표로 묶지 않은 다른 시트를 참조한 경우에 발생한다.
- ㅁ #NULL! : 잘못된 범위 연산자를 사용한 경우, 범위가 교차되지 않는 경우에 발생한다.
- ㅁ #VALUE! : 인수(인수 : 숫자, 셀 참조, 이름 등이 있다)나 피연산자(피연산자 : 값, 셀 참조, 이름, 레이블, 함수 등이 피연산자가 될 수 있다)의 형식이 잘못된 경우 발생한다.
- ㅁ #NUM! : 수식이나 함수에 잘못된 숫자 값을 사용한 경우 발생한다.
- ㅁ #REF! : 셀 참조가 유효하지 않은 경우 발생한다.

4-4 3차원 참조

3차원 참조란 다른 워크시트 셀을 참조하거나 다른 파일에 대한 외부 셀을 참조하는 것으로 다른 워크시트에 셀 참조와 다른 파일에 대한 외부 셀을 참조하여 값을 구하는 3차원 참조 관련 수식을 작성할 수 있다.

예제파일 : 3차원참조.xlsx / **완성파일** : 3차원참조(완성).xlsx

1 다른 파일에 대한 외부 셀 참조

다른 통합문서와의 셀 값을 참조하여 현재 시트에 계산을 할 수 있다.

① [2020년 적립금예정액] 시트의 [D6]셀을 선택하고 '='를 입력한다. [보기] 탭–[창] 그룹–[창 전환] 명령을 선택하여 열려있는 [2019년도 적립금.xlsx] 통합문서를 선택한다.

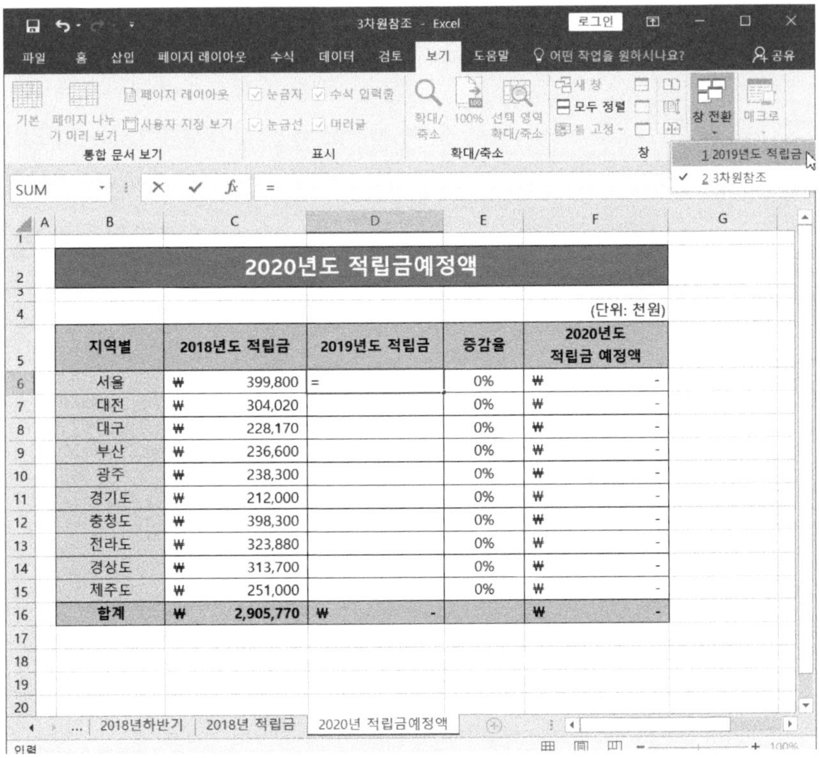

② [2019년도 적립금.xlsx] 통합문서의 [E6]셀을 선택한다.

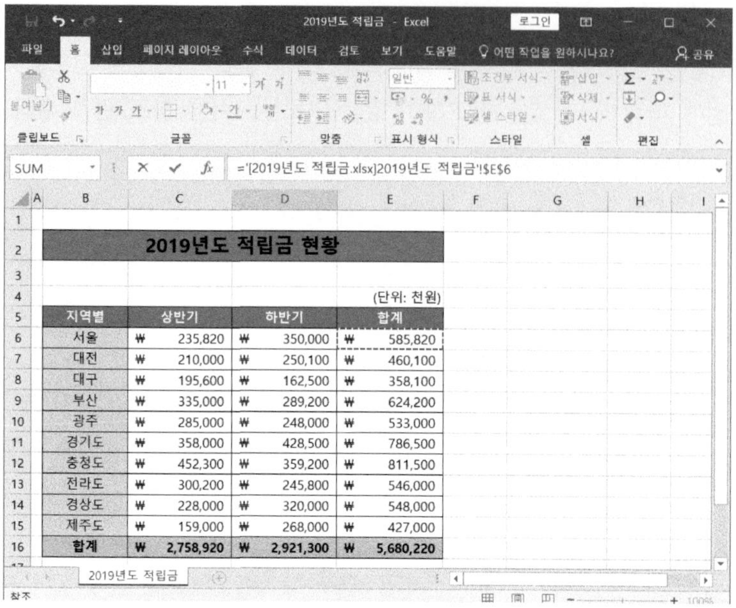

③ 다른 워크시트의 셀 값을 참조할 때와 다르게 '=[2020년도 적립금예정액.xlsx] 2019년도 적립금!$E$6'와 같이 절대 참조 형태가 된다. 이때 F4를 세 번 눌러 상대 참조로 바뀌면 Enter↵를 누른다.

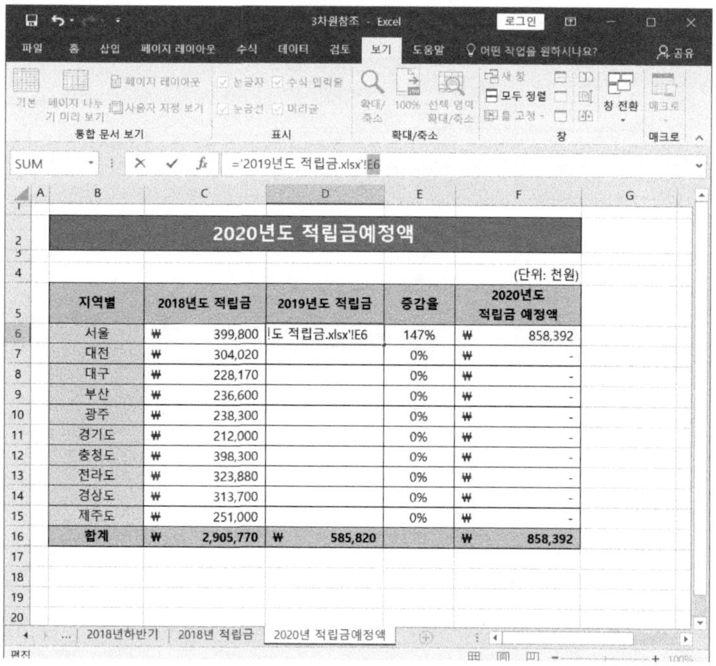

④ [D6]셀에 값이 연결되어 나타나면 [D15]셀까지 자동채우기를 실행하여 셀 연결을 복사한다.

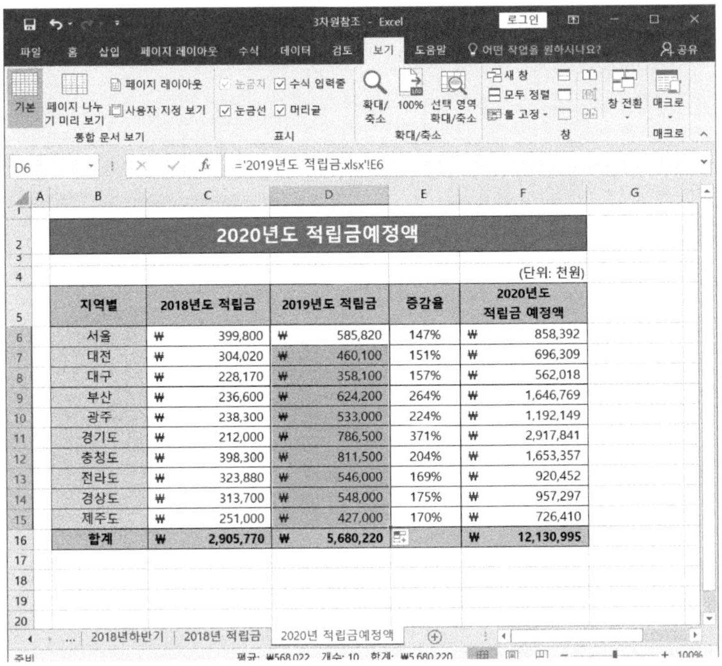

TIP |

- 다른 파일의 값을 참조하려면 우선 해당 파일이 모두 열려 있어야 한다.
- 다른 워크시트나 다른 파일의 이름에 영문자가 아닌 문자가 들어 있으면 이름(또는 경로)을 작은 따옴표로 묶는다.

연습문제 04-2

▣ 문제파일 : 연습문제8.xlsx / 정답파일 : 연습문제8(완성).xlsx

[9월], [10월], [11월], [12월] 시트의 판매액, 수금액, 미수액의 합계를 구하시오.

01 총판매액 = [9월워크시트!] 판매액 합계+ [10월워크시트!] 판매액 합계+ [11월워크시트!] 판매액 합계 + [12월워크시트!] 판매액 합계

02 총수금액 = [9월워크시트!] 수금액 합계+ [10월워크시트!] 수금액 합계+ [11월워크시트!] 수금액 합계 + [12월워크시트!] 수금액 합계

03 총미수액 = [9월워크시트!] 미수액 합계+ [10월워크시트!] 미수액 합계+ [11월워크시트!] 미수액 합계 + [12월워크시트!] 미수액 합계

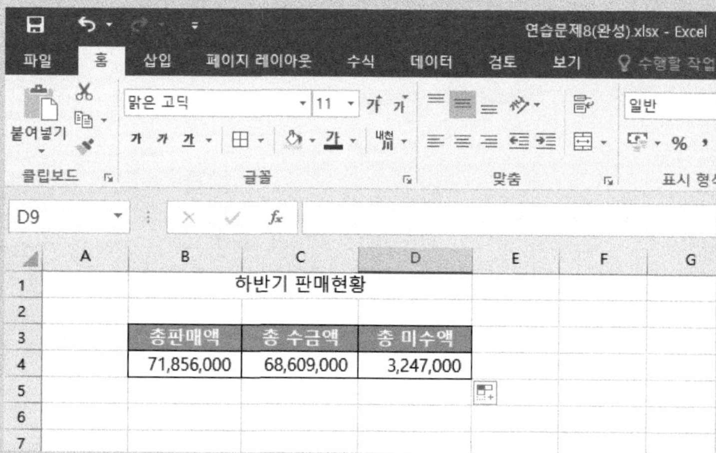

4-5 이름 정의

이름 정의는 셀 영역이나 셀 위치를 원하는 이름으로 정의해서 사용자가 수식을 사용할 때 참조 값을 쉽게 정의한 이름으로 입력하여 수식을 적용하거나 인수 값을 정의된 이름으로 적용하는 기능이다.

예제파일 : 이름정의.xlsx / **완성파일** : 이름정의(완성).xlsx

1 이름 정의

계산 영역을 지정하여 이름상자에 정의할 이름을 직접 입력하거나 [수식]탭–[정의된 이름] 그룹–[선택 영역에서 만들기]에서 필드명으로 이름을 만들 수 있다.

① 이름상자를 이용하여 이름을 정의해보자. 제품명이 있는 [B6:B13]셀 영역을 드래그 하여 선택한 후 이름상자를 선택하여 '제품명'이라 입력하고 Enter↵ 를 누르면 된다.

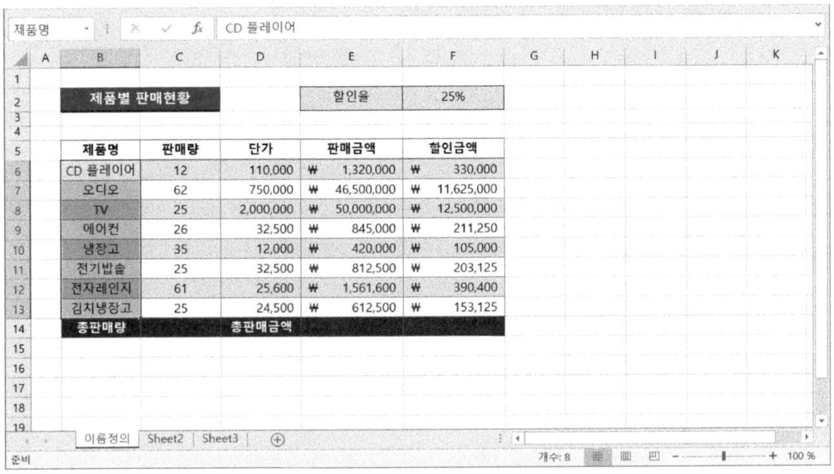

② 판매량 [C6:C13]셀 영역을 선택한 후 [수식] 탭–[정의된 이름] 그룹–[이름 정의] 명령을 선택한다.

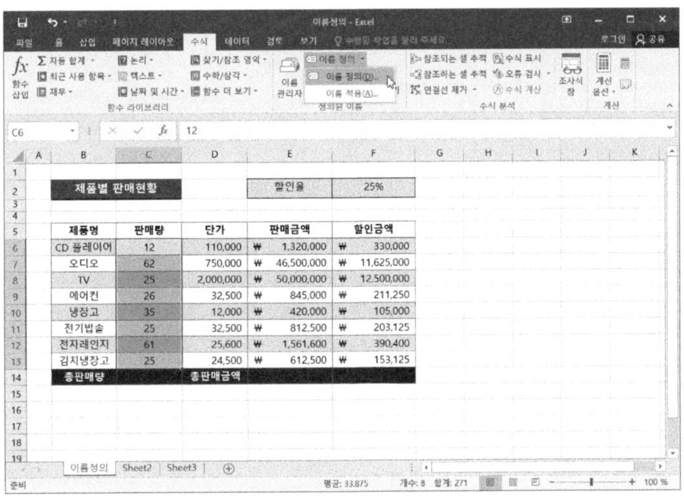

③ [새 이름] 대화상자가 나타나면 [이름]에 '판매량'을 입력하고 [범위]는 '통합문서' [참조 대상]에서는 선택한 범위가 절대 참조로 표시된 것을 확인하고 [확인]을 누른다.

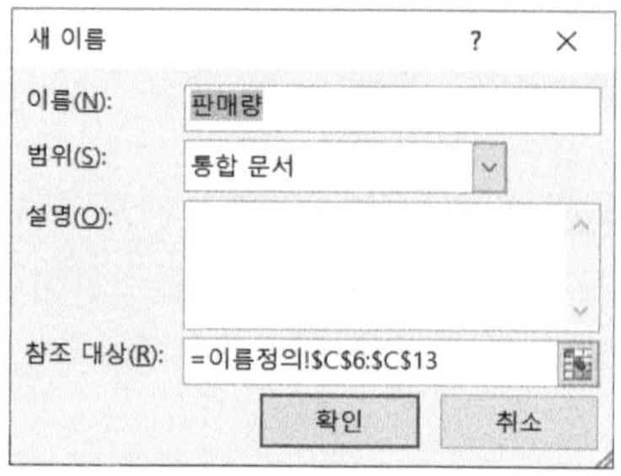

④ 단가에서 레이블이 포함된 [D5:D13]셀 영역을 선택한 후 [수식] 탭–[정의된 이름] 그룹–[선택 영역에서 만들기] 명령을 선택한다.

⑤ [선택 영역에서 이름 만들기] 대화상자에서 '첫 행'만 체크된 상태에서 [확인]을 누른다.

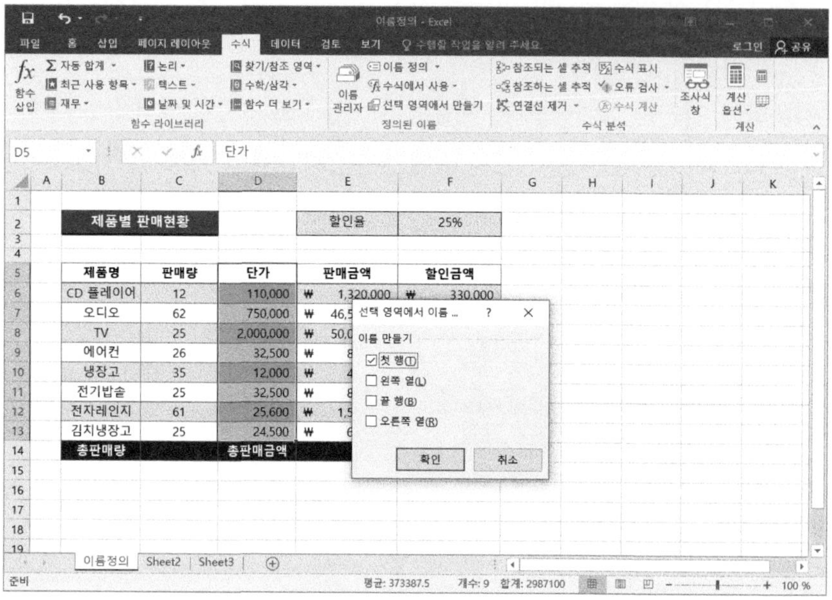

⑥ 이름상자의 목록 단추를 클릭하여 '첫 행'으로 지정된 이름 정의 목록 중 '제품명'을 선택하면 해당 범위가 바로 선택된다.

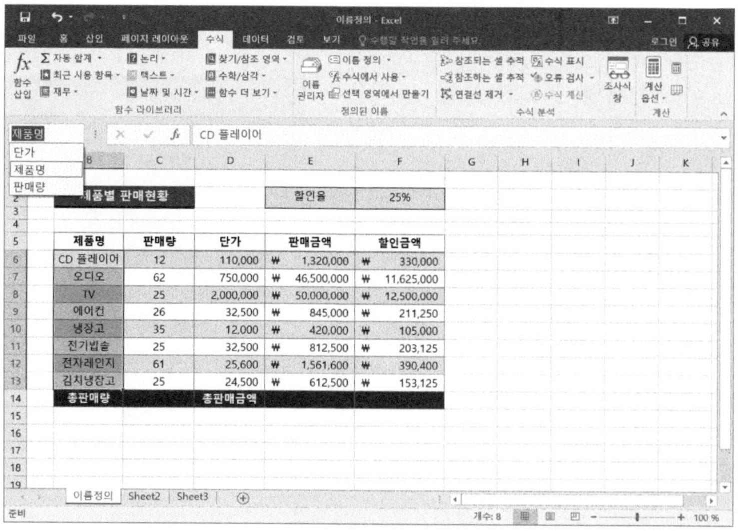

2 이름 편집 및 삭제

잘못된 이름은 [이름상자]에서 쉽게 삭제나 편집을 할 수 없으며 [수식] 탭에서만 수정과 삭제가 가능하다

① [수식] 탭–[정의된 이름] 그룹–[이름 관리자] 명령을 선택하여 [이름 관리자] '할인금액'을 선택한다.

② 삭제 버튼을 누른 후 삭제 확인 [메시지] 창이 나타나며 [확인]을 버튼을 클릭하면 '할인금액'의 이름이 삭제된다.

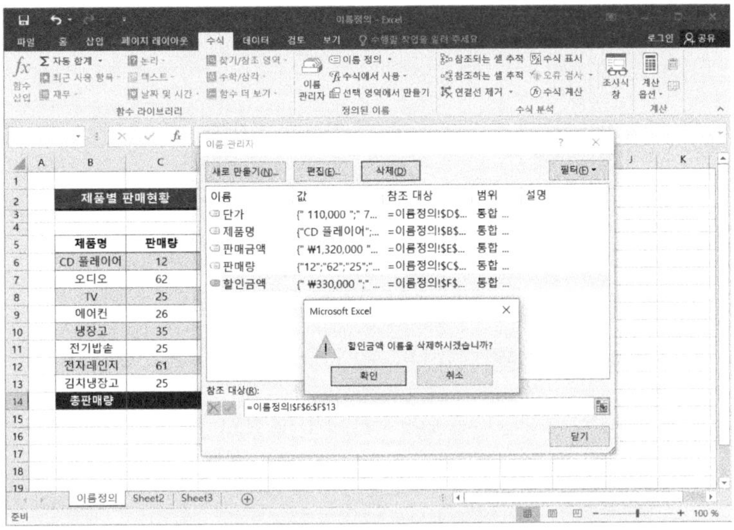

③ 판매금액의 범위를 수정하기 위해 [수식] 탭–[정의된 이름] 그룹–[이름 관리자] 명령을 선택한다. [이름 관리자] 대화상자가 나타나면 '판매금액' 이름을 선택하고 [참조 대상]을 선택하여 새로운 셀 주소 [$E$6:$E$13]로 변경한다.

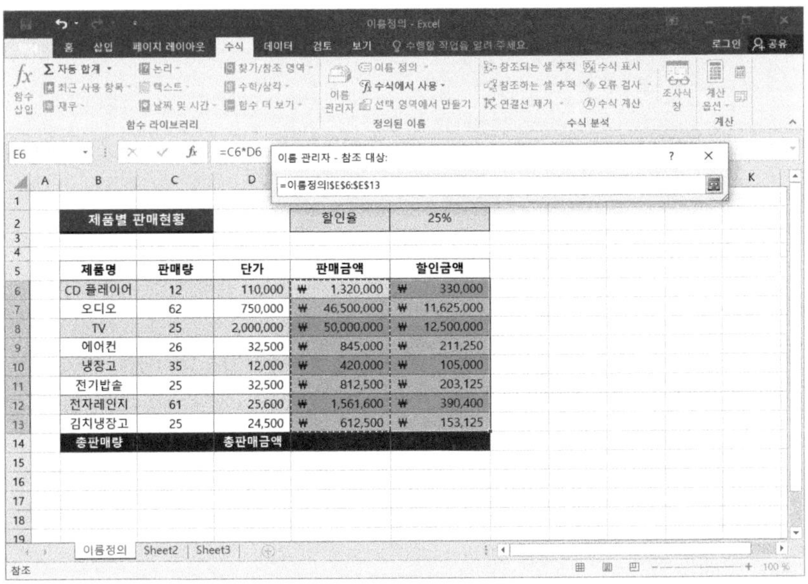

> **TIP |**
>
> - [취소] 명령(✕)을 선택하면 새로 지정한 셀 주소가 취소되고 이전 셀 주소로 복원된다.
> - Ctrl + F3을 누르면 [이름 관리자] 대화상자가 나타난다.

> **TIP | 잘못 정의된 이름을 수정하는 또 다른 방법**
>
> [이름 관리자] 대화상자에서 수정하고자 하는 이름을 선택하고 [편집] 단추를 누르면 [이름편집] 창이 나타난다.

3 이름을 이용한 수식 작성

정의한 이름으로 간편하게 함수에 목록을 드래그하지 않고 직접 정의한 이름으로 계산이 가능하다.

① 총 판매량 [C14]셀을 선택하고 '=SUM()' 함수를 입력한 후 [수식] 탭-[정의된 이름] 그룹-[수식에서 사용] 명령을 선택하여 '판매량'을 선택하거나 '판매량'을 직접 입력한다.

② '=SUM(판매량)'과 같이 수식이 작성되면 Enter↵를 누른다.

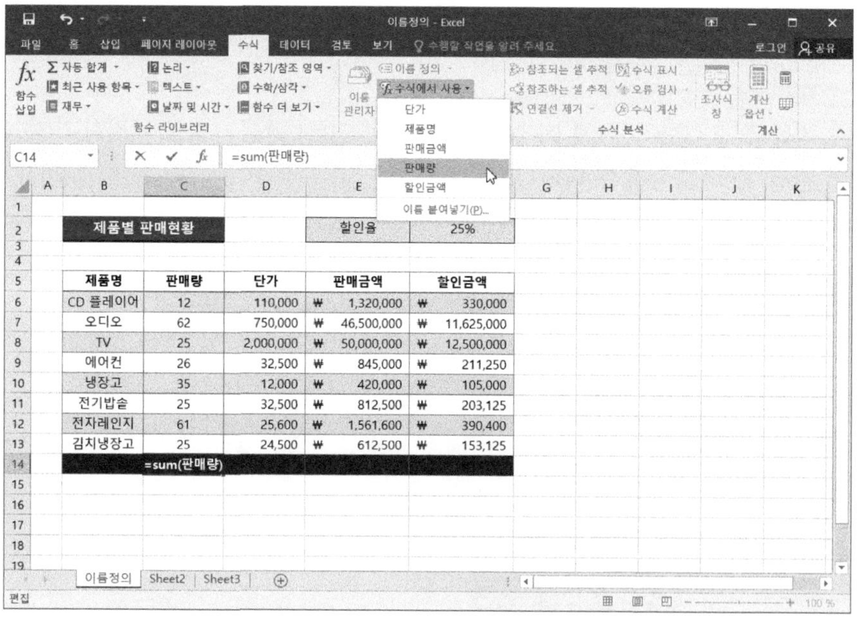

③ 같은 방법으로 [E14]셀에 '=SUM(판매금액)'과 같이 작성한 후 Enter↵를 눌러 수식을 구한다.

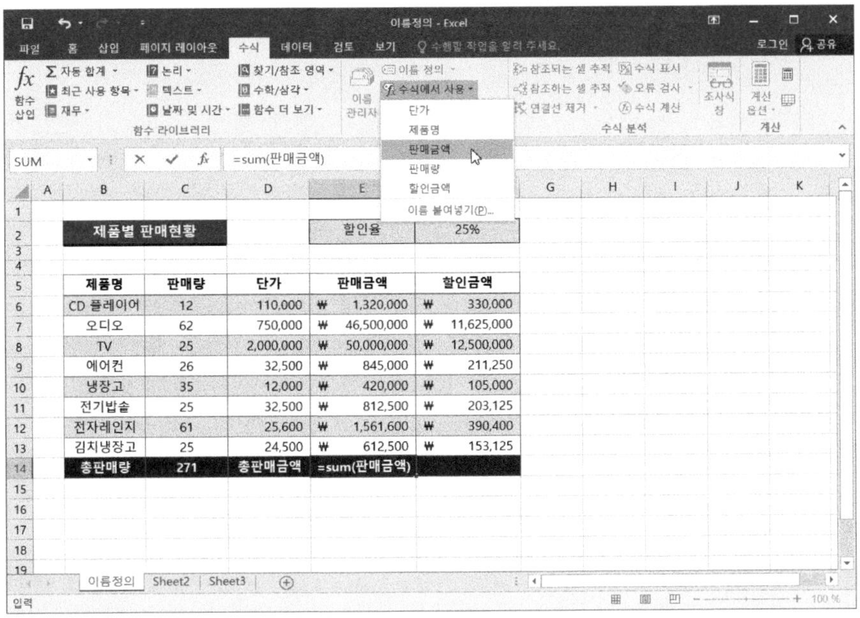

연습문제 04-3

문제파일 : 연습문제9.xlsx / 정답파일 : 연습문제9(완성).xlsx

01 [판매현황] 워크시트의 표를 [선택 영역에서 이름 만들기]첫 행으로 이름을 정의하시오.

02 '지점명' 이름을 삭제하시오

03 총판매액[C4], 총수금액[C5], 총미수액[C6]셀에 정의된 필드명으로 합계를 구하시오.

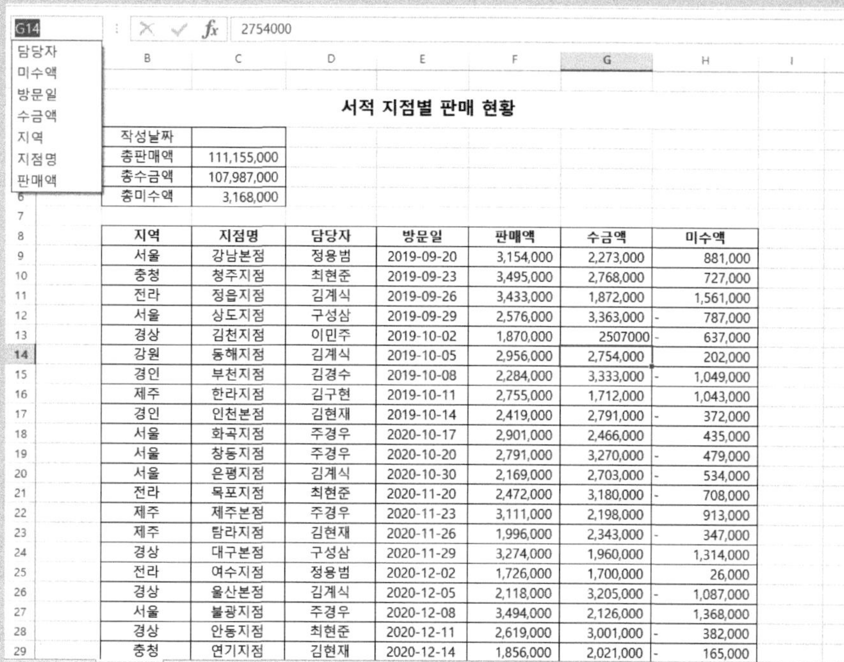

서적 지점별 판매 현황

작성날짜	
총판매액	111,155,000
총수금액	107,987,000
총미수액	3,168,000

지역	지점명	담당자	방문일	판매액	수금액	미수액
서울	강남본점	정용범	2019-09-20	3,154,000	2,273,000	881,000
충청	청주지점	최현준	2019-09-23	3,495,000	2,768,000	727,000
전라	정읍지점	김계식	2019-09-26	3,433,000	1,872,000	1,561,000
서울	상도지점	구성삼	2019-09-29	2,576,000	3,363,000	- 787,000
경상	김천지점	이민주	2019-10-02	1,870,000	2507000	- 637,000
강원	동해지점	김계식	2019-10-05	2,956,000	2,754,000	202,000
경인	부천지점	김경수	2019-10-08	2,284,000	3,333,000	- 1,049,000
제주	한라지점	김구현	2019-10-11	2,755,000	1,712,000	1,043,000
경인	인천본점	김현재	2019-10-14	2,419,000	2,791,000	- 372,000
서울	화곡지점	주경우	2020-10-17	2,901,000	2,466,000	435,000
서울	창동지점	주경우	2020-10-20	2,791,000	3,270,000	- 479,000
서울	은평지점	김계식	2020-10-30	2,169,000	2,703,000	- 534,000
전라	목포지점	최현준	2020-11-20	2,472,000	3,180,000	- 708,000
제주	제주본점	주경우	2020-11-23	3,111,000	2,198,000	913,000
제주	탐라지점	김현재	2020-11-26	1,996,000	2,343,000	- 347,000
경상	대구본점	구성삼	2020-11-29	3,274,000	1,960,000	1,314,000
전라	여수지점	정용범	2020-12-02	1,726,000	1,700,000	26,000
경상	울산본점	김계식	2020-12-05	2,118,000	3,205,000	- 1,087,000
서울	불광지점	주경우	2020-12-08	3,494,000	2,126,000	1,368,000
경상	안동지점	최현준	2020-12-11	2,619,000	3,001,000	- 382,000
충청	연기지점	김현재	2020-12-14	1,856,000	2,021,000	- 165,000

4-6 함수작성

함수는 어떤 결과 값을 얻기 위한 수식을 간단히 계산할 수 있도록 미리 정의되어 있는 식을 의미하며 각각의 함수는 함수명과 필요한 인수(범위)로 구성되어 수식이 완성된다. 함수의 구조는 아래와 같으며 함수마다 인수 사용법이 다르다.

예제파일 : 함수정의.xlsx / **완성파일** : 함수정의(완성).xlsx

=함수 이름(인수1, 인수2, 인수3, ·······) =SUM(A1, B3:E4)	
등호(=)	함수도 수식이므로 반드시 등호(=)로 시작한다. 단, 함수식을 직접 작성할 때는 등호(=)를 입력해야 하지만 자동 합계나 함수 마법사를 이용하면 자동으로 입력되므로 생략한다.
함수 이름	특정 계산을 위한 계산식으로 엑셀에서 제공하는 약속된 함수 이름이다. 함수의 이름이 입력되고 대소문자를 구분하지 않으며 작성하려는 수식에 필요한 함수 이름을 알고 있어야 한다.
괄호 ()	인수가 입력되는 영역을 괄호()로 묶는다. 한 가지 함수만 사용할 때는 닫는 괄호를 생략할 수 있으나, 중첩 함수식(함수의 인수로 또 다른 함수를 사용하는 것)을 사용할 때는 열린 괄호만큼 닫는 괄호를 반드시 입력해 주어야 한다.
인수	결과 값을 계산하기 위해 필요한 데이터들로 함수마다 입력해야 하는 인수의 종류와 수가 정해져 있다. 인수에는 숫자, 문자열, 논리값, 배열, 수식, 다른 함수, 또는 생각가능하거나 없는 경우도 있다. 인수로 문자열을 사용하는 경우에는 반드시 문자열을 겹 따옴표(" ")로 묶는다.
콤마(,)	인수와 인수를 구분하는 기호이다.
콜론(:)	연결된 셀 주소의 범위를 의미한다.

TIP | 함수 설명 스크린

- 함수를 입력하면 함수의 설명이 자동으로 스크린으로 표시된다.
- [수식] 탭–[함수 라이브러리] 그룹을 살펴보면 다양한 범주의 함수 목록을 볼 수 있다. 많은 함수들 중 자주 사용되는 함수를 그룹으로 묶어 놓은 것이 [자동 합계](Σ)이다. [자동 합계] 목록에서는 합계(SUM), 평균(AVERAGE), 숫자 개수(COUNT), 최대값(MAX), 최소값(MIN)을 빠르게 구할 수 있다. [자동 합계]를 이용하여 분기별 판매합계, 평균판매액, 최고판매액, 최저판매액, 총사원수를 구해본다.

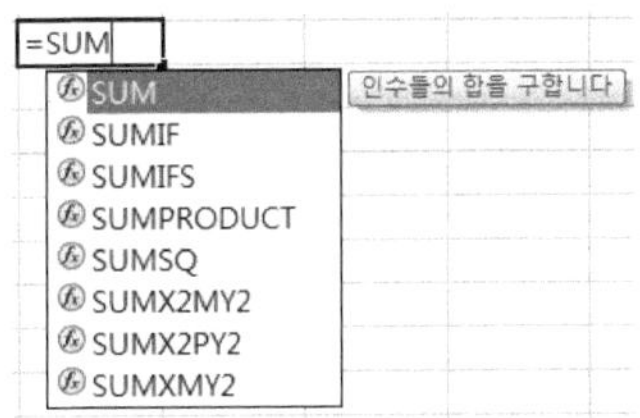

1 자동 합계

합계를 구할 셀을 선택 후 [홈] 탭 자동합계(Σ)시그마를 한번 클릭한 다음 합계를 구할 범위를 드래그 하여 원하는 범위를 쉽게 합계를 구할 수 있다.

① 사원별 판매합계와 분기별 합계를 구하기 위해 [D5:H16] 셀 영역을 드래그 하여 선택한다.

② [수식] 탭–[함수 라이브러리] 그룹–[자동 합계] 명령(Σ)의 목록 단추를 눌러 [합계]를 선택하면 각 행과 열의 값들의 합계가 구해진다.

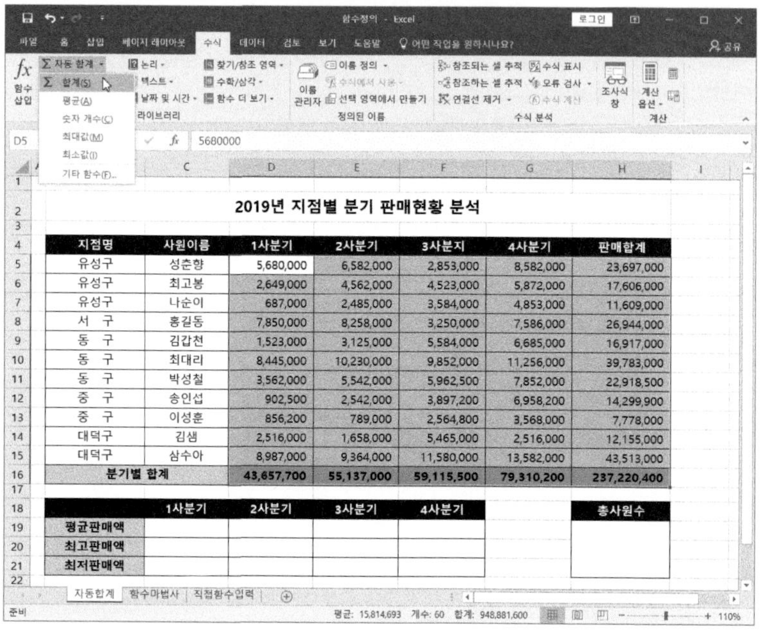

③ [C19]셀을 선택한 후 [수식] 탭–[함수 라이브러리] 그룹–[자동 합계] 명령 (Σ)의 목록 단추를 눌러 [평균]을 선택한다.

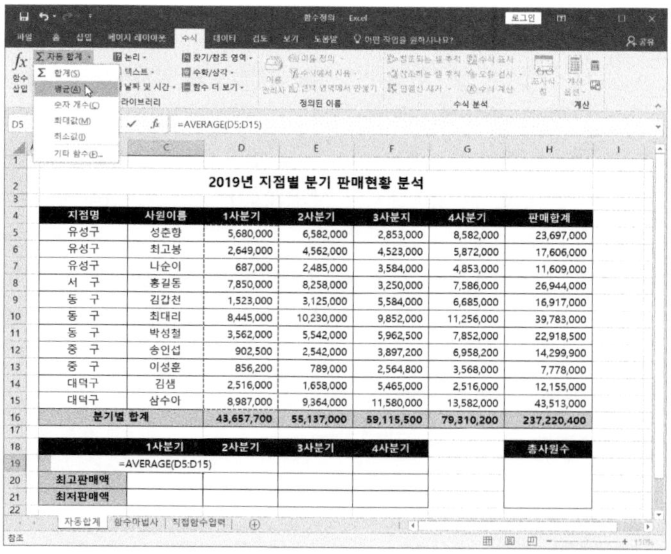

④ 분기별 평균값을 구하기 위해 [D5:D15]셀 영역을 드래그 하여 인수에 넣은 후 Enter↵를 누른다.

⑤ 분기별 최고판매액을 [C20]셀에 구하려면 [수식] 탭-[함수 라이브러리] 그룹-[자동 합계] 명령(Σ)의 목록 단추를 눌러 [최대값]을 선택하여 [D5:D15]셀로 드래그 하여 넣은 후 Enter↵를 누르면 값을 구할 수 있다.

⑥ [C21]셀에 클릭하여 분기별 최저 판매액(최소값), 총사원수(숫자 개수 선택)를 [H19]셀에 각각 구해본다.

TIP | 자동 합계 구하는 다른 방법

[홈] 탭-[편집] 그룹에 표시되는 [자동 합계]를 클릭해도 된다.

4-7 함수 활용

각 함수 라이브러리에는 함수가 범주별로 구분되어 있어 사용하려는 함수를 쉽게 선택할 수 있다. 함수 마법사를 이용해 함수식을 작성할 때에는 등호(=)와 함수는 자동으로 입력되므로 생략한다.

1 함수 마법사

함수를 보다 편리하고 직접 수식을 작성하는 것 보다 오류를 줄이고 어려운 함수를 보다 편리하게 사용할 수 있도록 도와 주는 기능 이라고 할 수 있다. 함수 마법사를 이용하여 '총사원수'를 구한다.

① [H19]셀을 선택한 후 [수식] 탭–[함수 라이브러리] 그룹–[함수 더 보기] 명령–[통계]에서 COUNT 함수를 선택한다.

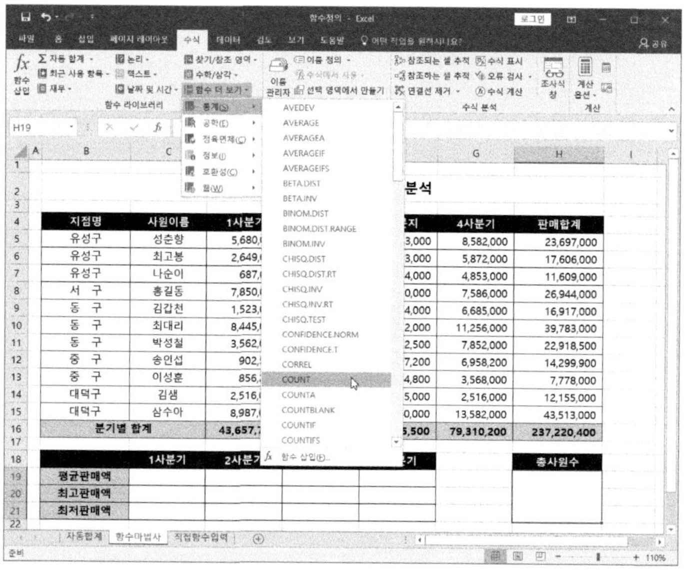

② [함수 인수] 창이 나타나면 [Value1]에 판매합계 [H5:H15]셀 영역을 드래그 하여 셀 주소를 입력하고 [확인]을 누른다.

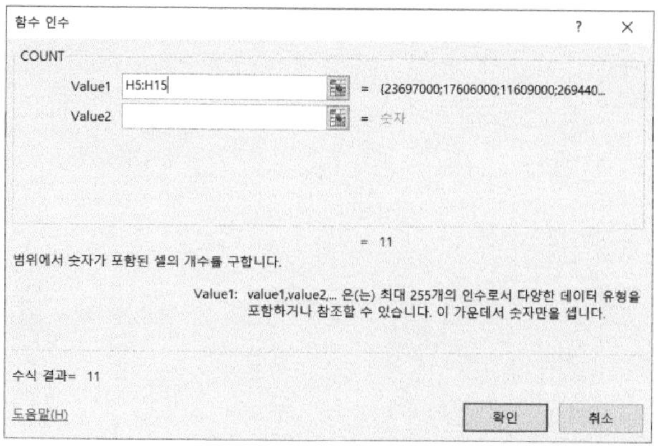

2 직접 함수식 입력

□ SUM 함수

인수들의 합계를 구하는 함수로 최대 255개까지의 인수를 지정할 수 있다.

함수 형식	=SUM(Number1, Number2, Number3, …) =SUM(Number1 : Number8)
인수	Number : 상수, 셀 영역, 셀 이름 등이 올 수 있고, 논리값과 텍스트는 제외된다.

□ AVERAGE 함수

인수들의 평균을 구하는 함수로 최대 255개까지의 인수를 지정할 수 있다.

함수 형식	=AVERAGE(Number1, Number2, Number3, …)
인수	Number : 상수, 셀 영역, 셀 이름 등이 올 수 있고, 논리값과 텍스트는 제외된다.

□ MAX, MIN 함수

인수들의 최대값과 최소값을 구하는 함수로 최대 255개까지의 인수를 지정할 수 있다.

함수 형식	=MAX(Number1, Number2, Number3, …) =MIN(Number1, Number2, Number3, …)
인수	Number : 최대값 또는 최소값을 구할 숫자가 들어간다.

□ COUNT, COUNTA 함수

COUNT 함수는 인수 목록에서 숫자 데이터가 들어있는 셀의 개수만을 구한다. 즉 빈 셀, 논리값, 텍스트, 오류 값은 무시된다. 'COUNTA' 함수는 인수 목록에 빈 셀(공백)을 제외한 모든 데이터의 셀 개수를 구한다. 최대 255개까지의 인수를 지정할 수 있다.

함수 형식	=COUNT(Value1, Value2, Value3, …) =COUNTA(Value1, Value2, Value3, …)
인수	Value : 숫자, 빈셀, 논리값, 텍스트, 오류 값 등의 여러 형식의 데이터가 온다.

① [C21]셀을 선택하고 '=M'을 입력하면 함수 목록이 나타나면 ↓를 눌러 'MIN'을 선택하고 ⇆(Tab)키를 누르거나 마우스를 더블 클릭한다.

② 1사분기 [D5:D15]셀 영역을 입력하고 Enter↵를 누른다.

③ [C21]셀을 선택하여 [F21]셀까지 자동채우기하여 분기별 최저판매액을 구한다.

연습문제 04-4

■ 문제파일 : 연습문제10.xlsx / 정답파일 : 연습문제10(완성).xlsx

01 [K5]셀 영역에 [D5:I5]영역의 최대판매량 구하고 [K5:K15]까지 수식을 붙여넣으시오.

02 [L5]셀 영역에 [D5:I5]영역의 최소판매량 구하고 [L5:L15]까지 수식을 붙여넣으시오.

03 [M5]셀 영역에 [D5:I5]영역의 평균을 구하고 [M5:M15]까지 수식을 붙여넣으시오.

04 [N5]셀 영역에 [D5:I5]영역의 숫자셀의 개수를 구하고 [N5:N15]까지 수식을 붙여 넣으시오.

직원별 판매현황

성명	직급	1차	2차	3차	4차	5차	6차	합계	최대 판매량	최소 판매량	평균 판매량	판매회수
이*철	대리	60		25	25	28	28	166	60	25	33.2	5
최*진	사원	25	23	31	21	24	19	143	31	19	23.83333333	6
방*	대리	32	15	25	45	16		133	45	15	26.6	5
김*순	과장	23	24	24	54	18	27	170	54	18	28.33333333	6
이*	주임	15		31		28	18	92	31	15	23	4
박*희	사원	24	16	25	15	16	19	115	25	15	19.16666667	6
공*진	사원	15		21	28	18		82	28	15	20.5	4
김*수	주임	25		24	24		23	96	25	23	24	4
최*진	대리	45	25	26	15		26	137	45	15	27.4	5
나*미	과장	25		28		24		77	28	24	25.66666667	3
이*우	대리	13	24	21	19	26	35	138	35	13	23	6

4-8 범위 내 만족하는 조건부 함수

조건부 함수는 조건에 만족하는 값들의 합계, 평균, 개수를 구하는 함수들로 엑셀 여러 가지 조건을 만족하는 값들의 합계, 평균, 개수를 구할 수 있다.

예제파일 : 조건부함수.xlsx / 완성파일 : 조건부함수(완성).xlsx

1 SUMIF, SUMIFS 함수

SUMIF 함수는 지정한 범위에서 단일 조건을 만족하는 데이터 값들의 합계를 구하고 SUMIFS 함수는 지정한 범위 내에서 여러 가지 조건(최대 127가지)을 만족하는 셀들의 합계를 구한다. [판매현황] 표에 품목별 판매 수량을 구하고 [4월 판매현황] 표에서 판매수량은 '2020년 4월 22일' 이전에 판매된 품목별 판매수량을 구해본다.

함수 형식	=SUMIF(Range, Criteria, Sum_range)
인수	• Range : 조건을 검색할 셀 영역 지정 • Criteria : 검색할 조건 지정 • Sum_range : 합계를 구하고자 하는 셀 영역 지정
함수 형식	=SUMIFS(Sum_range, Criteria_range1, Criteria1, Criteria_range2, Criteria2, …)
인수	• Sum_range : 합계를 계산할 하나 이상의 셀 영역 지정 • Criteria_range : 조건을 검색할 셀 영역 지정 • Criteria : 검색할 조건 지정

(SUMIF)

① [조건부 함수] 시트에서 품목별 판매수량을 구하려면 우선 [J5]셀을 선택하고 [수식] 탭–[함수 라이브러리] 그룹–[수학/삼각] 명령에서 'SUMIF' 함수를 선택한다.

② [함수 인수] 창 각 영역에 [Range] : '$C$4:$C$26', [Criteria] : 'I5', [Sum_range] : '$E$4:$E$26' 값을 입력한 후 [확인]을 누른다.

- Range : 조건을 검색할 범위로 품목 [C4:C26]셀 영역이 오고 수식을 복사할 경우 참조 범위가 고정되어야 하므로 F4를 눌러 절대 참조로 변경한다.
- Criteria : 조건인 [판매현황] 표에 품목 [I5]셀이 오고 수식을 복사할 경우 조건인 품목 [I5:I11]셀 영역이 변경되므로 상대 참조로 둔다.
- Sum_range : 합계를 계산할 범위로 판매수량 [E4:E26]셀 영역이 오고, 수식을 복사할 경우 참조 범위가 고정되어야 하므로 F4를 눌러 절대 참조로 변경한다.

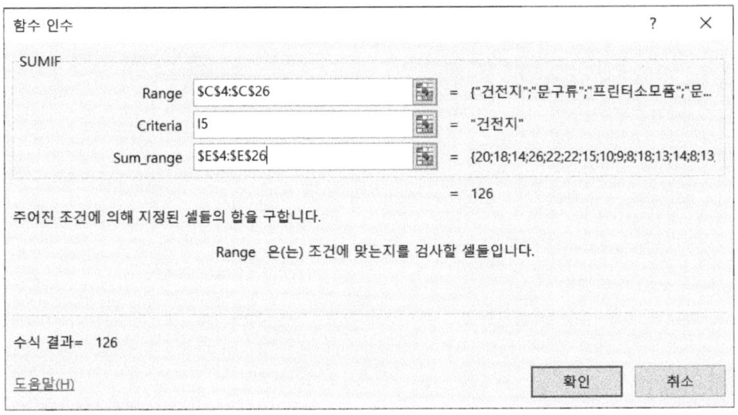

③ [J5]셀의 채우기 핸들을 이용하여 수식 '=SUMIF($C$4:$C$26, I5, $E$4 : $E$26)'을 [J11]셀까지 복사한다.

(SUMIFS)

① [04월 판매현황] 표에서 판매수량을 SUMIFS 함수로 구하기 위해 [J15]셀을 선택하고 [수식] 탭-[함수 라이브러리] 그룹-[수학/삼각] 명령에서 'SUMIFS' 함수를 선택한다.

② [함수 인수] 창에서 [Sum_range] : 'E4$E$26', [Criteria_range1] : '$F$4:$F$26', [Criteria 1] : '<=2020-4-22', [Criteria_range2] : '$C$4:$C$26', [Criteria2] : 'I15'을 입력한 후 [확인]을 누른다.

- Sum_range : 합계를 계산할 범위로 판매수량 [E4:E26]셀 영역이 오고, 수식을 복사할 경우 참조 범위가 고정되어야 하므로 F4를 눌러 절대 참조로 변경한다.
- Criteria_range1 : 첫 번째 조건을 검색할 범위로 판매일 [F4:F26]셀 영역이 오고, 수식을 복사할 경우 참조 범위가 고정되어야 하므로 F4를 눌러 절대 참조로 변경한다.

- Criteria1 : 첫 번째 조건인 '2020년 4월 22일 이전' 날짜가 오고 조건을 직접 입력할 경우에는 큰따옴표("")로 묶어 입력한다.
- Criteria_range2 : 두 번째 조건을 검색할 범위로 품목 [C4:C26]셀 영역이 오고 수식을 복사할 경우 참조 범위가 고정되어야 하므로 F4를 눌러 절대 참조로 변경한다.
- Criteria2 : 두 번째 조건인 품목 [I15]셀이 오고 수식을 복사할 경우 조건인 품명 [I15:I21]셀 영역이 변경되므로 상대 참조로 둔다.

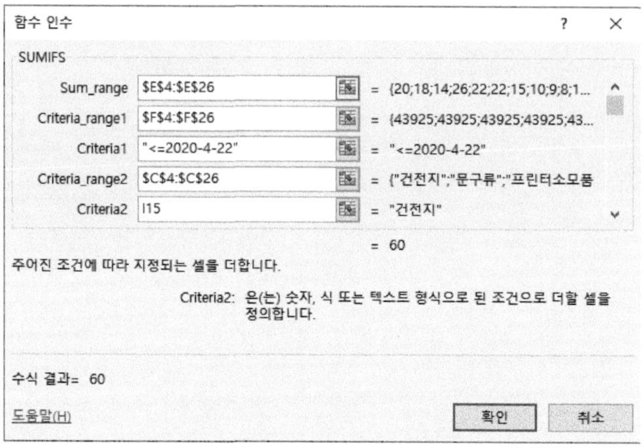

③ [J15]셀을 선택하여 자동채우기 핸들로 드래그하여 수식 '=SUMIFS($E$4:$E$26, $F$4:$F$26, "<=2020-4-22",$C$4:$C$26,I15)'을 [J21]셀까지 복사한다.

2 AVERAGEIF, AVERAGEIFS 함수

AVERAGEIF 함수는 지정한 범위에서 단일 조건에 만족하는 값들의 평균을 구하고 AVERAGEIFS 함수는 여러 조건에 만족하는 값들의 평균을 구한다. **[판매현황]** 표에 품목별 판매평균 수량을 구하고 **[4월 판매현황]** 표에서 판매평균 수량은 '2020년 4월 22일' 이전에 판매된 품목별 판매평균 수량을 구해본다.

함수 형식	=AVERAGEIF(Rang, Criteria, Average_range)
인수	Range : 조건을 검색할 셀 영역 지정 Criteria : 검색할 평균의 조건 지정 Average_range : 평균을 구하고자 하는 셀 영역 지정
함수 형식	=AVERAGEIFS(Average_range, Criteria_range1, Criteria1, Criteria_ range2, Criteria2, …)
인수	• Average_range : 평균을 구하고자 하는 셀 영역 지정 • Criteria_range : 조건을 검색할 범위 지정 • Criteria : 평균을 계산할 조건 지정

(AVERAGEIF)

① [조건부 함수] 시트에서 품목별 판매평균 수량을 구하려면 [K5]셀을 선택하고 [수식] 탭-[함수 라이브러리] 그룹-[함수 더 보기] 명령-[통계]에서 'AVERAGEIF' 함수를 선택한다.

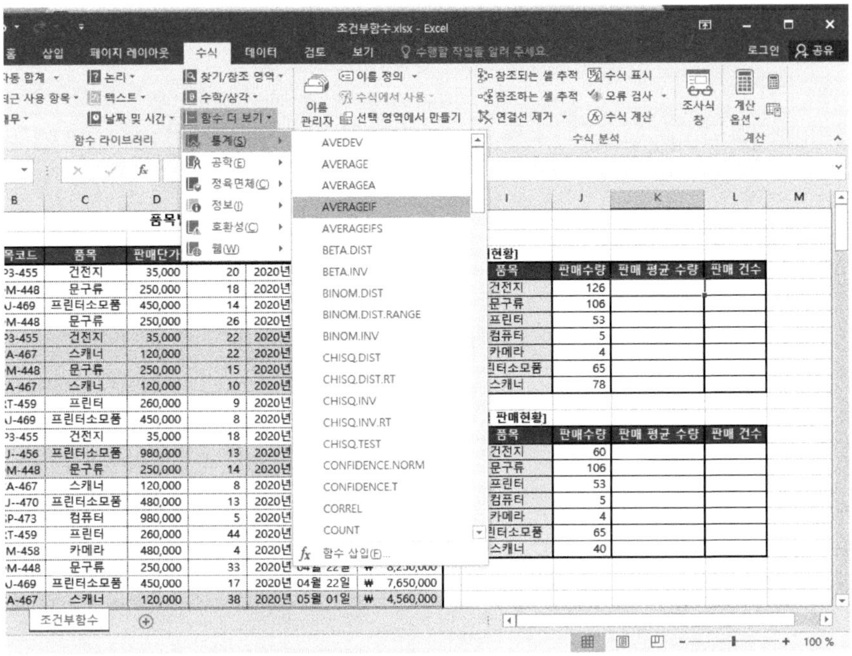

② [함수 인수] 창 각 영역에 [Range] : '$C$4:$C$26', [Criteria] : 'I5', [Average_ range] : '$E$4:$E$26' 값을 입력한 후 [확인]을 누른다.

- Range : 조건을 검색할 범위로 품목 [C4:C26]셀 영역이 오고 수식을 복사할 경우 참조 범위가 고정되어야 하므로 F4를 눌러 절대 참조로 변경한다.
- Criteria : 조건인 [판매현황] 표에 품목 [I5]셀이 오고 수식을 복사할 경우 조건인 품명 [I5:I11]셀 영역이 변경되므로 상대 참조로 둔다.
- Average_range : 평균을 계산할 범위로 판매수량 [E4:E26]셀 영역이 오고 수식을 복사할 경우 참조 범위가 고정되어야 하므로 F4를 눌러 절대 참조로 변경한다.

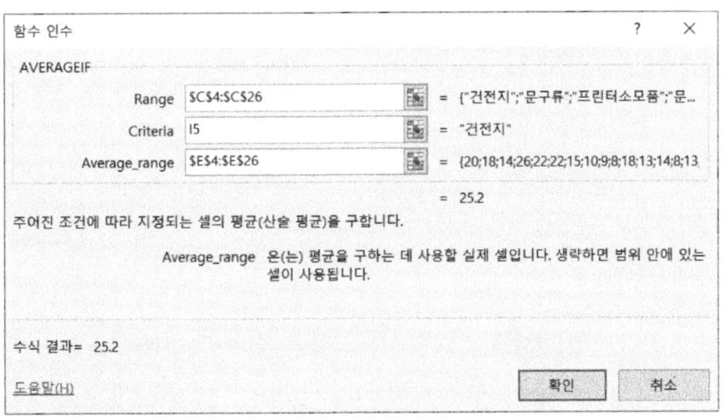

③ [K5]셀의 자동채우기 핸들을 드래그하여 수식 '=AVERAGEIF($C$4:$C$26, I5,$E$4:$E$26)'을 [K11]셀까지 복사한다.

(AVERAGEIFS)

① [수식] 탭-[함수 라이브러리] 그룹-[함수 더 보기] 명령-[통계]에서 'AVERAGEIFS' 함수를 선택한다.

② [함수 인수] 창에서 [Average_range] : 'E4$E$26', [Criteria_range1] : '$F$4:$F$26', [Criteria1] : '〈=2020-4-22', [Criteria_range2] : '$C$4:$C$26', [Criteria2] : 'I15'을 입력한 후 [확인]을 누른다.

- Average_range : 평균을 계산할 범위로 판매평균 수량 [E4:E26]셀 영역이 오고 수식을 복사할 경우 참조 범위가 고정되어야 하므로 F4를 눌러 절대 참조로 변경한다.
- Criteria_range1 : 첫 번째 조건을 검색할 범위로 판매일 [F4:F26]셀 영역이 오고 수식을 복사할 경우 참조 범위가 고정되어야 하므로 F4를 눌러 절대 참조로 변경한다.
- Criteria1 : 첫 번째 조건인 '2020년 4월 22일 이전' 날짜가 오고 조건을 직접 입력할 경우에는 큰따옴표("")로 묶어 입력한다.
- Criteria_range2 : 두 번째 조건을 검색할 범위로 품목 [C4:C26]셀 영역이 오고 수식을 복사할 경우 참조 범위가 고정되어야 하므로 F4를 눌러 절대 참조로 변경한다.
- Criteria2 : 두 번째 조건인 품목 [I15]셀이 오고 수식을 복사할 경우 조건인 품명 [I15:I21]셀 영역이 변경되므로 상대 참조로 둔다.

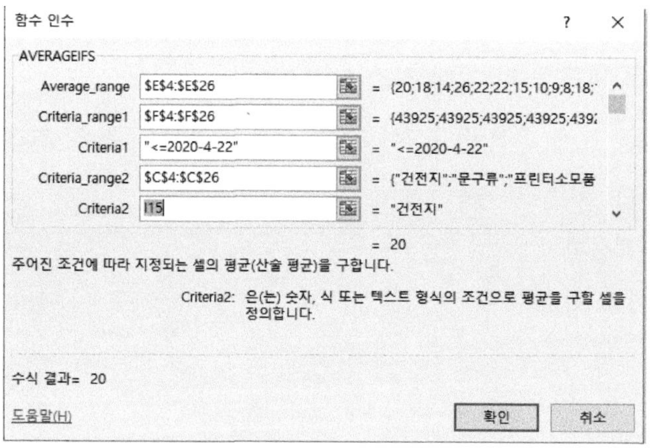

③ [K15]셀을 선택하여 자동채우기 핸들로 드래그하여 수식 '=AVERAGEIFS($E$4:$E$26, $F$4:$F$26,"〈=2020-4-22",$C$4:$C$26,I15)'를 [K21]셀까지 복사한다.

> **TIP |**
>
> AVERAGEIF 함수는 통계 분포에서 여러 숫자의 중심 위치를 나타내는 중심 추세를 측정한다. 중심 추세를 측정하는 가장 일반적인 방법 세 가지는 평균(AVERAGE), 중간값(MEDIAN), 최빈값(MODE)이다.

3 COUNTIF, COUNTIFS 함수

COUNTIF 함수는 지정 범위에서 단일 조건에 만족하는 셀의 개수를 구하고 COUNTIFS 함수는 지정 범위에서 여러 조건에 만족하는 셀의 개수를 구한다. [판매현황] 표에 품목별 판매건수를 구하고 [4월 판매현황] 표에서 판매건수는 '2020년 4월 22일' 이전에 판매된 품목별 판매건수를 구해본다.

함수 형식	=COUNTIF(Rang, Criteria)
인수	• Range : 조건에 맞는 데이터를 검색할 셀 영역 지정 • Criteria : 검색할 조건 지정
함수 형식	=COUNTIFS(Criteria_range1, Criteria1, Criteria_range2, Criteria2, …)
인수	Criteria_range : 검색할 데이터 값이 입력된 셀 영역 지정 Criteria : 검색할 조건 지정

(COUNTIF)

① [조건부 함수] 시트에서 품목별 판매건수를 구하려면 우선 [L6]셀을 선택하고 [수식] 탭-[함수 라이브러리] 그룹-[함수 더 보기] 명령-[통계]에서 'COUNTIF' 함수를 선택한다.

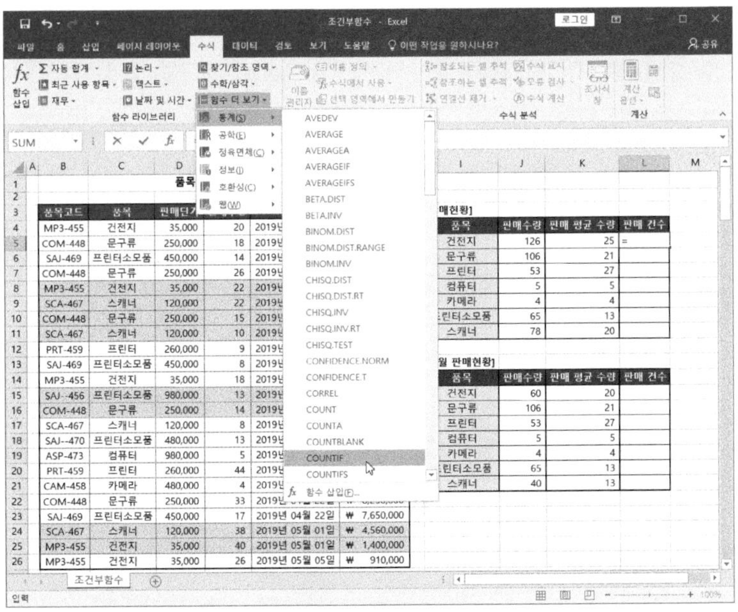

② [함수 인수] 창 각 영역에 [Range] : '$C$4:$C$26', [Criteria] : 'I5' 값을 입력한 후 [확인]을 누른다.

- Range : 조건을 검색할 범위로 품목 [C4:C26]셀 영역이 오고 수식을 복사할 경우 참조 범위가 고정되어야 하므로 F4를 눌러 절대 참조로 변경한다.
- Criteria : 조건인 [판매현황] 표에 품목 [I5]셀이 오고 수식을 복사할 경우 조건인 품명 [I5:I11]셀 영역이 변경되므로 상대 참조로 둔다.

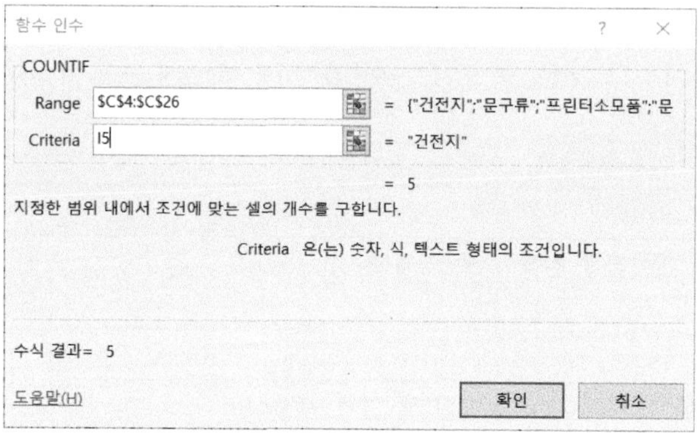

③ [L5]셀의 채우기 핸들을 더블 클릭하여 수식 '=COUNTIF($C$4:$C$26,I5)'을 [L11]셀까지 복사한다.

(COUNTIFS)

① [04월 판매현황] 표에서 판매건수를 COUNTIFS 함수로 구하기 위해 [L15]셀을 선택하고 [수식] 탭–[함수 라이브러리] 그룹–[함수 더 보기] 명령–[통계]에서 'COUNTIFS' 함수를 선택한다.

② [함수 인수] 창에서 [Criteria_range1] : '$F$4:$F$26', [Criteria1] : '<=2020-4-22', [Criteria_range2] : '$C$4:$C$26', [Criteria2] : 'I15'를 입력한 후 [확인]을 누른다.

- Criteria_range1 : 첫 번째 조건을 검색할 범위로 판매일 [F4:F26]셀 영역이 오고 수식을 복사할 경우 참조 범위가 고정되어야 하므로 F4를 눌러 절대 참조로 변경한다.
- Criteria1 : 첫 번째 조건인 '2020년 4월 22일 이전' 날짜가 오고 조건을 직접 입력할 경우에는 큰따옴표("")로 묶어 입력한다.
- Criteria_range2 : 두 번째 조건을 검색할 범위로 품목 [C4:C26]셀 영역이 오고 수식을 복사할 경우 참조 범위가 고정되어야 하므로 F4를 눌러 절대 참조로 변경한다.
- Criteria2 : 두 번째 조건인 품목 [I15]셀이 오고 수식을 복사할 경우 조건인 품명 [I15:I21]셀 영역이 변경되므로 상대 참조로 둔다.

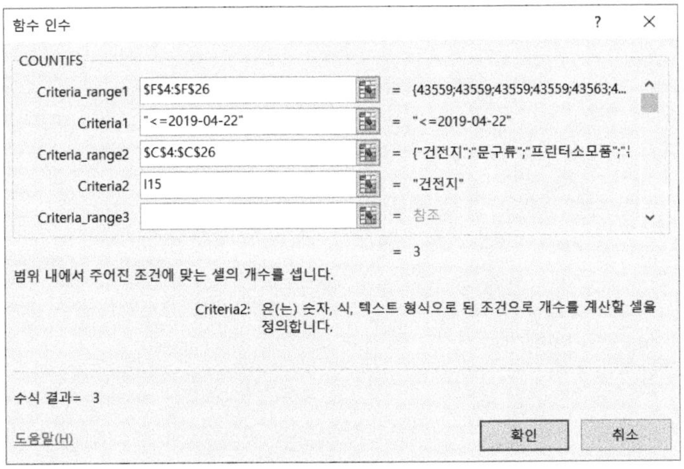

③ [L15]셀을 선택하여 [L21]셀까지 복사한다.

TIP | 오류가 아닌 경우에도 오류 표시가 생긴 경우

[Office 단추]–[Excel 옵션]–[수식] 탭을 선택한 후 오류 검사 그룹에서 '다른 작업을 수행하면서 오류 검사' 옵션을 해제하면 다음부터는 오류 검사가 수행되지 않는다.

연습문제 04-5

문제파일 : 연습문제11.xlsx / 정답파일 : 연습문제11(완성).xlsx

01 구분별 거래금액의 합계와 2020년 2월 10일 이전의 구분별 거래금액을 구하시오.

02 구분별 거래금액의 평균과 2020년 2월 10일 이전의 구분별 거래금액의 평균 판매금액을 구하시오.

03 품구분별 거래금액의 건수와 2020년 2월 10일 이전의 구분별 거래금액의 건수를 구하시오.

거래일	ID	구분	지역	거래금액	분류
2020-01-01	A1020J	일반	천안	1,481,536	드라이버
2020-01-02	C3868S	골드	대전	2,707,937	유틸리티
2020-04-10	C7582Z	프리미엄	수원	1,150,313	드라이버
2020-04-10	C9794J	일반	서울	2,249,316	유틸리티
2020-01-05	D2678Q	골드	서울	663,560	웨지
2020-02-06	D4546D	일반	제주	673,955	웨이우드
2020-01-07	E1123V	프리미엄	대전	1,360,384	아이언
2020-02-08	E3911M	실버	부산	1,668,792	웨이우드
2020-02-09	E4274H	골드	제주	2,594,453	드라이버
2020-04-10	E7426K	실버	천안	634,883	웨이우드
2020-01-11	F2589D	실버	대전	300,584	유틸리티
2020-01-12	F2994V	프리미엄	부산	315,343	치퍼
2020-01-13	G4980K	실버	서울	2,236,632	웨지
2020-01-14	G9531E	일반	천안	1,686,352	웨지
2020-01-15	H5774S	골드	서울	2,615,022	유틸리티
2020-01-16	H9007N	일반	부산	1,077,719	유틸리티
2020-01-17	I2950M	프리미엄	수원	626,617	치퍼
2020-01-18	I7709A	골드	서울	2,084,305	웨이우드
2020-03-25	W8559P	일반	제주	1,742,376	드라이버
2020-03-26	X7434N	프리미엄	서울	896,711	드라이버
2020-03-27	X8890R	일반	서울	2,612,222	치퍼
2020-03-28	Y3727C	실버	천안	2,036,120	아이언
2020-03-29	Y8008W	실버	서울	2,182,627	웨지
2020-03-30	Y9226H	골드	서울	1,668,410	치퍼

구분	판매금액	개수	평균
일반	4,919,563	4	1,229,891
골드	10,665,277	5	2,133,055
프리미엄	2,302,343	3	767,448
실버	4,206,008	3	1,402,003

4-9 논리함수

논리 함수는 어떤 조건이 참인지 거짓인지 판단하여 그 결과 값을 반환해주는 함수이다. 조건이 2개 이상인 경우 AND 함수와 OR 함수를 IF 함수와 중첩하여 사용된다.

예제파일 : 논리함수.xlsx / 완성파일 : 논리함수(완성).xlsx

1 IF 함수

특정 조건을 검사하여 참 값일 때와 거짓 값일 때 각각 다른 값을 반환한다. [논리함수] 시트에서 조건(1)은 총점이 250점 이상이면 합격, 그렇지 않으면 불합격을 반환하는 수식을 구해본다.

함수 형식	=IF(Logical_test, Value_if_true, Value_if_false)
인수	• Logical_test : 검사하려는 조건 • Value_if_true : 조건이 참일 때 반환되는 값 • Value_if_false : 조건이 거짓일 때 반환되는 값

① [논리 함수] 시트에서 조건(1) [J4]셀을 선택한 후 [수식] 탭–[함수 라이브러리] 그룹–[논리] 명령에서 'IF' 함수를 선택한다.

② [함수 인수] 창 영역에서 (Logical_test]:I4>=250, [Value_if_true]:“합격”, [Value_if_false]: “불합격”)을 각각 입력하고 [확인]을 누른다.

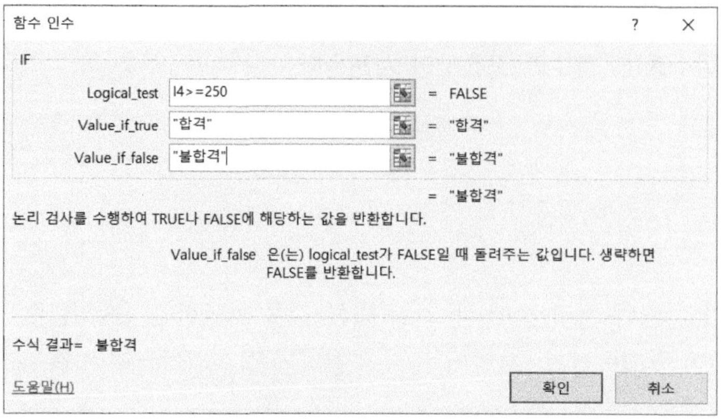

③ 조건(1)의 [J4]셀의 채우기 핸들을 드래그하여 수식 ‘=IF(I4>=250,“합격”,“불합격”)’을 [J18] 셀까지 복사한다.

> **TIP |**
>
> 논리식에 따라서 반환할 값이 공백이면 큰따옴표(“”)를 입력하면 된다.

2 AND 함수

결과 값은 하나지만 조건 항목이 여러 개인 경우 모든 조건이 참(TRUE)이면 TRUE 값을 반환하고 여러 조건 중 하나라도 거짓(FALSE)이면 FALSE 값을 반환한다. 조건(2)에서는 총점이 250점 이상이고 자기 개발능력이 A인 사원이면 합격, 그렇지 않으면 불합격을 반환하는 수식을 구해본다.

함수 형식	=AND(Logical1, Logical2,⋯, Logical255)
인수	• Logical : True나 False 값을 가진 조건 인수가 모두 True이면 True를 반환하고 인수 중 하나라도 False이면 False를 반환한다.

① [논리 함수] 시트에서 조건(2) [K4]셀을 선택한 후 [수식] 탭–[함수 라이브러리] 그룹–[논리] 명령에서 ‘IF’ 함수를 선택한다.

② IF 함수의 [함수 인수] 창이 나타나면 이름상자의 목록 단추를 눌러 AND 함수를 선택하고 만약 이름상자 목록에 ‘AND’ 함수가 없으면 [함수 추가]를 선택하여 논리 범주의 ‘AND’ 함수를 찾아 선택한다.

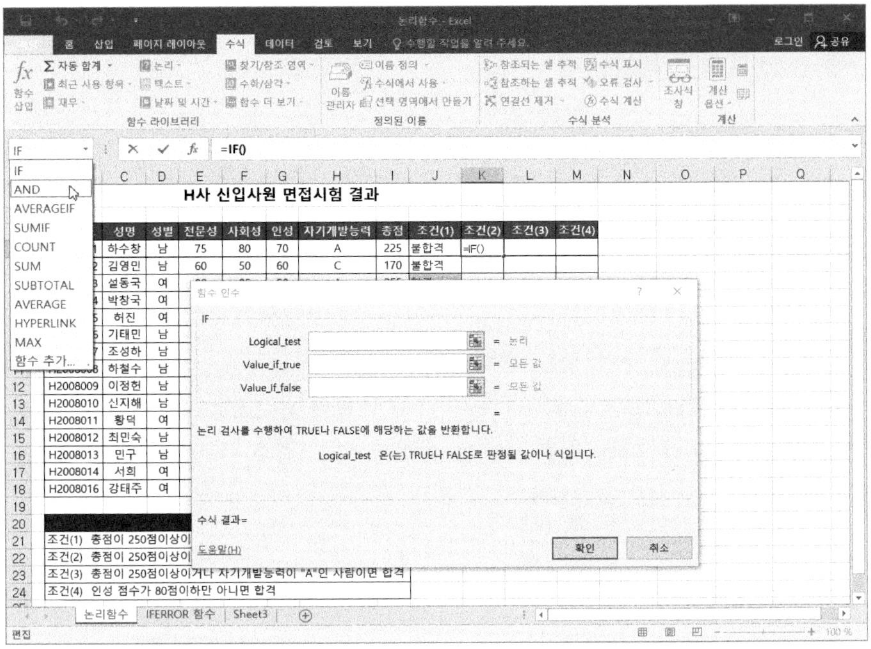

③ AND 함수의 [함수 인수] 창이 나타나면 ([Logical1] : I4>=250, [Logical2] : H4="A")를 입력한다.

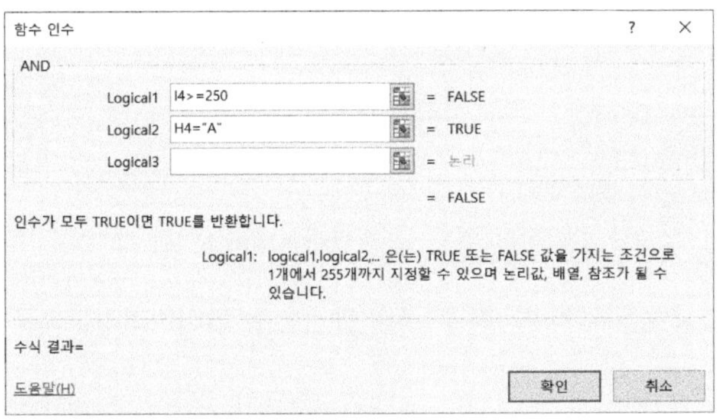

④ 다음은 IF 함수를 작성하기 위해 수식 입력 줄에서 'IF' 함수 중앙을 선택한다.

=IF(AND(I4>=250,H4="A"))

⑤ 그럼 다시 IF 함수의 [함수 인수] 창으로 전환된다. [Logical_test] : AND(I4>=250, H4="A", [Value_if_true] : "합격", [Value_if_False] : "불합격"을 입력하고 [확인]을 누른다.

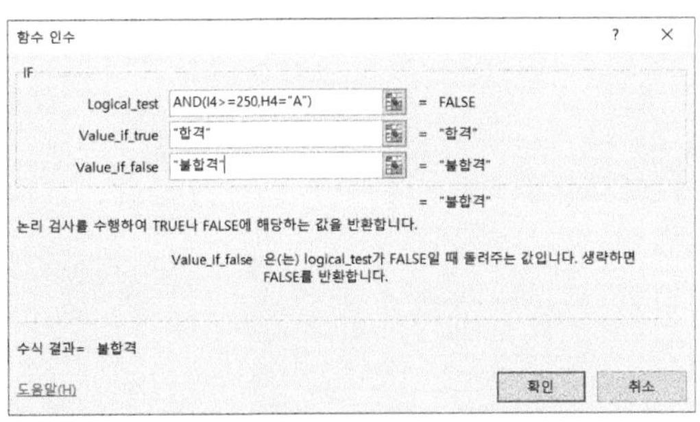

⑥ 조건(2) [K4]셀의 채우기 핸들을 드래그하여 수식 '=IF(AND(I4>=250, H4= "A"),"합격", "불합격")'을 [K18]셀까지 복사한다.

> **TIP | 배열 수식 입력방법**
>
> 함수식을 마칠 때 Ctrl+Shift를 누른 상태에서 Enter↵나 [확인]을 눌러 배열 수식으로 완성할 수 있다. 배열 수식으로 작성하지 않는 경우에는 Logical1 ~ Logical2란에 각 항목에 대한 조건을 따로 입력해야 한다.

> **TIP | 이름상자에 원하는 함수가 없는 경우**
>
> 이름상자에는 최근에 사용한 함수 위주로 나열되어 있다. 이름상자 목록에서 '함수 추가'를 선택하면 [함수 마법사] 창이 뜬다. 이때 [범주 선택]을 '논리'로 하고 [함수 선택]에서 'AND'를 선택한 후 [확인]을 누른다.

3 OR 함수

결과 값은 하나지만 조건 항목이 여러 개인 경우 하나라도 조건이 참(TRUE)이면 TRUE 값을 반환하고 여러 조건 중 모두 거짓(FALSE)이면 FALSE 값을 반환한다. 조건(3)에서는 총점이 250점 이상이거나 자기개발능력이 A인 사원이면 합격, 그렇지 않으면 불합격을 반환하는 수식을 구해본다.

함수 형식	=OR(Logical1, Logical2,···, Logical255)
인수	• Logical : True나 False 값을 가진 조건 인수가 모두 True이면 True를 반환하고 인수 중 하나라도 False이면 False를 반환한다.

① '논리 함수' 시트에서 조건(3) [L4]셀을 선택한 후 [수식] 탭–[함수 라이브러리] 그룹–[논리] 명령에서 'IF' 함수를 선택한다.

② IF 함수의 [함수 인수] 창이 나타나면 이름상자의 목록 단추를 눌러 'OR'를 선택하고 만약 이름상자 목록에 OR 함수가 없으면 [함수 추가]를 선택하여 논리 범주의 'OR' 함수를 찾아 선택한다.

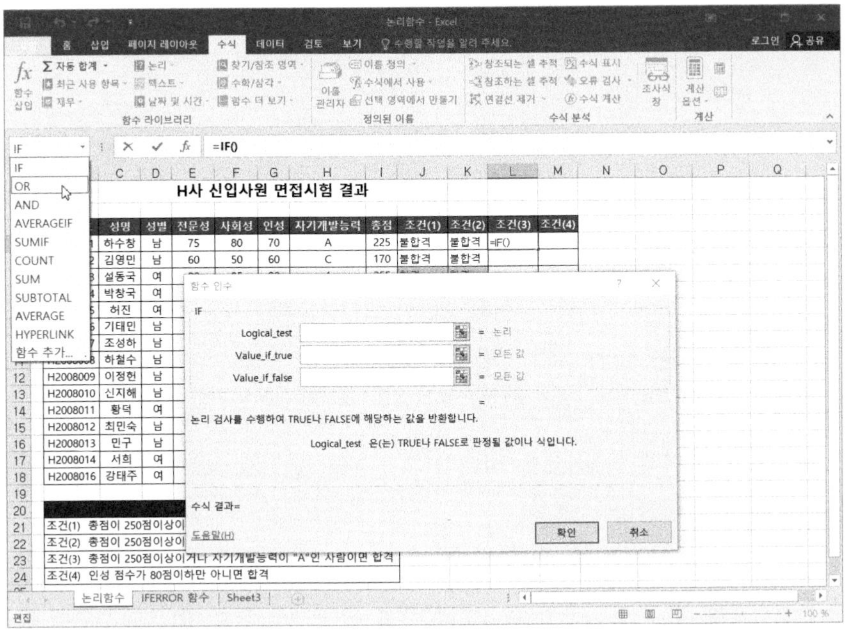

③ OR 함수의 [함수 인수] 창이 나타나면 ([Logical1] : I4〉=250, [Logical2] : H4="A")를 입력한다.

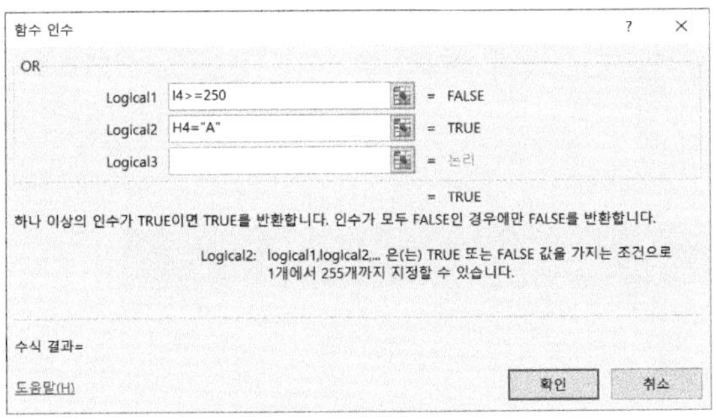

④ 다음은 IF 함수를 작성하기 위해 수식 입력 줄에서 IF 함수 이름 중앙을 선택한다.

=IF(OR(I4>=250,H4="A"))

⑤ 그럼 다시 IF 함수의 [함수 인수] 창으로 전환된다. 각 영역에 [Logical_test] : OR(I4〉=250, H4="A") [Value_if_true] : "합격", [Value_if_False] : "불합격"을 입력하고 [확인]을 누른다.

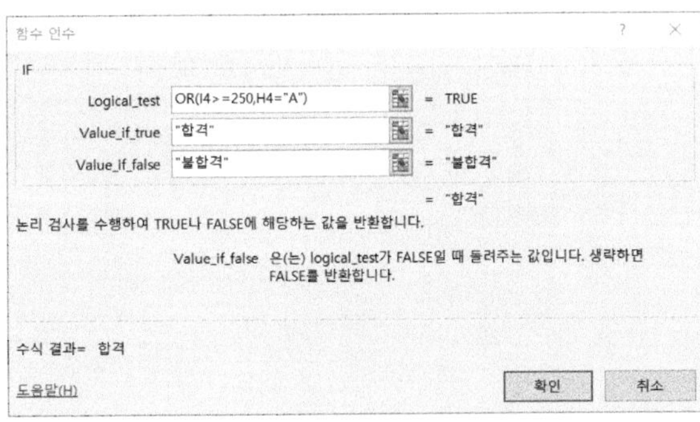

⑥ 조건(3) [L4]셀에 수식 '=IF(OR(I4〉=250, H4="A"),"합격","불합격")'을 [L18]셀까지 복사한다.

4 NOT 함수

조건과 같은지 판단하여 조건과 다를 경우 참(TRUE) 값을 반환한다. 조건(4)에서는 인성이 80 이하가 아니면 합격, 그렇지 않으면 불합격을 반환하는 수식을 구해본다.

함수 형식	=NOT(Logical1, Logical2,…, Logical255)
인수	• Logical : True나 False 값을 가진 조건 인수가 모두 True이면 True를 반환하고 인수 중 하나라도 False이면 False를 반환한다.

① [논리 함수] 시트에서 조건(4) [M4]셀을 선택한 후 [수식] 탭–[함수 라이브러리] 그룹–[논리] 명령에서 'IF' 함수를 선택한다.

② IF 함수의 [함수 인수] 창이 나타나면 이름상자의 목록 단추를 눌러 'NOT'를 선택하고 만약 이름상자 목록에 'NOT' 함수가 없으면 [함수 추가]를 선택하여 논리 범주의 'NOT' 함수를 찾아 선택한다.

③ 'NOT' 함수의 [함수 인수] 창이 나타나면 ([Logical] : G4〉=80) 입력하고 [확인]을 누른다.

④ 다음은 IF 함수를 작성하기 위해 수식 입력 줄에서 IF 함수 이름 중앙을 선택한다.

=IF(NOT(G4<=80))

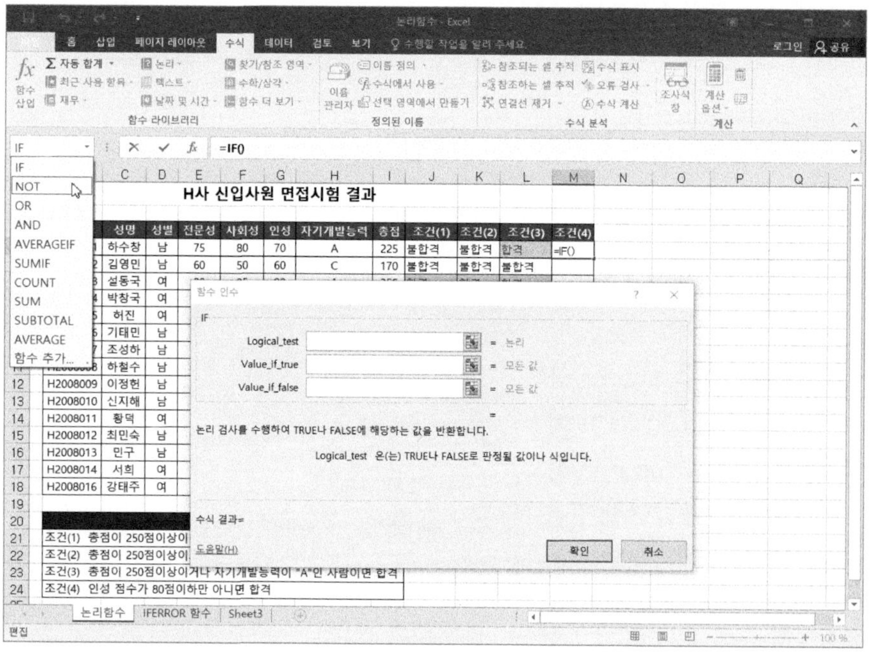

⑤ 그럼 다시 IF 함수의 [함수 인수] 창으로 전환된다. 각 영역에 ([Logical_test] : NOT(G4〈=80) [Value_if_true] : "합격", [Value_if_False] : "불합격")을 입력하고 [확인]을 누른다.

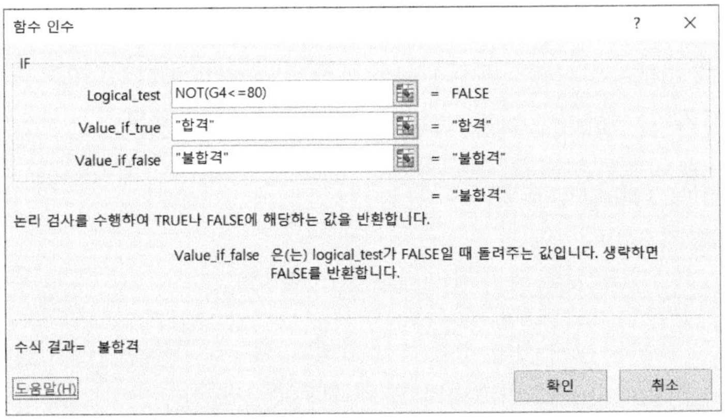

⑥ 조건(4) [M4] 셀에 수식 '=IF(NOT(G4〈=80),"합격","불합격")'을 [M18]셀까지 복사한다.

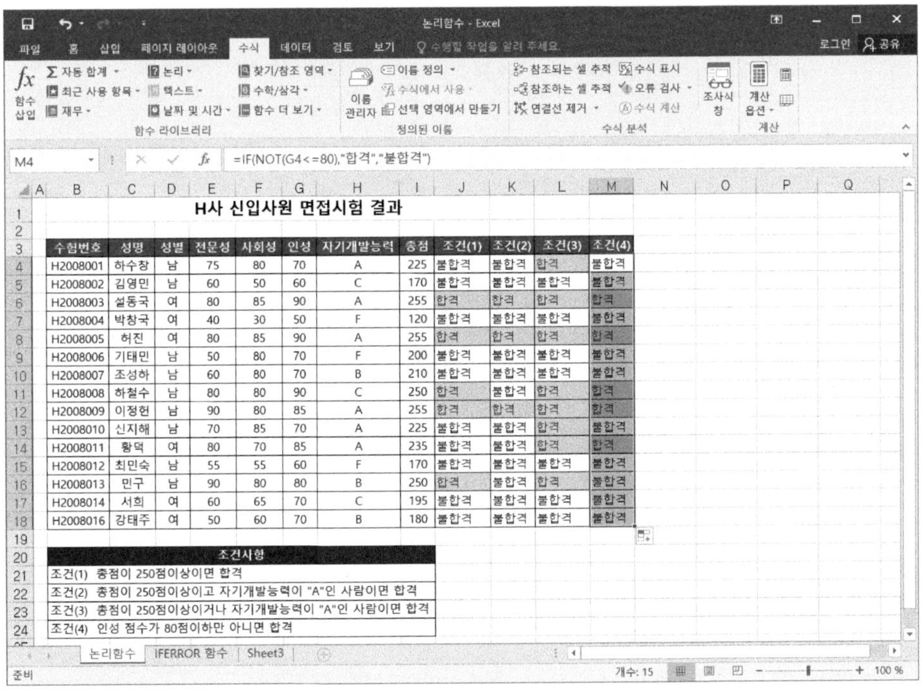

H사 신입사원 면접시험 결과

수험번호	성명	성별	전문성	사회성	인성	자기개발능력	총점	조건(1)	조건(2)	조건(3)	조건(4)
H2008001	하수창	남	75	80	70	A	225	불합격	불합격	합격	불합격
H2008002	김영민	남	60	50	60	C	170	불합격	불합격	불합격	불합격
H2008003	설동국	여	80	85	90	A	255	합격	합격	합격	합격
H2008004	박창국	여	40	30	50	F	120	불합격	불합격	불합격	불합격
H2008005	허진	여	80	85	90	A	255	합격	합격	합격	합격
H2008006	기태민	남	50	80	70	F	200	불합격	불합격	불합격	불합격
H2008007	조성하	남	60	80	70	B	210	불합격	불합격	불합격	불합격
H2008008	하철수	남	80	80	90	C	250	합격	불합격	합격	합격
H2008009	이정헌	남	90	80	85	A	255	합격	합격	합격	합격
H2008010	신지해	남	70	85	70	A	225	불합격	불합격	합격	불합격
H2008011	황덕	여	80	70	85	A	235	불합격	불합격	합격	합격
H2008012	최민숙	남	55	55	60	F	170	불합격	불합격	불합격	불합격
H2008013	민구	남	90	80	80	B	250	합격	불합격	합격	불합격
H2008014	서희	여	60	65	70	C	195	불합격	불합격	불합격	불합격
H2008016	강태주	여	50	60	70	B	180	불합격	불합격	불합격	불합격

조건사항
조건(1) 총점이 250점이상이면 합격
조건(2) 총점이 250점이상이고 자기개발능력이 "A"인 사람이면 합격
조건(3) 총점이 250점이상이거나 자기개발능력이 "A"인 사람이면 합격
조건(4) 인성 점수가 80점이하만 아니면 합격

5 IFERROR 함수

엑셀 2007에서부터 새롭게 추가된 함수로, 수식에서 오류가 발생할 경우 사용자가 지정한 값을 반환하고, 그렇지 않으면 수식 결과를 반환한다. [IFERROR 함수] 시트에서 판매단가는 총 비용을 판매수량으로 나눈 값인데 판매수량이 없는 셀이 있는 경우 판매단가에 #DIV/0!라는 오류가 반환될 것이다. 따라서 오류가 발생하면 공백을 반환하도록 수식을 작성해본다.

함수 형식	=IFERROR(Value, Value_if_error)
인수	• Value : 오류를 검사할 값, 식, 참조 • Value_if_error : 오류가 있을 때 셀에 반환할 오류 메시지

① [G4]셀에서 '=E4/F4'를 입력한 후 Enter↵를 누르고 [G4]셀의 채우기 핸들을 [G26]셀까지 드래그 하여 수식을 복사하면 판매수량이 입력되지 않은 셀은 0으로 나누어지므로 오류 표시가 생기게 된다. 다시 Del를 눌러 모두 삭제한다.

품목코드	품목	판매일	총비용	판매수량	판매단가
MP3-455	건전지	2019년 04월 04일	40,000	20	2,000
COM-448	문구류	2019년 04월 04일	200,000	18	11,111
SAJ-469	프린터소모품	2019년 04월 04일	380,000	14	27,143
COM-448	문구류	2019년 04월 04일	220,000	26	8,462
MP3-455	건전지	2019년 04월 08일	40,000		#DIV/0!
SCA-467	스캐너	2019년 04월 08일	100,000		#DIV/0!
COM-448	문구류	2019년 04월 08일	200,000		#DIV/0!
SCA-467	스캐너	2019년 04월 08일	100,000		#DIV/0!
PRT-459	프린터	2019년 04월 12일	230,000	9	25,556
SAJ-469	프린터소모품	2019년 04월 12일	380,000	8	47,500
MP3-455	건전지	2019년 04월 12일	40,000		#DIV/0!
SAJ--456	프린터소모품	2019년 04월 15일	380,000	13	29,231
COM-448	문구류	2019년 04월 15일	200,000	14	14,286
SCA-467	스캐너	2019년 04월 22일	100,000	8	12,500
SAJ--470	프린터소모품	2019년 04월 22일	380,000	13	29,231
ASP-473	컴퓨터	2019년 04월 22일	800,000	5	160,000
PRT-459	프린터	2019년 04월 22일	230,000	44	5,227
CAM-458	카메라	2019년 04월 22일	400,000	4	100,000
COM-448	문구류	2019년 04월 22일	200,000		#DIV/0!
SAJ-469	프린터소모품	2019년 04월 22일	380,000	17	22,353
SCA-467	스캐너	2019년 05월 01일	100,000	38	2,632
MP3-455	건전지	2019년 05월 01일	40,000	40	1,000
MP3-455	건전지	2019년 05월 05일	40,000	26	1,538

② [G4]셀을 선택하고 [수식] 탭-[함수 라이브러리] 그룹-[논리] 명령에서 'IFERROR' 함수를 선택한다.

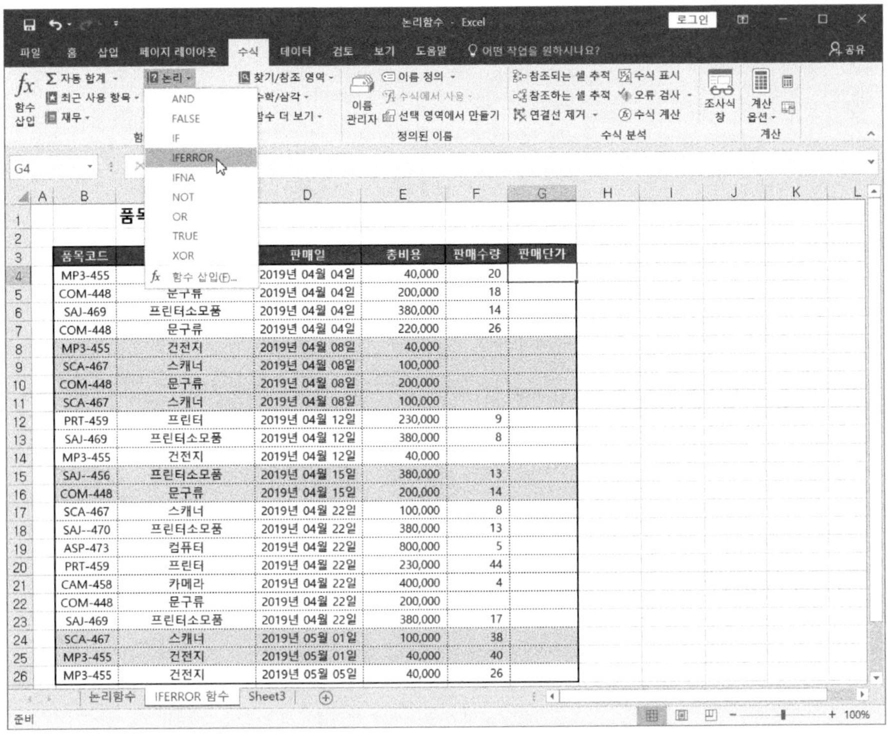

③ [함수 인수] 창이 나타나면 [Value] : 수식의 결과가 오류인지 아닌지를 판단하는 조건 'E4/F4'를 입력하고 [Value_if_error] : Value에 입력한 수식의 결과가 오류일 때 나타낼 값을 " "(공백)으로 입력하고 [확인]을 누른다.

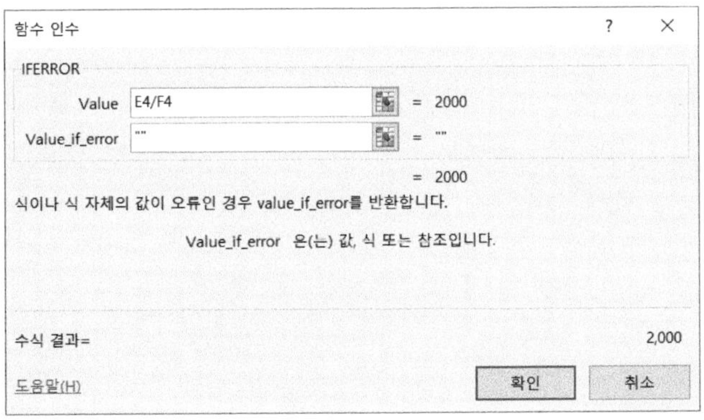

④ [G4]셀의 채우기 핸들을 [G27]셀까지 드래그 하여 나머지 셀에 수식을 복사한다. 수량이 입력되지 않은 경우에는 공백으로 표시되는 것을 볼 수 있다.

품목코드	품목	판매일	총비용	판매수량	판매단가
MP3-455	건전지	2019년 04월 04일	40,000	20	2,000
COM-448	문구류	2019년 04월 04일	200,000	18	11,111
SAJ-469	프린터소모품	2019년 04월 04일	380,000	14	27,143
COM-448	문구류	2019년 04월 04일	220,000	26	8,462
MP3-455	건전지	2019년 04월 08일	40,000		
SCA-467	스캐너	2019년 04월 08일	100,000		
COM-448	문구류	2019년 04월 08일	200,000		
SCA-467	스캐너	2019년 04월 08일	100,000		
PRT-459	프린터	2019년 04월 12일	230,000	9	25,556
SAJ-469	프린터소모품	2019년 04월 12일	380,000	8	47,500
MP3-455	건전지	2019년 04월 12일	40,000		
SAJ--456	프린터소모품	2019년 04월 15일	380,000	13	29,231
COM-448	문구류	2019년 04월 15일	200,000	14	14,286
SCA-467	스캐너	2019년 04월 22일	100,000	8	12,500
SAJ--470	프린터소모품	2019년 04월 22일	380,000	13	29,231
ASP-473	컴퓨터	2019년 04월 22일	800,000	5	160,000
PRT-459	프린터	2019년 04월 22일	230,000	44	5,227
CAM-458	카메라	2019년 04월 22일	400,000	4	100,000
COM-448	문구류	2019년 04월 22일	200,000		
SAJ-469	프린터소모품	2019년 04월 22일	380,000	17	22,353
SCA-467	스캐너	2019년 05월 01일	100,000	38	2,632
MP3-455	건전지	2019년 05월 01일	40,000	40	1,000
MP3-455	건전지	2019년 05월 05일	40,000	26	1,538

연습문제 04-6

문제파일 : 연습문제12.xlsx / 정답파일 : 연습문제12(완성).xlsx

01 부서는 부서코드가 A : 경영지원팀, B : 회계팀, C : 전산팀으로 표시하라.
(중첩 IF, LEFT 함수를 사용하여 구하시오)

부서별 사원평점 기록표

부서코드	사원명	부서	외국어	근무태도점수	봉사점수	결근일	사원평점	평가1	평가2
CH1	김현수	전산팀	100	100	90	0			
BH1	장승승	회계팀	75	80	85	5			
AH2	이기자	경영지원팀	100	80	75	2			
CH1	최서래	전산팀	95	80	100	0			
BH2	박담비	회계팀	85	65	50	5			
AH1	황사랑	경영지원팀	80	50	95	1			
CH3	서문경	전산팀	70	85	65	4			
AH2	유소이	경영지원팀	90	95	80	3			

02 사원평점은 외국어, 근무태도점수, 봉사점수 평균에서 결근일당 5점씩 감점하였다.
(AVERAGE 함수를 사용하여 구하시오)

부서별 사원평점 기록표

부서코드	사원명	부서	외국어	근무태도점수	봉사점수	결근일	사원평점	평가1	평가2
CH1	김현수	전산팀	100	100	90	0	96.67		
BH1	장승승	회계팀	75	80	85	5	55.00		
AH2	이기자	경영지원팀	100	80	75	2	75.00		
CH1	최서래	전산팀	95	80	100	0	91.67		
BH2	박담비	회계팀	85	65	50	5	41.67		
AH1	황사랑	경영지원팀	80	50	95	1	70.00		
CH3	서문경	전산팀	70	85	65	4	53.33		
AH2	유소이	경영지원팀	90	95	80	3	73.33		

03 평가 1 : 사원평점이 80점 이상이고 결근이 1번 미만인 사원은 "보너스&휴가", 사원평점이 60점 이하이고 결근이 5번 이상인 사원은 "보너스", 그 외의 사원은 "공란"으로 처리된다.
(중첩 IF, AND 함수를 사용하여 구하시오)

부서별 사원평점 기록표

부서코드	사원명	부서	외국어	근무태도점수	봉사점수	결근일	사원평점	평가1	평가2
CH1	김현수	전산팀	100	100	90	0	96.67		
BH1	장승승	회계팀	75	80	85	5	55.00	보너스	
AH2	이기자	경영지원팀	100	80	75	2	75.00		
CH1	최서래	전산팀	95	80	100	0	91.67		
BH2	박담비	회계팀	85	65	50	5	41.67	보너스	
AH1	황사랑	경영지원팀	80	50	95	1	70.00		
CH3	서문경	전산팀	70	85	65	4	53.33		
AH2	유소이	경영지원팀	90	95	80	3	73.33		

04 평가 2 : 외국어, 근무태도점수, 봉사점수 중 하나라도 60점 미만이면 "재평가대상", 60점 이상이면 "합격"으로 처리된다.
(IF, OR 함수를 사용하여 구하시오)

부서별 사원평점 기록표

부서코드	사원명	부서	외국어	근무태도점수	봉사점수	결근일	사원평점	평가1	평가2
CH1	김현수	전산팀	100	100	90	0	96.67		합격
BH1	장승승	회계팀	75	80	85	5	55.00	보너스	합격
AH2	이기자	경영지원팀	100	80	75	2	75.00		합격
CH1	최서래	전산팀	95	80	100	0	91.67		합격
BH2	박담비	회계팀	85	65	50	5	41.67	보너스	재평가대상
AH1	황사랑	경영지원팀	80	50	95	1	70.00		재평가대상
CH3	서문경	전산팀	70	85	65	4	53.33		합격
AH2	유소이	경영지원팀	90	95	80	3	73.33		합격

4-10 찾기/참조 영역 함수

찾기/참조 영역 함수는 배열이나 셀 영역을 참조하여 특정한 값을 찾아주거나 특정한 셀에 입력된 값을 가져오거나 셀의 주소에서 필요한 정보를 가져오는 함수이다.

예제파일 : 찾기참조함수.xlsx / 완성파일 : 찾기참조함수(완성).xlsx

1 VLOOKUP 함수

VLOOKUP 함수는 참조 테이블의 검색할 데이터 목록이 수직(vertical)방향인 경우에 사용한다. [찾기참조 함수] 시트의 [도서단가표]에서 도서코드를 찾아 단가를 가져오는 수식을 구해본다.

함수 형식	=VLOOKUP(Lookup_value, Table_array, Col_index_num, Range_lookup)
인수	• Lookup_value : 데이터 목록의 첫 번째 열 또는 첫 번째 행에서 찾을 값 • Table_array : 데이터를 찾을 데이터 목록 범위, 수식을 복사할 때는 절대 번지 형태 • Col_index_num : Table_array 내의 열 번호로, 값을 추출할 열을 지정 • Range_lookup : 정확하게 일치하는 값을 찾을 것인지 근사값을 찾을 것인지 결지 – True 또는 생략 : 근사값을 찾음(목록의 첫 번째 열의 값이 숫자일 때는 대부분 True) – False : 정확하게 일치하는 값을 찾음

① [찾기참조 함수] 시트에서 도서코드를 찾아 단가를 가져온다. [도서단가표]의 도서코드는 열 데이터로 VLOOKUP 함수를 사용하며 정확한 값을 찾아 가져온다.

② [E4]셀을 선택하고 [수식] 탭–[함수 라이브러리] 그룹–[찾기/참조 영역] 명령을 선택하여 'VLOOKUP' 함수를 선택한다. 또는 직접입력 '=VLOOKUP'을 입력하여 함수 목록에서 선택하여 더블 클릭하여 선택한다.

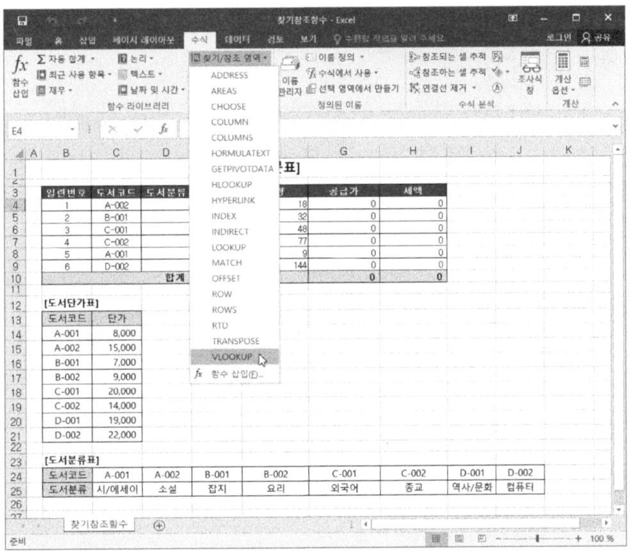

③ [함수 인수] 창에서 [Lookup_value] : C4, [Table_array] : $B$14:$C$21, [Col_index_num] : 2, [Range_lookup] : 'FALSE'을 입력한 후 [확인]을 누른다.

- Lookup_value : 찾을 값인 첫 번째 도서코드 C4셀이 온다.
- Table_array : 찾아 가져올 데이터가 있는 [도서코드표] 범위가 온다. 수식을 복사할 때는 참조 범위가 고정되어야 하므로 F4를 눌러 절대 참조로 변경한다.
- Col_index_num : [도서코드표]에서 가져올 단가는 2번째 열에 위치하므로 2가 온다.
- Range_lookup : 정확하게 일치하는 값을 찾아오려면 FALSE를 입력한다.

④ 단가 [E4]셀의 수식 '=VLOOKUP(C4,$B$14:$C$21,2,FALSE)'을 [E9]셀까지 자동채우기를 실행하여 복사한다.

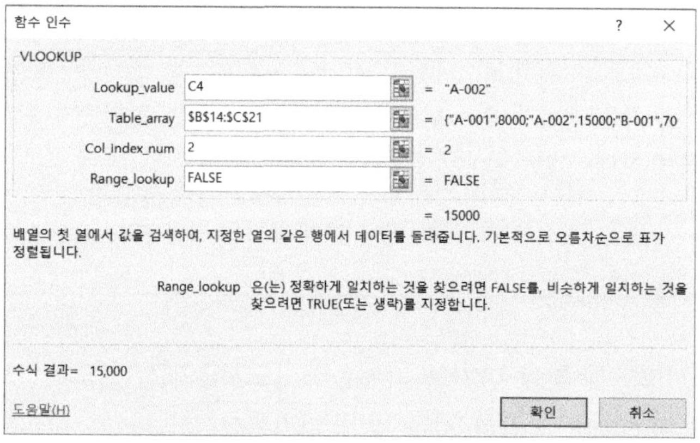

2 HLOOKUP 함수

HLOOKUP 함수는 참조 테이블을 검색할 데이터 목록이 행 방향인 경우에 사용한다. [찾기참조 함수] 시트의 [도서분류표]에서 도서코드를 찾아 도서분류 값을 가져오는 수식을 작성해 본다.

함수 형식	=HLOOKUP(Lookup_value, Table_array, Row_index_num, Range_lookup)
인수	• Lookup_value : 데이터 목록의 첫 번째 열 또는 첫 번째 행에서 찾을 값 • Table_array : 데이터를 찾을 데이터 목록 범위, 수식을 복사할 때는 절대 번지 형태 • Row_index_num : Table_array 내의 행 번호로, 값을 추출할 행을 지정 • Range_lookup : 정확하게 일치하는 값을 찾을 것인지 근사값을 찾을 건인지 결지 – True 또는 생략 : 근사값을 찾음(목록의 첫 번째 열의 값이 숫자일 때는 대부분 True) – False : 정확하게 일치하는 값을 찾음

① [찾기참조 함수] 시트에서 [도서코드]를 찾아 [단가]를 가져온다. 이때, [도서분류표]의 [도서코드]는 수평방향으로 되어 있으므로 HLOOKUP 함수를 사용하며 정확한 값을 찾는다.

② [D4]셀을 선택하고 [수식] 탭-[함수 라이브러리] 그룹-[찾기/참조 영역] 명령을 선택하여 'HLOOKUP' 함수를 선택한다.

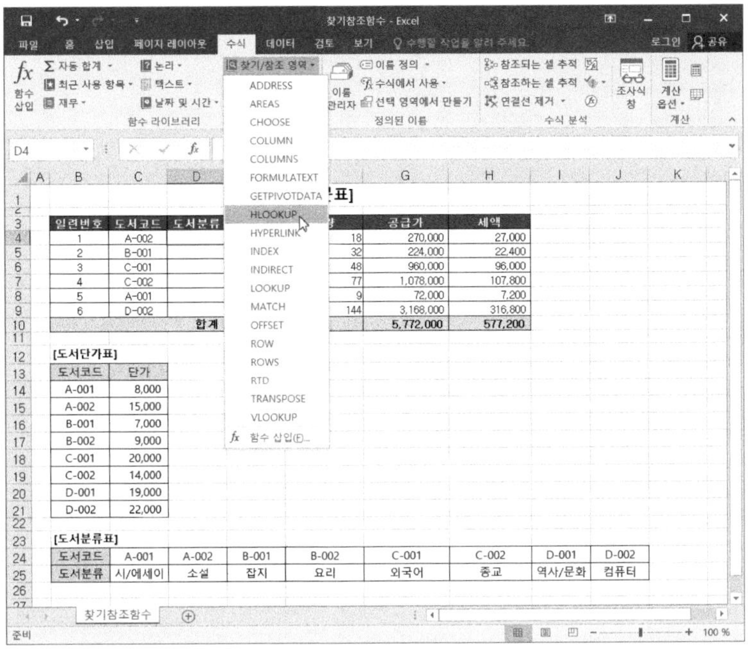

③ [함수 인수] 창에서 [Lookup_value] : C4, [Table_array] : $C$24:$J$25, [Row_index_num] : 2, [Range_lookup] : FALSE을 입력한 후 [확인]을 누른다.

- Lookup_value : 찾을 값인 첫 번째 도서코드 'C4'셀이 온다.
- Table_array : 찾아 가져올 데이터가 있는 [도서류표] 범위가 온다. 수식을 복사할 때는 참조 범위가 고정되어야 하므로 F4를 눌러 절대 참조로 변경한다.
- Row_index_num : [도서분류표]에서 가져올 도서분류는 2번째 열에 위치하므로 2가 온다.
- Range_lookup : 정확하게 일치하는 값을 찾아오려면 FALSE를 입력한다.

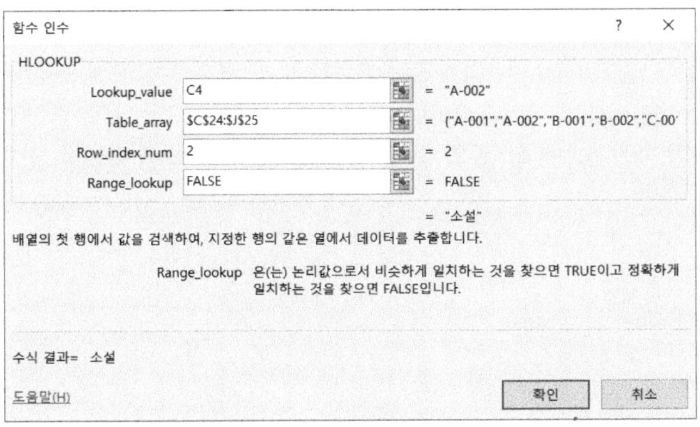

④ 도서분류 [D4]셀의 수식 '=HLOOKUP(C4,$C$24:$J$25,2,FALSE)'을 [D9]셀까지 자동채우기를 실행하여 복사한다.

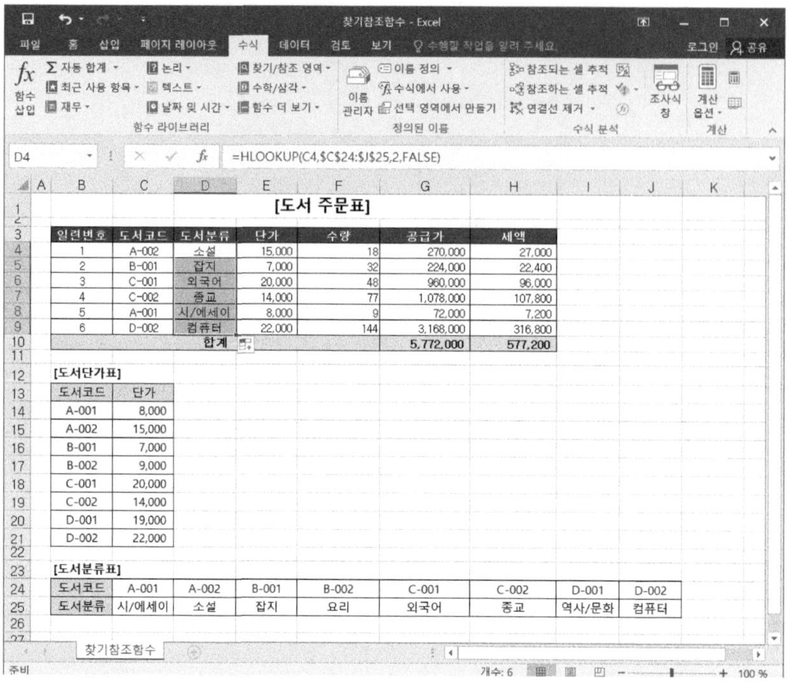

TIP |

- HLOOKUP으로 lookup_value를 찾지 못하고 range_lookup이 TRUE이면 lookup_value보다 작은 값 중에서 가장 큰 값이 반환된다.
- lookup_value가 table_array의 첫째 행에서 가장 작은 값보다 작으면 #N/A 오류 값이 반환된다.
- range_lookup이 FALSE이고 lookup_value가 텍스트이면 와일드카드 문자인 물음표(?)와 별표(*)를 lookup_value에 사용할 수 있다. 물음표는 한 문자에 해당하고 별표는 개수에 상관없는 임의의 문자열에 해당한다. 실제 물음표나 별표를 찾으려면 문자 앞에 물결표(~)를 입력하면 된다.

TIP |

- 수식을 복사할 때 Table_array 인수의 경우는 참조 주소가 변경되지 않도록 절대 참조로 해야 하고 범위에 이름을 정의해 둔다면 수식을 좀 더 편리하게 작성할 수 있다.
- 숫자 값이나 날짜 값을 검색할 때는 table_array의 첫 번째 열에 있는 데이터를 텍스트 값으로 저장하지 않도록 주의한다.

연습문제 04-7

■ 문제파일 : 연습문제13.xlsx / 정답파일 : 연습문제13(완성).xlsx

01 [D5]셀에 부서코드를 기준으로 부서코드표[C16:F17]에서 부서를 구하시오

– [C16:F17]를 부서코드표로 이름 정의 하시오.

– HLOOKUP

부서별 사원평점 기록표

부서코드	사원명	부서	외국어	근무태도점수	봉사점수	평균점수	사원평점
CH1	김현수	기획실	100	100	90	97	
BH1	장승승	영업부	75	80	85	80	
AH1	이기자	총무부	100	80	75	85	
BH1	최서래	영업부	95	80	100	92	
AH1	박담비	총무부	85	65	50	67	
CH1	황사랑	기획실	80	50	95	75	
BH1	서문경	영업부	70	85	65	73	
AH1	유소이	총무부	90	95	80	88	

평점기준표

점수	평점
60	F
70	D
80	C
85	B
100	A

부서코드표

번호	AH1	BH1	CH1
부서명	총무부	영업부	기획실

02 [I5]셀에 평균점수[H5]에 따른 평점기준표[K4:L9]에서 사원평점을 구하시오

– [K4:L9]영역을 평점기준표로 이름 정의하여 구하시오

– VLOOKUP사용

부서별 사원평점 기록표

부서코드	사원명	부서	외국어	근무태도점수	봉사점수	평균점수	사원평점
CH1	김현수	기획실	100	100	90	97	B
BH1	장승승	영업부	75	80	85	80	C
AH1	이기자	총무부	100	80	75	85	B
BH1	최서래	영업부	95	80	100	92	B
AH1	박담비	총무부	85	65	50	67	F
CH1	황사랑	기획실	80	50	95	75	D
BH1	서문경	영업부	70	85	65	73	D
AH1	유소이	총무부	90	95	80	88	B

평점기준표

점수	평점
60	F
70	D
80	C
85	B
100	A

부서코드표

번호	AH1	BH1	CH1
부서명	총무부	영업부	기획실

4-11 텍스트 함수

엑셀에서 계산되지 않는 문자 형태로 입력된 데이터를 추출해서 계산하거나 인수를 연결해주는 함수 및 텍스트 일부분을 보안하는 다양한 문자를 다루는 함수에 대해 알아본다.

예제파일 : 텍스트 함수.xlsx / 완성파일 : 텍스트 함수(완성).xlsx

1 LEFT, MID, RIGHT 함수

LEFT 함수는 셀 값의 왼쪽부터 시작하여 지정한 개수의 문자를 가져오고 MID 함수는 셀 값의 중간에서 시작하여 지정한 개수의 문자를 가져오며 RIGHT 함수는 셀 값의 오른쪽부터 시작하여 지정한 개수의 문자를 가져온다.

[텍스트 함수]

함수 형식	=LEFT(Text, Num_chars) =MID(Text, Start_num, Num_chars) =RIGHT(Text, Num_chars)
인수	• Text : 추출할 문자가 들어있는 텍스트 문자열이나 셀 주소 • Num_chars : 추출할 문자 개수 지정 • Start_num : 추출할 첫 문자의 위치로, 기본 첫 문자는 1로 지정

(1) LEFT:함수

① 제품코드에서 왼쪽 4글자를 추출하여 제조사 코드를 작성하기 위해 [C4]셀을 선택하고 [수식] 탭–[함수 라이브러리] 그룹–[텍스트] 명령을 선택하여 'LEFT' 함수를 선택한다.

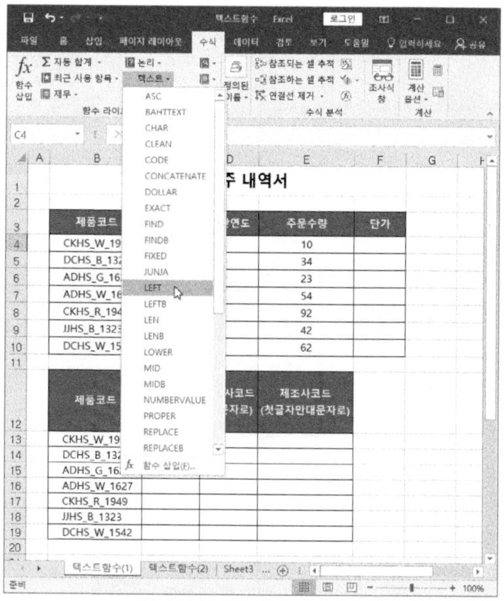

② [함수 인수] 창에서 [Text]에는 [B4]셀을 선택하여 넣고 Num_chars에는 '4'를 입력한 후 [확인]을 누른다.

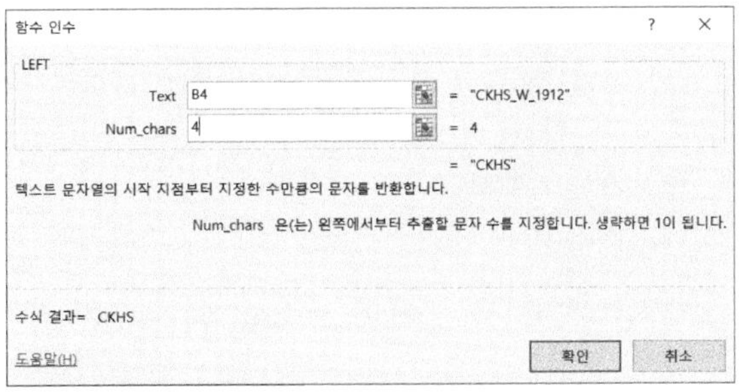

(2) MID 함수

① 제품코드에서 8번째 문자부터 시작하여 2글자를 추출하여 생산연도를 작성하기 위해 [D4]셀을 선택하고 [수식] 탭-[함수 라이브러리] 그룹-[텍스트] 명령을 선택하여 'MID' 함수를 선택한다.

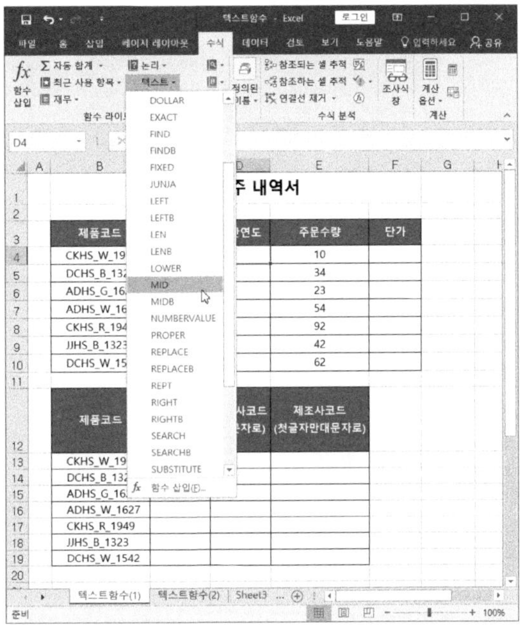

② [함수 인수] 창에서 [Text]에는 [B4]셀을 선택하여 넣고 Start_num에는 '8', Num_chars에는 '2'를 입력한 후 [확인]을 누른다.

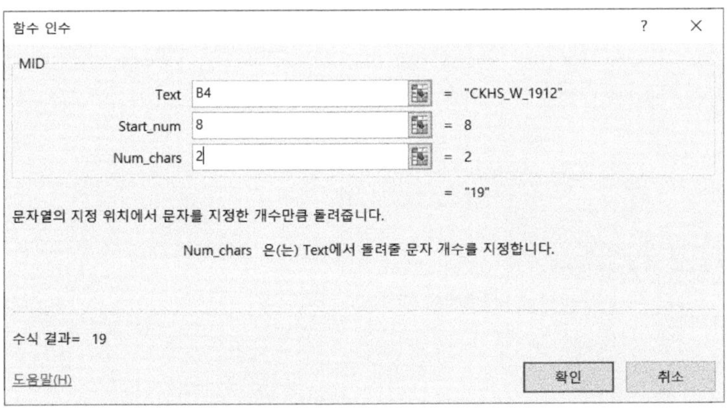

③ 생산연도 [D4]에 '년도'라는 글자를 표시하기 위해 수식입력란에 '&'기호를 입력하고 "년도"라고 작성한 후 Enter↵를 누른다.

④ [C4:D10]셀 영역을 선택한 후 채우기 핸들로 수식을 복사한다.

⑤ 제품코드에서 오른쪽 2글자를 추출하여 단가를 작성하기 위해 [F4]셀을 선택하고 [수식] 탭–[함수 라이브러리] 그룹–[텍스트] 명령을 선택하여 'RIGHT' 함수를 선택한다.

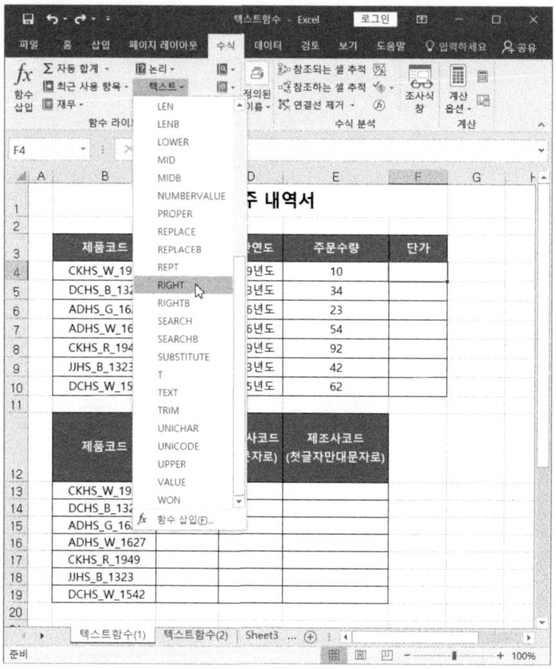

⑥ [함수 인수] 창에서 [Text]에는 [B4]셀을 선택하여 넣고 Num_chars에는 '2'를 입력한 후 [확인]을 누른다.

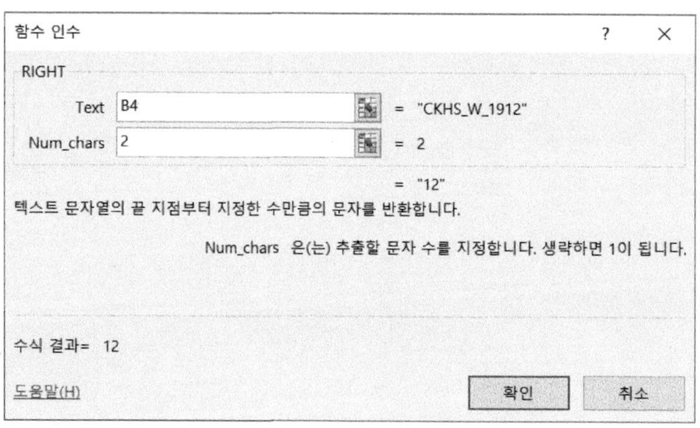

⑦ 단가는 제품코드에서 오른쪽부터 시작하는 글자 2개를 가지고와 1000을 곱한 값으로 수식 입력란에 '*1000'을 작성한 후 Enter↵를 누른다. 단가 [F4:F10]셀 영역을 채우기 핸들로 값을 구한다.

2 UPPER, LOWER, PROPER 함수

UPPER 함수는 영문단어를 모두 대문자로 변경하는 함수로 LOWER 함수는 영문단어를 모두 소문자로 변경하는 함수, PROPER 함수는 영문단어의 첫 글자만 대문자로 변경하는 함수이다. [텍스트 함수(1)] 시트에서 제품코드를 이용하여 제조사코드를 모두 소문자와 대문자로 변경해보고 첫 글자만 대문자로 제조사코드를 작성하라.

함수 형식	=UPPER(Text) =LOWER(Text) =PROPER(Text)
인수	Text : 모든 글자를 대문자로 Text : 모든 글자를 소문자로 Text : 첫 글자를 대문자로

(1) LOWER 함수

① [텍스트 함수(1)] 시트에서 제조사코드(소문자로) [C13]셀을 선택하고 '=LOWER (C4)'를 입력하여 Enter↵를 누르면 제조사코드가 모두 영문 소문자 제조사코드로 변경된다.

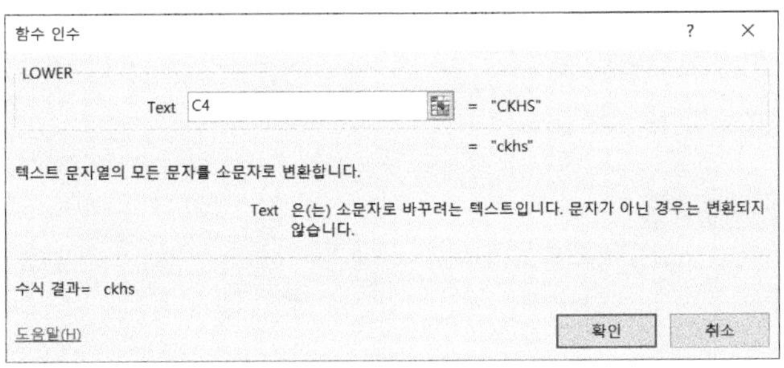

(2) UPPER 함수

① 제조사코드(대문자로) [D13]셀을 선택하고 '=UPPER(C13)'을 입력하여 Enter↵를 누르면 제조사코드가 모두 영문 대문자 제조사코드로 변경된다.

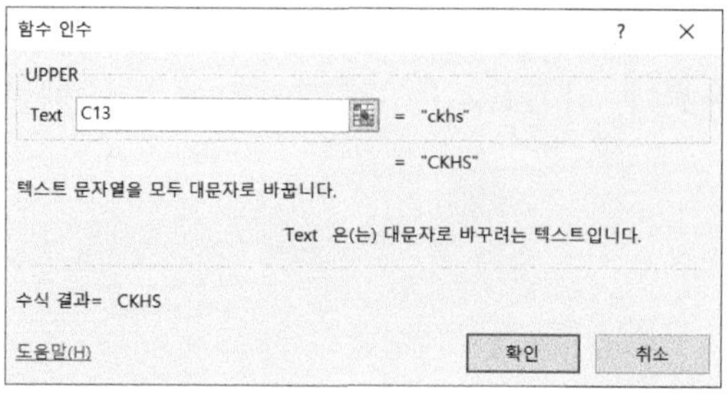

(3) PROPER함수

① 제조사코드(첫 글자만 대문자로) [E13]셀을 선택하고 '=PROPER(C4)'를 입력하여 Enter↵를 누르면 제조사코드가 첫 글자만 대문자로 변경된다.

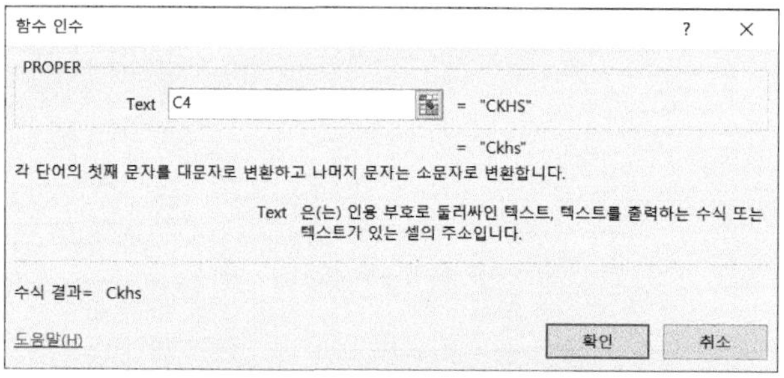

② [제품 발주 내역서] 작성 결과이다.

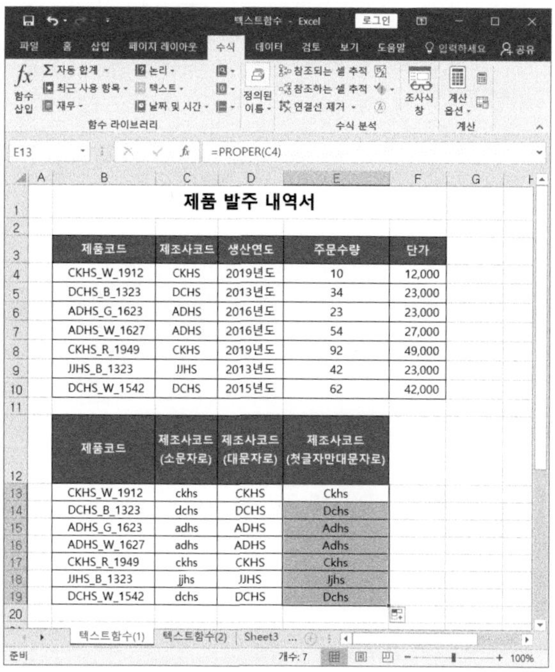

3 REPLACE, SUBSTITUTE 함수

REPLACE, SUBSTITUTE 함수는 텍스트의 일부를 다른 텍스트로 변경해주는 함수로 문자를 바꾸는 작업은 [홈] 탭-[편집] 그룹-[찾기 및 선택] 명령-[바꾸기]를 사용해도 된다. 그러나 변경하려는 특정 위치의 글자가 모두 다를 때는 함수를 사용하여 변경하는 것이 편리하다.

REPLACE 함수는 문자열의 특정 위치를 지정하여 문자를 변경하는 함수이고 SUBSTITUTE 함수는 특정 문자를 다른 문자로 변경할 때 특히 바꾸려는 문자가 한 셀에 여러 개 있고 그 중에 하나만 변경할 때 사용되는 함수이다. [텍스트 함수(2)] 시트를 이용해서 판매자의 연락처와 코드번호를 변경한다.

함수 형식	=REPLACE(Old_text, Start_num, Num_chars, New_text)
인수	• Old_text : 바꾸려는 기존의 텍스트 또는 텍스트가 입력되어 있는 셀 주소 • Start_num : 바꾸기를 시작할 위치, 문자 단위 • Num_chars : Old_text에서 바꾸려는 문자의 개수 • New_text : Old_text의 일부를 대체할 새 텍스트
함수 형식	=SUBSTITUTE(Text, Old_text, New_text, Instance_num)
인수	• Text : 찾기 및 바꾸기의 대상이 되는 텍스트 • Old_text : 바꾸려는 기존의 텍스트 또는 텍스트가 입력되어 있는 셀 주소 • New_text : Old_text의 일부를 대체할 새 텍스트 • Instance_num : 몇 번째에 있는 Old_text를 New_text로 바꿀 것인지를 지정, Instance_num을 지정하면 해당하는 위치에 있는 Old_text만 바뀌고, 지정하지 않으면 모든 Old_text가 New_text로 바뀜

(1) REPLACE 함수

① [텍스트 함수(2)] 시트의 [E4]셀을 선택하고 [수식] 탭-[함수라이브러리] 그룹-[텍스트] 명령을 선택하여 'REPLACE' 함수를 선택한다.

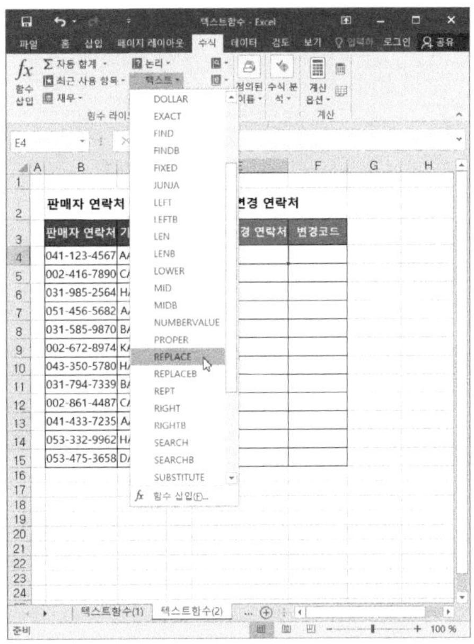

② [함수 인수] 창에서 [Old_text]에는 [B4]셀을 선택하여 넣고 Start_num에는 '1', Num_chars에는 '3', New_text에는 '080'을 입력한 후 [확인]을 누르면 변경된다.

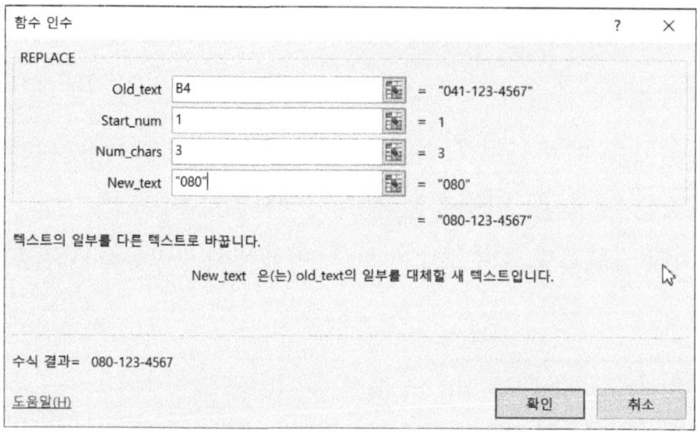

(2) SUBSTITUTE 함수

① [텍스트 함수(2)] 시트의 [F4]셀을 선택하고 [수식] 탭–[함수라이브러리] 그룹–[텍스트] 명령을 선택하여 'SUBSTITUTE' 함수를 선택한다.

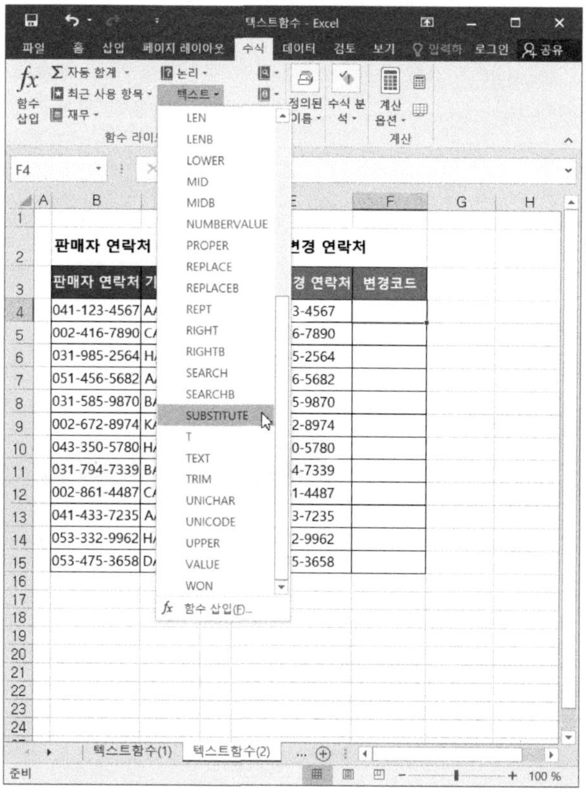

② [함수 인수] 창에서 [Text]에는 [C4]셀을 선택하고 [Old_text]에는 '–'를 입력하고 [New_text]에는 '/' [Instance_num]에는 '1'을 입력한 후 [확인]을 누른다.

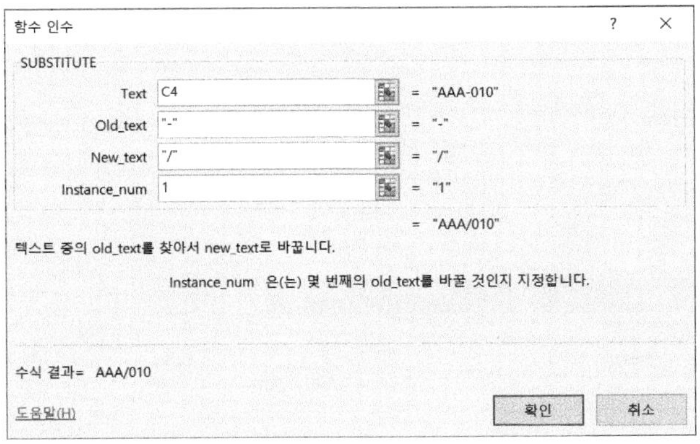

③ "–"가 "/"로 변경되면 [E4:F15]셀 영역을 채우기 핸들로 작성하라.

연습문제
04-8

문제파일 : 연습문제14.xlsx / 정답파일 : 연습문제14(완성).xlsx

01 [B5:B12] 셀 범위의 텍스트에서 왼쪽 1글자를 [D15:F15] 셀 범위에 부서코드표에 추출하시오.

부서별 사원정보기록표

부서코드	사원명	주민등록번호	전화번호	성별	주민번호보안	전화번호보안
CH1	김현수	841012-1234567	010-1456-3456			
BH1	장승승	891022-2234568	010-7676-1234			
AH1	이기자	831010-2234569	010-8989-9876			
BH1	최서래	881012-1234570	010-1234-9876			
AH1	박담비	841215-1765432	010-7777-9999			
CH1	황사랑	850505-2123456	010-6543-4321			
BH1	서문경	900707-2123654	010-4567-9876			
AH1	유소이	810506-1765471	010-9999-5678			

부서코드표

번호	A	B	C
부서명	총무부	영업부	기획실

02 주민등록번호[D5:D12] 뒷자리 7자를 [G5:G12]셀에 추출하시오

부서별 사원정보기록표

부서코드	사원명	주민등록번호	전화번호	성별	주민번호뒷자리	전화번호보안
CH1	김현수	841012-1234567	010-1456-3456		1234567	
BH1	장승승	891022-2234568	010-7676-1234		2234568	
AH1	이기자	831010-2234569	010-8989-9876		2234569	
BH1	최서래	881012-1234570	010-1234-9876		1234570	
AH1	박담비	841215-1765432	010-7777-9999		1765432	
CH1	황사랑	850505-2123456	010-6543-4321		2123456	
BH1	서문경	900707-2123654	010-4567-9876		2123654	
AH1	유소이	810506-1765471	010-9999-5678		1765471	

부서코드표

번호	A	B	C
부서명	총무부	영업부	기획실

03 전화번호 뒷자리 4자리를 *로 [H5:H12]셀에 보안하시오

부서별 사원정보기록표

부서코드	사원명	주민등록번호	전화번호	성별	주민번호뒷자리	전화번호보안
CH1	김현수	841012-1234567	010-1456-3456		1234567	010-1456-****
BH1	장승승	891022-2234568	010-7676-1234		2234568	010-7676-****
AH1	이기자	831010-2234569	010-8989-9876		2234569	010-8989-****
BH1	최서래	881012-1234570	010-1234-9876		1234570	010-1234-****
AH1	박담비	841215-1765432	010-7777-9999		1765432	010-7777-****
CH1	황사랑	850505-2123456	010-6543-4321		2123456	010-6543-****
BH1	서문경	900707-2123654	010-4567-9876		2123654	010-4567-****
AH1	유소이	810506-1765471	010-9999-5678		1765471	010-9999-****

부서코드표

번호	A	B	C
부서명	총무부	영업부	기획실

04 주민등록번호에서 성별에 해당하는 8번째 1자리를 성별[F5:F12]열에 추출하시오

부서별 사원정보기록표

부서코드	사원명	주민등록번호	전화번호	성별	주민번호뒷자리	전화번호보안
CH1	김현수	841012-1234567	010-1456-3456	1	1234567	010-1456-****
BH1	장승승	891022-2234568	010-7676-1234	2	2234568	010-7676-****
AH1	이기자	831010-2234569	010-8989-9876	2	2234569	010-8989-****
BH1	최서래	881012-1234570	010-1234-9876	1	1234570	010-1234-****
AH1	박담비	841215-1765432	010-7777-9999	1	1765432	010-7777-****
CH1	황사랑	850505-2123456	010-6543-4321	2	2123456	010-6543-****
BH1	서문경	900707-2123654	010-4567-9876	2	2123654	010-4567-****
AH1	유소이	810506-1765471	010-9999-5678	1	1765471	010-9999-****

부서코드표

번호	A	B	C
부서명	총무부	영업부	기획실

4-12 데이터 목록 함수

1 데이터 목록을 요약하는 함수(SUBTOTAL)

SUBTOTAL 함수는 화면에 보이는 데이터만 계산하는 함수로 계산식에 사용되는 함수 번호에 따라 합계부터 분산까지 11가지의 연산이 가능하다.

엑셀에서 자동으로 계산되는 부분합 및 요약행으로 표시되는 함수가 'SUBTOTAL'이며 자동필터링, 일련번호변경, 화면에 보이는 값만 계산 시 데이터관리에 다양하게 활용할 수 있다.

[SUBTOTAL 함수] 시트에 표 목록에 요약 행을 표시하고 코드가 'HJ'로 시작되는 코드만 표시하며 표시된 데이터의 입고수량의 합계만 계산되도록 요약해본다.

예제파일 : SUBTOTAL 함수.xlsx / **완성파일** : SUBTOTAL 함수(완성).xlsx

함수 형식	=SUBTOTAL(Function_num, Ref1, Ref2…)

인수

• Function_num
목록에서 부분합을 계산하는 데 사용될 함수 번호를 지정
1~11(숨겨진 값포함)사이 또는 101~111(숨겨진 값 무시)사이의 값

– 숨겨진 값을 포함한 계산식에 적용하는 함수 번호

1	AVERAGE	2	COUNT	3	COUNTA	4	MAX
5	MIN	6	PRODUCT	7	STDEV	8	STDEVP
9	SUM	10	VAR	11	VARP		

– 숨겨진 값을 제외한 계산식에 적용하는 함수 번호

101	AVERAGE	102	COUNT	103	COUNTA	104	MAX
105	MIN	106	PRODUCT	107	STDEV	108	STDEVP
109	SUM	110	VAR	111	VARP		

• Ref : 부분합을 계산할 참조 범위로 1~254개까지 지정

① 표 목록 임의의 셀을 선택하여 셀 포인터를 이동한 후 [표 도구]–[디자인] 탭–[표 스타일 옵션] 그룹에서 '요약 행'을 선택하여 체크하면 표 목록의 마지막 행에 요약 행이 표시된다.

② 입고수량의 합계가 입력될 [D18]셀을 선택하여 [수식] 탭–[함수 및 라이브러리] 그룹–[수학/삼각] 명령을 선택한 후 'SUBTOTAL' 함수를 선택한다.

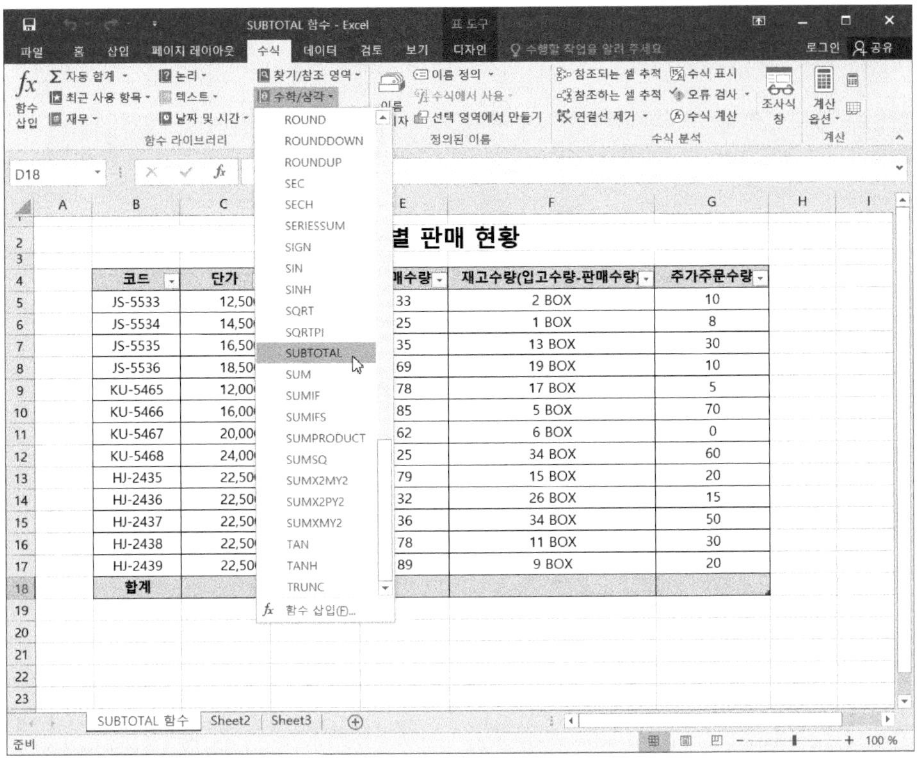

③ [함수 인수] 창에 [Function_num] : '9'를 입력하고 [Ref1] : '입고수량'이 입력된 [D5:D17]셀 영역을 지정한 후 [확인]을 누른다.

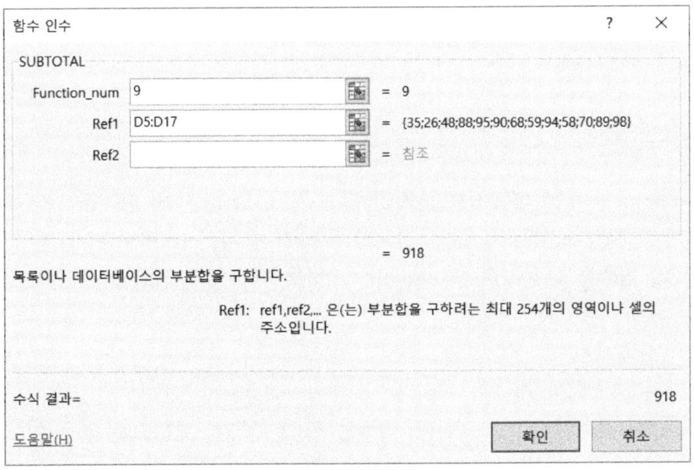

④ [B4]셀에 표시되는 [자동 필터 목록 단추]를 선택하고 'HJ'로 시작하는 코드만 선택한 후 [확인]을 누른다.

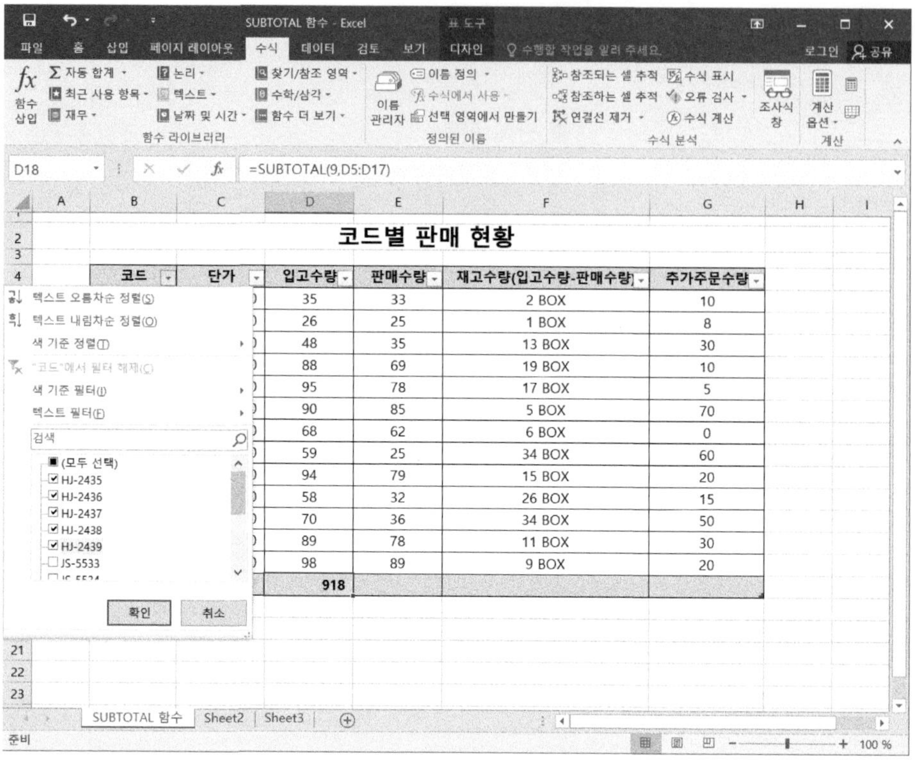

⑤ 'HJ'로 시작되는 코드만 표시되며 표시된 데이터의 입고수량의 합계만 계산되어 표시된다.

TIP | 숨겨진 값을 제외하고 합계 구하기

SUM 함수를 이용하여 합계를 구한 후에 데이터를 숨기면(행 숨기기, 열 숨기기) 숨겨진 해당 데이터가 제외되지 않고 포함되어 합계가 표시된다. 만약 합계를 구하고 숨겨진 데이터를 제외한 합계를 구하고자 한다면 SUBTOTAL 함수를 이용하여 [Function_num]을 '109'로 지정하면 된다.

TIP |

- 사용하는 function_num 값에 관계없이 SUBTOTAL 함수는 필터 결과에 포함되지 않은 행을 모두 무시한다.
- 참조 중 3차원 참조가 있으면 #VALUE! 오류 값이 반환된다.

2 데이터베이스 함수

데이터베이스 함수는 데이터베이스 목록에서 원하는 조건을 만족하는 레코드에 대하여 지정한 열필드를 대상으로 계산한다. 데이터베이스 함수는 조건 테이블을 먼저 작성하여야 하며 목록 범위의 행 제목도 반드시 목록 범위에 포함되어야 한다.

예제파일 : 데이터베이스 함수.xlsx / 완성파일 : 데이터베이스 함수(완성).xlsx

함수 형식	=DSUM(database, field, criteria) =DAVERAGE(database, field, criteria) =DCOUNT(database, field, criteria)
인수	database = 데이터베이스나 목록으로 지정할 셀 목록 범위 field = 계산을 사용할 열필드를 지정 criteria = 조건이 포함되어 있는 셈 범위

1 DSUM(database,field,criteria)

직급이 대리인 합계를 구해본다.

① [M8]셀을 선택하고 '=DSUM'를 입력하고 상단에 (f_x) 버튼을 클릭하면 인수창이 나타난다.

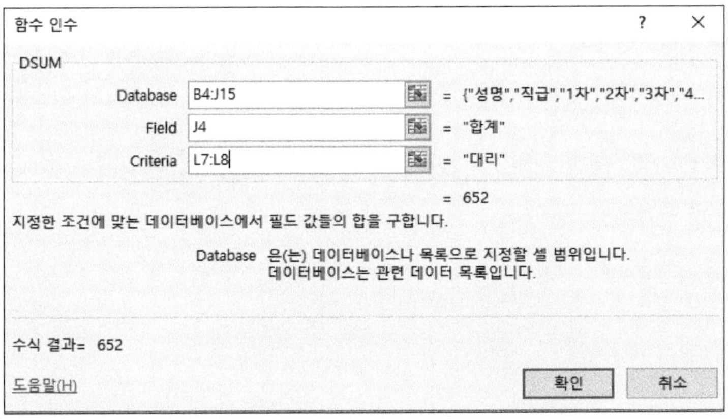

② Enter↵ 또는 확인 버튼을 누르면 합계가 구해진다.

2 DAVERAGE(database,field,criteria)

직급이 대리인 평균을 구해본다.

① [M11]셀을 선택하고 '=DAVERAGE'를 입력하고 상단에 (*fx*) 버튼을 클릭하면 인수창이 나타난다.

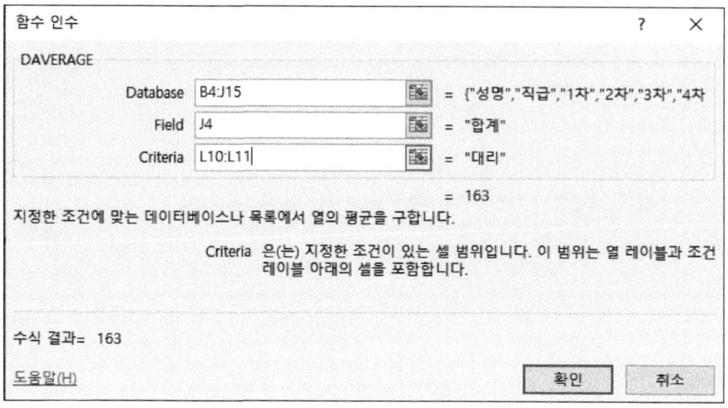

② Enter↵ 또는 확인 버튼을 누르면 평균이 구해진다.

3 DCOUNT(database,field,criteria)

직급이 대리인 개수를 구해본다.

① [M14]셀을 선택하고 '=DCOUNT"를 입력하고 상단에 (*fx*) 버튼을 클릭하면 인수창이 나타난다.

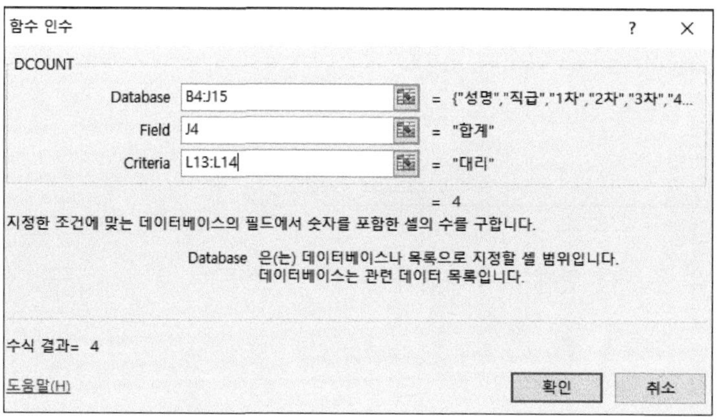

② Enter↵ 또는 확인 버튼을 누르면 개수가 구해진다.

연습문제 04-9

문제파일 : 연습문제15.xlsx / 정답파일 : 연습문제15(완성).xlsx

01 표 목록에 요약 행을 표시하고 가격(원), 권수의 합계를 표시하시오.

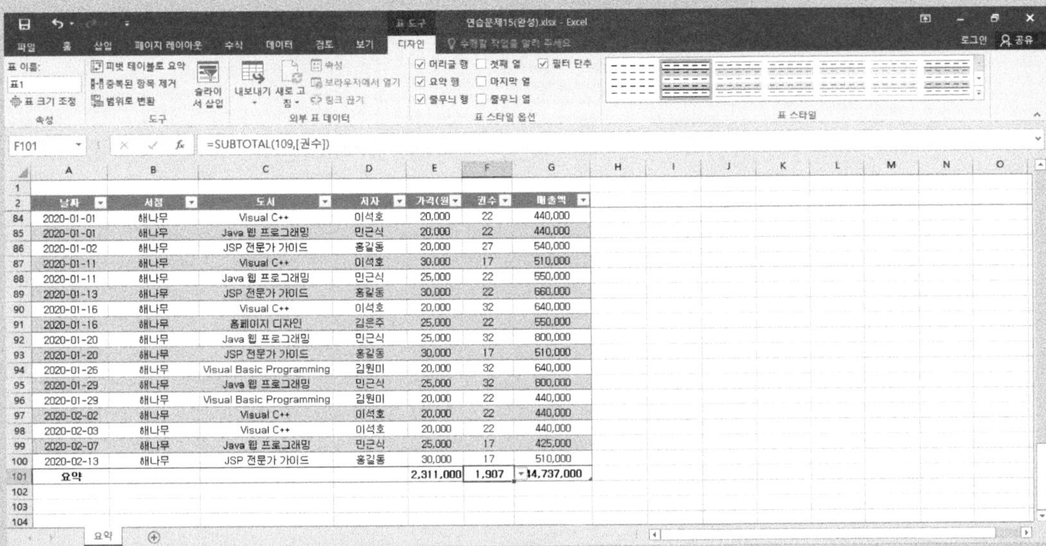

	날짜	서점	도서	저자	가격(원)	권수	매출액
84	2020-01-01	해나무	Visual C++	이석호	20,000	22	440,000
85	2020-01-01	해나무	Java 웹 프로그래밍	민근식	20,000	22	440,000
86	2020-01-02	해나무	JSP 전문가 가이드	홍길동	20,000	27	540,000
87	2020-01-11	해나무	Visual C++	이석호	30,000	17	510,000
88	2020-01-11	해나무	Java 웹 프로그래밍	민근식	25,000	22	550,000
89	2020-01-13	해나무	JSP 전문가 가이드	홍길동	30,000	22	660,000
90	2020-01-16	해나무	Visual C++	이석호	20,000	32	640,000
91	2020-01-16	해나무	홈페이지 디자인	김은주	25,000	22	550,000
92	2020-01-20	해나무	Java 웹 프로그래밍	민근식	25,000	32	800,000
93	2020-01-20	해나무	JSP 전문가 가이드	홍길동	30,000	17	510,000
94	2020-01-26	해나무	Visual Basic Programming	김원미	20,000	32	640,000
95	2020-01-29	해나무	Java 웹 프로그래밍	민근식	25,000	32	800,000
96	2020-01-29	해나무	Visual Basic Programming	김원미	20,000	22	440,000
97	2020-02-02	해나무	Visual C++	이석호	20,000	22	440,000
98	2020-02-03	해나무	Visual C++	이석호	20,000	22	440,000
99	2020-02-07	해나무	Java 웹 프로그래밍	민근식	25,000	17	425,000
100	2020-02-13	해나무	JSP 전문가 가이드	홍길동	30,000	17	510,000
101	요약				2,311,000	1,907	14,737,000

02 날짜가 1월인 데이터만 표시되도록 요약하시오.

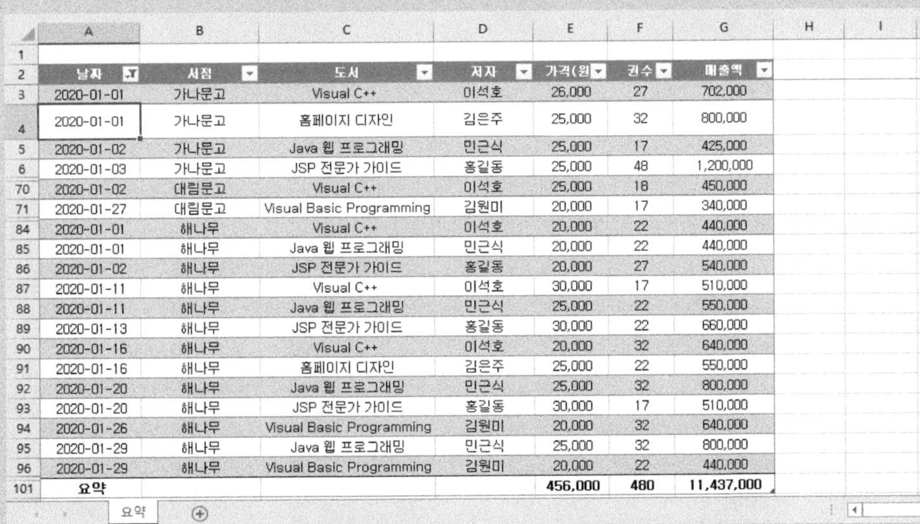

	날짜	서점	도서	저자	가격(원)	권수	매출액
3	2020-01-01	가나문고	Visual C++	이석호	26,000	27	702,000
4	2020-01-01	가나문고	홈페이지 디자인	김은주	25,000	32	800,000
5	2020-01-02	가나문고	Java 웹 프로그래밍	민근식	25,000	17	425,000
6	2020-01-03	가나문고	JSP 전문가 가이드	홍길동	25,000	48	1,200,000
70	2020-01-02	대림문고	Visual C++	이석호	25,000	18	450,000
71	2020-01-27	대림문고	Visual Basic Programming	김원미	20,000	17	340,000
84	2020-01-01	해나무	Visual C++	이석호	20,000	22	440,000
85	2020-01-01	해나무	Java 웹 프로그래밍	민근식	20,000	22	440,000
86	2020-01-02	해나무	JSP 전문가 가이드	홍길동	20,000	27	540,000
87	2020-01-11	해나무	Visual C++	이석호	30,000	17	510,000
88	2020-01-11	해나무	Java 웹 프로그래밍	민근식	25,000	22	550,000
89	2020-01-13	해나무	JSP 전문가 가이드	홍길동	30,000	22	660,000
90	2020-01-16	해나무	Visual C++	이석호	20,000	32	640,000
91	2020-01-16	해나무	홈페이지 디자인	김은주	25,000	22	550,000
92	2020-01-20	해나무	Java 웹 프로그래밍	민근식	25,000	32	800,000
93	2020-01-20	해나무	JSP 전문가 가이드	홍길동	30,000	17	510,000
94	2020-01-26	해나무	Visual Basic Programming	김원미	20,000	32	640,000
95	2020-01-29	해나무	Java 웹 프로그래밍	민근식	25,000	32	800,000
96	2020-01-29	해나무	Visual Basic Programming	김원미	20,000	22	440,000
101	요약				456,000	480	11,437,000

03 [데이터] 워크시트에서 '가나문고'의 총 매출액의 합계를 [J3] 셀에 구하시오(DSUM).

04 [데이터] 워크시트에서 권수가 30개 이상의 개수를 [J6] 셀에 구하시오(DCOUNT).

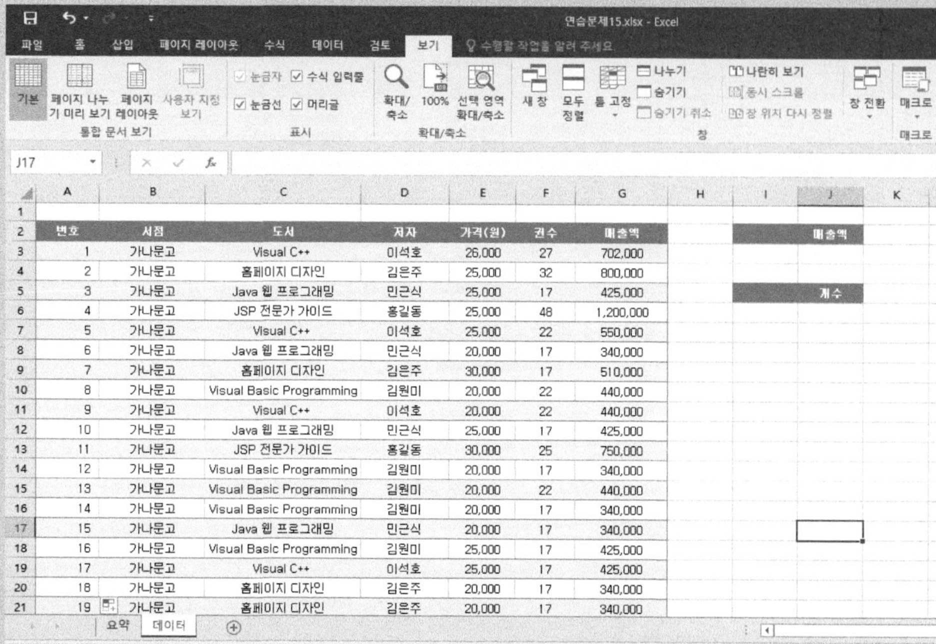

번호	서점	도서	저자	가격(원)	권수	매출액
1	가나문고	Visual C++	이석호	26,000	27	702,000
2	가나문고	홈페이지 디자인	김은주	25,000	32	800,000
3	가나문고	Java 웹 프로그래밍	민근식	25,000	17	425,000
4	가나문고	JSP 전문가 가이드	홍길동	25,000	48	1,200,000
5	가나문고	Visual C++	이석호	25,000	22	550,000
6	가나문고	Java 웹 프로그래밍	민근식	20,000	17	340,000
7	가나문고	홈페이지 디자인	김은주	30,000	17	510,000
8	가나문고	Visual Basic Programming	김원미	20,000	22	440,000
9	가나문고	Visual C++	이석호	20,000	22	440,000
10	가나문고	Java 웹 프로그래밍	민근식	25,000	17	425,000
11	가나문고	JSP 전문가 가이드	홍길동	30,000	25	750,000
12	가나문고	Visual Basic Programming	김원미	20,000	17	340,000
13	가나문고	Visual Basic Programming	김원미	20,000	22	440,000
14	가나문고	Visual Basic Programming	김원미	20,000	17	340,000
15	가나문고	Java 웹 프로그래밍	민근식	20,000	17	340,000
16	가나문고	Visual Basic Programming	김원미	25,000	17	425,000
17	가나문고	Visual C++	이석호	25,000	17	425,000
18	가나문고	홈페이지 디자인	김은주	20,000	17	340,000
19	가나문고	홈페이지 디자인	김은주	20,000	17	340,000

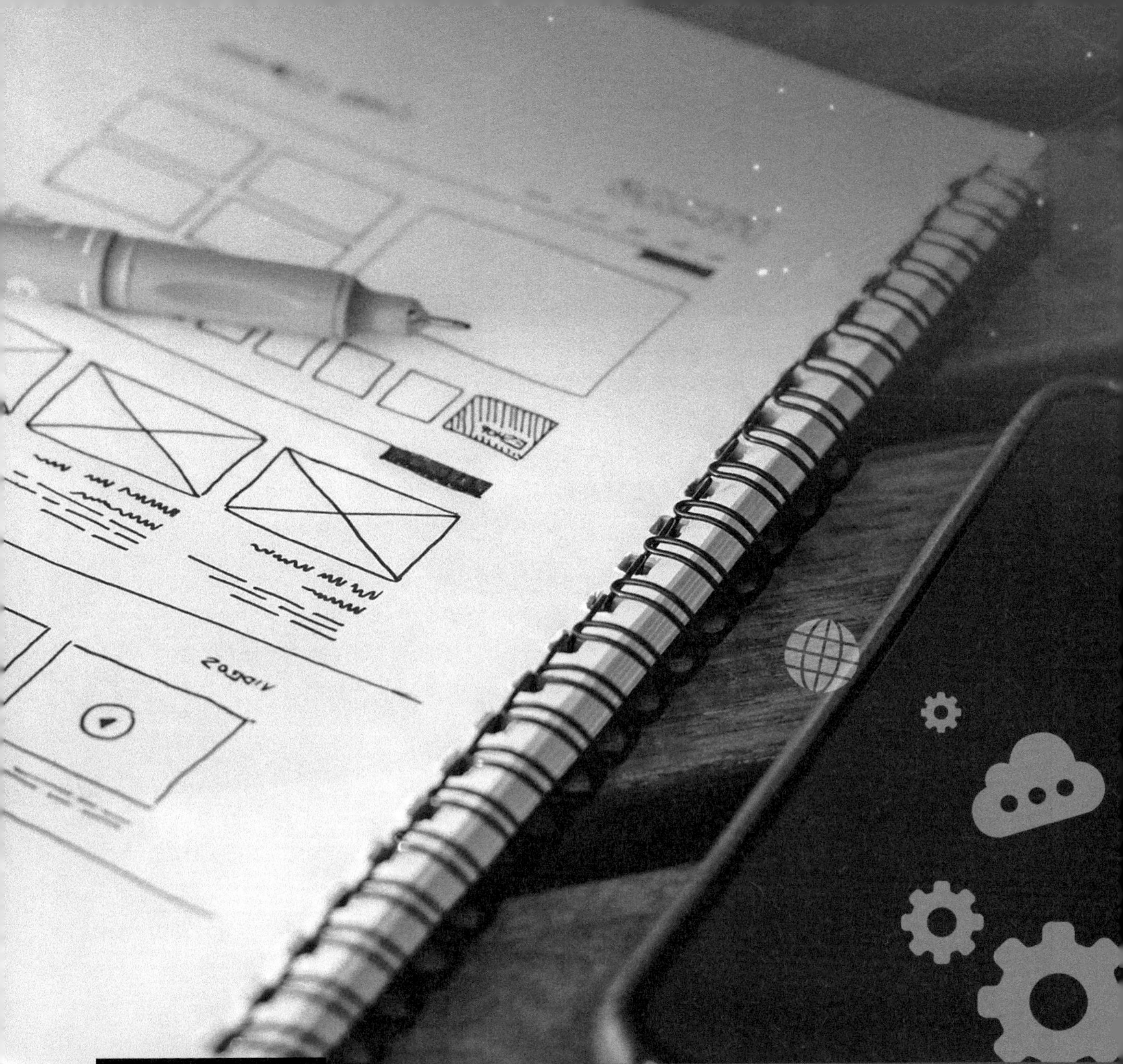

CHAPTER 05

데이터관리

CHAPTER 05 | 데이터관리

학습목표

- 엑셀은 스프레드시트 프로그램이면서 방대한 양의 데이터베이스를 만들어 효과적으로 관리하는 기능을 가지고 있다. 데이터를 순서대로 정렬하거나 원하는 데이터만 검색하고 추출할 수 있다.
- 데이터 범위에 유효성 검사 규칙, 설명 오류 메시지, IME 모드를 설정할 수 있다.
- 중복된 데이터가 포함된 행을 삭제할 수 있다.

예제파일 : 데이터관리.xlsx / **완성파일** : 데이터관리(완성).xlsx

5-1 자동 필터와 고급 필터

지정한 조건에 맞는 레코드들을 검색해 필요한 데이터를 필터를 적용하여 검색 조건을 지정함으로써 원하는 레코드만을 추출해 본다.

1 자동 필터

필터링 아이콘을 이용하여 자동조건에 맞게 선택하여 데이터를 추출할 수 있다.

① 데이터베이스 목록 내의 셀을 하나 선택한 후 [데이터] 탭–[정렬 및 필터] 그룹–[필터] 직급 필터 단추를 선택하고 '모두 선택'을 해제한 후 '부장'만 선택한 후 [확인]을 누른다.

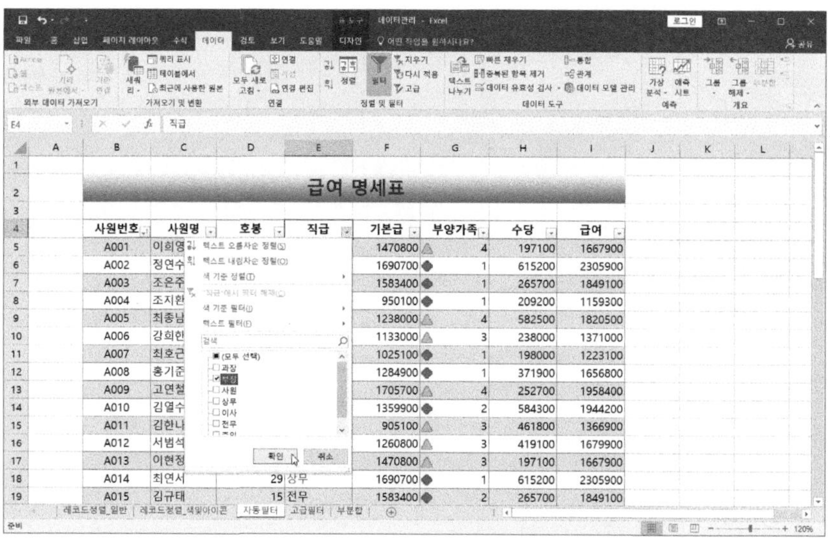

② 데이터베이스 레코드 중에서 조건에 맞는 레코드만 필터링 되어 표시된다.

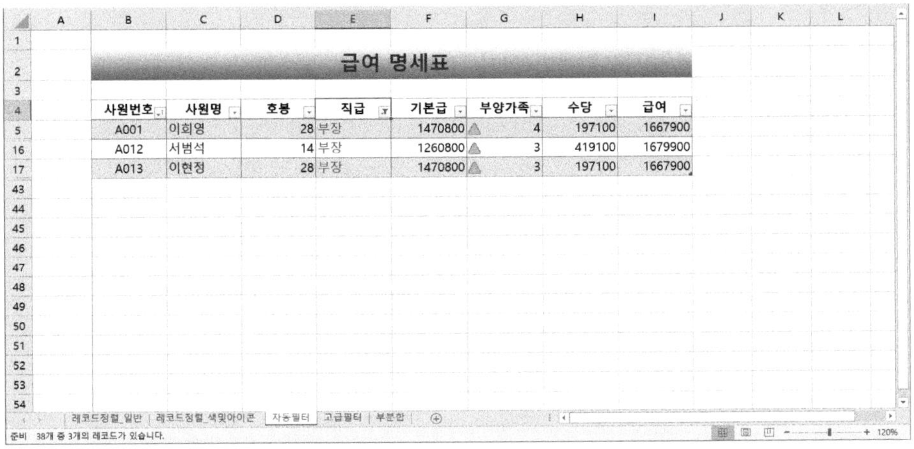

③ 다시 레코드를 표시하기 위해 직급 필터 단추를 누른 후 '모두 선택'을 선택한 후 확인을 누른다. 기본급이 '1,600,000 이상'인 조건을 검색하기 위해 기본급 필터 단추를 누르고 숫자 필터에서 '~보다 크거나 같음'을 선택한다.

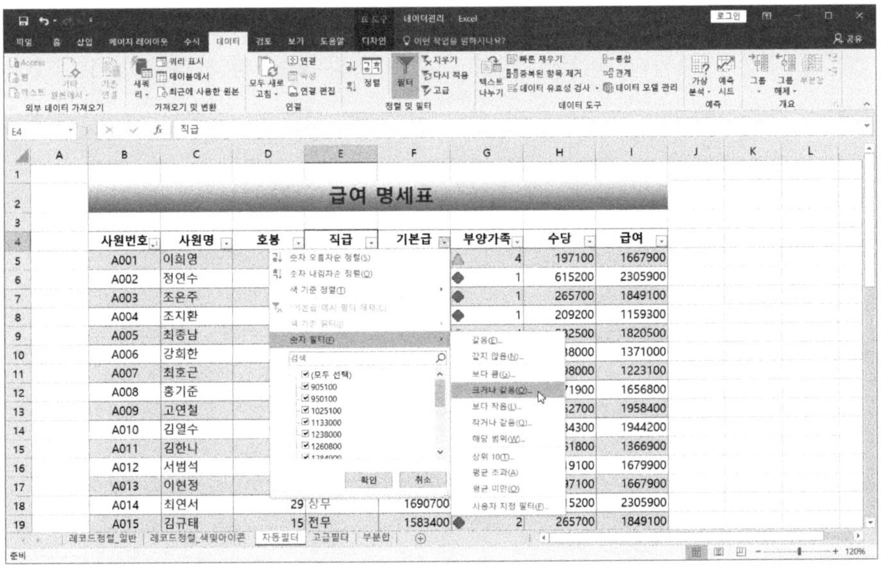

④ [사용자 지정 자동 필터] 대화상자가 나타나면 '기본급 >= 1600000'으로 입력한 후 [확인]을 누른다.

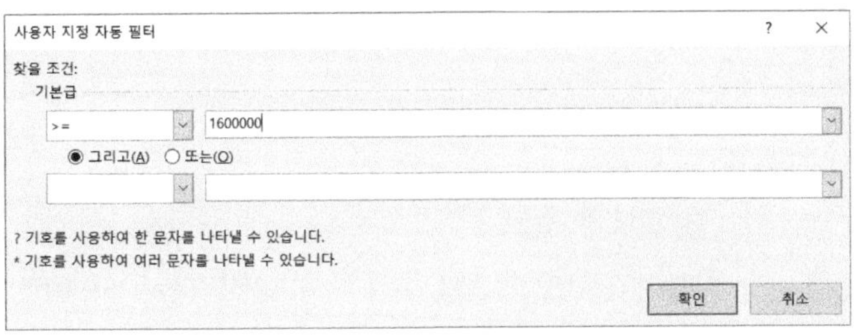

⑤ 다음과 같이 기본급이 '1,600,000 이상'인 조건을 만족하는 레코드만 추출되었다.

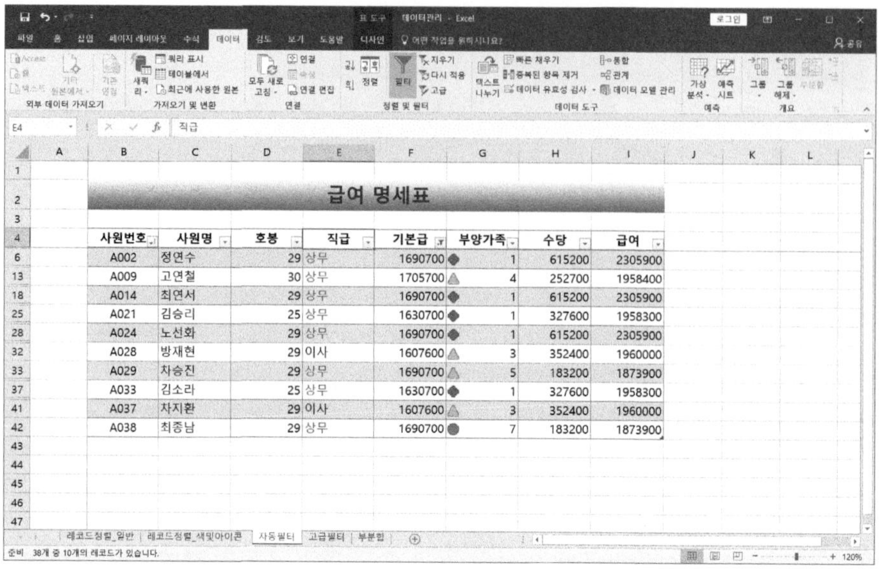

⑥ 필터 단추 ▼을 클릭할 때 나타나는 검색 조건 목록에서 'Top 10' 기능은 주어진 데이터베이스 목록에서 일정한 데이터 필드를 기준으로 상위 또는 하위 10개의 레코드들을 원하는 순서대로 검색해 주는 기능이다. 기본급 필터 단추를 누른 후 숫자 필터에서 '상위 10'을 선택한다.

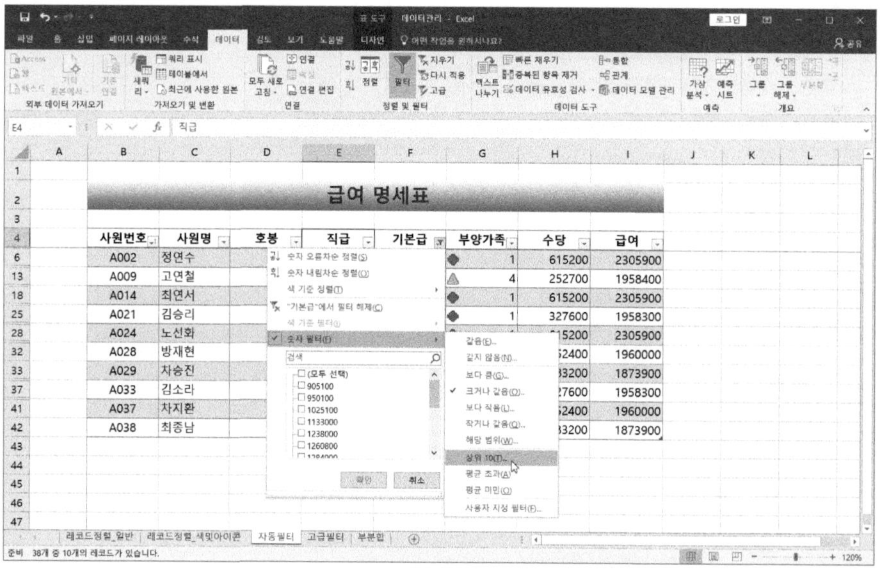

TIP | 숫자 필터

이때 "Top 10" 필터는 수치 데이터가 입력된 필드에만 사용할 수 있다.

⑦ [상위 10 자동 필터] 대화상자가 나타나면 [확인]을 누른다.

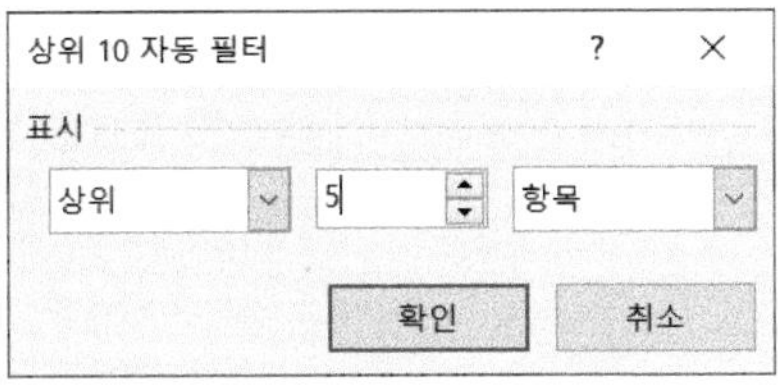

⑧ 조건에 맞는 레코드들을 검색하여 지정한 레코드 개수만큼 보여준다.

2 고급 필터

고급 필터는 하나의 필드에 여러 가지 조건을 동시에 지정하거나 계산식 형태의 조건을 지정할 수 있다. 고급 필터의 조건식을 구성할 때 데이터베이스 목록의 필드 이름이 첫 행에 입력한다. 다음 데이터베이스에서 직급이 '사원'인 데이터를 고급필터를 이용해 추출해 본다.

① 고급필터의 조건 테이블을 작성한다.

직급
사원

고급필드의 조건을 설정할 때는 반드시 데이터 영역에 있는 필드이름과 같은 이름을 사용해야하며 이때 조건을 같은 행에 지정하면 AND조건으로 서로 다른 행에 지정하면 OR조건으로 실행된다.

AND 조건인 경우

필드명	필드명
조건1	조건2

OR 조건인 경우

필드명	필드명
조건1	
	조건2

같은필드명에 OR인 경우

필드명
조건1
조건2

② 표 안에 커서를 두고 [데이터] 탭-[정렬 및 필터] 그룹-[고급] 명령을 실행하면 [고급 필터]를 클릭한다.

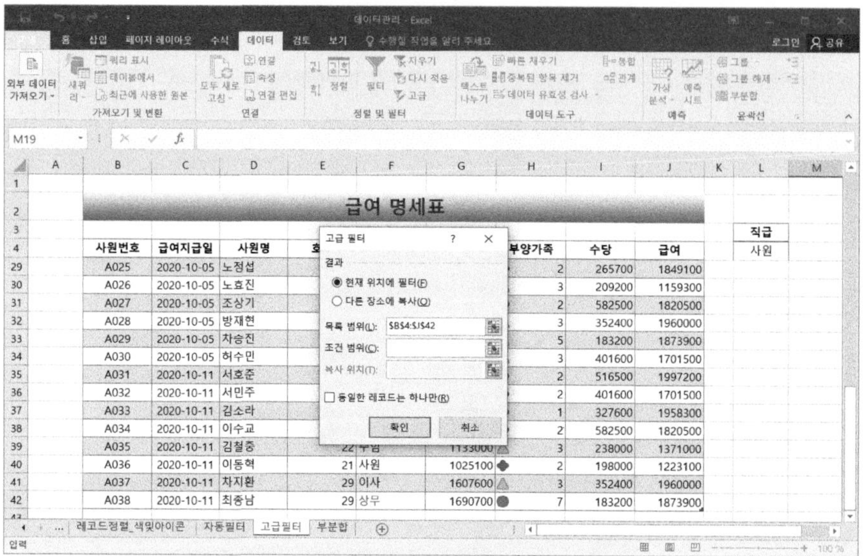

③ 대화상자에서 '목록 범위'는 변경할 수 있으며 '조건 범위'는 마우스로 고급 필터의 조건식이 있는 [L3:L4]셀 영역을 드래그 한다.

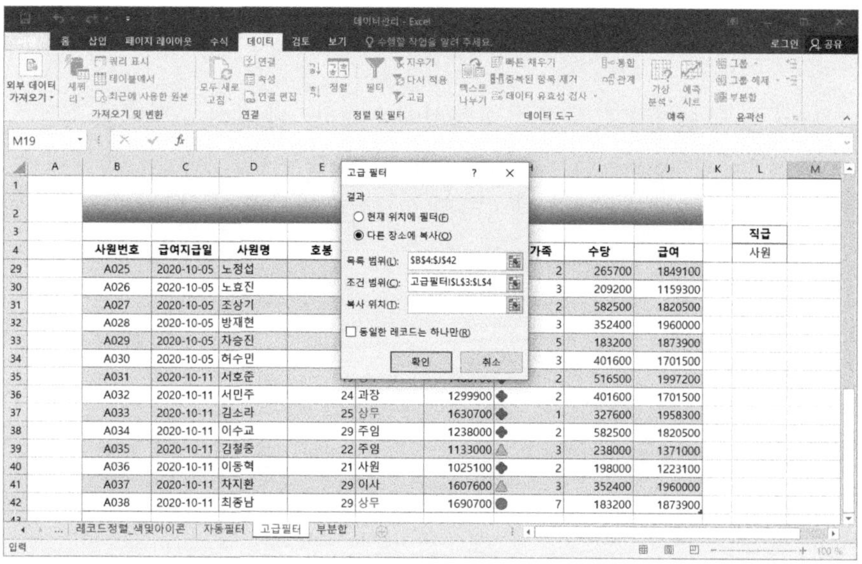

④ '다른 장소에 복사'를 선택하고 '복사 위치'를 [B44]클릭하고 [확인]을 누른다.

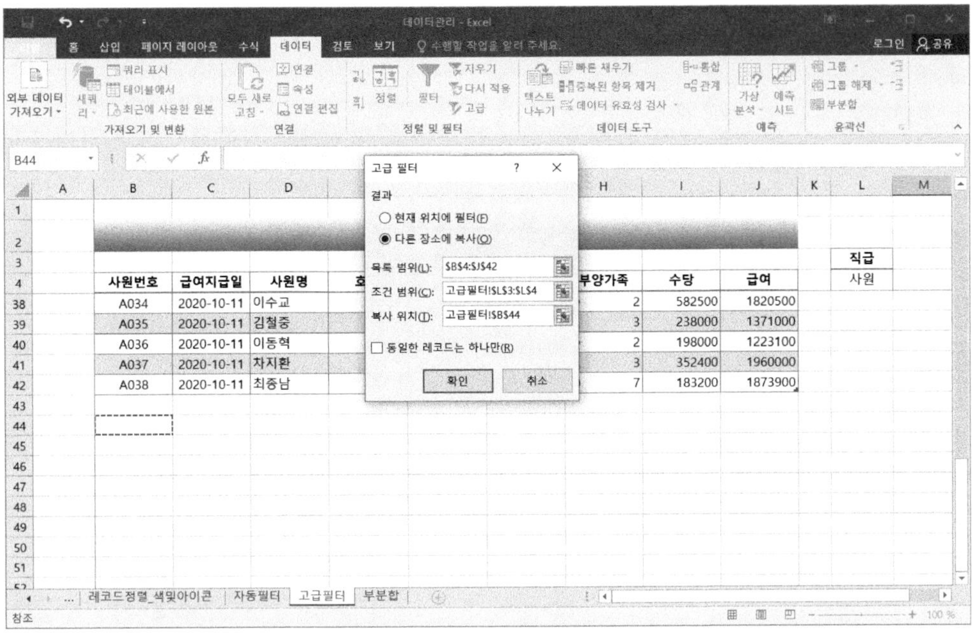

⑤ 고급필터의 해당 조건에 해당되는 직급이 '사원'인 데이터가 추출되었다.

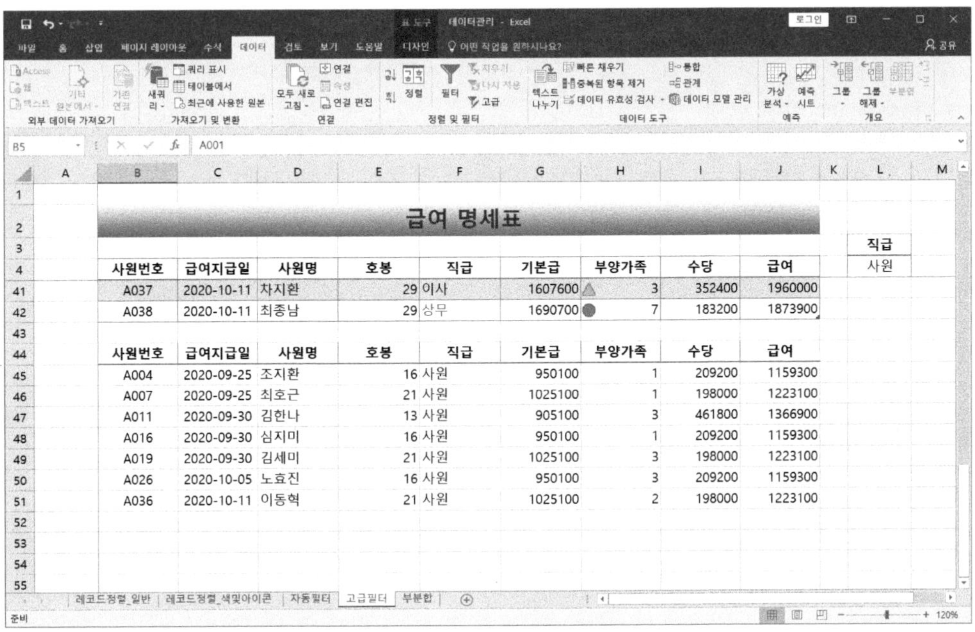

3 날짜 필터

급여일이 '2020년 10월 11일 이후'인 데이터 또는 '2020년 9월 25일 이전'인 데이터를 추출해 보자.

① [고급 필터] 시트에서 '급여 지급일' 필터 단추를 클릭한 후 날짜 필터의 사용자 지정 자동 필터를 선택한다.

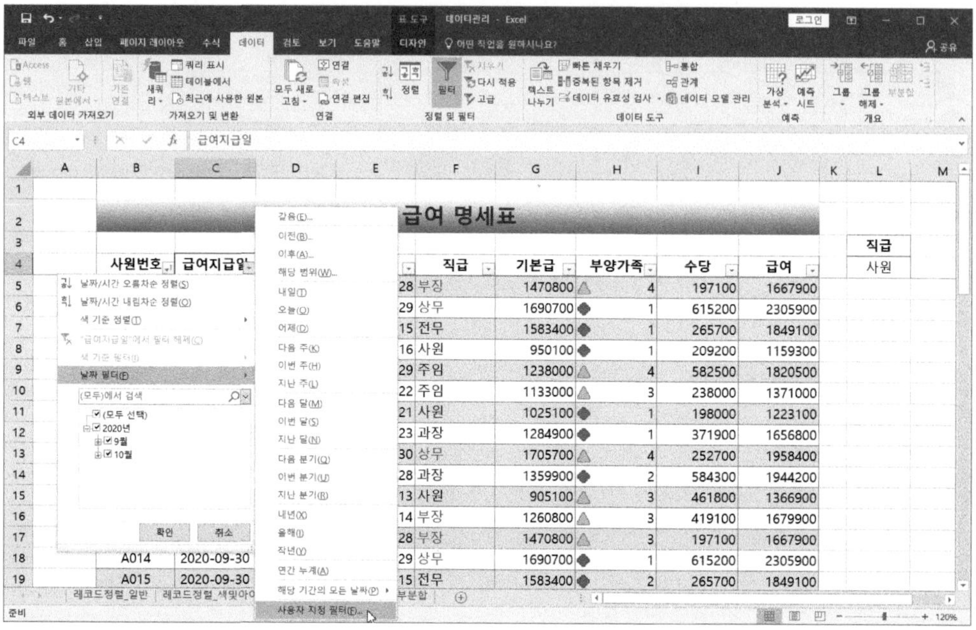

② [사용자 지정 자동 필터] 대화상자가 나타나면 다음과 같이 찾을 조건을 지정한 후 [확인]을 누른다.

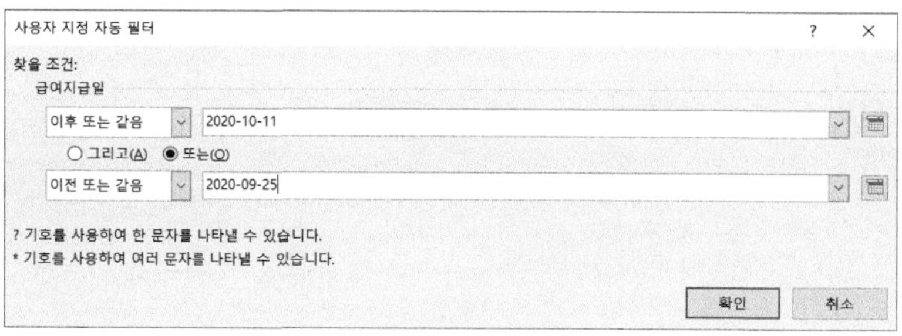

③ 지정된 조건에 맞는 데이터가 추출되었다.

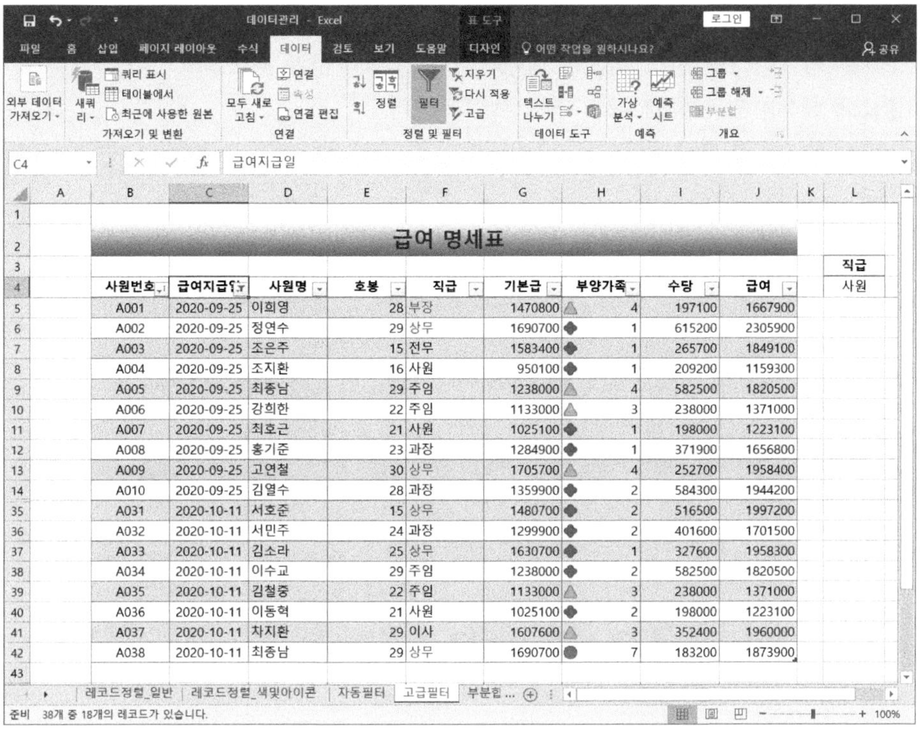

5-2 레코드 정렬

레코드 정렬은 데이터베이스로 지정된 영역 내에서 특정한 필드명을 기준으로 레코드들의 순서를 재배치하는 기능으로 오름차순 정렬과 내림차순 정렬이 있다.

1 아이콘 명령을 이용한 레코드 정렬

오름차순 : 최소값에서 최대값으로 정렬 1,2,3 순으로 정렬된다.

내림차순 : 최대값에서 최소값으로 정렬 정렬 10,9,8 순으로 정렬된다.

2 [정렬] 대화상자를 이용한 레코드 정렬

[데이터] 탭-[정렬 및 필터] 그룹-[정렬] 2개 이상의 기준 필드를 추가하여 조건부 서식 및 사용자지정 순으로 정렬할 수 있다.

① [데이터관리.xlsx] 파일 [레코드정렬_일반] 워크시트의 데이터를 전체 선택하거나 커서를 데이터 안에 클릭하고 [데이터] 탭-[정렬 및 필터] 그룹-[정렬]을 클릭한다.

② 정렬 기준은 첫째 '호봉', 둘째 '기본급', 세 번째는 '급여'순으로 지정하고 전부 내림차순으로 선택한 후 [확인]을 누른다.

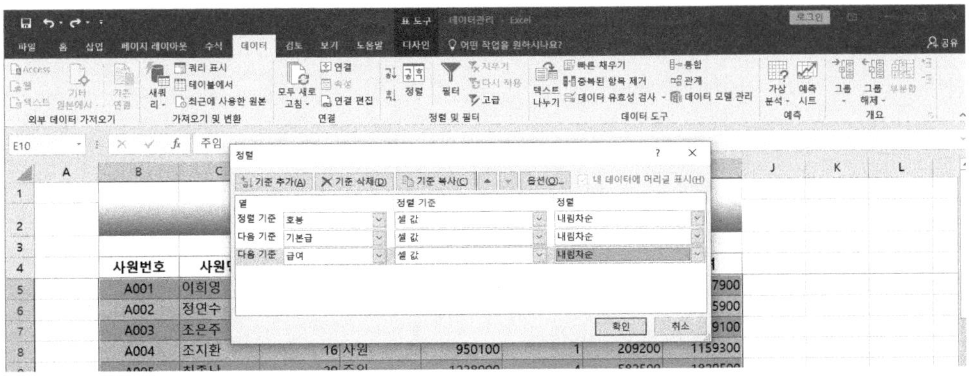

TIP | 정렬 대화상자

- 기준 추가/기준 삭제/기준 복사
  정렬 기준을 추가하거나 삭제, 복사할 수 있다.
- 내 데이터에 머리글 표시
  선택되어 있으면 정렬 기준에 필드 이름이 표시, 선택되어 있지 않으면 열 번호를 표시한다.

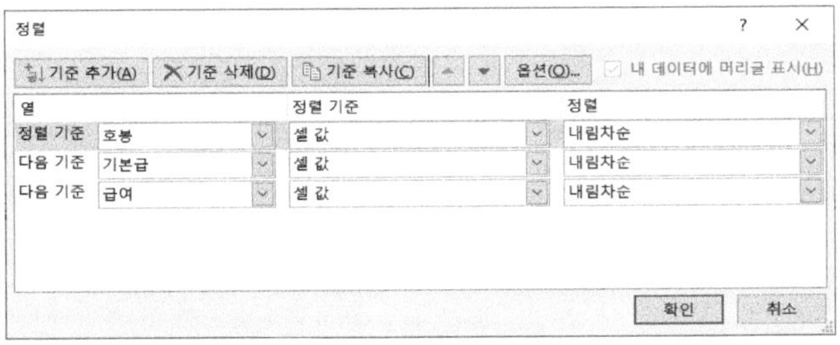

- 위로 이동/아래로 이동
  기준 순서를 결정한다.
- 옵션
  대/소문자 구분, 정렬 방향 지정한다.
- 첫째 기준의 필드값이 같은 레코드가 2개 이상 존재할 경우, 둘째 기준, 셋째 기준에 의해 순서를 결정한다. 정렬 기준 입력상자의 (˅)을 누르면 데이터베이스로 지정된 셀 영역의 필드 목록이 나타나므로 기준으로 지정할 필드를 선택한다.
- 필드에 영문, 숫자, 한글, 빈 셀 등이 포함되어 있을 경우 정렬 순서는 숫자, 문자열(한글, 영문), 논리값, 오류값, 빈 셀의 순서로 정렬된다.

3 셀 색, 글꼴 색 또는 아이콘을 기준으로 정렬

조건부 서식에 의한 아이콘에 적용된 데이터를 정렬 할 수 있다.

① [레코드정렬_색 및 아이콘] 워크시트 셀 영역에서 데이터 열을 선택하거나 현재 셀이 표 열안에 있는지 확인한 후 [데이터] 탭–[정렬 및 필터] 그룹–[정렬]을 클릭한다.

② [정렬] 대화상자아래와 같이 정렬 기준은 '직급', '글꼴 색', '자동–빨강색', '위에 표시'를 선택한 후 [확인]을 누른다.

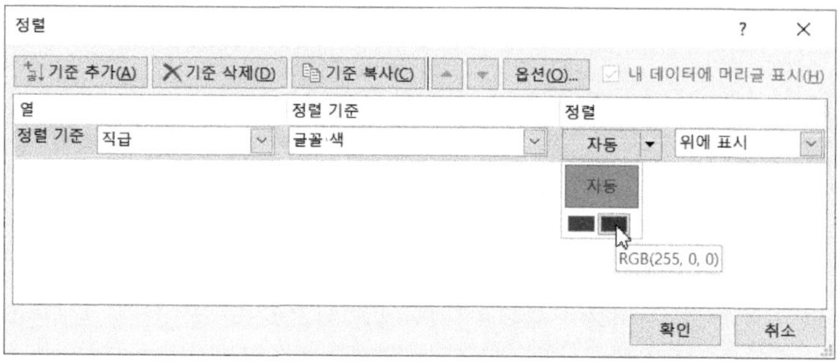

③ 직급열에 조건부로 지정된 빨강색인 부장이 오름차순으로 정렬된 것을 볼 수 있다.

급여 명세표

사원번호	사원명	호봉	직급	기본급	부양가족	수당	급여
A001	이희영	28	부장	1470800 ▲	4	197100	1667900
A012	서범석	14	부장	1260800 ▲	3	419100	1679900
A013	이현철	28	부장	1470800 ▲	3	197100	1667900
A002	정연수	29	상무	1690700 ◆	1	615200	2305900
A003	조은주	15	전무	1583400 ◆	1	265700	1849100
A004	조지환	16	사원	950100 ◆	1	209200	1159300
A005	최종남	29	주임	1238000 ▲	4	582500	1820500
A006	강희한	22	주임	1133000 ▲	3	238000	1371000
A007	최효근	21	사원	1025100 ◆	1	198000	1223100
A008	홍기준	23	과장	1284900 ◆	1	371900	1656800
A009	고연철	30	상무	1705700 ▲	4	252700	1958400
A010	김열수	28	과장	1359900 ◆	2	584300	1944200
A011	김한나	13	사원	905100 ▲	3	461800	1366900
A014	최연서	29	상무	1690700 ◆	1	615200	2305900
A015	김규태	15	전무	1583400 ◆	2	265700	1849100
A016	심지미	16	사원	950100 ◆	1	209200	1159300

레코드정렬_일반 | 레코드정렬_색및아이콘 | 자동필터 | 고급필터 | 부분합

TIP | 정렬 기준

- 셀 색을 기준으로 정렬하려면 셀 색을 선택
- 글꼴 색을 기준으로 정렬하려면 글꼴 색을 선택
- 아이콘 집합을 기준으로 정렬하려면 셀 아이콘을 선택

5-3 부분합

데이터베이스에서 특정 필드를 기준으로 함수를 선택하여 그룹별 계산하는 기능이며 부분합을 하기 위해서는 그룹화 하고자 하는 데이터를 정렬한다. 서점별 매출액의 합계를 구하는 부분합을 작성해보자.

① [부분합]워크시트의 '서점' 필드를 선택하여 [데이터]-[정렬 및 필터]-[오름차순]으로 정렬시킨다.

② [데이터] 탭-[윤곽선] 그룹-[부분합] 부분합 대화상자에서 그룹화 할 항목은 '서점', 사용할 함수는 '합계', 부분합 계산 항목은 '매출액'으로 지정하고 [확인]을 누른다.

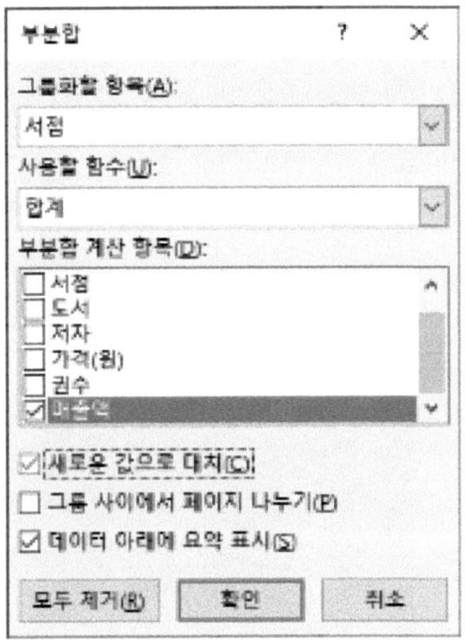

③ 서점별 매출액 합계가 요약되어 표시된다.

	A	B	C	D	E
1	[illegible]	서점	도서	[illegible]	[illegible]
3	2021-04-12	가나문고	Visual C++	이석호	25,000
4	2021-04-14	가나문고	홈페이지 디자인	김은주	30,000
5	2021-04-21	가나문고	Java 웹 프로그래밍	민근식	25,000
6	2021-04-23	가나문고	Java 웹 프로그래밍	민근식	30,000
7	2021-04-23	가나문고	Visual Basic Programming	김원미	20,000
8	2021-04-23	가나문고	Java 웹 프로그래밍	민근식	20,000
9	2021-04-27	가나문고	Visual Basic Programming	김원미	25,000
10	2021-04-29	가나문고	Java 웹 프로그래밍	민근식	25,000
11		가나문고 요약			
12	2021-02-16	다원서적	Java 웹 프로그래밍	민근식	25,000
13	2021-02-23	다원서적	홈페이지 디자인	김은주	25,000
14	2021-03-10	다원서적	JSP 전문가 가이드	홍길동	25,000
15	2021-03-21	다원서적	홈페이지 디자인	김은주	25,000
16	2021-03-21	다원서적	Java 웹 프로그래밍	민근식	20,000
17	2021-03-26	다원서적	JSP 전문가 가이드	홍길동	20,000
18	2021-04-12	다원서적	홈페이지 디자인	김은주	25,000
19	2021-04-15	다원서적	Java 웹 프로그래밍	민근식	25,000
20	2021-04-17	다원서적	JSP 전문가 가이드	홍길동	30,000
21	2021-04-22	다원서적	Visual Basic Programming	김원미	18,000
22	2021-04-23	다원서적	Visual Basic Programming	김원미	25,000
23	2021-04-28	다원서적	Java 웹 프로그래밍	민근식	18,000
24	2021-04-30	다원서적	Java 웹 프로그래밍	민근식	25,000
25		다원서적 요약			
26	2021-01-02	대길문고	Visual C++	이석호	25,000
27	2021-01-27	대길문고	Visual Basic Programming	김원미	20,000
28	2021-02-17	대길문고	Visual Basic Programming	김원미	20,000

④ 작업 시트의 왼쪽에는 문서 요약 버튼 (1 2 3)이 표시되므로 이 버튼들을 클릭하면 총 합계나 각 서점별 소계만 화면에 나타나도록 할 수 있다. 문서 요약 버튼 (2)을 클릭하여 각 서점별 합계만을 표시하여 볼 수 있다.

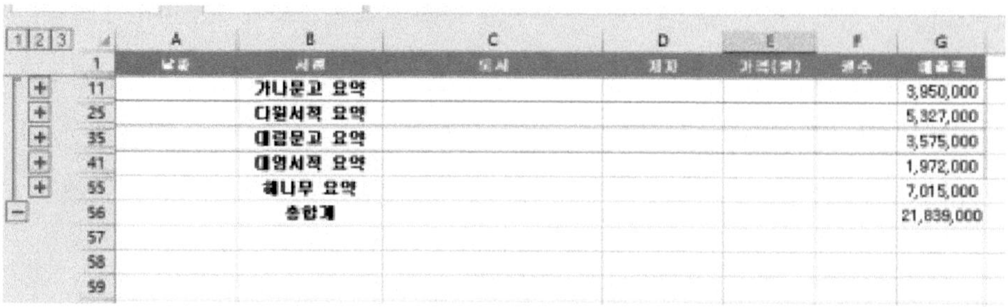

⑤ 부분합을 제거하려면 [데이터] 탭-[윤곽선] 그룹에서 부분합을 선택한 후 [부분합] 대화상자에서 [모두 제거(R)]를 누르면 부분합이 모두 제거된다.

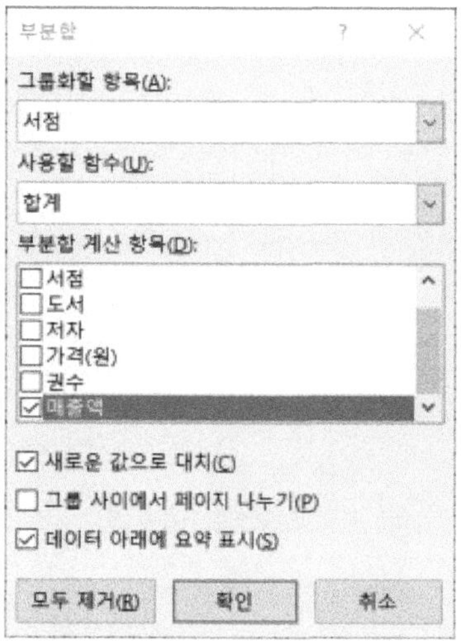

TIP | 부분합으로 합계와 평균을 구하는 방법

- 부분합 대화상자에서 새로운 값으로 대치값을 해제한 후 사용할 함수를 선택하여 부분합을 계산하면 여러 함수를 누적표시가 가능하다.

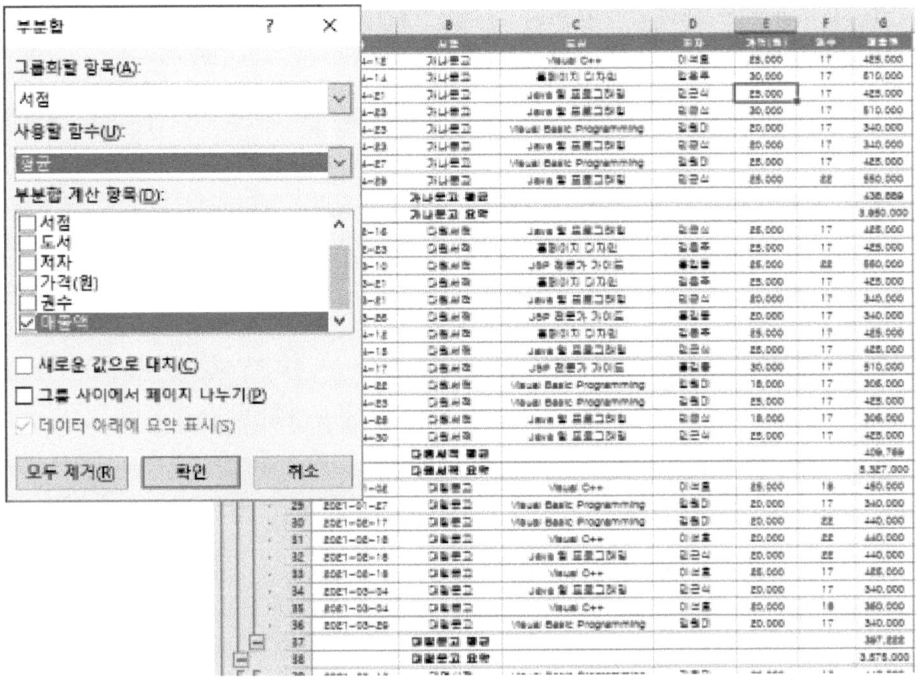

TIP | 부분합 대화상자

- 그룹화할 항목 : 반드시 정렬되어 있는 그룹화할 기준 항목
- 사용할 함수 : 그룹화할 항목의 부분 또는 전체 총계에 적용할 함수 사용
- 부분합 계산 항목 : 부분합을 지정할 항목 선택
- 새로운 값으로 대치 : 부분합이 계산된 항목을 새로운 값으로 대치할지 여부
- 그룹 사이에서 페이지 나누기 : 그룹화할 항목의 부분별 그룹과 그룹 사이 페이지 나누기
- 데이터 아래에 요약 표시 : 데이터 총계에 대한 요약 결과를 그룹 필드 아래에 요약 행으로 표시
- 모두 제거 : 자동 윤곽선과 부분합을 제거하고 원본 데이터 표시

5-4 유효성 검사

유효하지 않은 데이터가 입력되는 것을 사용자가 입력하지 못하도록 데이터 제한하는 기능이다. 목록에 미리 정의 되어 있는 항목으로 데이터 입력을 범위를 설정하거나 조건에 값이나 날짜, 시간제한, 그 외에 텍스트 문자의 수 제한 등으로 설정이 가능하다.

예제파일 : 유효성검사.xlsx / **완성파일** : 유효성검사(완성).xlsx

1 유효성 조건 제한 대상 설정

① [D4:D11]셀 영역의 수량 영역을 선택하고 [데이터] 탭–[데이터 도구] 그룹–[데이터 유효성 검사]를 선택한다.

② [데이터 유효성] 대화상자–[설정] 탭을 선택한다. 제한대상의 정수를 선택한 후 공백 무시 체크를 지우고 최소값 '1', 최대값 '100'을 입력한 후 [확인]을 누른다.

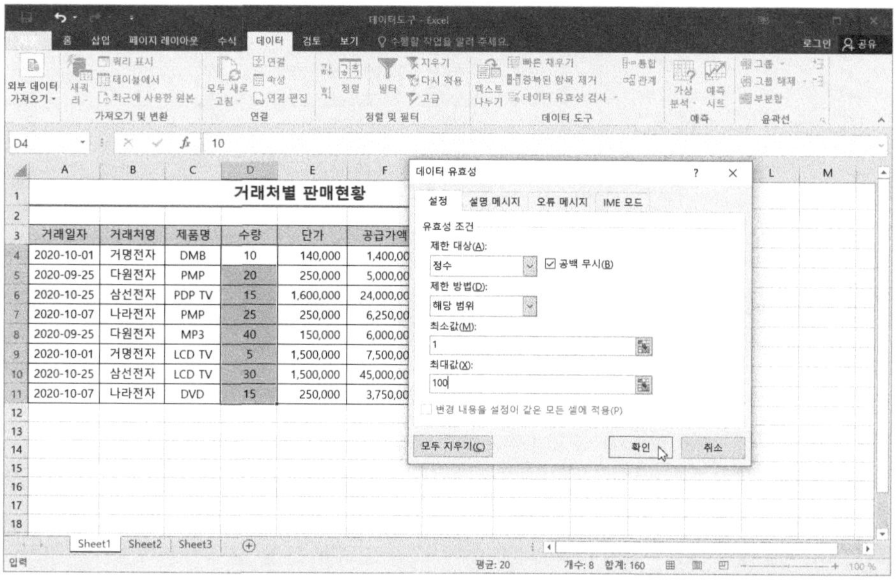

③ [C4:C11]셀 영역의 제품명 영역을 선택하고 [데이터] 탭–[데이터 도구] 그룹–[데이터 유효성 검사]를 선택한 후 제한대상 : 목록, 원본에 'DMB,DVD,PMP,PDP TV,MP3,LCD TV'을 입력한 후 [확인]을 누른다.

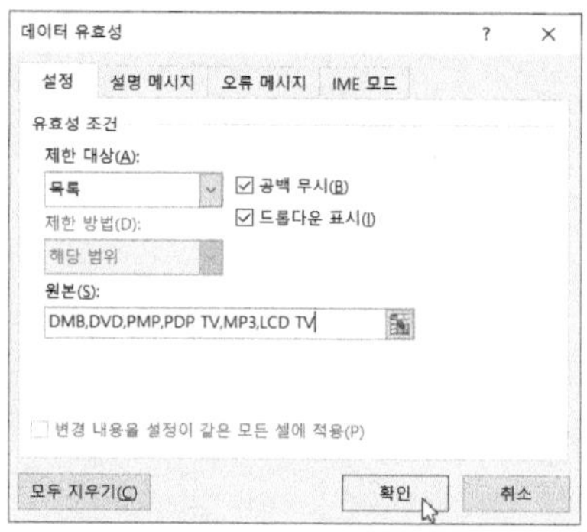

TIP |

- 공백 무시 : 빈 셀의 허용 여부를 선택할 수 있다.
- 드롭다운 표시 : 원본의 내용을 드롭다운 기능을 이용하여 입력할 수 있다.

④ 제한대상이 목록인 경우 드롭다운 기능을 이용하여 데이터를 쉽게 입력할 수 있다.

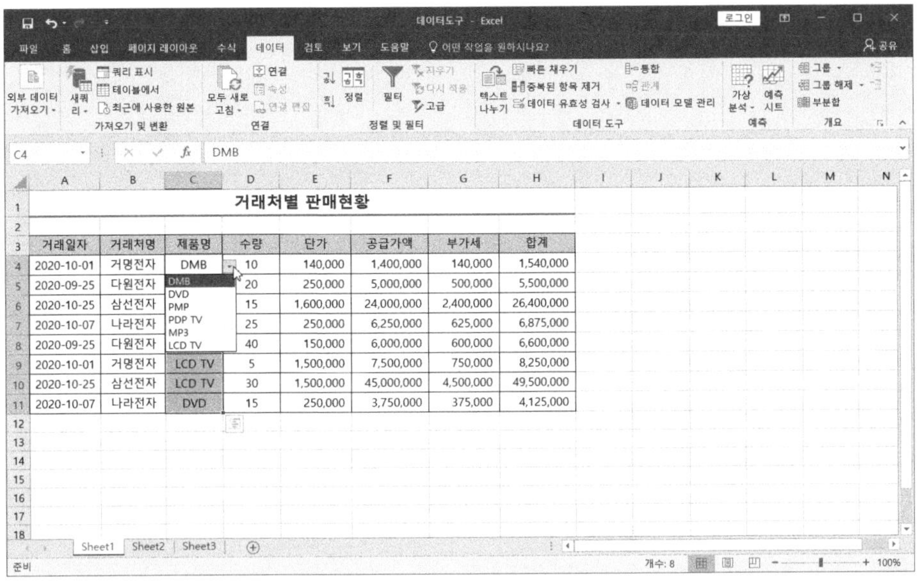

2 유효성 검사 설명 메시지

셀에 잘못된 데이터 입력을 방지하기 위해 설명 메시지가 표시되도록 선택할 수 있다. 설명 메시지는 셀 옆에 표시되며 다른 셀을 선택하거나 Esc를 누르기 전까지 계속 표시된다.

① [D4:D11]셀 영역의 수량 영역을 선택하고 [데이터] 탭-[데이터 도구] 그룹-[데이터 유효성 검사]를 선택한다. 데이터 유효성 대화상자의 설명 [메시지] 탭에 제목과 설명 메시지를 입력한 후 [확인]을 누른다.

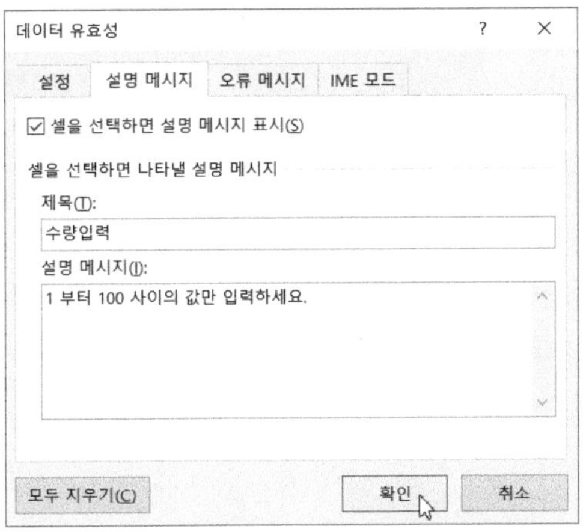

② 해당 셀 영역을 선택하면 설명 메시지가 표시되어 정확한 데이터를 입력할 수 있다.

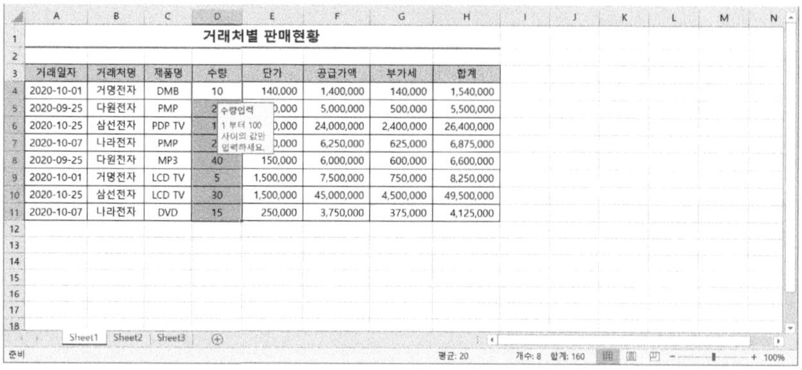

3 유효성 검사 오류 메시지

사용자가 잘못된 데이터를 입력한 경우에 나타나는 오류 메시지를 표시하도록 선택할 수 있다.

① [D4:D11]셀 영역의 수량 영역을 선택하고 [데이터] 탭–[데이터 도구] 그룹–[데이터 유효성 검사]를 선택한다. [데이터 유효성] 대화상자–[오류 메시지] 탭을 선택한 후 스타일, 제목, 오류 메시지를 입력한 후 [확인]을 누른다.

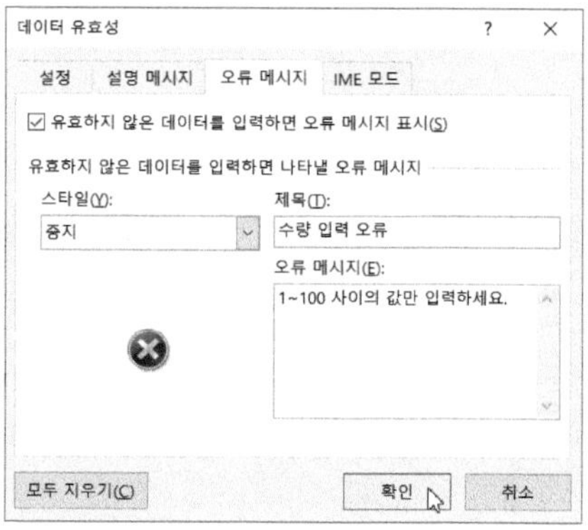

② [D4]셀의 수량을 '150'으로 수정하면 설정된 오류 메시지를 확인할 수 있다.

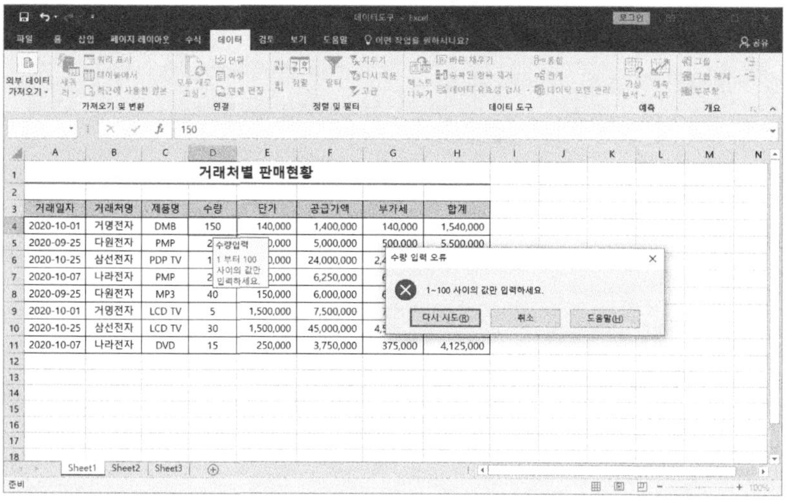

TIP | 오류 메시지 스타일

- 중지 : 잘못된 데이터는 입력할 수 없다.
  [다시 시도] – 편집 모드에서 새로운 데이터 입력
  [취소] – 입력한 데이터 취소

- 경고 : 잘못된 데이터가 입력된 경우 입력한 데이터가 유효하지 않다는 사실을 경고로 알려준다.
  [예] – 유효하지 않는 데이터 그대로 적용
  [아니요] – 편집 모드에서 새로운 데이터 입력
  [최소] – 입력한 데이터 취소

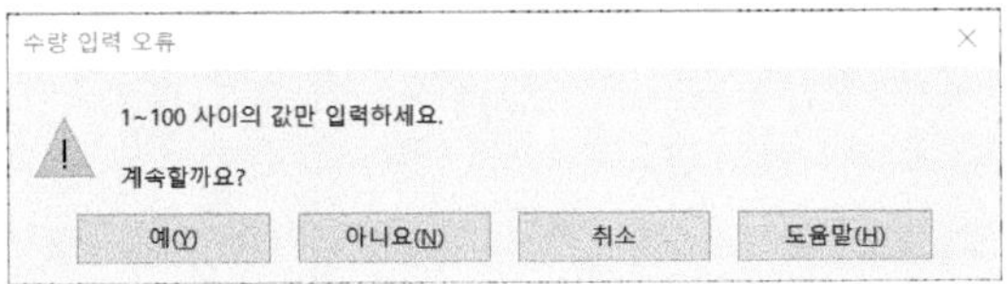

- 정보 : 잘못된 데이터가 입력된 경우 입력한 데이터가 유효하지 않다는 사실을 알려준다.
  [확인] – 유효하지 않은 데이터 그대로 적용
  [취소] – 입력한 데이터 취소

5-5 중복된 항목 제거

입력한 데이터에 중복된 데이터의 값을 제거할 수 있다.

예제파일 : 중복데이터제거.xlsx / **완성파일** : 중복데이터제거(완성).xlsx

① 데이터 범위에 셀 포인터를 이동한 후 [데이터] 탭-[데이터 도구] 그룹-[중복된 항목 제거]를 선택한다.

② 데이터 영역이 자동으로 선택되며 중복된 항목 제거 대화상자에서 '거래일자', '거래처명'만 체크한 후 [확인]을 누른다.

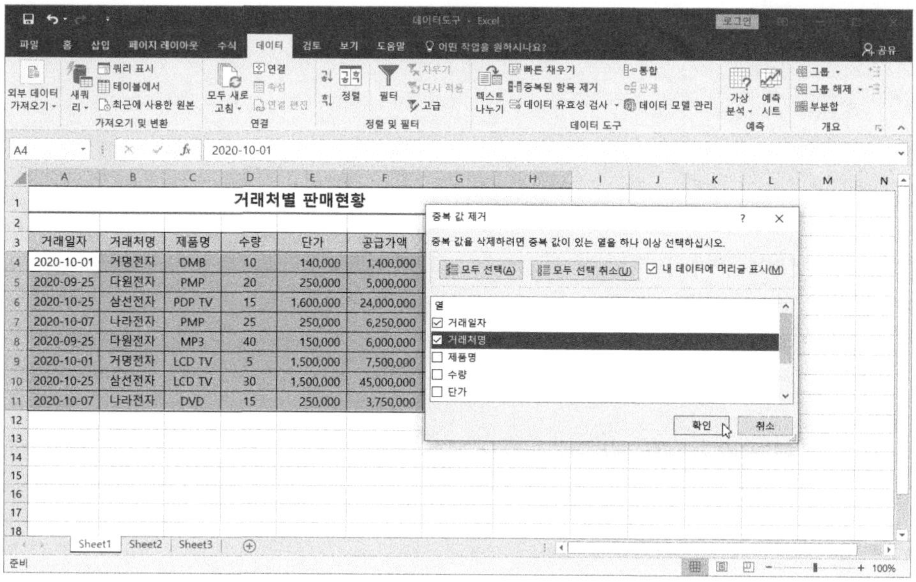

③ 선택된 필드의 중복된 값이 있을 경우 자동으로 제거되고 남은 데이터 개수를 표시하는 대화상자가 나오면 [확인]을 클릭한다.

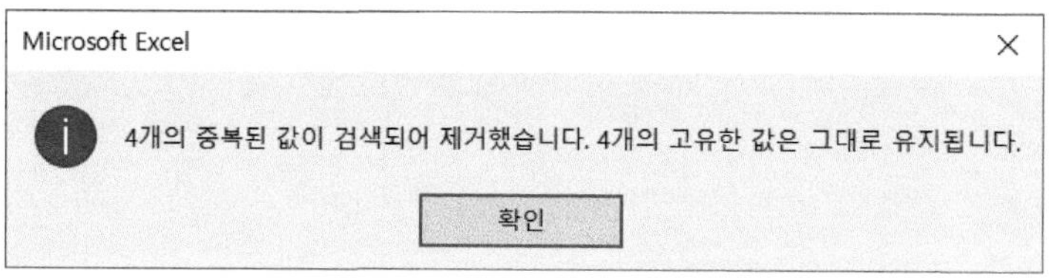

TIP | 삭제되는 데이터

선택한 열을 기준으로 중복된 데이터를 포함한 두 번째 행부터 삭제가 된다.

④ 거래일자, 거래처명을 기준으로 유일한 데이터만 존재한다.

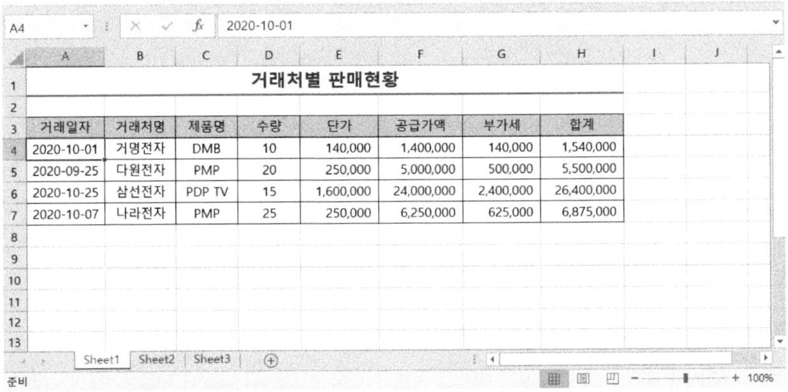

거래처별 판매현황

거래일자	거래처명	제품명	수량	단가	공급가액	부가세	합계
2020-10-01	거명전자	DMB	10	140,000	1,400,000	140,000	1,540,000
2020-09-25	다원전자	PMP	20	250,000	5,000,000	500,000	5,500,000
2020-10-25	삼선전자	PDP TV	15	1,600,000	24,000,000	2,400,000	26,400,000
2020-10-07	나라전자	PMP	25	250,000	6,250,000	625,000	6,875,000

연습문제 05-1

▶ 문제파일 : 연습문제16.xlsx / 정답파일 : 연습문제16(완성).xlsx

01 성별[D5:D13] 셀 범위에 남, 여 목록으로 만들고 '목록에서 성별을 선택하세요' 설명 메시지를 추가하시오.

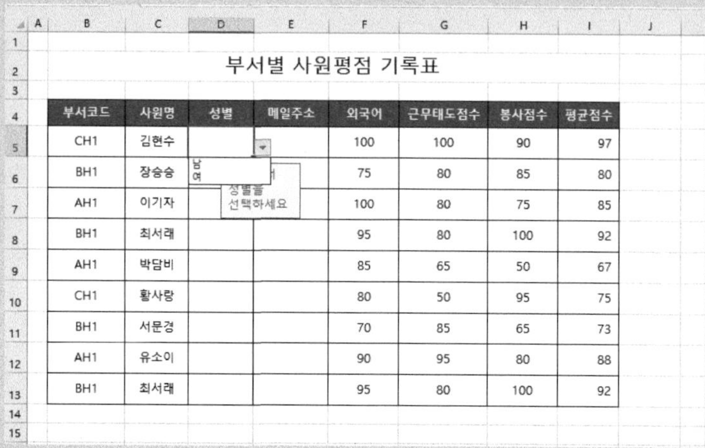

부서별 사원평점 기록표

부서코드	사원명	성별	메일주소	외국어	근무태도점수	봉사점수	평균점수
CH1	김현수			100	100	90	97
BH1	장승승			75	80	85	80
AH1	이기자			100	80	75	85
BH1	최서래			95	80	100	92
AH1	박담비			85	65	50	67
CH1	황사랑			80	50	95	75
BH1	서문경			70	85	65	73
AH1	유소이			90	95	80	88
BH1	최서래			95	80	100	92

02 외국어, 근무태도점수, 봉사점수, [F5:H13] 셀 영역에 0~100까지의 숫자만 입력되도록 범위를 제한하고 '입력오류' 제목과 메시지 '0~100사이의 값을 입력하세요'라는 오류 메시지를 표시하시오.

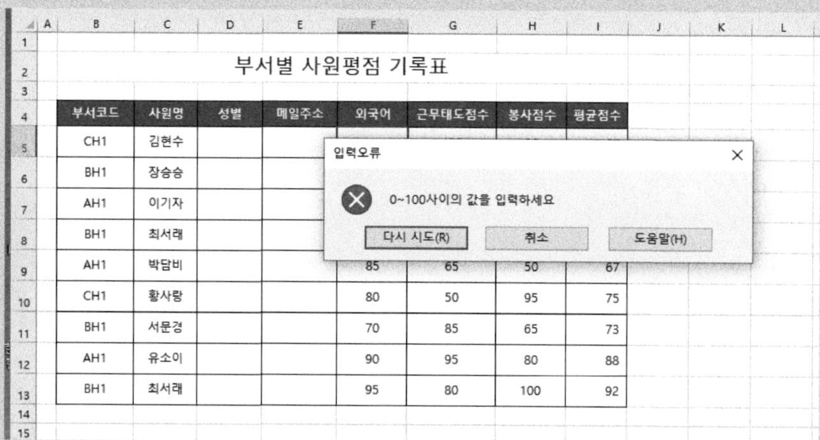

부서별 사원평점 기록표

부서코드	사원명	성별	메일주소	외국어	근무태도점수	봉사점수	평균점수
CH1	김현수						
BH1	장승승						
AH1	이기자						
BH1	최서래						
AH1	박담비			85	65	50	67
CH1	황사랑			80	50	95	75
BH1	서문경			70	85	65	73
AH1	유소이			90	95	80	88
BH1	최서래			95	80	100	92

03 메일주소열 [E4:E13]에 한영키를 누르지 않아도 영문으로 변경되도록 IME 모드로 변환하시오.

04 중복으로 입력된 데이터를 모두 제거하시오.

부서별 사원평점 기록표

부서코드	사원명	성별	메일주소	외국어	근무태도점수	봉사점수	평균점수
CH1	김현수			100	100	90	97
BH1	장승승			75	80	85	80
AH1	이기자			100	80	75	85
BH1	최서래			95	80	100	92
AH1	박담비			85	65	50	67
CH1	황사랑			80	50	95	75
BH1	최서래			95	80	100	92
BH1	서문경			70	85	65	73

05 평균점수별 내림차순으로 정렬하시오.

부서별 사원평점 기록표

부서코드	사원명	성별	메일주소	외국어	근무태도점수	봉사점수	평균점수
CH1	김현수			100	100	90	97
BH1	최서래			95	80	100	92
BH1	최서래			95	80	100	92
AH1	이기자			100	80	75	85
BH1	장승승			75	80	85	80
CH1	황사랑			80	50	95	75
BH1	서문경			70	85	65	73
AH1	박담비			85	65	50	67

CHAPTER 06

피벗 테이블 작성 및 관리

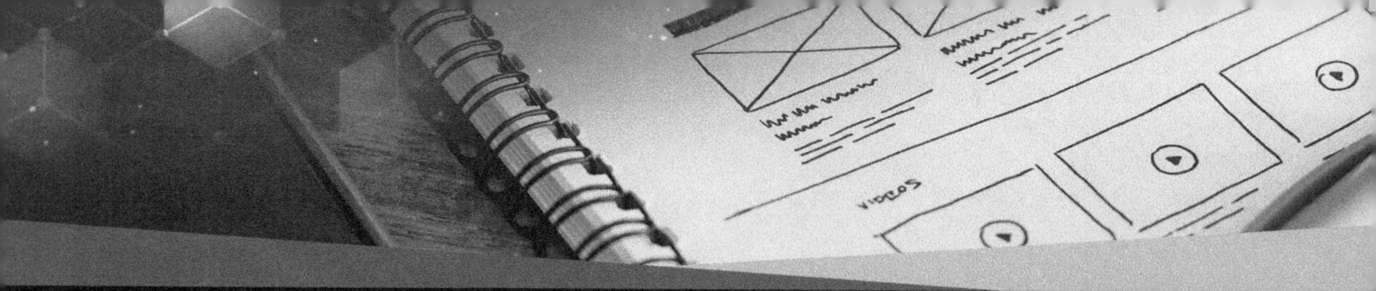

CHAPTER 06 | 피벗 테이블 작성 및 관리

학습목표

- 피벗 테이블에서 정렬, 부분합, 자동필터 기능 및 데이터베이스에 없는 추가 계산 필드를 사용하여 방대한 자료를 사용자가 원하는 형태로 구성할 수 있다.
- 슬라이서 기능을 이용하여 피벗테이블의 구조를 직관적이고 빠르게 요약할 수 있다.

예제파일 : 피벗 테이블.xlsx / **완성파일** : 피벗 테이블(완성).xlsx

6-1 피벗 테이블

피벗 테이블은 대량의 데이터 목록을 사용자가 원하는 레이아웃으로 데이터를 재배치시켜 요약하고 데이터의 나열 형태에 따라 집계나 분석을 할 수 있는 기능이다.

1 피벗테이블 작성

피벗테이블의 레이아웃은 보고서 필터, 열, 행, 값 영역으로 구성되며 이 레이아웃에 데이터베이스의 각 필드(열)를 자유롭게 재 배치하고 필요한 자료들만 추출하여 요약하고 분석할 수 있다.

① 피벗테이블 워크시트에서 데이터베이스 목록에 임의의 셀을 클릭한다.

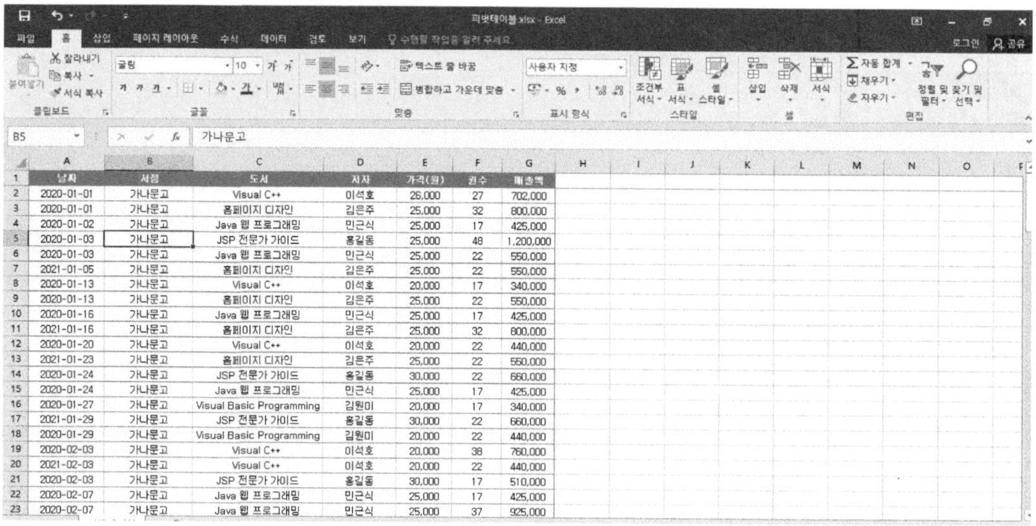

	A	B	C	D	E	F	G
1	날짜	서점	도서	저자	가격(원)	권수	매출액
2	2020-01-01	가나문고	Visual C++	이석호	26,000	27	702,000
3	2020-01-01	가나문고	홈페이지 디자인	김은주	25,000	32	800,000
4	2020-01-02	가나문고	Java 웹 프로그래밍	민근식	25,000	17	425,000
5	2020-01-03	가나문고	JSP 전문가 가이드	홍길동	25,000	48	1,200,000
6	2020-01-03	가나문고	Java 웹 프로그래밍	민근식	25,000	22	550,000
7	2021-01-05	가나문고	홈페이지 디자인	김은주	25,000	22	550,000
8	2020-01-13	가나문고	Visual C++	이석호	20,000	17	340,000
9	2020-01-13	가나문고	홈페이지 디자인	김은주	25,000	22	550,000
10	2020-01-16	가나문고	Java 웹 프로그래밍	민근식	25,000	17	425,000
11	2021-01-16	가나문고	홈페이지 디자인	김은주	25,000	32	800,000
12	2020-01-20	가나문고	Visual C++	이석호	20,000	22	440,000
13	2021-01-23	가나문고	홈페이지 디자인	김은주	25,000	22	550,000
14	2020-01-24	가나문고	JSP 전문가 가이드	홍길동	30,000	22	660,000
15	2020-01-24	가나문고	Java 웹 프로그래밍	민근식	25,000	17	425,000
16	2020-01-27	가나문고	Visual Basic Programming	김원미	20,000	17	340,000
17	2021-01-29	가나문고	JSP 전문가 가이드	홍길동	30,000	22	660,000
18	2020-01-29	가나문고	Visual Basic Programming	김원미	20,000	22	440,000
19	2020-02-03	가나문고	Visual C++	이석호	20,000	38	760,000
20	2021-02-03	가나문고	Visual C++	이석호	20,000	22	440,000
21	2020-02-03	가나문고	JSP 전문가 가이드	홍길동	30,000	17	510,000
22	2020-02-07	가나문고	Java 웹 프로그래밍	민근식	25,000	17	425,000
23	2020-02-07	가나문고	Java 웹 프로그래밍	민근식	25,000	37	925,000

② [삽입] 탭-[표] 그룹-[피벗 테이블] 명령을 클릭한다.

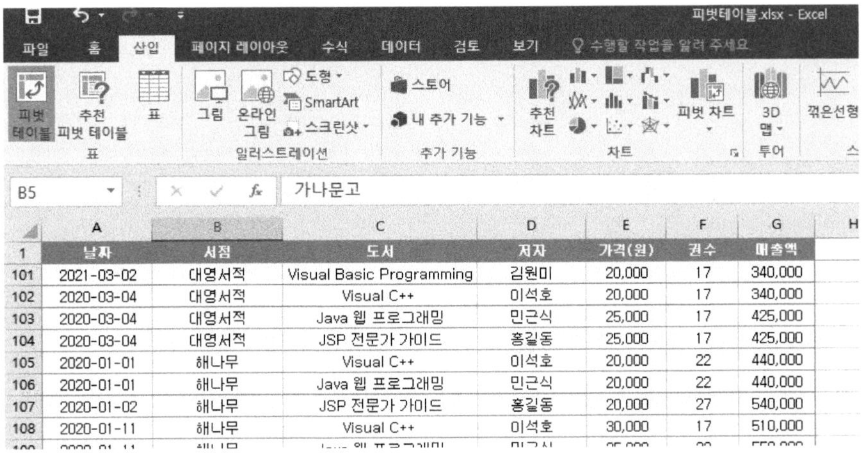

③ [피벗 테이블 만들기] 대화 상자에서 분석할 데이터를 '표 또는 범위 선택' 옵션의 [표/범위]에 데이터베이스 셀 범위가 자동으로 참조된다. 피벗 테이블 보고서를 넣을 위치를 '새 워크시트' 옵션으로 두고 [확인] 버튼을 클릭한다.

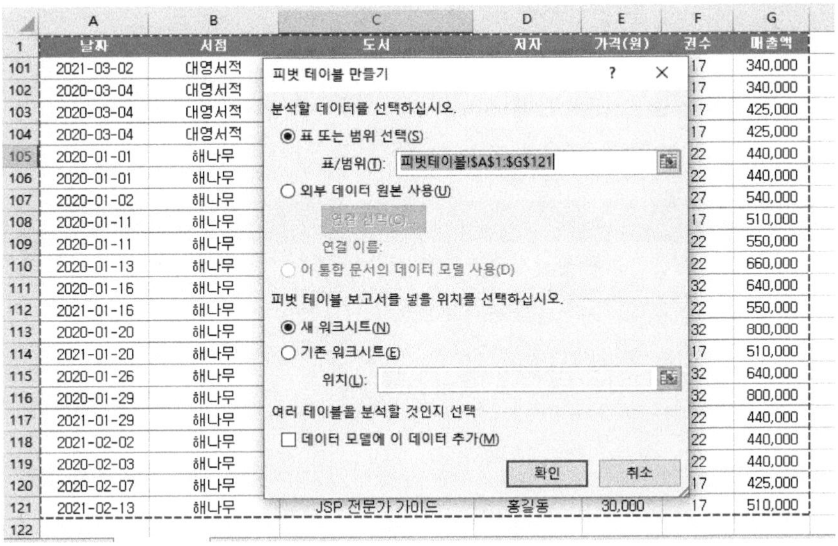

[피벗 테이블 만들기 옵션]

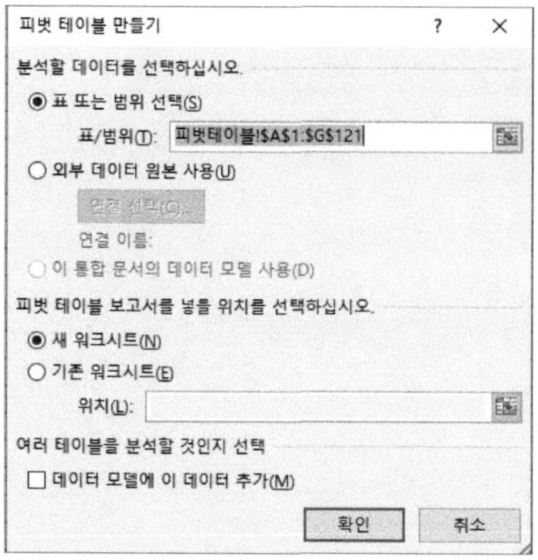

① 선택 항목 그룹화	열 레이블이나 행 레이블에서 드래그하거나 〈Ctrl〉 키를 눌러 여러 개의 항목을 동시에 선택한 후 그룹 선택을 하면 선택한 항목이 별도의 새 그룹으로 묶인다. 주로 텍스트를 그룹으로 묶을 때 사용한다.
② 그룹 해제	그룹을 해제합니다.
③ 필드 그룹화	특정 단위로 항목을 그룹으로 묶습니다.

④ 새로운 시트가 삽입되면 '보고서를 작성하려면 피벗 테이블 필드 목록에서 필드를 선택하십시오.'에 클릭하면 왼쪽에 피벗 테이블 필드 선택 목록 상자가 나타난다.

⑤ 새 워크시트에 피벗 테이블 레이아웃과 [피벗 테이블 필드 목록] 작업창이 나타난다. [보고서 추가 할 필드 선택]에서 '서점' 필드를 [보고서], '저자' 필드를 [열], '날짜' 필드를 [행], '매출액' 필드를 [∑ 값]으로 드래그 하여 피벗 테이블 레이아웃을 구성한다.

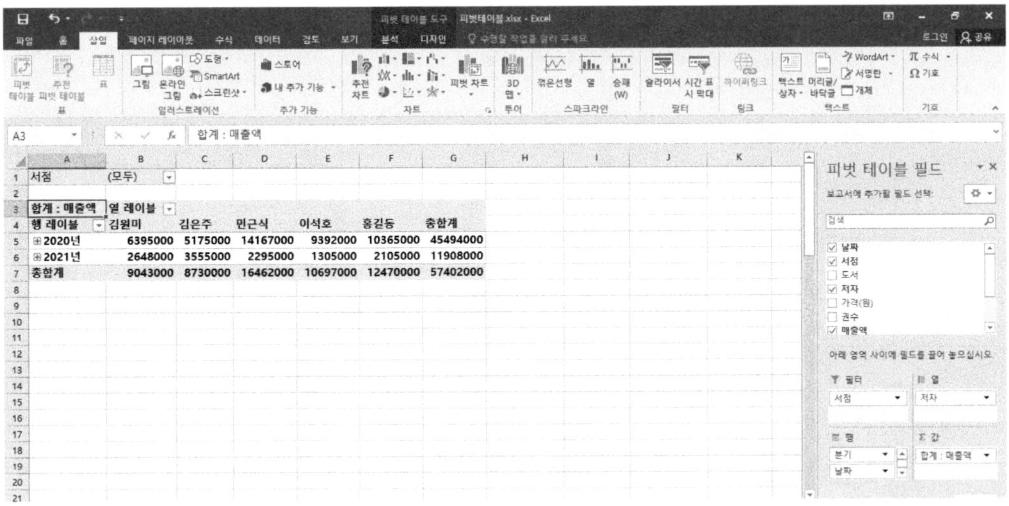

2 피벗 테이블 필드 및 옵션 수정

피벗 테이블 레이아웃을 구성하고 있는 필드를 다른 구역으로 이동하거나 정렬, 계산, 표시 형식등을 수정할 수 있다.

① [피벗옵션] 워크시트에서 피벗 테이블을 클릭한다

② [피벗 테이블 필드] 작업창에서 [행]의 '날짜' 필드를 클릭하면 목록 메뉴에 [필드제거]를 선택하거나 '날짜' 필드를 바깥쪽으로 드래그 하여 제거한다.

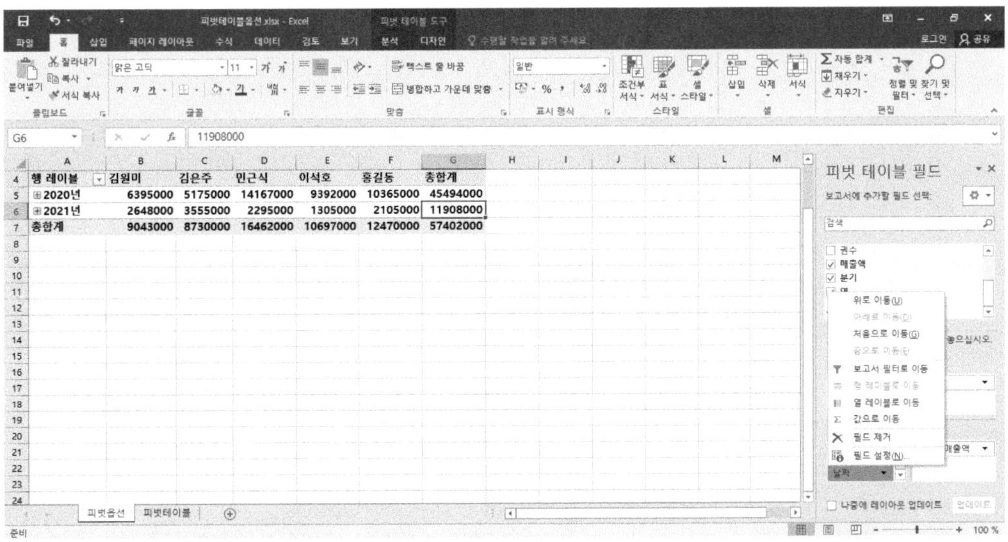

③ 날짜의 경우 자동으로 월별로 그룹화 되므로 날짜를 삭제했을 경우 '분기'와 '연'이 행 그룹에 남게 된다.

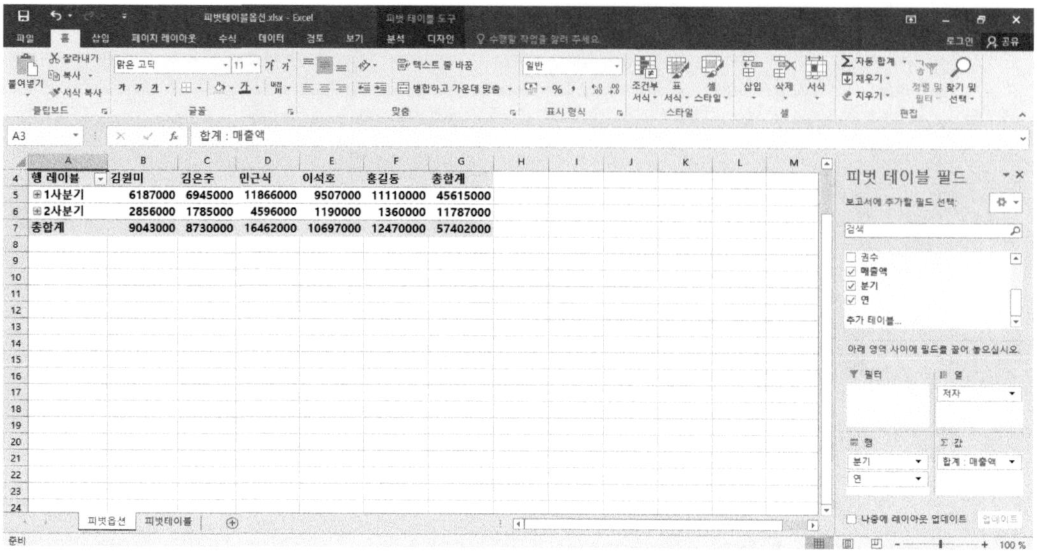

④ '분기'와 '연'을 삭제하기 위해 각 필드를 클릭하여 [필드제거]를 클릭하거나 보고서에 추가할 필드 선택 목록에서 분기와 연 선택을 해제한다.

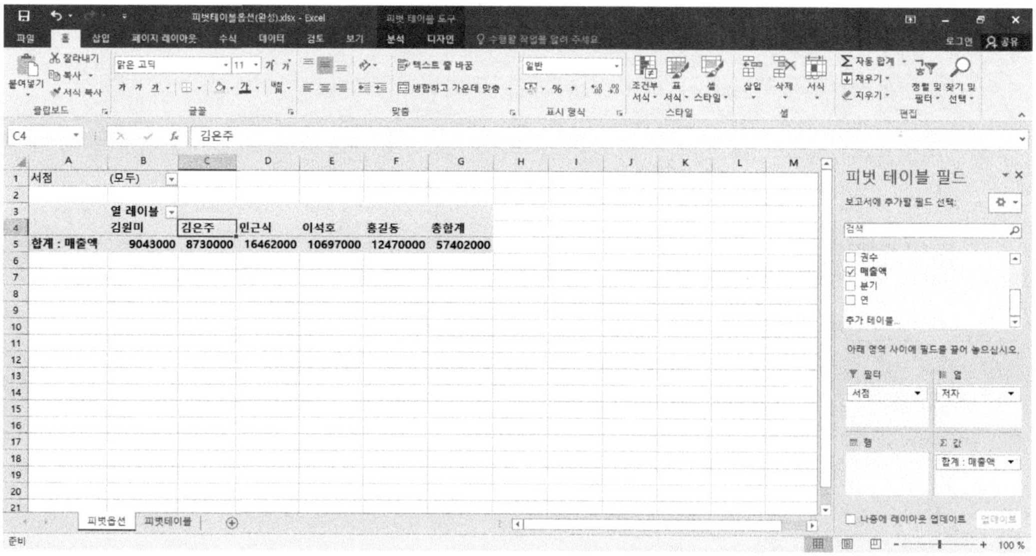

⑤ [행]구역을 변경하기 위해 [필터]에 '서점'을 클릭하여 [행 레이블로 이동] 하거나 '서점' 필드를 [행]으로 드래그 한다.

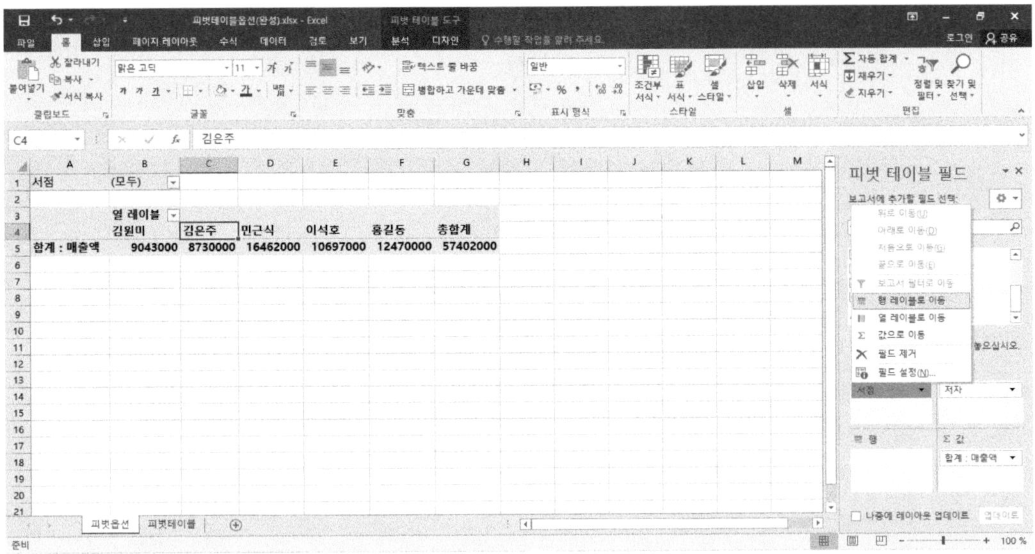

⑥ 저자별 서점에 따른 매출액 합계를 계산하는 피벗 테이블이 생성된다.

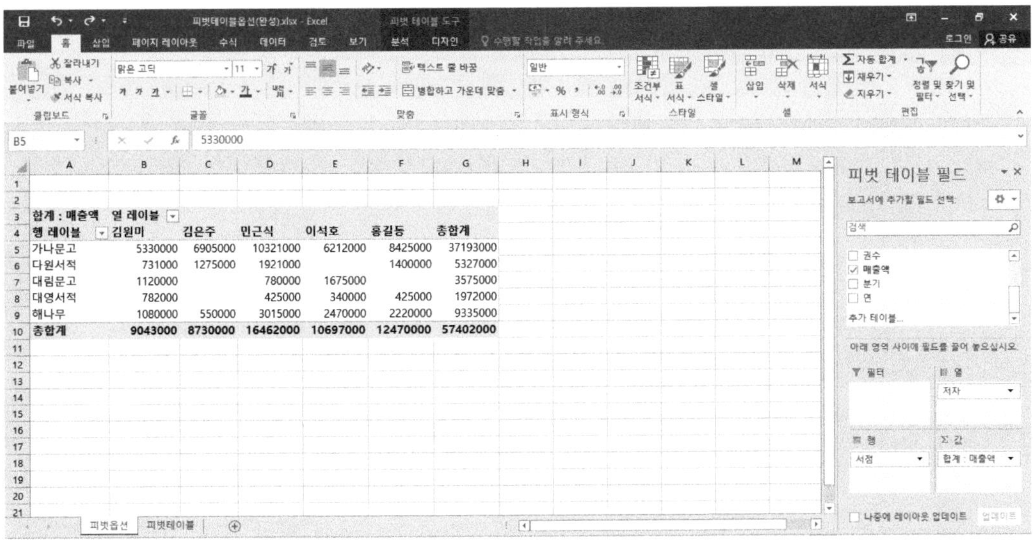

⑦ 피벗 테이블 표시된 값을 다른 함수로 변경하기 위하여 테이블 값에 클릭 하거나 데이터에 블록을 잡은 후 [Σ 값]에 '매출액' 필드를 클릭하여 [값 필드 설정(N)..]을 클릭한다.

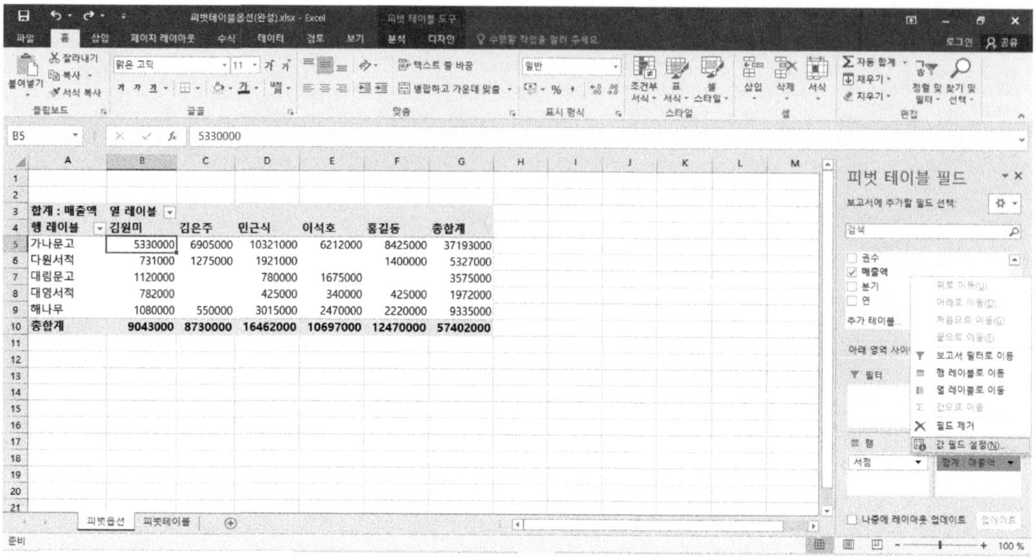

⑧ [값 필드 설정] 대화상자에서 [선택한 필드의 데이터 목록]에 [평균]을 선택 후 [확인] 버튼을 클릭한다.

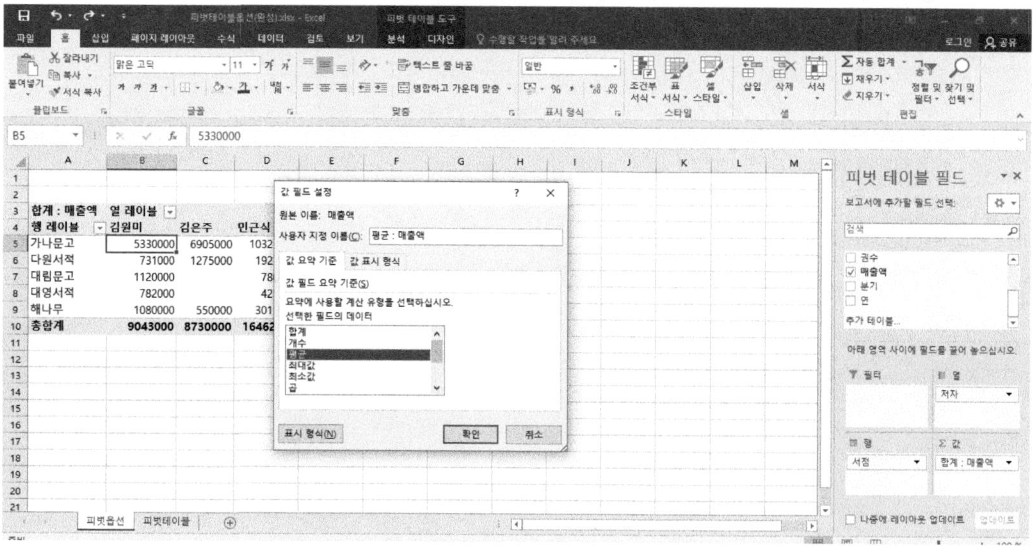

⑨ 표시 형식 변경을 위해 테이블 값에 클릭 하거나 데이터에 블록을 잡은 후 [Σ 값]에 '매출액' 필드를 클릭하여 [값 필드 설정(N)..]을 클릭한 후 [표시 형식(N)] 버튼을 클릭한다.

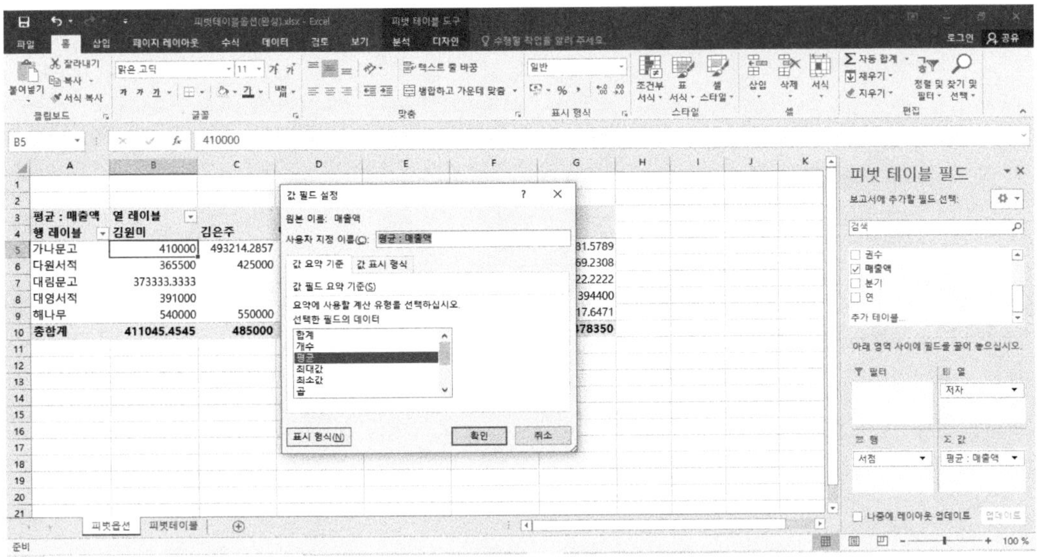

⑩ [셀 서식] 대화상자에 [표시형식] 카테고리에 [숫자] 선택 [□ 천 단위 구분기호 사용]를 체크하고 [확인] 버튼을 클릭한다.

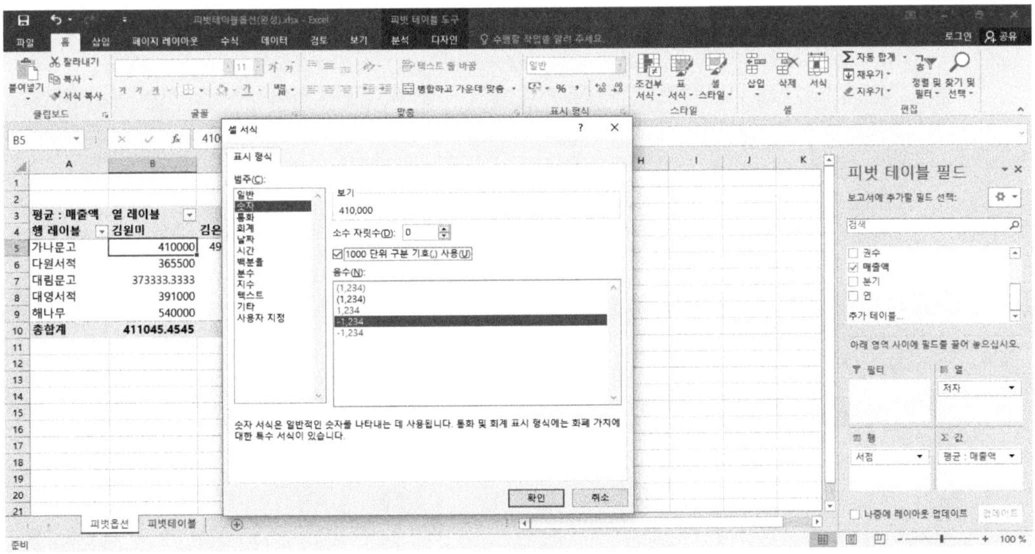

⑪ 데이터 값에 '천 단위 표시형식'이 적용이 된다.

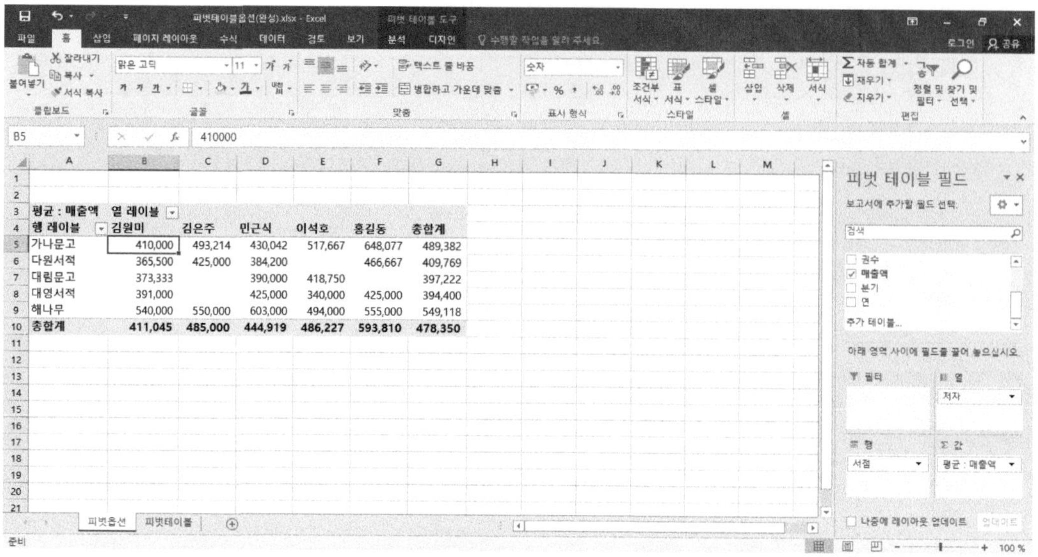

3 피벗테이블 디자인

다양한 디자인을 시뮬레이션을 통해 원하는 표 디자인을 선택할 수 있다.

① 피벗 테이블을 클릭한 후 피벗 테이블 도구 [디자인]탭에 [피벗 테이블 스타일]그룹에 '피벗 스타일 어둡게 6'을 클릭한다.

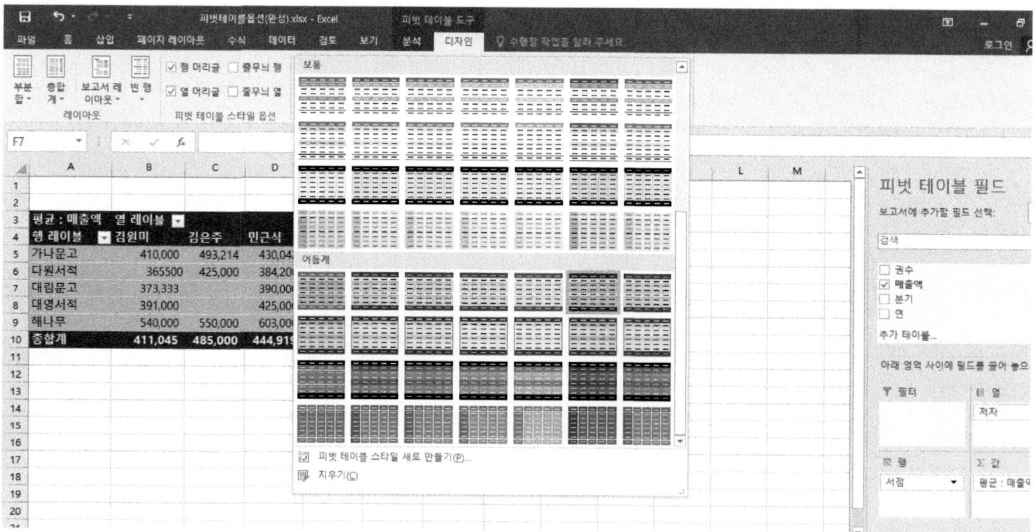

6-2 슬라이서 삽입

슬라이서 창에 필터할 항목이 목록으로 표시되어 한 번에 클릭으로 피벗 테이블 데이터를 필터링하여 사용자가 더 쉽게 필터링할 수 있게 해주는 기능이다.

① 피벗 테이블에 임의의 셀을 클릭한다.

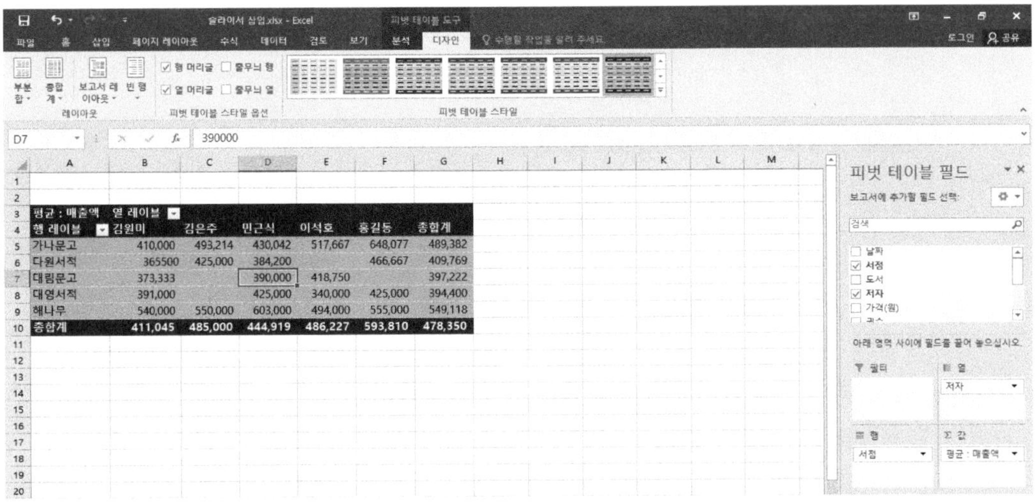

② [피벗 테이블 도구]-[분석]탭-[필터]그룹-[슬라이서 삽입] 명령을 클릭한다.

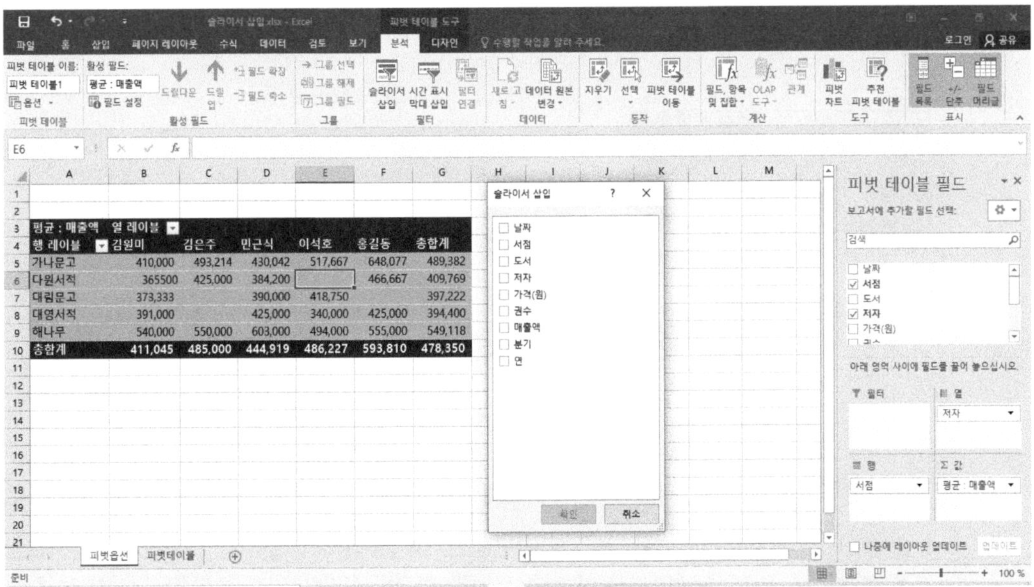

③ [슬라이서 삽입] 창에 데이터베이스의 모든 필드가 표시된다. 목록 중 '도서', '저자' 확인란을 선택하고 [확인] 단추를 클릭한다.

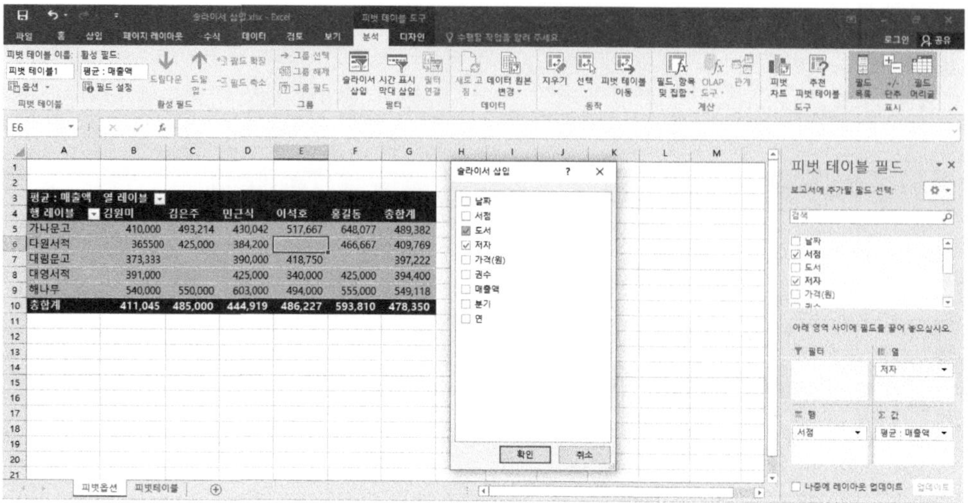

④ [도서] 슬라이서 창과 [저자] 슬라이서 창이 나타난다. 원하는 항목을 선택할 수 있으며 여러 개를 선택하고자 할 때 []를 선택하고 [저자] 슬라이서에 '김원미', '김은주', '홍길동'만 선택해서 데이터를 필터링해서 볼 수 있다.

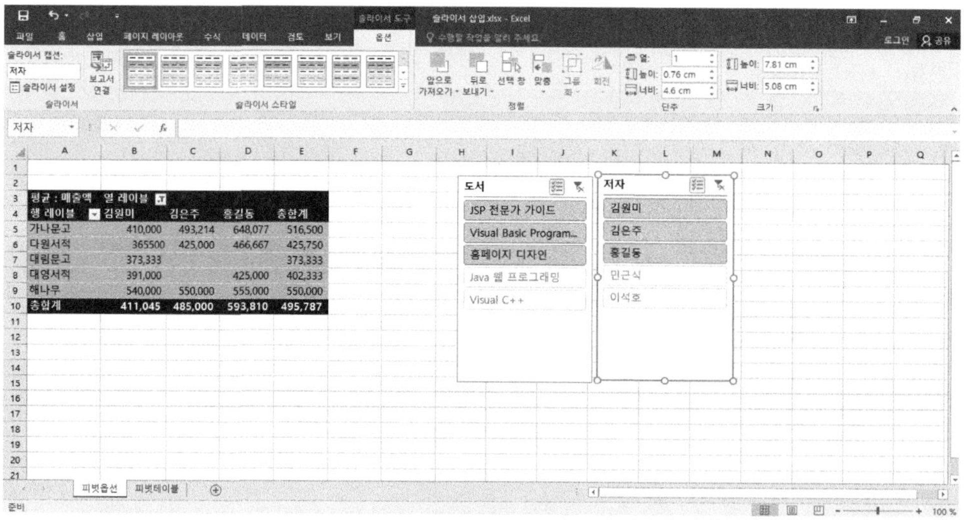

TIP | 슬라이서 및 시간 막대 표시 창 이동 및 닫기

- 슬라이서 창을 선택하고 [슬라이서 도구]–[옵션] 탭–[슬라이서 스타일] 그룹에서 슬라이서 스타일을 선택할 수 있다. 슬라이서 창의 단추 크기를 변경하려면 [슬라이서 도구]–[옵션] 탭–[크기] 그룹에서 [높이]와 [너비]에서 값을 입력하거나 테두리의 크기 조정 핸들을 드래그해서 조정한다.
- 슬라이서 및 시간 막대 표시 창을 닫으려면 창을 클릭하여 선택한 후 Delete 키를 누른다.

연습문제
06-1

문제파일 : 연습문제17.xlsx / 정답파일 : 연습문제17(완성).xlsx

01 [회원관리] 시트에 있는 데이터를 사용하여 회사필드를 [필터]로 성별필드를 [열], 직급필드를 [행], 거래금액을 [Σ 값]인 피벗 테이블을 새로운 워크시트에 삽입하시오

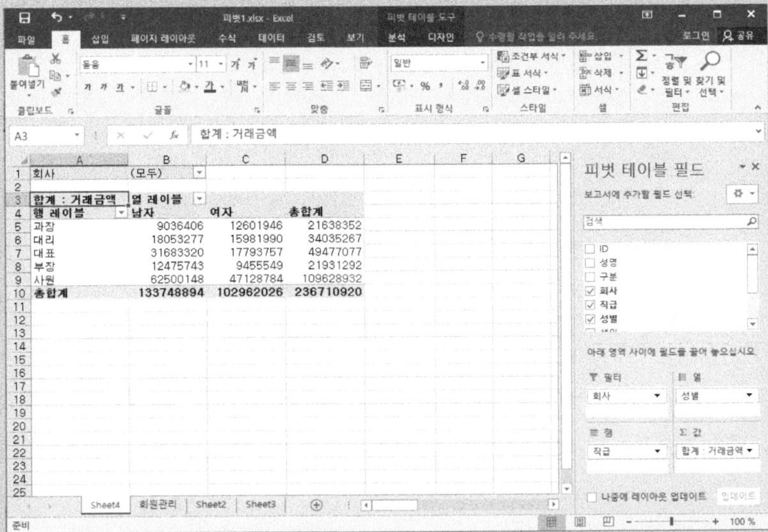

02 작성된 피벗테이블에 거래금액을 평균으로 수정하고 천단위 구분기호로 표시되도록 수정하시오.

03 '피벗 테이블 스타일 어둡게 14'을 적용하세요.

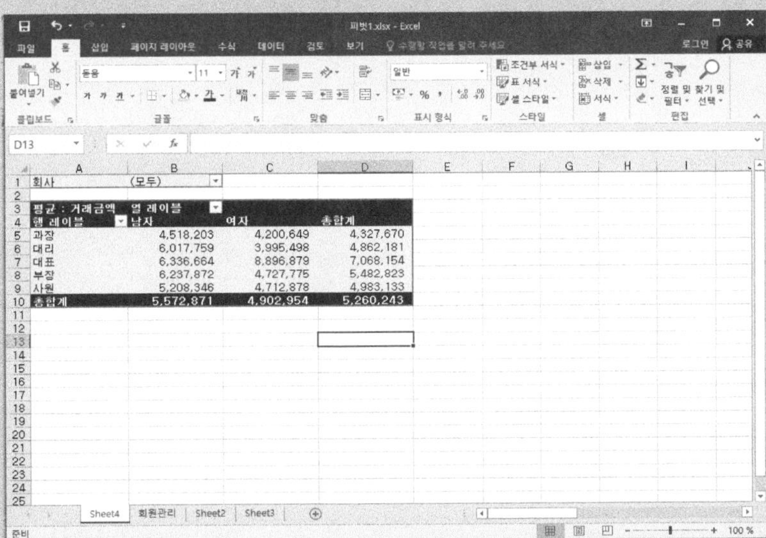

CHAPTER 07

차트활용

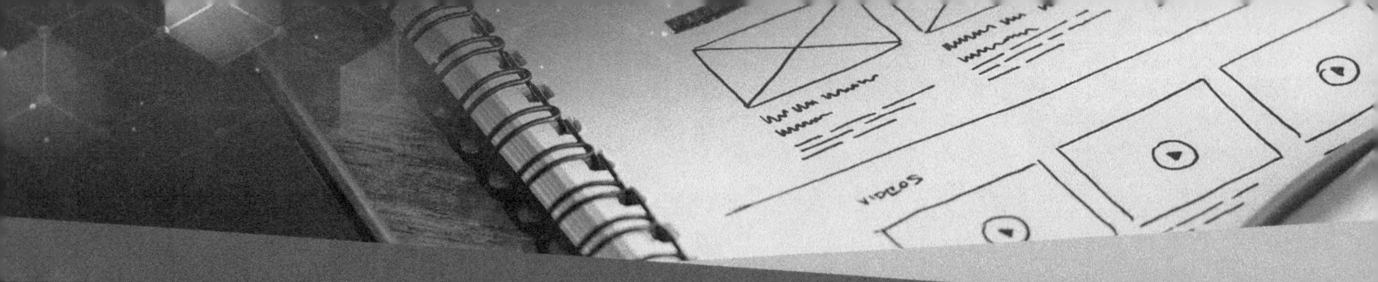

CHAPTER 07 | 차트활용

학습목표

- 차트는 일반 텍스트나 표에 비해 데이터들을 한눈에 시각적으로 보여 주기 때문에 누구라도 쉽게 내용을 파악할 수 있다.
- 차트 레이아웃 및 차트 스타일만 선택하면 전문적인 형식으로 차트를 즉시 만들 수 있다.
- 차트를 삽입한 후 차트 종류 및 행/열 전환, 데이터 범위를 수정할 수 있다.

예제파일 : 차트.xlsx / 완성파일 : 차트(완성).xlsx

7-1 차트

[차트] 그룹에서 세로막대형, 가로막대형, 꺾은선형, 영역형, 분산형 차트들 중 원하는 차트를 선택하거나 [차트 그룹] 에서 표시 단추( )를 클릭하여 [차트 삽입] 대화상자를 열면 엑셀에서 제공하는 모든 종류의 차트를 한눈에 보면서 작업할 수 있다. '2020년 부문별 영업이익'에서 사업 부문별 영업이익을 세로막대로 나타내고 2사분기 제품의 영업이익을 3차원 효과의 원형 차트로 만들어 보도록 한다.

1 차트삽입

① 먼저 차트를 만들기 위해 [세로막대형] 시트에서 [A3:E8]셀 영역을 지정한다.

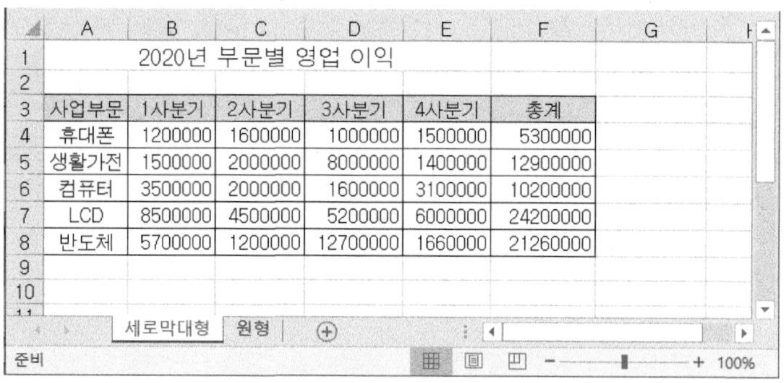

2020년 부문별 영업 이익

사업부문	1사분기	2사분기	3사분기	4사분기	총계
휴대폰	1200000	1600000	1000000	1500000	5300000
생활가전	1500000	2000000	8000000	1400000	12900000
컴퓨터	3500000	2000000	1600000	3100000	10200000
LCD	8500000	4500000	5200000	6000000	24200000
반도체	5700000	1200000	12700000	1660000	21260000

② 리본 메뉴의 [삽입] 탭-[차트] 그룹에 있는 [세로막대형]-[2차원 세로막대형]-[묶은 세로막대형] 명령을 선택한다.

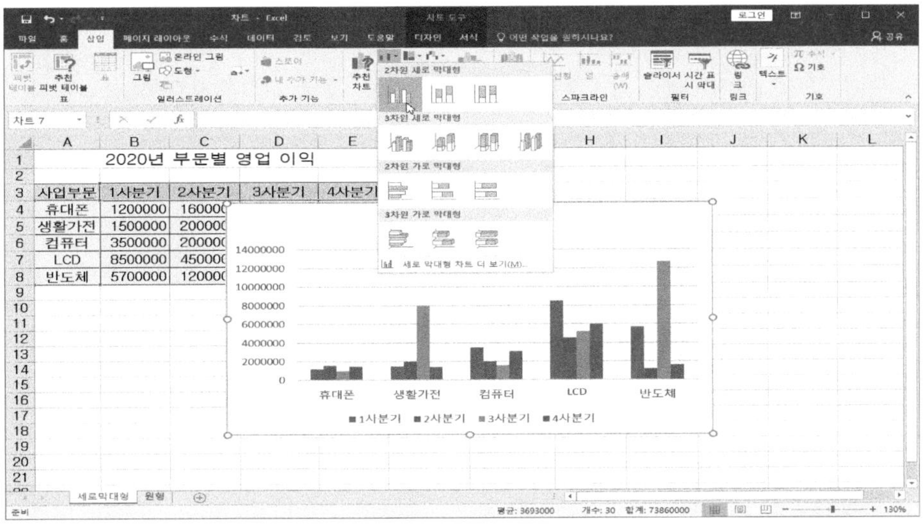

③ 아래와 같이 묶은 세로막대형 차트가 삽입된다.

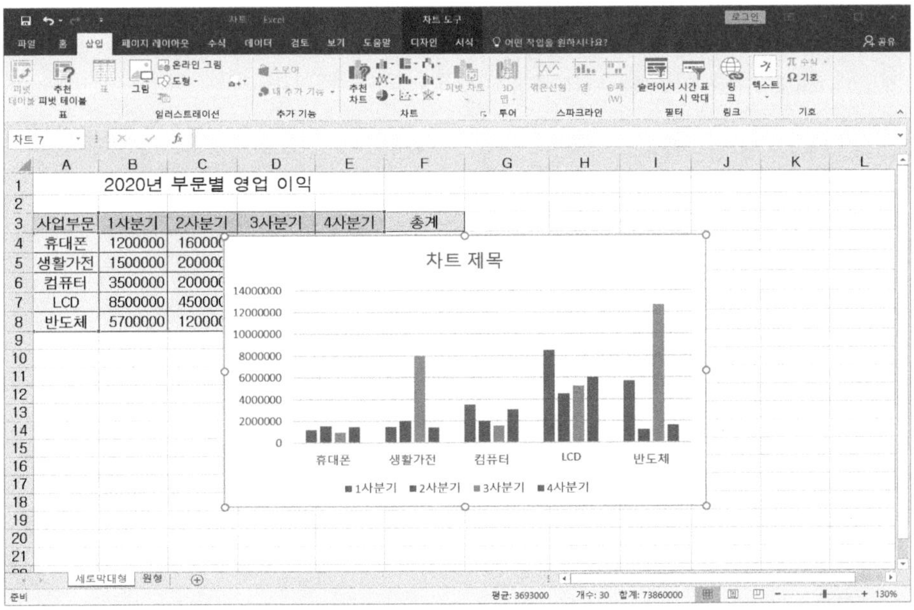

2 차트 삭제

삭제하려는 차트의 차트 영역을 선택한 후 Delete를 누르면 된다.

3 차트 종류 변경

① [원형] 워크시트를 클릭하고 차트를 클릭한 후 [디자인]탭 – 종류 그룹에 [차트 종류 변경]을 클릭한다.

② ‘차트 종류 변경’ 레이아웃에서 [가로 막대형] 중 오른쪽 두 번째 차트를 클릭한다.

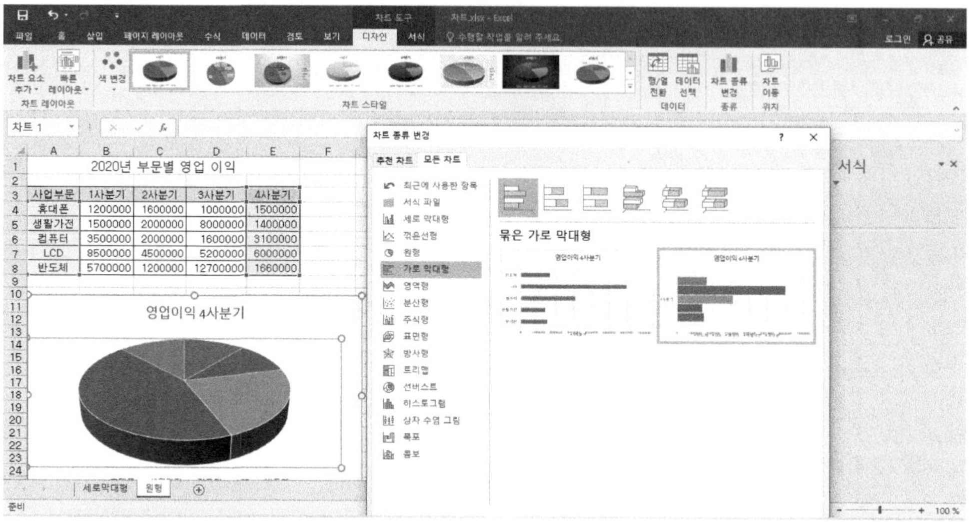

③ 원형차트가 새로 가로 막대형으로 변경되었다.

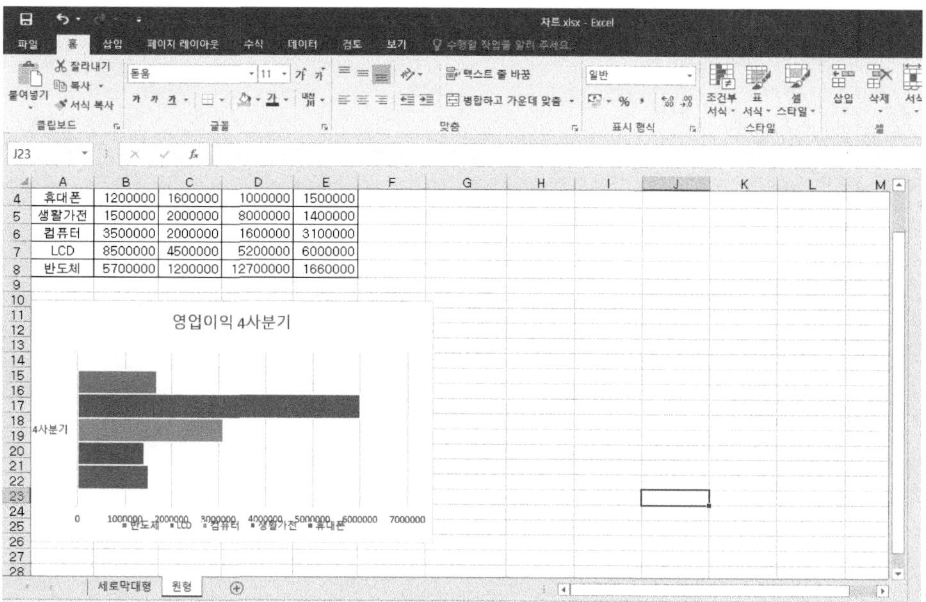

4 행/열 전환

차트의 원본 데이터 범위를 편집해서 필요한 계열이나 항목을 추가하거나 제거할 수 있고 선택된 데이터의 계열 방향인 행과 열을 바꿀 수 있다.

① [세로막대형] 시트에서 만들어진 차트를 선택한 후 [차트 도구]의 [디자인] 탭-[데이터] 그룹에서 [행/열 전환] 명령을 선택한다.

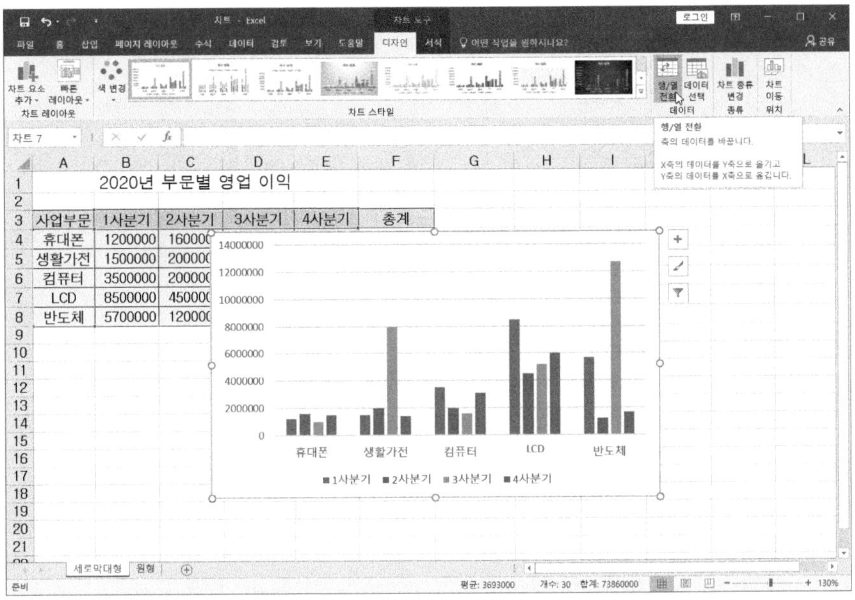

② 아래와 같이 데이터 계열의 방향이 바뀐 것을 볼 수 있다.

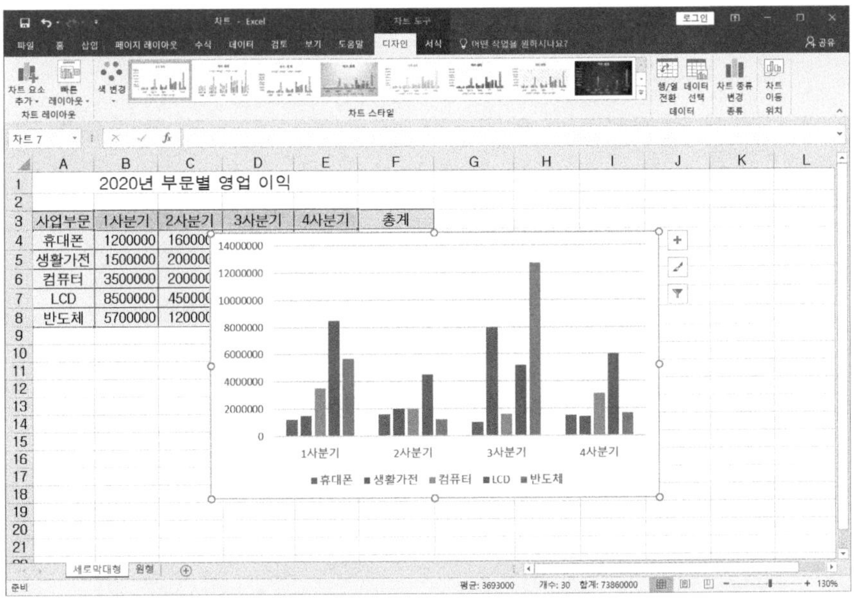

5 데이터 범위 수정

차트의 데이터 범위를 수정하기 위해서는 정황 탭인 [차트 도구]-[디자인] 탭-[데이터] 그룹의 [데이터 선택] 명령을 선택하거나 [세로막대형] 시트의 차트 영역에 마우스 오른쪽 단추를 누르고 [데이터 선택] 명령을 선택하여 데이터 원본 대화상자에서 수정을 한다.

① [세로막대형] 시트에서 다음과 같이 [SUM] 함수를 이용해서 분기별 영업이익 총계를 구한다.

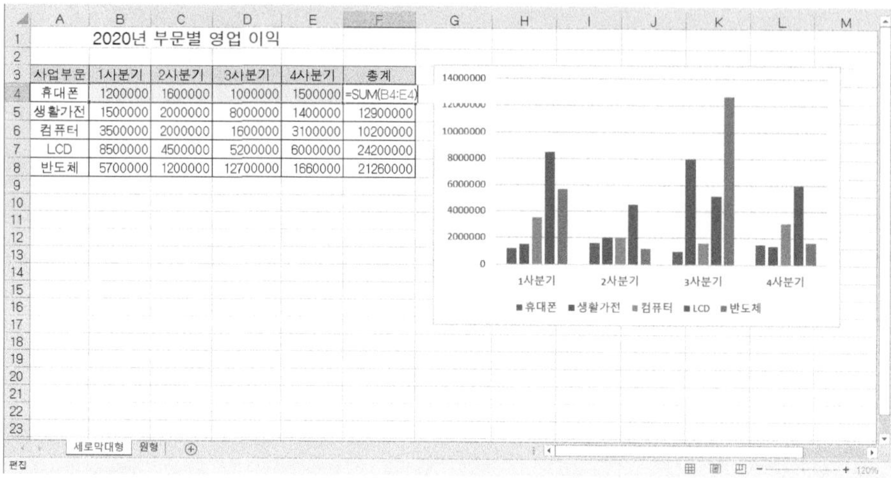

② 총계 데이터 항목을 차트에 추가하기 위해 먼저 [차트 도구]-[디자인] 탭-[데이터] 그룹의 [데이터 선택] 명령을 선택하거나 [세로막대형] 시트의 차트 영역에 마우스 오른쪽 단추를 누르고 [데이터 선택] 명령을 선택한다.

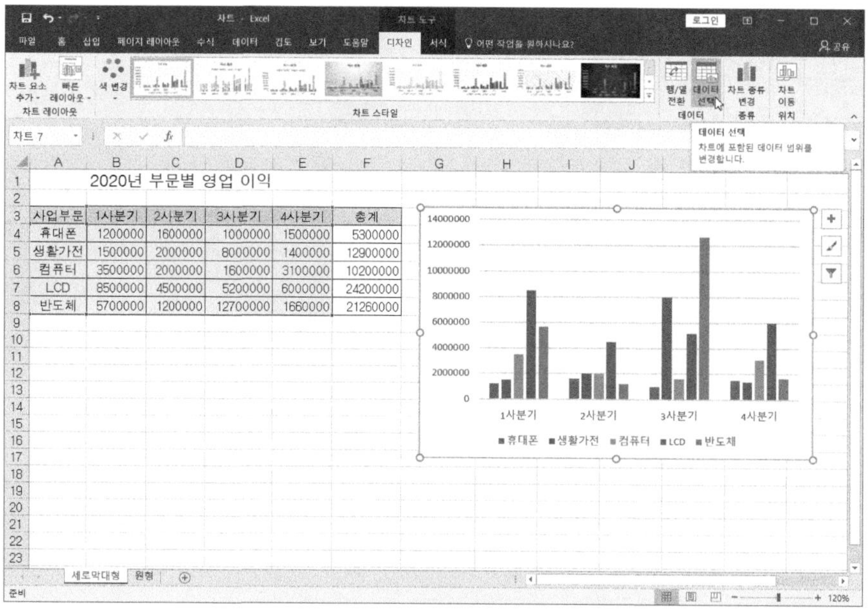

③ [데이터 원본 선택] 대화상자가 나타나면 [차트 데이터 범위]에서 참조 대상을 지운 후 워크시트에서 총계 항목을 포함한 새로운 데이터 범위를 지정해 주어야 한다.

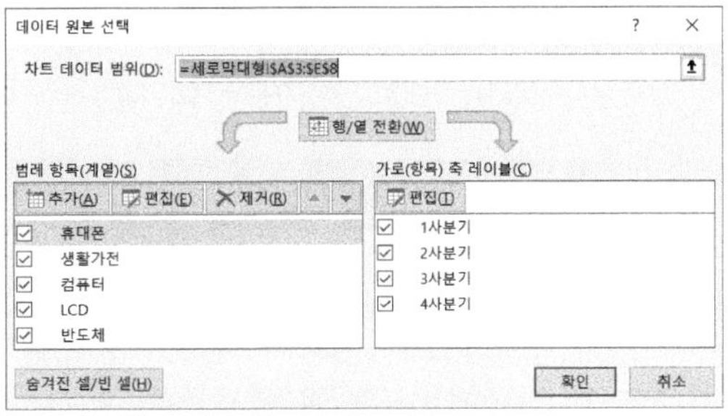

④ 다음과 같이 [데이터 원본 선택] 대화상자에서 차트 데이터 범위를 지정한다.

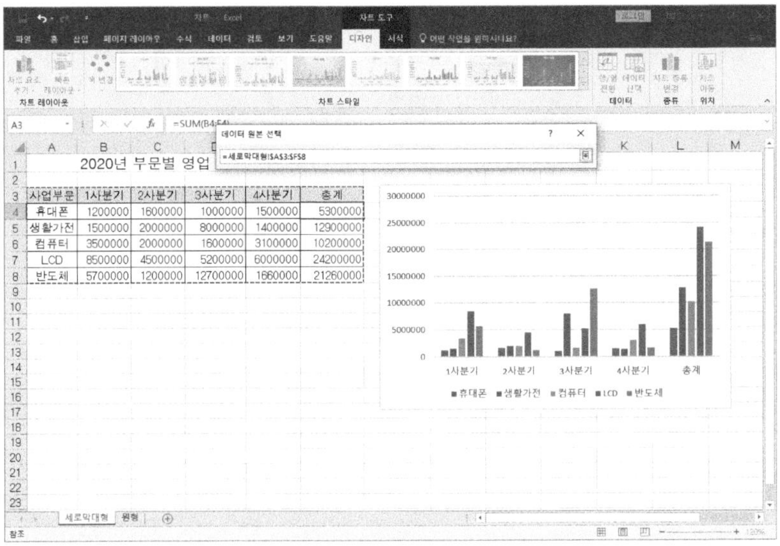

⑤ 총계 항목이 포함된 변경된 데이터 범위가 차트에 적용되었다.

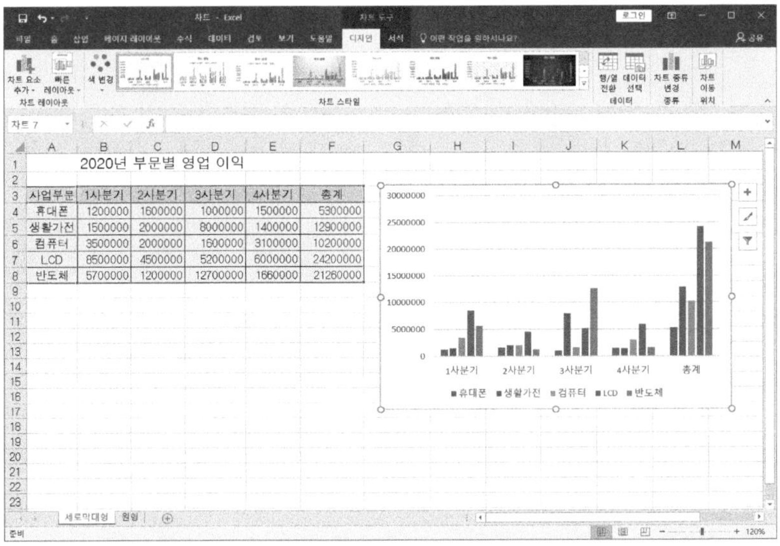

⑥ 총계 항목을 차트의 데이터 계열에서 제거하려면 다음과 같이 마우스를 이용하여 셀을 4사분기까지 드래그 하여 선택 범위를 줄이면 차트에서 총계 데이터 계열이 삭제된다.

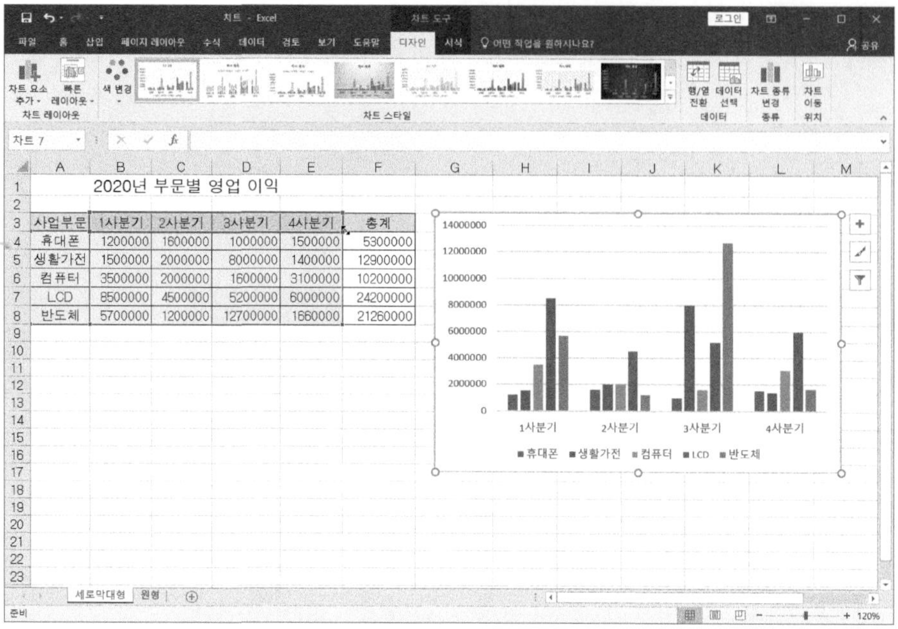

문제파일 : 연습문제18.xlsx / 정답파일 : 연습문제18(완성).xlsx

01 [학력별 인원분석] 시트에 있는 데이터를 이용하여 '표식이 있는 꺾은 선형' 차트를 만들고, 차트 제목은 학력별 인원분석, 빠른 레이아웃을 '레이아웃 3'으로 변경하고 차트 데이터의 행과 열을 전환하시오.

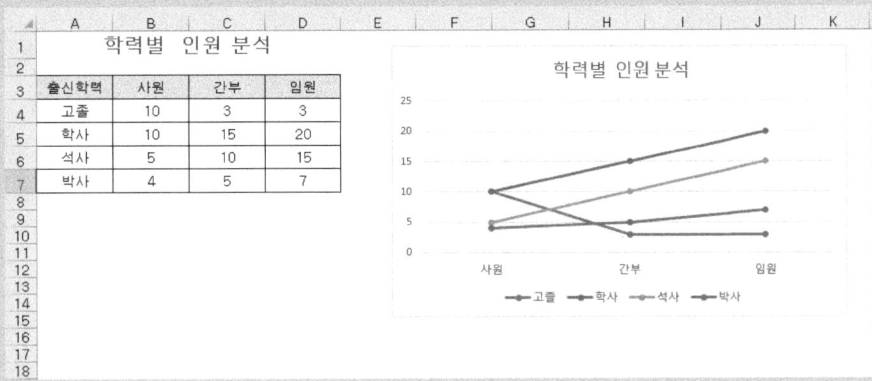

출신학력	사원	간부	임원
고졸	10	3	3
학사	10	15	20
석사	5	10	15
박사	4	5	7

02 [연령별 휴대폰 판매량] 시트에 있는 데이터를 이용하여 모토사의 연령대별 휴대폰 판매량을 3차원 원형 차트로 만들고 차트 스타일을 '스타일 10'으로 변경하시오.

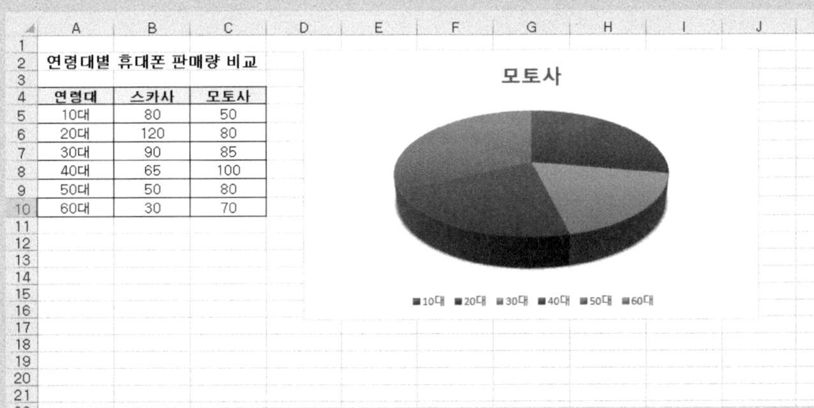

연령대	스카사	모토사
10대	80	50
20대	120	80
30대	90	85
40대	65	100
50대	50	80
60대	30	70

7-2 차트 레이아웃 및 스타일

사용자가 직접 차트 요소를 추가 또는 변경하거나 차트에 서식을 지정하지 않고 차트에 미리 정의된 레이아웃이나 스타일을 빠르게 적용할 수 있다. 필요한 경우 개별 차트 요소의 레이아웃과 스타일을 직접 변경하여 레이아웃이나 스타일을 사용자가 지정할 수도 있다.

예제파일 : 차트레이아웃_스타일.xlsx / 완성파일 : 차트레이아웃_스타일(완성).xlsx

[차트 구성 요소]

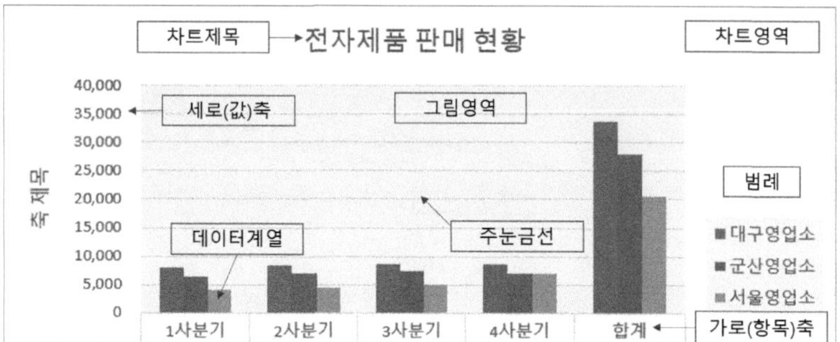

	1사분기	2사분기	3사분기	4사분기	합계
대구영업소	8000	8500	8650	8600	33750
군산영업소	6500	7000	7500	7000	28000
서울영업소	4000	4500	5000	7000	20500

- □ **차트영역** : 차트의 내용을 표시하는 제목
- □ **차트영역** : 차트 전체를 포함하는 영역
- □ **그림영역** : 차트 그래프가 표시되는 영역이며, 차트 요소 중 차트 그래프 밖의 위치나 크기를 조절할 때 이 영역을 클릭하고 작업한다
- □ **눈금선** : 값 축이나 항목 축의 값을 구분하기 위해서 표시되는 선
- □ **범례** : 데이터(계열)을 차트 그래프의 색이나 모양으로 구분해서 알려주는 상자
- □ **데이터계열** : 실제 값을 표시하는 막대, 선, 원 조각과 같은 차트 그래프를 데이터 계열이라고 한다.
- □ **가로 (항목) 축** : 데이터 항목 표시
- □ **가로 (항목) 축 제목** : 가로축의 내용을 표시하는 제목
- □ **세로 (값) 축** : 데이터의 값을 표시
- □ **세로 (값) 축 제목** : 세로축이 내용을 표시하는 제목

1 차트 레이아웃 변경

차트를 선택하면 정황 탭 [차트 도구], [디자인], [레이아웃] 및 [서식] 탭이 추가된다. [디자인] 탭의 [차트 레이아웃] 그룹에서 사용할 차트 레이아웃을 선택할 수 있다.

① [원형] 시트에서 차트를 선택한 후 정황 탭 [차트 도구]-[디자인]과 [차트도구]-[레이아웃] 탭에서 레이아웃을 변경할 수 있다. 여기서는 [디자인] 탭-[차트 레이아웃] 그룹의 [자세히] 명령 단추(▾)를 선택하여 변경한다.

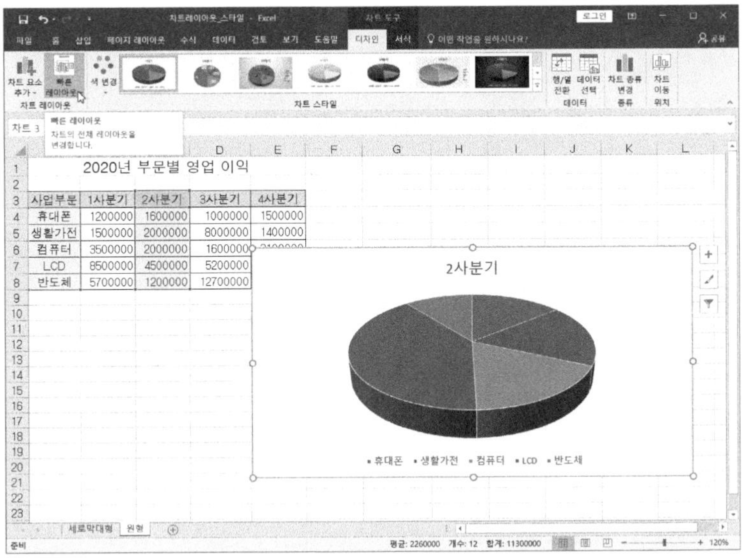

② '레이아웃 4'를 선택하면 레이아웃에 범례와 차트 제목은 사라지고 데이터 레이블 추가된 것을 볼 수 있다.

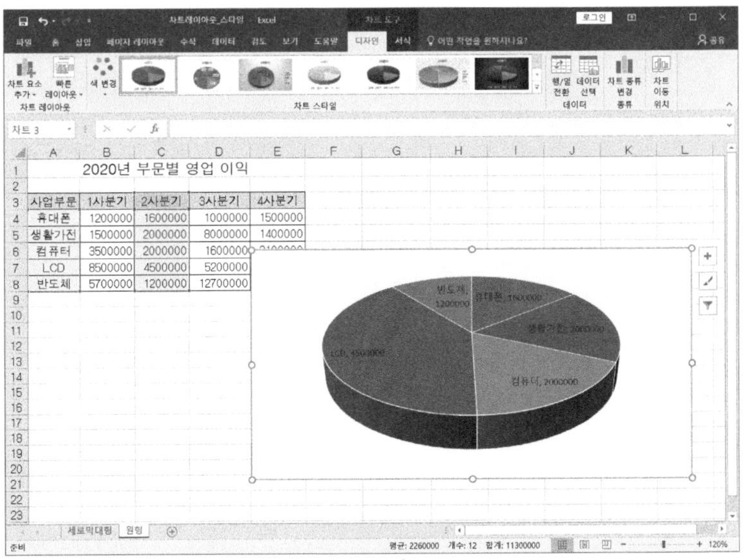

2 차트 스타일 변경

정황 탭 [차트 도구]에서 [디자인], [레이아웃] 및 [서식] 탭이 추가된다. [디자인] 탭–[차트 레이아웃] 그룹에서 사용할 차트 스타일을 선택한다.

① 미리 정의된 차트 스타일을 사용하여 서식을 지정할 차트를 클릭하면 정황 탭 차트 도구가 표시되고 [디자인], [레이아웃] 및 [서식] 탭이 추가된다. [디자인] 탭–[차트 스타일] 그룹–[자세히] 명령 단추(▼)를 선택한다.

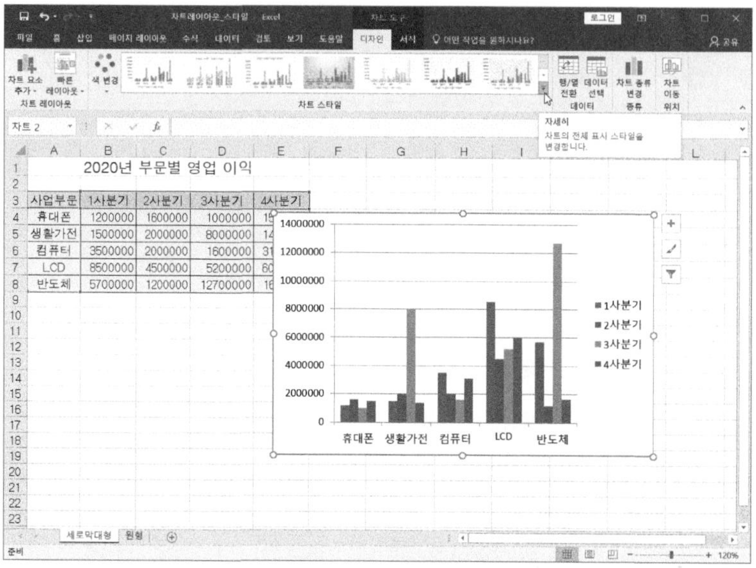

② [디자인] 탭의 [차트 스타일] 그룹에서 '스타일 8'을 선택한다.

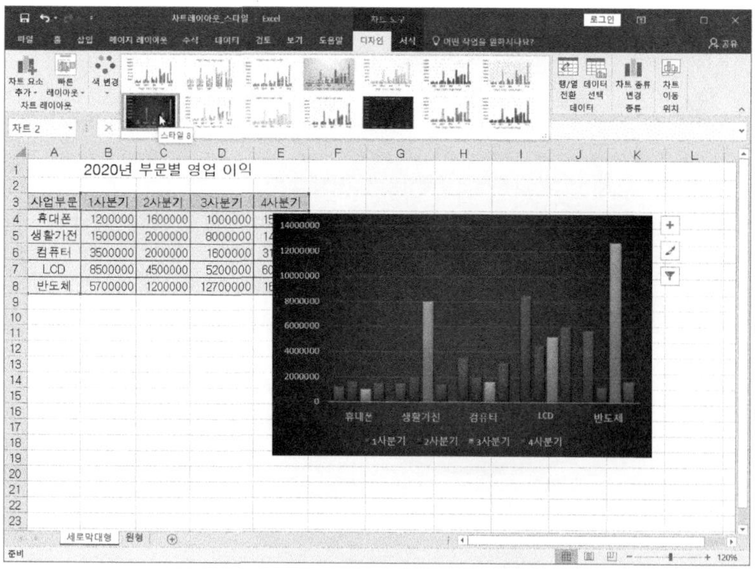

③ 스타일로 차트가 변경되었다.

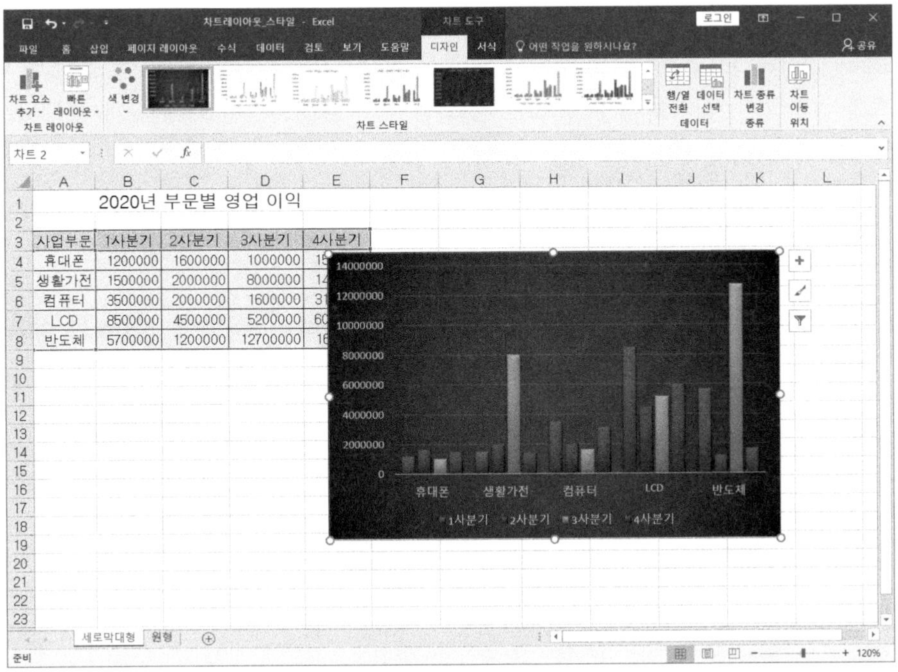

> **TIP |**
>
> Excel 창의 크기를 줄이면 차트 스타일 그룹의 차트 빠른 스타일 갤러리에 차트 스타일이 표시되고 미리 정의된 모든 차트 스타일과 사용할 수 있는 모든 레이아웃을 보려면 자세히 명령 단추(▼)를 선택한다.

7-3 차트 레이아웃 편집

차트에는 차트를 구성하는 요소와 도구들이 있다. 차트를 제대로 만들려면 차트 구성 요소에 대해 알아야 한다. 차트를 만들고 나서 차트 구성 요소인 차트 영역, 그림 영역, 차트 제목 서식, 데이터 계열, 축 서식, 범례 서식 등을 이용하여 차트 레이아웃을 편집할 수 있다.

1 차트 제목과 범례 서식

① 통합문서 [차트레이아웃_스타일.xlsx]를 열고 차트를 선택한 후 정황 탭 [차트 도구]-[디자인] 탭-[종류] 그룹에서 차트 종류를 클릭한다.

② [차트 종류 변경] 대화상자에서 [모든차트] 탭-[가로막대형]-'묶은 가로막대형'을 선택하여 차트 종류를 변경한다.

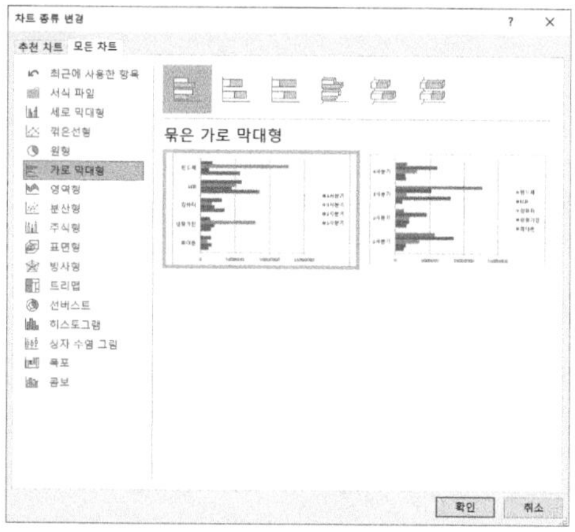

③ 차트를 선택한 뒤 [디자인]탭-[차트 레이아웃] 그룹-[차트 요소 추가]-[차트 제목]의 [차트 위]를 선택하여 차트 제목을 추가한다.

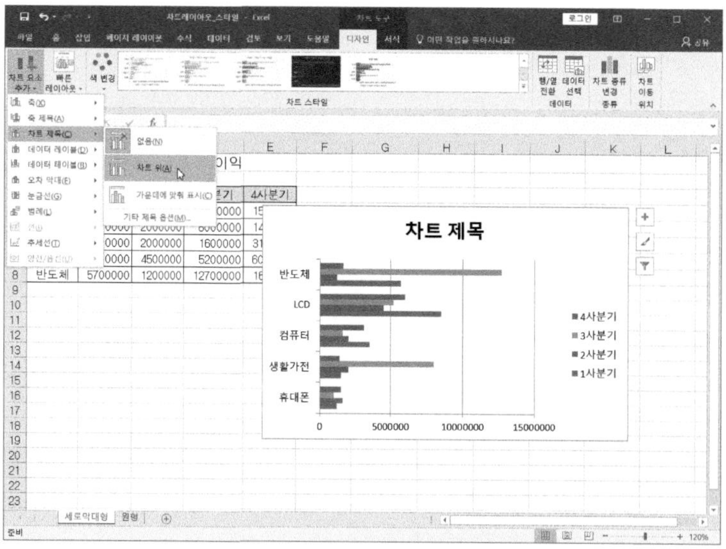

TIP |

차트의 가로축과 세로축의 제목을 차트에 추가하려면 정황 탭 [차트 도구]-[레이아웃] 탭-[레이블] 그룹-[축제목] 명령 중 [기본 가로 축 제목]과 [기본 세로 축 제목]을 선택하여 추가하면 된다.

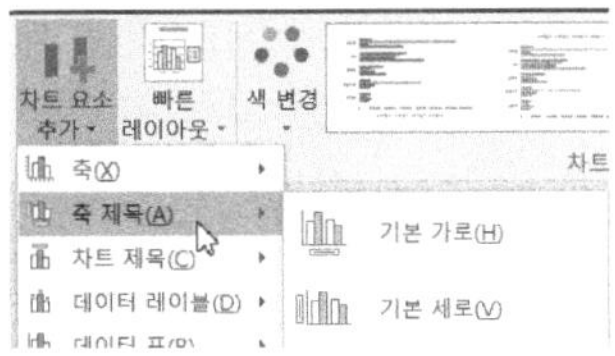

④ '2020 년 부문별 영업 이익'이라고 차트 제목을 입력한 뒤 [레이블] 그룹에서 범례의 '아래쪽에 범례 표시'를 선택한다.

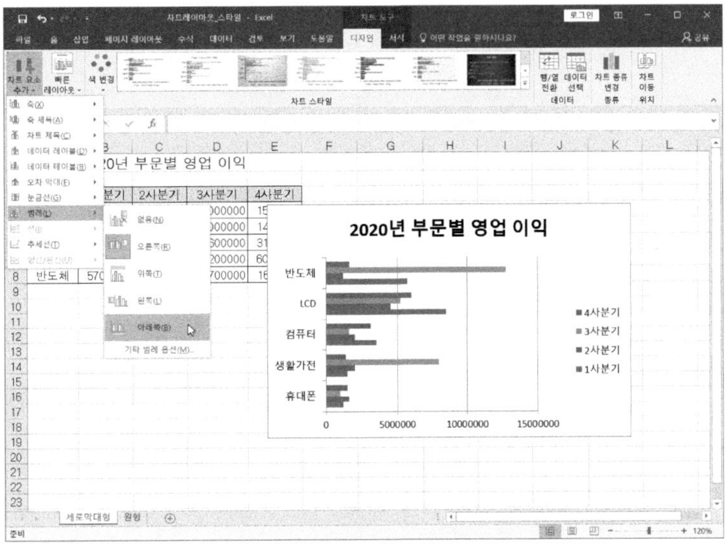

⑤ 범례가 아래쪽에 위치한 것을 볼 수 있다.

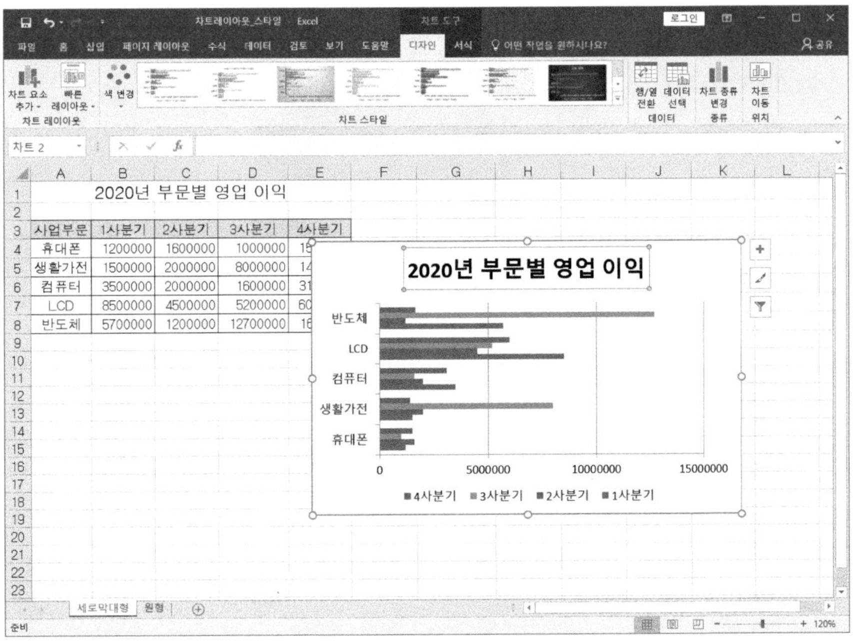

> **TIP | 차트 레이아웃 변경**
>
> 차트를 선택한 후 정황 탭 [차트 도구]-[서식] 탭-[현재 선택 영역] 그룹에서 차트 요소 상자 옆의 화살표를 클릭하고 원하는 차트 요소를 클릭하거나 [레이아웃] 탭의 [레이블], [축] 또는 [배경] 그룹에서 변경할 차트 요소를 클릭한 다음 원하는 레이아웃 옵션을 클릭하여 변경한다.
>
> 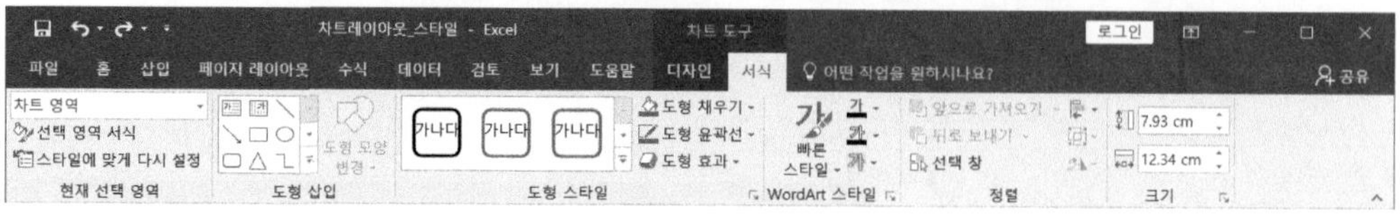

2 데이터 레이블 서식

데이터 레이블에 있는 계열이름, 항목이름, 값, 백분율과 같은 항목 중 필요한 항목을 차트에 표시할 수 있다.

① [원형] 시트에서 차트를 선택한 후 [차트 도구]-[레이아웃] 탭-[레이블] 그룹에 있는 데이터 레이블 명령 중 기타 데이터 레이블 옵션 명령을 선택한다.

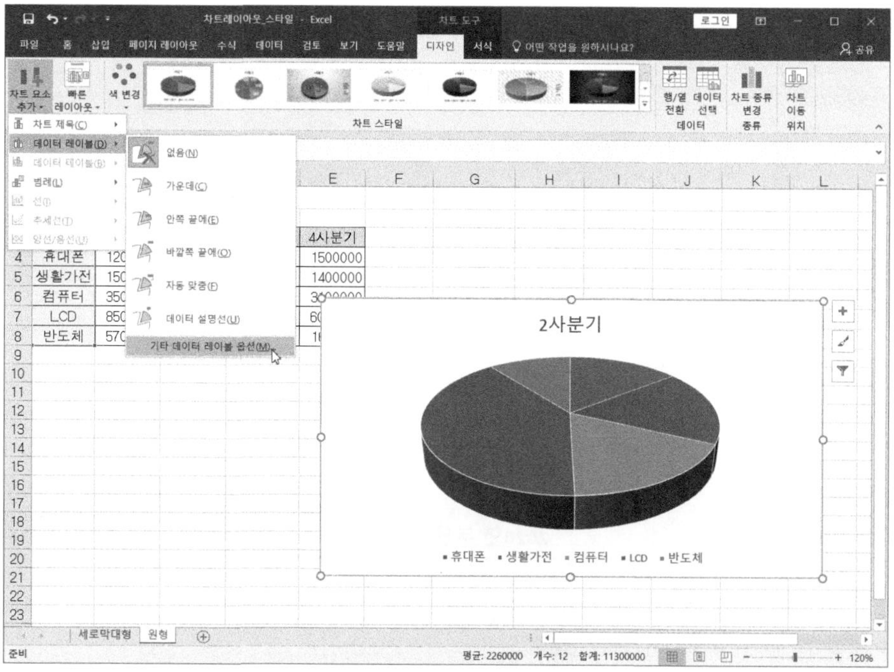

② [데이터 레이블 서식] 대화상자의 레이블 옵션에서 '항목 이름'에 체크를 하고 [닫기] 단추를 선택하면 오른쪽과 같이 데이터 계열에 항목 이름과 값이 표시된다.

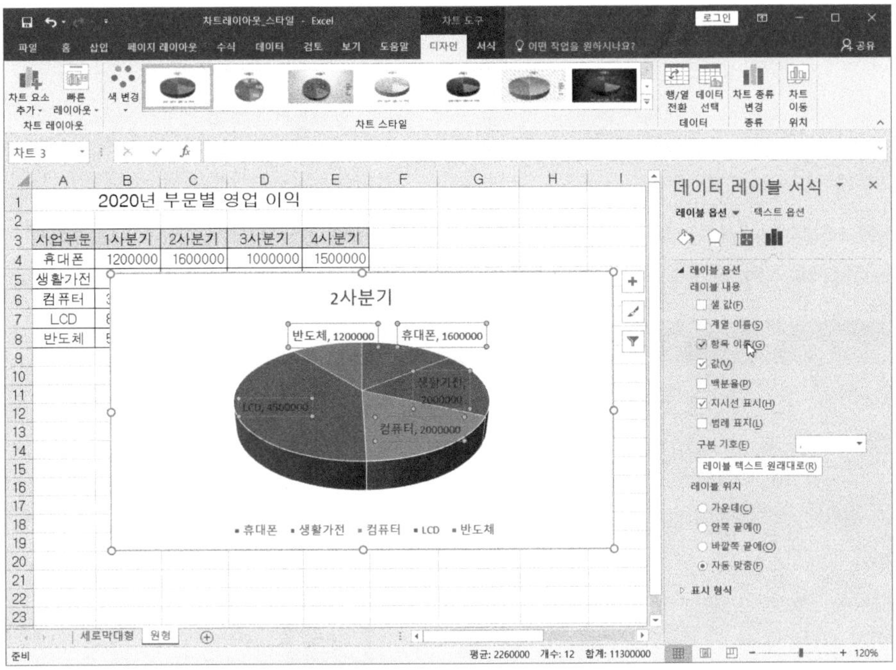

TIP |

- 원 차트는 다음과 같이 중요한 항목을 분리하여 강조하거나 모든 조각을 분리할 수 있다. 왼쪽 그림과 같이 모든 조각을 선택한 후 바깥쪽으로 드래그하거나 특정 조각만 한 번 더 클릭한다.

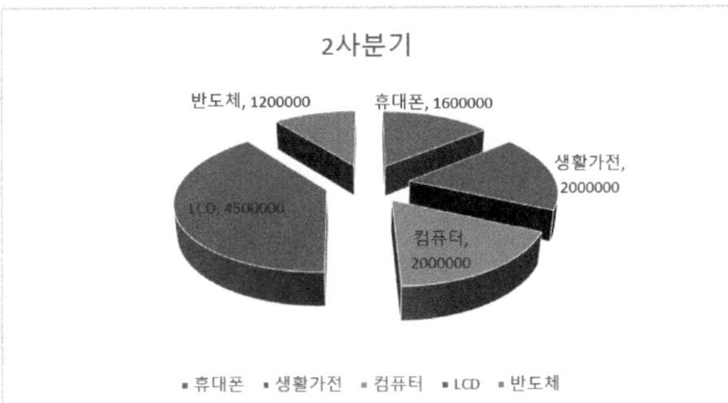

- 바깥쪽으로 드래그하면 그림과 같이 분리된다.

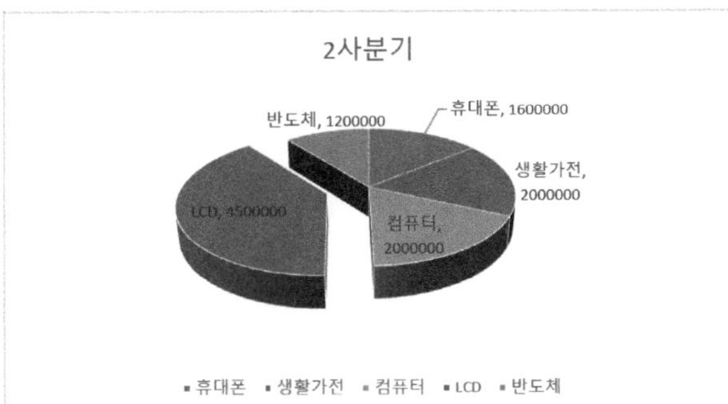

7-4 차트 이동 및 크기 조정

1 차트 크기 조정

① 통합문서 [차트레이아웃_스타일.xlsx]를 열고 [세로막대형] 시트에 있는 차트를 선택한 후 마우스를 이용해 데이터가 보이도록 위치를 이동한다.

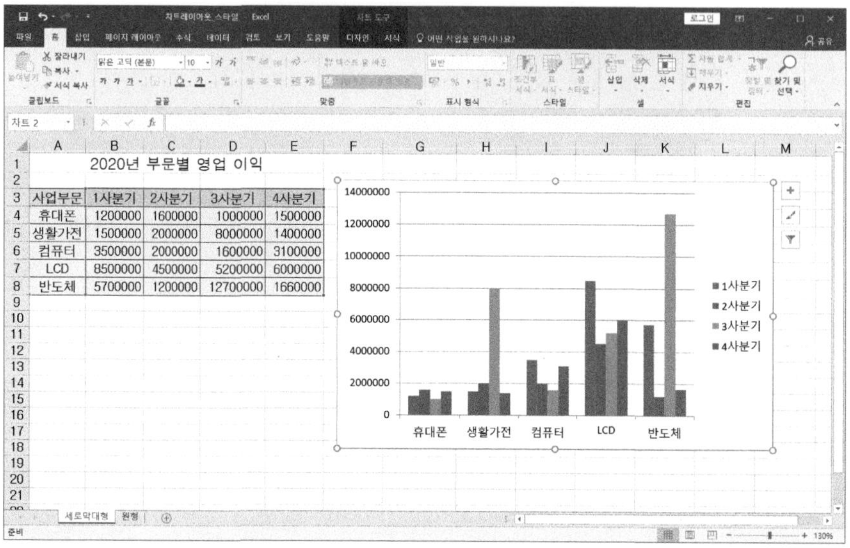

② 이동된 차트의 크기를 변경하려면 다음과 같이 차트를 선택한 후 7개의 크기 조정 핸들에서 마우스 포인터 모양이 (↘)으로 변경되면 드래그 하여 차트 크기를 조절한다.

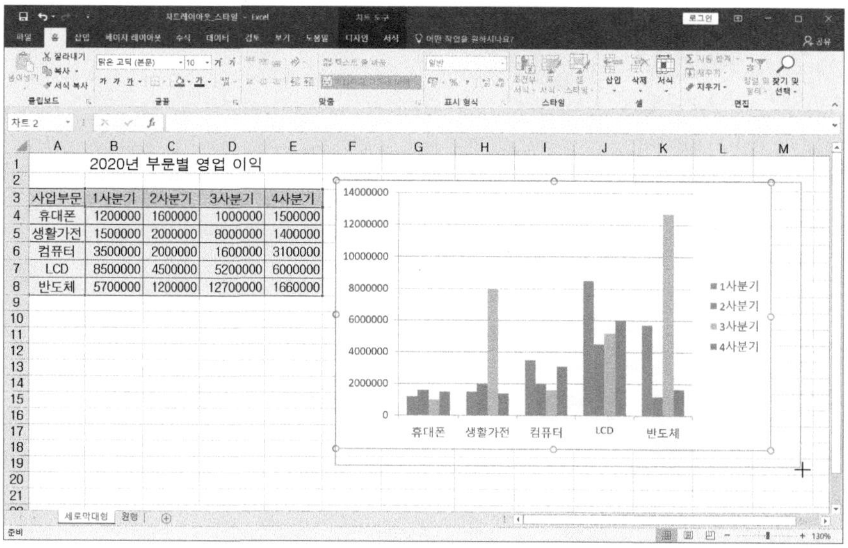

2 차트 이동

① '2020년 부문별 영업 이익' 데이터를 이용하여 만들어진 차트를 선택한 후 마우스 오른쪽 단추를 누르면 나타나는 명령 중 [차트 이동]을 선택한다.

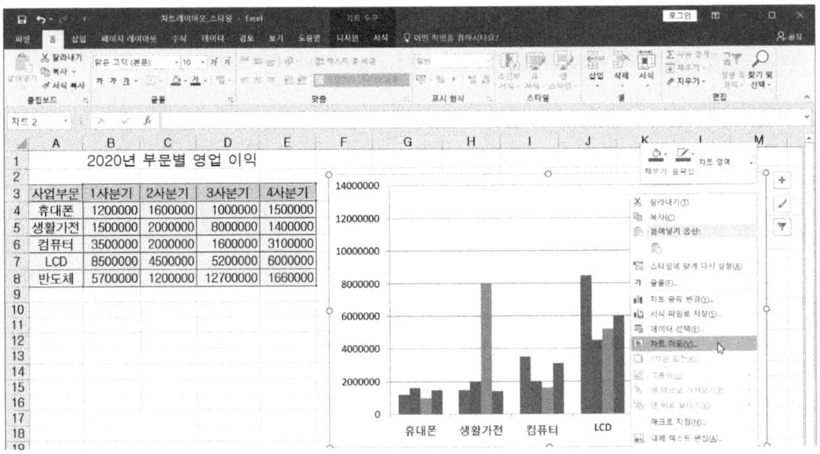

② [차트 이동] 대화상자가 나타나면 차트를 넣을 위치를 선택하는 2개의 옵션 중 [새 시트] 옵션을 선택한 후 확인을 누른다.

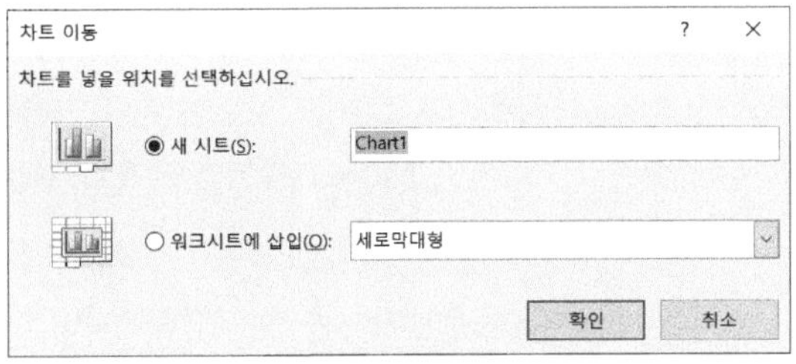

③ 다음과 같이 [Chart1]이라는 새로운 시트가 삽입된다.

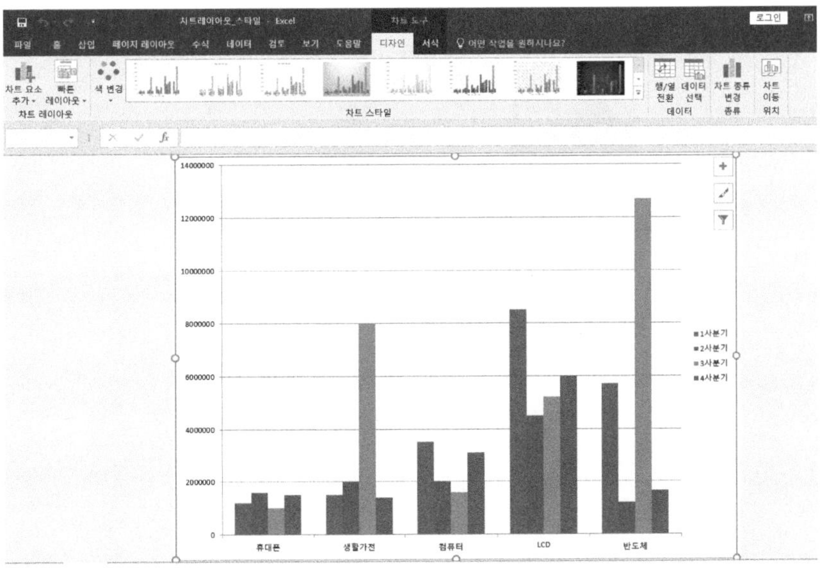

연습문제 07-2

문제파일 : 연습문제19.xlsx / 정답파일 : 연습문제19(완성).xlsx

01 [IT 품목별 수출액] 시트에서 차트 제목을 삭제하고 범례를 아래쪽으로 이동하여 세로축의 주단위 값을 10,000으로 설정하고 가로축의 항목 순서를 변경하시오.

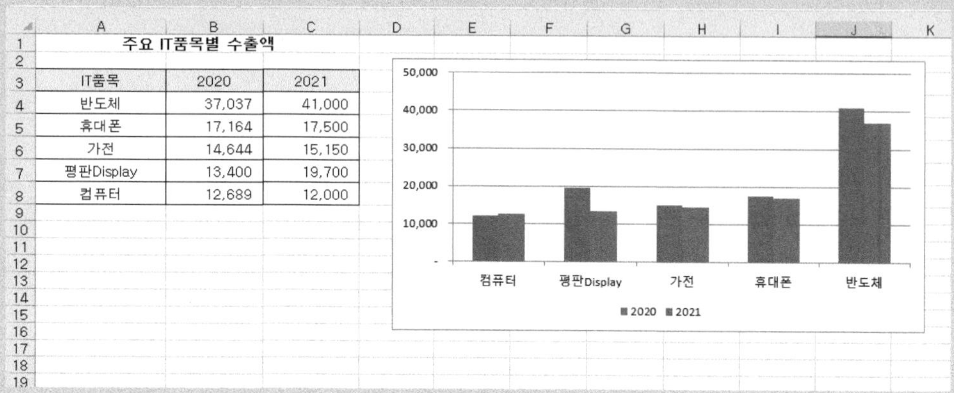

02 [LCD 시장전망] 시트에서 '2019년 국가별 LCD 장비 시장 전망' 차트 제목을 삽입한 후 범례를 삭제한다. 차트에 데이터 레이블의 항목 이름과 백분율을 추가한 후 아래와 같이 '한국' 데이터 계열의 조각만 분리한 후 차트를 [Chart1]이라는 새로운 시트로 이동시키시오.

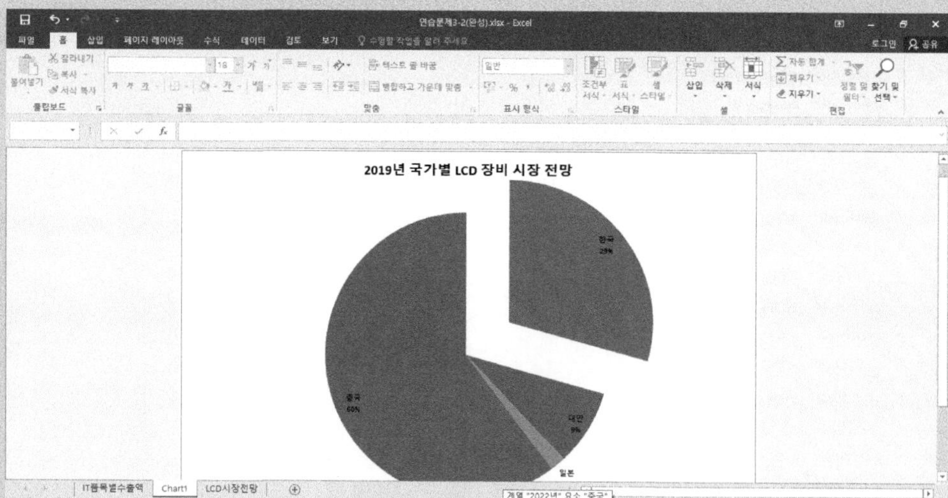

7-5 혼합차트

차트 하나에서 여러 유형의 정보를 강조하기 위해 해당 차트에서 여러 가지 차트 종류를 병합할 수 있다. 예를 들어 차트를 보다 쉽게 이해할 수 있는 빠른 시각적 효과를 내기 위해 세로막대형 차트를 꺾은선형 차트와 함께 사용할 수 있다. 차트의 서로 다른 데이터 계열에 대한 값 범위가 광범위하거나 데이터 형식을 혼합한 경우에는 차트 종류가 다른 하나 이상의 데이터 계열을 보조 세로(값)축에 표시할 수 있다.

예제파일 : 혼합차트.xlsx / 완성파일 : 혼합차트(완성).xlsx

1 이중축차트

① [품목별 연간 수출액] 시트에 데이터를 모두 선택하고 [삽입] 탭-[차트] 그룹-[세로막대형] 명령을 클릭한 후 2차원 세로막대형 아래에서 [묶은 세로막대형]을 선택한다.

② 차트에 마우스 오른쪽 단추를 누르면 나타나는 명령 중 [차트 이동]을 선택한다.

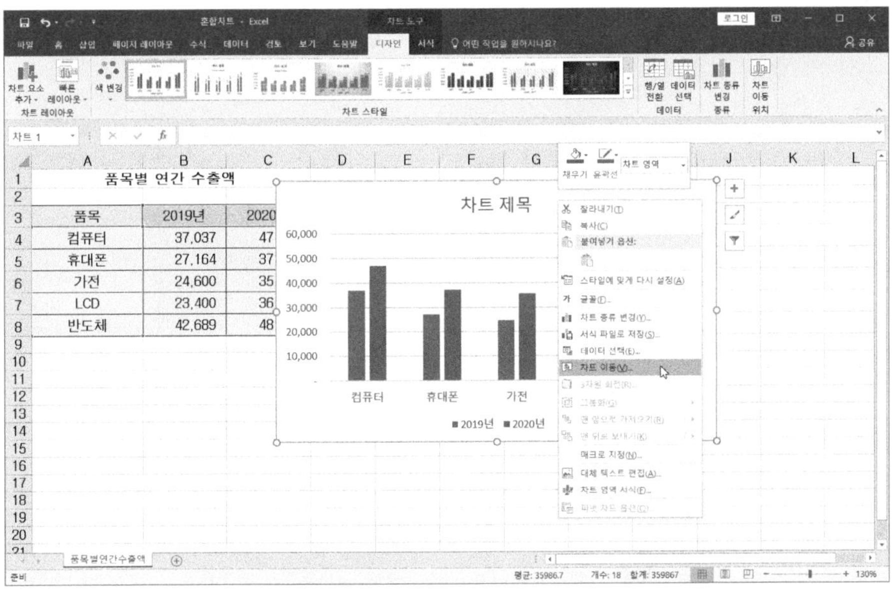

③ [차트 이동] 대화상자가 나타나면 차트 넣을 위치에 새 시트를 선택한 후 [확인]을 누른다.

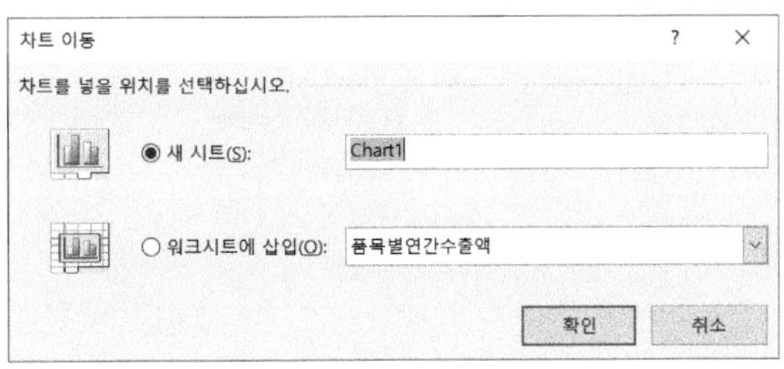

④ 다음과 같이 새로운 시트 [Chart1]이 삽입되면 데이터 계열 중 '2019년' 계열을 다른 차트로 변경하기 위해 선택한 후 [차트 도구]의 [디자인] 탭-[종류] 그룹-[차트 종류 변경] 명령을 선택하거나 마우스 오른쪽 단추를 누르면 나타나는 [계열 차트 종류 변경] 메뉴를 선택해도 된다.

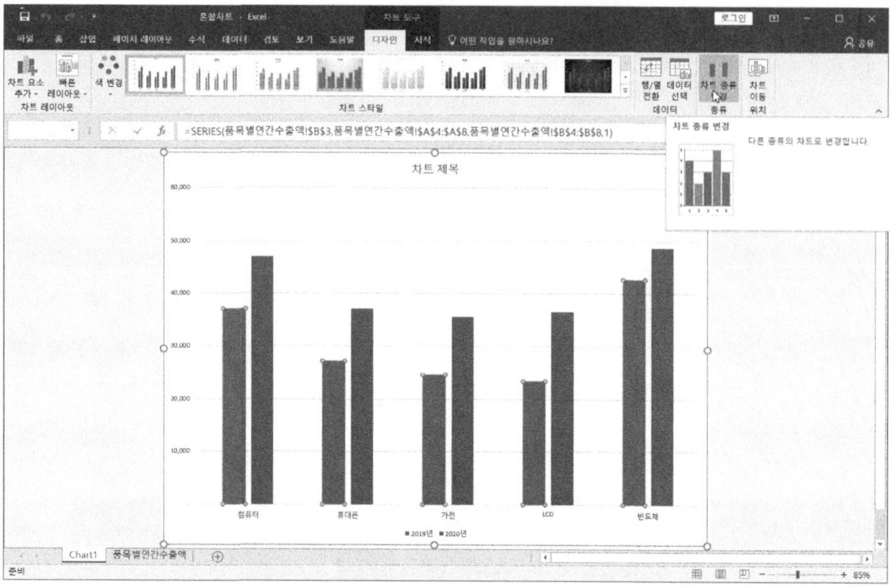

⑤ [차트 종류 변경] 대화상자가 나타나면 [모든차트]탭-[콤보]-2019년 목록 상자를 선택하여 꺾은선형에서 '표식이 있는 꺾은선형'을 선택하고 [확인]을 누른다.

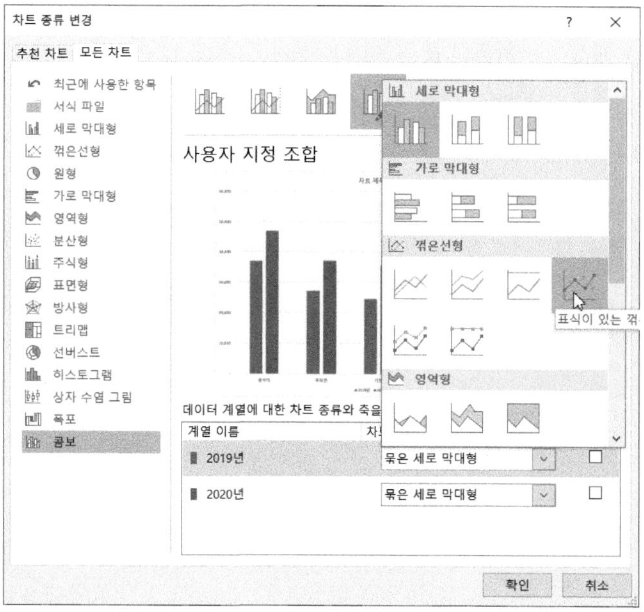

⑥ '2019년' 계열을 보조축으로 만들고 꺾은선을 편집하기 위해서 [서식]탭-[현재 선택 영역] 그룹-[선택 영역 서식] 명령을 선택한다.

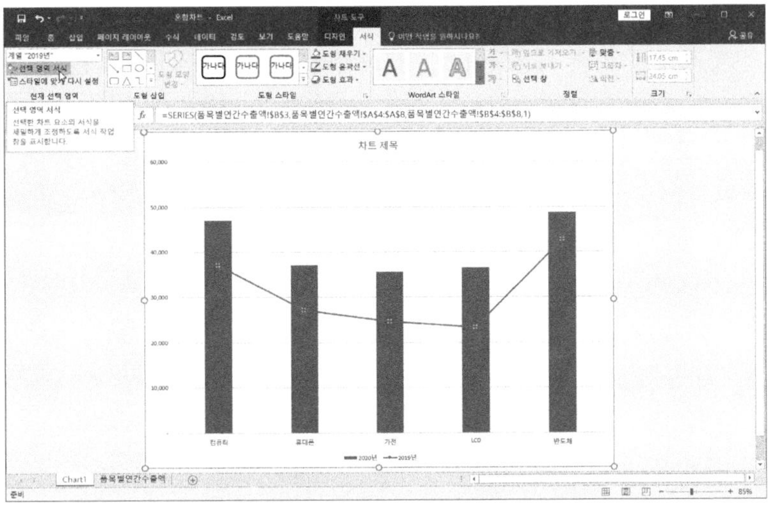

⑦ 아래와 같이 [데이터 계열 서식] 대화상자가 나타나면 [계열 옵션] 항목의 [데이터 계열 지정]에서 [보조 축]을 선택한다. [표식 옵션] [표식 종류] 옵션으로 [기본 제공] 선택하고 [형식]은 '마름모' [크기]는 '10'으로 선택한다.

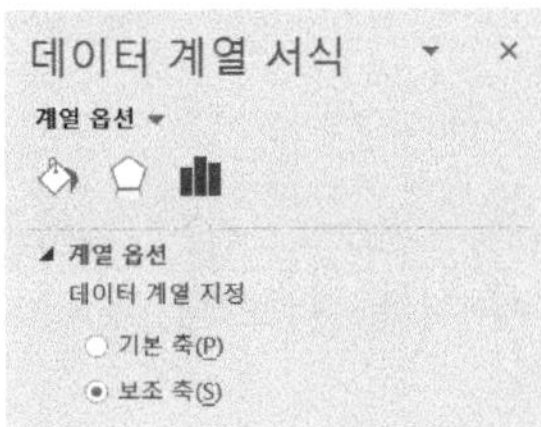

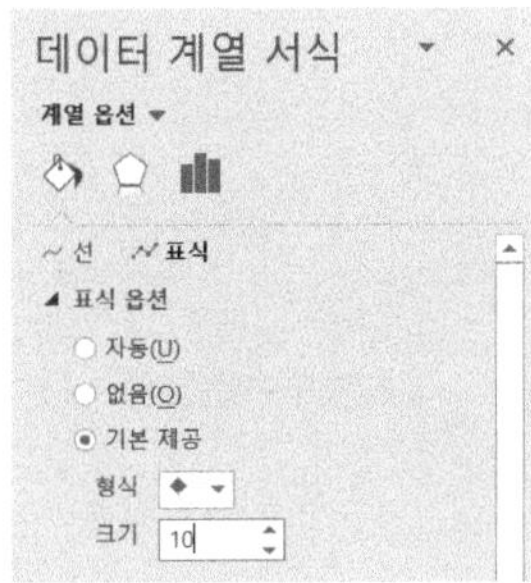

⑧ 꺾은선 서식이 '2019년' 계열이 보조축으로 되어 혼합 차트가 만들어진 것을 볼 수 있다.

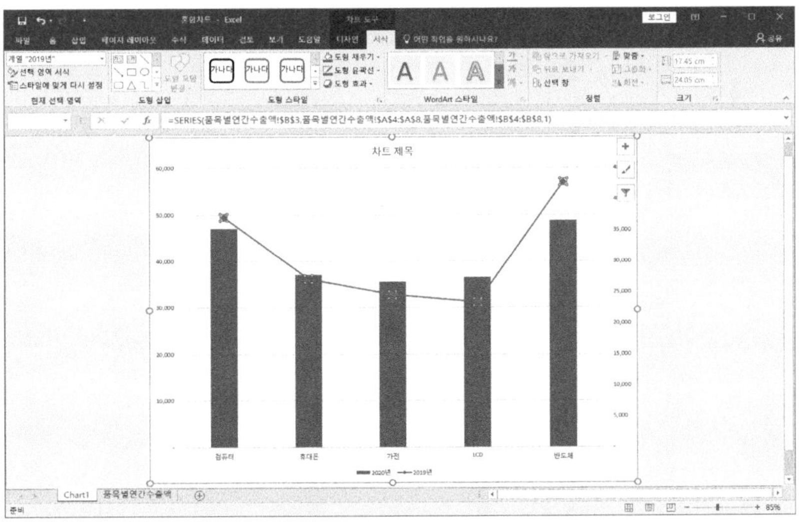

7-6 추세선

추세선이란 일정 기간에 늘어난 양을 표현하기 위해 데이터 계열의 추세를 선 그래프로 나타낸 것을 말한다. 데이터 일부의 예측 문제 연구를 위해 사용되어 회귀분석이라고도 하며 데이터를 통해 일련의 평균값인 이동 평균을 이용하여 데이터의 기복을 완만하게 해여 패턴이나 추세를 더욱 분명히 볼 수 있다. 또한 과거의 성과가 어떠했는지 또는 현재 계속 되고 있는 성과 추이로 미래의 성과를 예측할 수 있다.

예제파일 : 추세선.xlsx / 완성파일 : 추세선(완성).xlsx

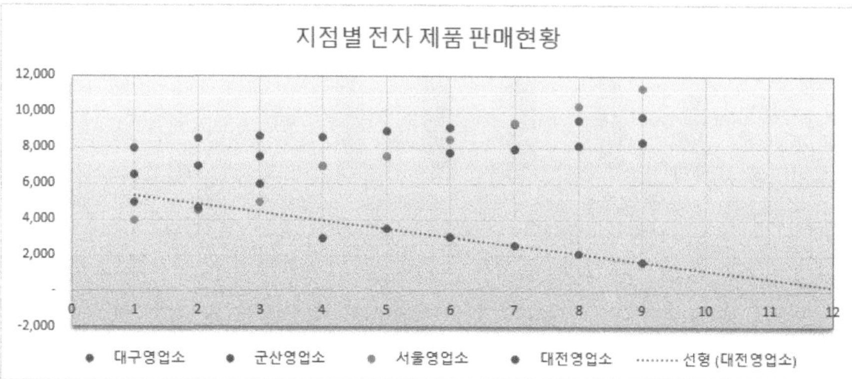

1 선형추세선 추가 및 수식을 차트에 표시

① 추세선 통합문서의 차트를 클릭하여 선택한다.

② [차트도구]-[서식] 탭-[현재 선택 영역] 그룹-[차트요소] 명령의 목록 단추를 클릭하고 '대전영업소'을 클릭하여 선택한다.

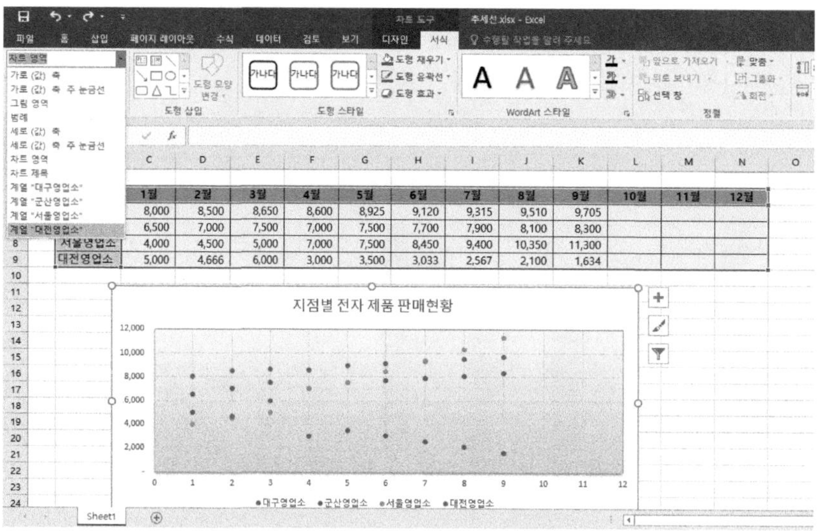

③ [차트도구]-[디자인] 탭-[차트 요소 추가] 그룹-[추세선]-[기타 추세선 옵션] 명령을 클릭하거나 선택된 '대전영업소' 계열 위에서 마우스 오른쪽 단추를 클릭하여 [추세선 추가] 메뉴를 클릭한다.

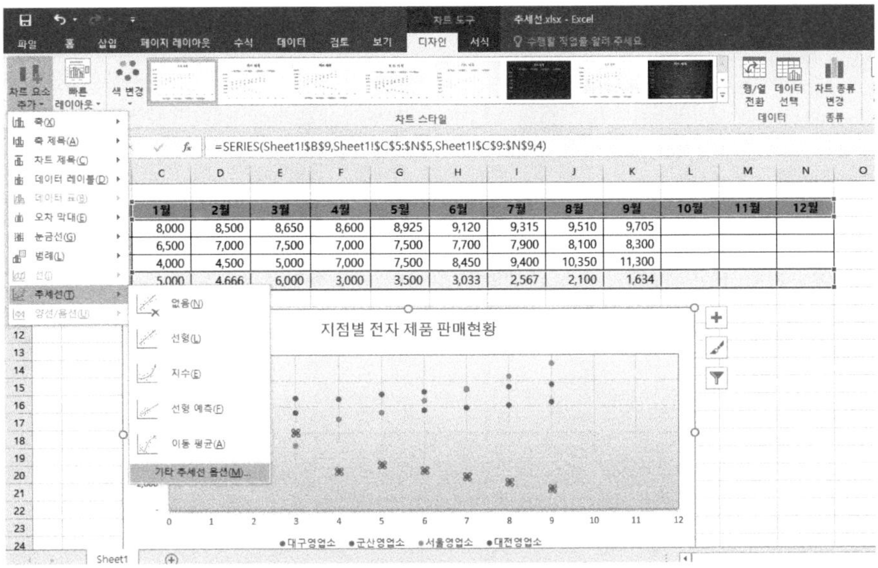

④ [추세선 서식] 작업창에서 [추세선 옵션]의 '선형'을 클릭하고 '수식을 차트에 표시'를 클릭하여 선택한다.

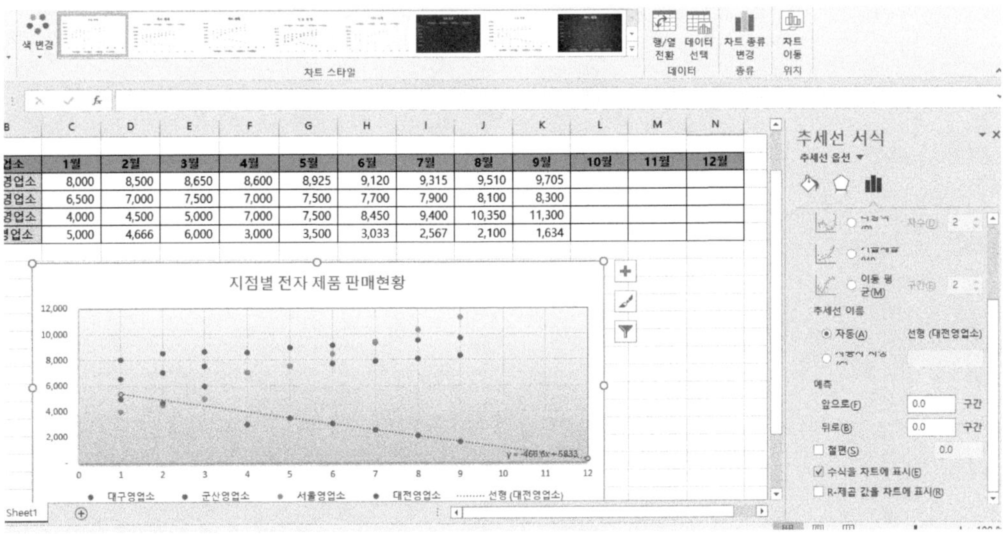

[추세선 서식]

추세선 옵션	지수, 선형, 로그, 다항식, 거듭제곱, 이동 평균의 추세 유형이 제공된다. 특정 종류의 데이터에는 특정 종류의 추세선이 있습니다. 더 정확한 예측을 얻기 위해서는 데이터에 가장 적합한 추세 유형을 선택해야 한다.
추세선 이름	선택한 계열의 이름으로 자동 설정하거나 사용자가 직접 추세선의 이름을 입력한다.
예측	미래(앞으로) 또는 과거(뒤로) 얼마 동안의 추세를 보일지 구간을 입력합니다. 가령, 1구간으로 설정하면 다음 한 달 또는 다음 1년의 추세를 미리 예측할 수 있다.
절편	절편 값을 직접 입력한다.
수식을 차트에 표시	계산 수식을 차트에 추가로 표시한다.
R-제곱 값을 차트에 표시	수식에 따라 해당 R 제곱 값을 계산하며 그 값을 차트에 표시한다. R 제곱 값은 0과 1 사이의 숫자로 표시되며 1이거나 1에 근접하면 해당 추세는 매우 신뢰성이 높다고 판단한다. 다른 추세/회귀 유형을 변경해 보며 R 제곱 값이 1과 근접한 유형을 선택한다.

연습문제 07-3

문제파일 : 연습문제20.xlsx / 정답파일 : 연습문제20(완성).xlsx

01 [대학교 현황] 시트에 있는 데이터를 이용해 혼합차트를 만들려고 한다. '교수'를 기본축, '학생'을 보조축으로 하고 보조축의 차트 종류는 꺾은선형에서 '표식이 있는 꺾은선형'을 선택한다.

02 '한국대학교 현황'이라는 차트제목으로'차트 위'에 작성하시오.

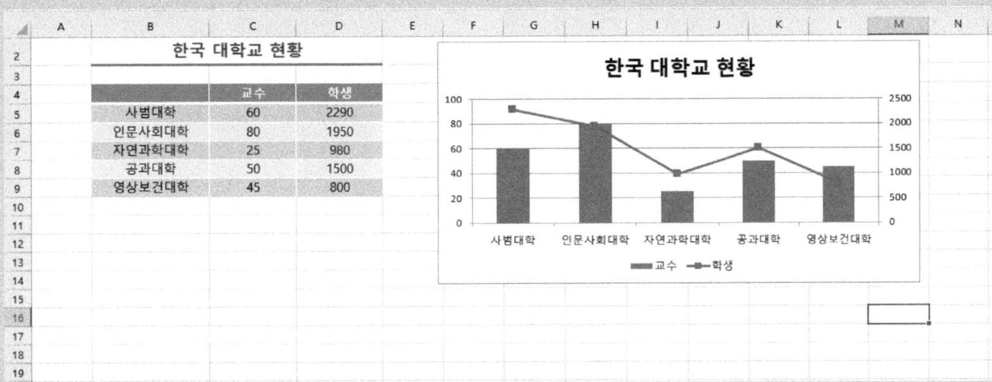

03 교수 기본축에 다항 추세선을 추가하고 수식과 R-제곱 값을 차트에 표시하시오.

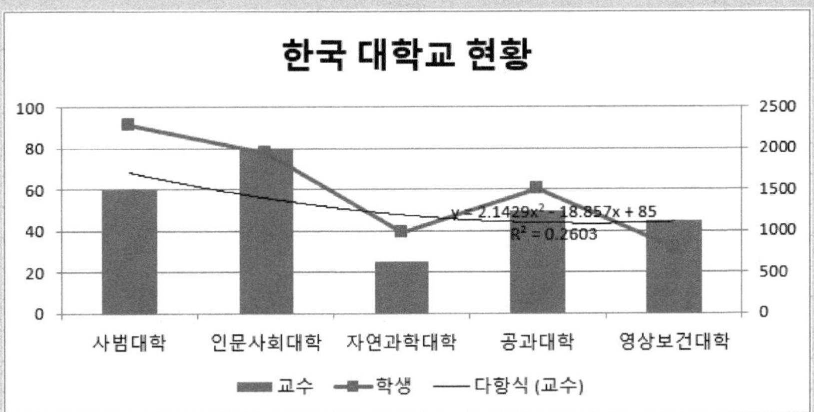

CHAPTER 08

통합문서 관리 및 인쇄설정

CHAPTER 08 | 통합문서 관리 및 인쇄설정

학습목표

■ 통합문서 공유는 동시에 여러 사용자가 통합문서에서 작업할 수 있도록 한다. 통합문서를 공유하고 공유된 통합문서의 변경 내용을 관리할 수 있는 방법들에 대해 학습할 수 있다.

예제파일 : 통합문서공유및시트보호.xlsx / 완성파일 : 통합문서공유및시트보호(완성).xlsx

8-1 워크시트 요소 보호

워크시트 요소 보호는 사용자가 워크시트를 편집하지 못하도록 하기 위한 것으로 워크시트를 보호하기 위해 암호를 설정할 수도 있다. 또한 특정인이 보호된 통합문서 또는 시트의 셀 영역을 편집할 수 있도록 허용하는 [범위 편집 허용] 명령을 이용해 워크시트를 보호할 수 있다.

1 워크시트 보호

워크시트를 편집하거나 수정할 수 없도록 보호하기 위해 암호를 설정할 수도 있다

① 보호할 워크시트를 선택한 후 [홈] 탭–[셀] 그룹–[서식]–[셀 잠금] 명령을 실행한다.

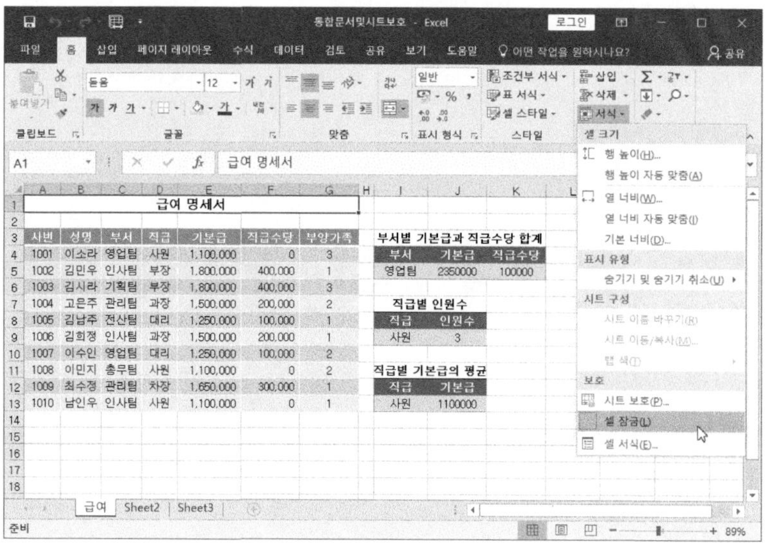

TIP | 셀 잠금

선택한 셀을 다른 사람이 변경하지 못하도록 잠그는 기능으로 이 기능을 사용하려면 [시트 보호]가 설정되어 있어야 한다.

② [검토] 탭-[변경 내용] 그룹-[시트 보호] 명령을 클릭하거나 [홈] 탭-[셀] 그룹-[서식]-[시트 보호]를 실행한다.

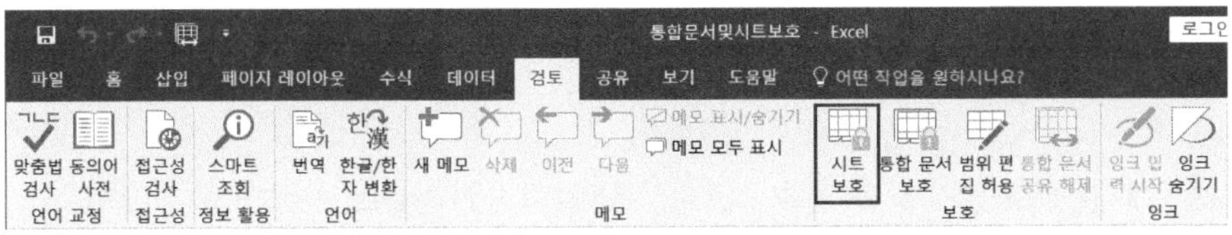

③ [시트 보호] 대화상자가 나타나면 [시트 보호 해제 암호] 상자에서 시트 암호 '12345'를 입력하고 워크시트에서 허용할 내용 목록에서 변경하려는 요소를 선택하여 [확인]을 선택한 후 암호를 재입력 후 [확인]을 누른다.

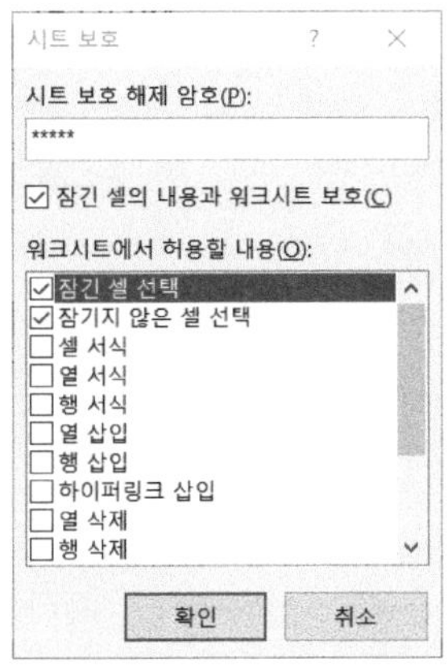

TIP | 시트 보호

- 암호는 선택 요소로 제공하지 않으면 모든 사용자가 시트의 보호를 해제하고 보호된 요소를 변경할 수 있다. 암호를 잊어버릴 경우 워크시트의 보호된 요소에 접근이 어려우므로 기억하기 쉬운 암호를 사용한다.
- 잠긴 셀의 내용과 워크시트 보호 : 셀 잠금 설정된 셀 및 워크시트 보호
- 시트 보호 해제 암호 : 시트 보호 해제 암호 설정, 255자까지 지정 가능
- 워크시트에서 허용할 내용 : 편집 허용 가능 항목을 체크

④ 셀 잠금을 해제하지 않은 상태에서 데이터의 내용을 수정하려고 할 경우 다음과 같이 [메시지] 창이 나타난다.

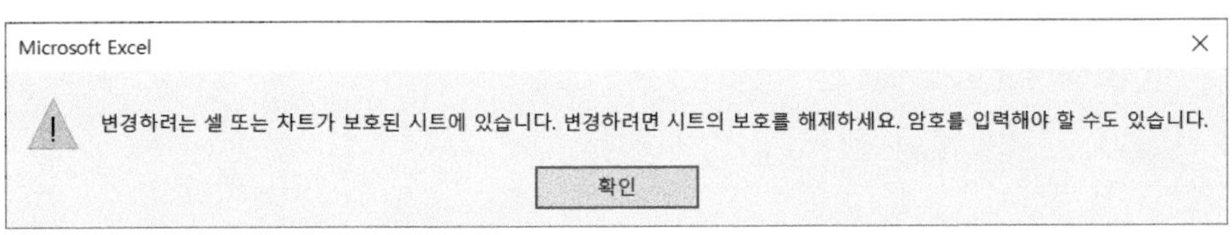

2 워크시트 보호해제

보호된 시트를 해제하고자 한다.

① 시트 보호를 해제하기 위해서는 [검토] 탭 –[변경 내용] 그룹–[시트 보호 해제]를 실행하거나 [홈] 탭 –[셀] 그룹–[서식]–[시트 보호 해제]를 선택한다.

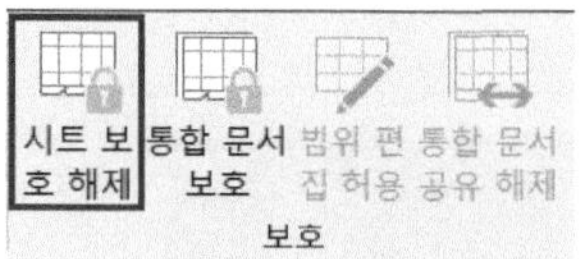

② [시트 보호 해제] 대화상자에서 암호 '12345'를 입력하면 시트 보호가 해제된다.

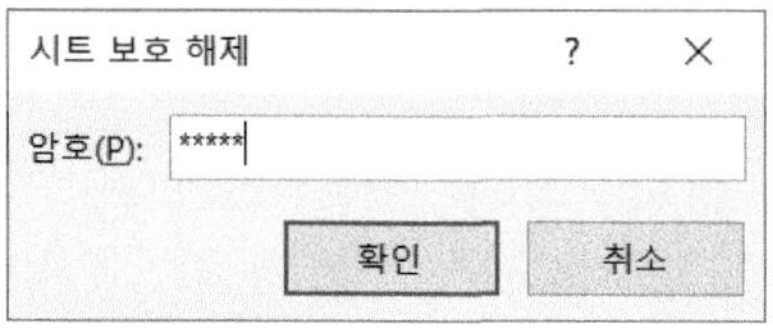

3 범위 편집 허용

원하는 범위에만 수정이나 편집을 할 수 있도록 특정 범위만 영역을 해제하는 셀 암호 방법이다.

① [범위 편집 허용]을 지정하기 위해 [검토] 탭–[변경 내용] 그룹–[범위 편집 허용]을 선택해서 실행한다.

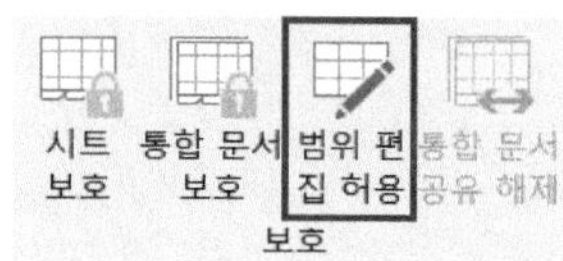

② [범위 편집 허용] 대화상자가 나타나면 암호를 아는 사용자가 워크시트 셀을 편집할 수 있도록 허용 범위를 추가하기 위해 [새로 만들기]를 실행한다.

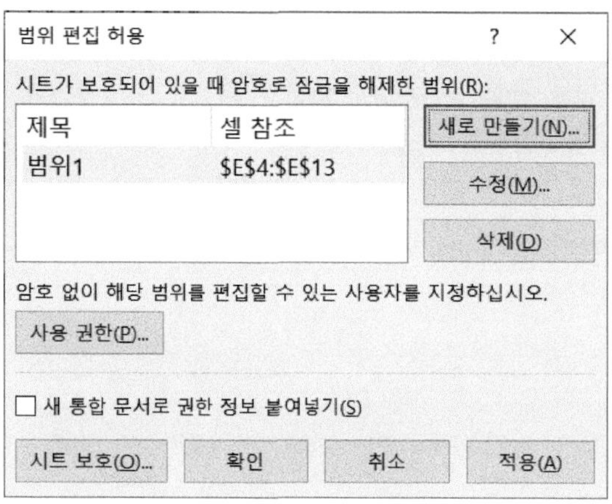

③ [새 범위] 대화상자가 나타나면 제목은 '범위2'로 지정하고 셀 참조에는 '직급수당'에 해당하는 [F4:F13]셀 영역을 지정하고 범위 암호 '2222'을 지정한 후 [확인]을 누른다.

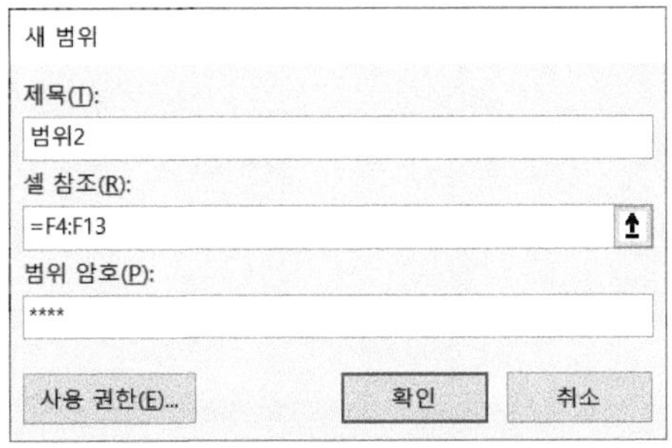

④ [암호 확인] 대화상자가 나타나면 열기 암호 '2222'를 입력한 후 [확인]을 누르면 [범위 편집 허용] 대화상자에 다음과 같이 범위가 추가된다. 기존의 범위1은 '기본급'에 해당하는 [E4:E13]셀 영역이며 암호는 '1111'이다. 허용된 범위 이외의 워크시트 셀들을 보호하기 위해 [범위 편집 허용] 대화상자에서 [시트 보호]를 선택하면 된다.

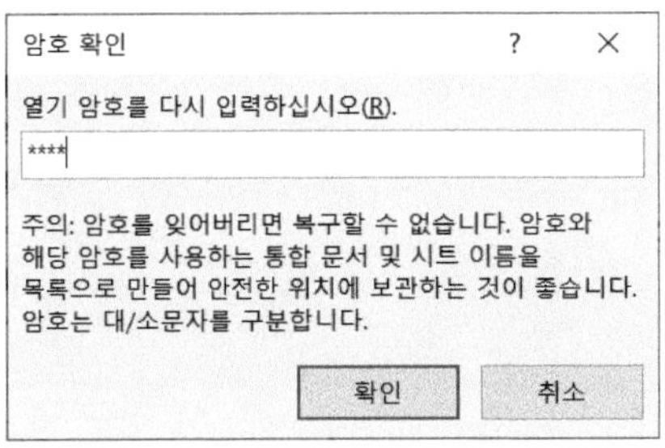

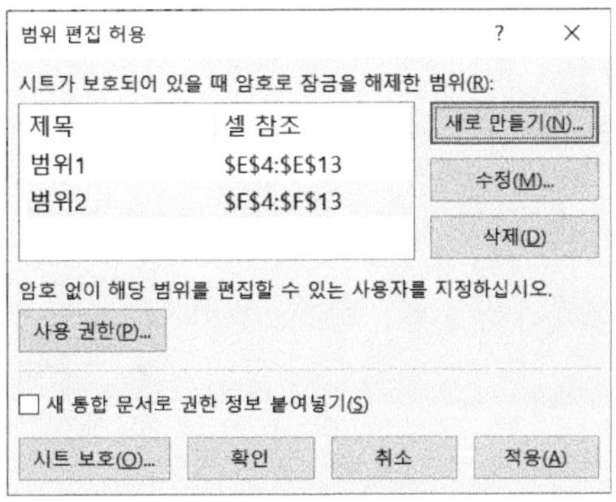

4 범위 편집 허용해제

① [E4]셀을 편집하기 위해 더블 클릭하면 [범위 잠금 해제] 대화상자가 나타나고 암호를 지정한 후 [확인]을 선택하면 잠금이 해제되어 편집이 가능해진다.

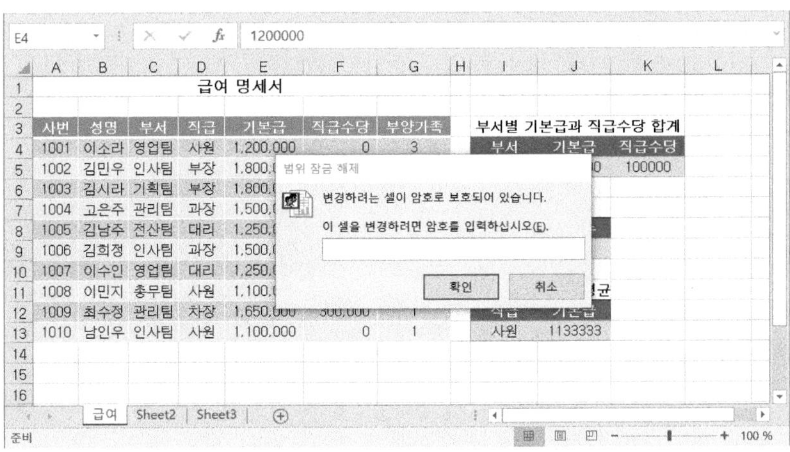

② [I5]셀을 편집하기 위해 더블 클릭하면 다음과 같이 경고 [메시지] 창이 나타난다. 이것은 시트 보호를 설정했기 때문에 [범위 편집 허용] 목록에 추가된 범위 이외의 워크시트 셀들을 보호하기 위한 것이다.

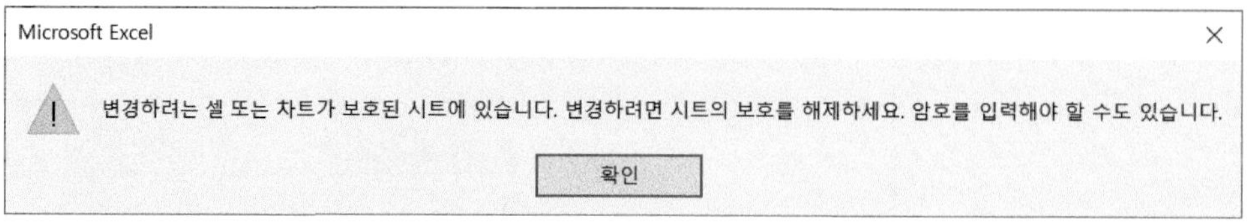

8-2 통합문서 보호

통합문서에서 새 시트를 만들지 못하도록 만들거나 특정 사용자에게만 접근 권한을 부여할 수 있다.

1 통합문서 보호

12345로 암호를 설정하여 통합문서를 보호하고자 한다.

① [파일] 탭-[정보]-[통합문서 보호]-[암호 설정] 명령을 실행한다.

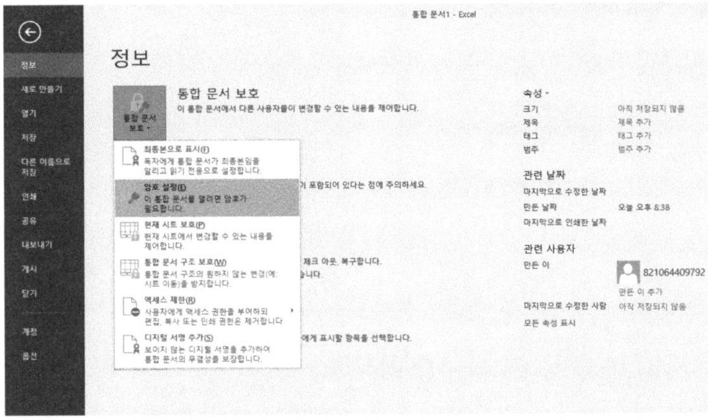

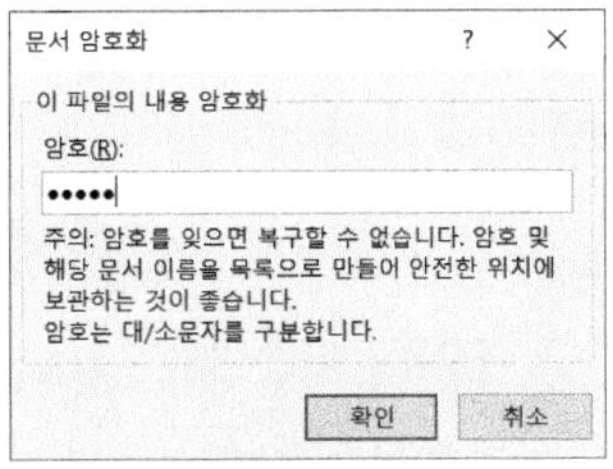

② 파일을 다시 열면 통합문서 보호가 설정되어 암호를 입력하라는 창이 나타나면 암호 '12345'를 입력하고 [OK]를 누른다.

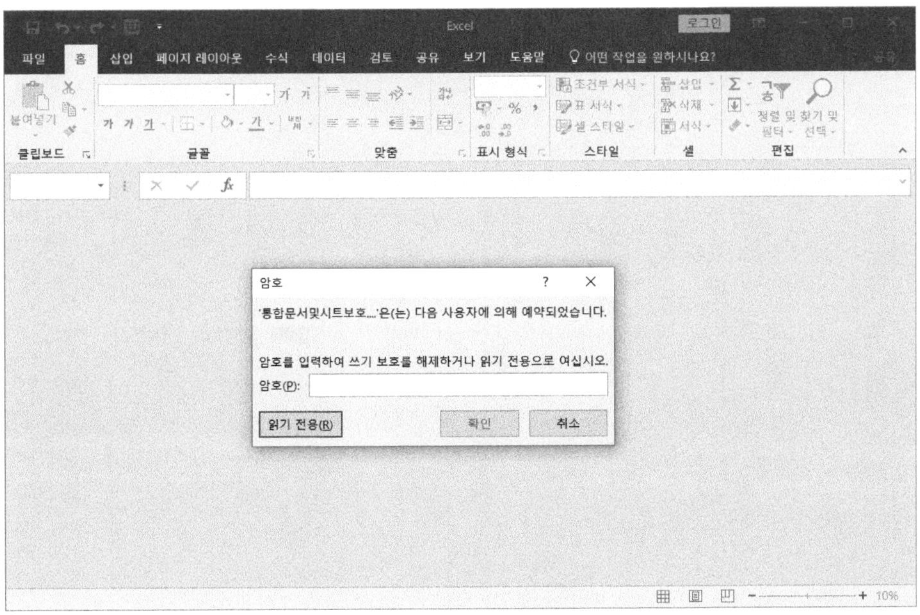

연습문제 08-1

▶ 문제파일 : 연습문제21.xlsx / 정답파일 : 연습문제21(완성).xlsx

01 [D5:D12]셀 영역을 편집 허용하도록 워크시트 셀 영역을 보호하고 편집이 허용된 셀 영역 이외의 시트 보호를 설정하기 위해 시트 보호 해제 암호 '1234' 지정하시오.

부서별 사원정보기록표

부서코드	사원명	성별	주민등록번호	전화번호
CH1	김현수		841012-1234567	010-1456-3456
BH1	장승승		891022-2234568	010-7676-1234
AH1	이기자		831010-2234569	010-8989-9876
BH1	최서래		881012-1234570	010-1234-9876
AH1	박담비		841215-1765432	010-7777-9999
CH1	황사랑		850505-2123456	010-6543-4321
BH1	서문경		900707-2123654	010-4567-9876
AH1	유소이		810506-1765471	010-9999-5678

02 통합문서의 열기 암호와 쓰기 암호를 '7979'로 지정하시오.

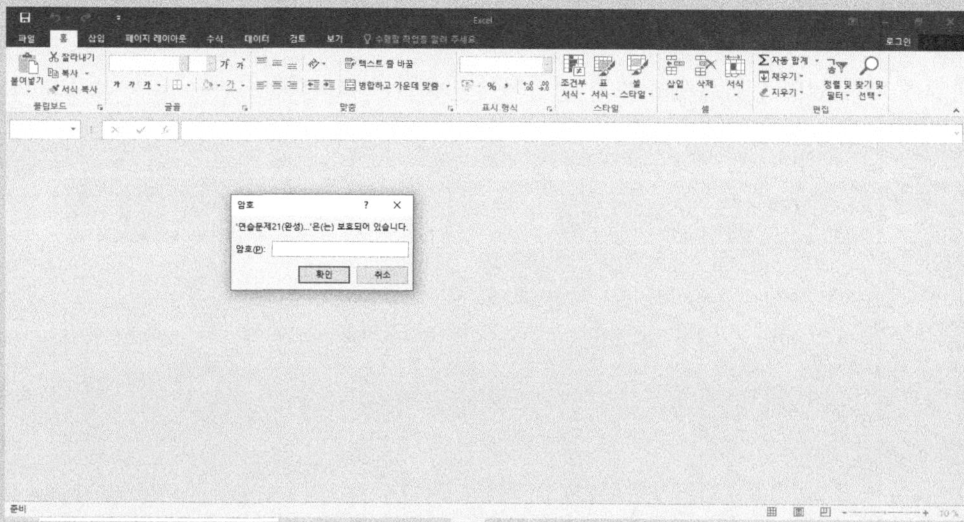

8-3 통합문서 저장

1 Excel 97-2003 통합문서로 저장

이전 버전에서도 파일을 열기 위해 'Excel 97~2003 통합문서로 저장'을 저장할 수 있다.

① [통합문서저장(2010).xlsx] 파일을 열고 [파일]-[다른 이름으로 저장] 메뉴를 실행하면 다른 이름으로 저장 대화 상자가 나타난다. [다른 이름으로 저장] 대화상자에서 파일이름을 적절히 주고 파일 형식을 'Excel 97~2003 통합문서'로 지정하고 [저장]을 누른다.

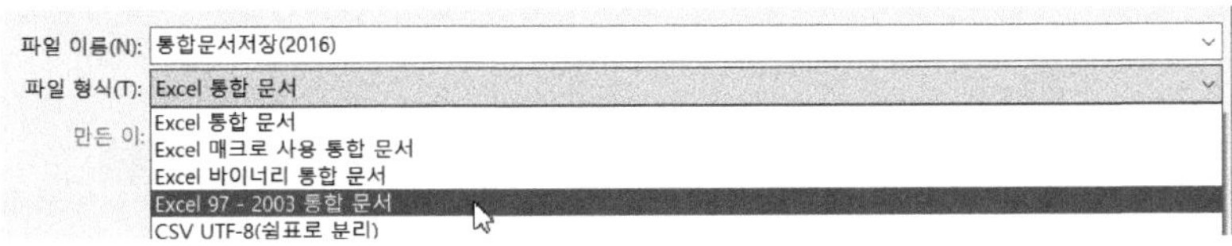

② [호환성 검사] 대화상자가 나타나면 [계속]을 선택한다.

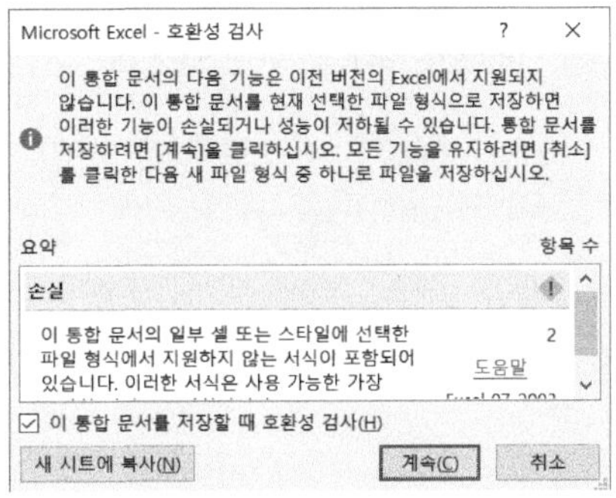

③ 이전 버전으로 저장된 [통합문서저장(97-2003).xls] 파일을 열면 다음과 같이 제목 표시줄에 호환 모드로 표시가 된다.

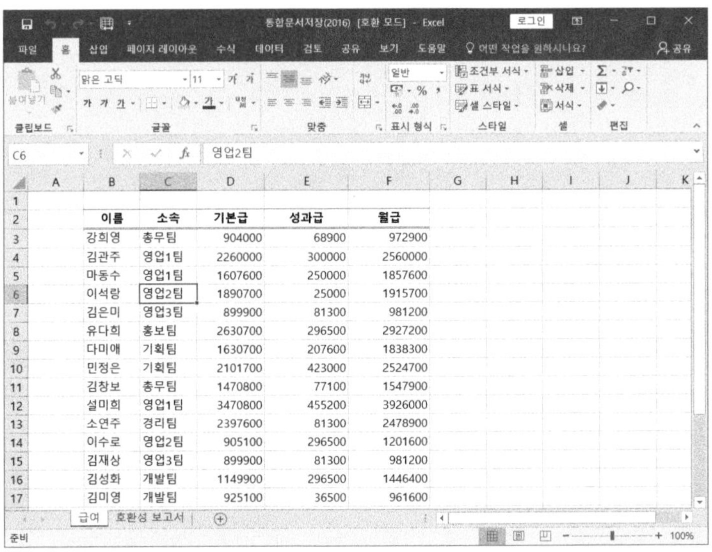

2 서식 파일로 저장

통합문서의 다양한 서식들을 저장한 서식 파일을 이용해 필요 시 원하는 서식만을 불러다 사용할 수 있다. 서식 파일의 형식은 (.xltx)이고 저장 위치는 Templates 폴더에 저장된다. [다른 이름으로 저장] 대화상자에서 파일 형식을 'Excel 서식 파일'을 선택하여 저장한다.

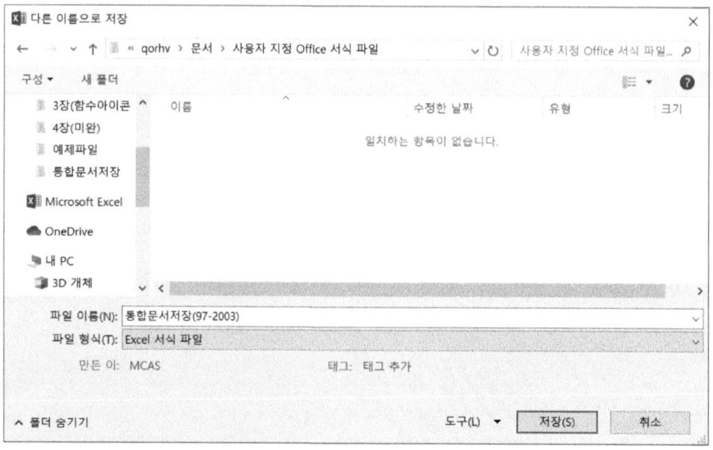

3 매크로 사용 통합문서로 저장

xml 기반 및 매크로 사용 파일 형식으로 통합문서를 저장하는 것으로 확장자는 (.xlsm)이다. [파일]-[다른 이름으로 저장]을 실행하면 다음과 같이 [다른 이름으로 저장] 대화상자가 나타난다. 파일 이름은 통합문서 저장, 파일 형식은 'Excel 매크로 사용 통합문서'로 변경한 후 [저장]을 누르면 [통합문서저장.xlsm] 파일로 저장된다.

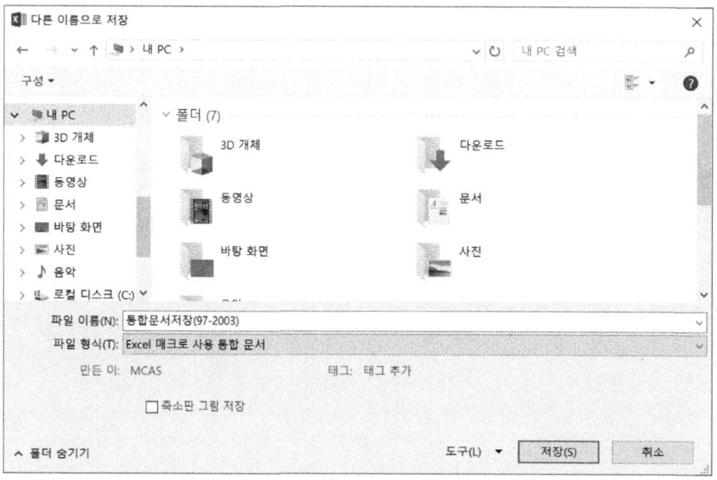

TIP | 저장 파일 형식

다른 이름으로 저장된 파일 형식의 아이콘 모양이다.

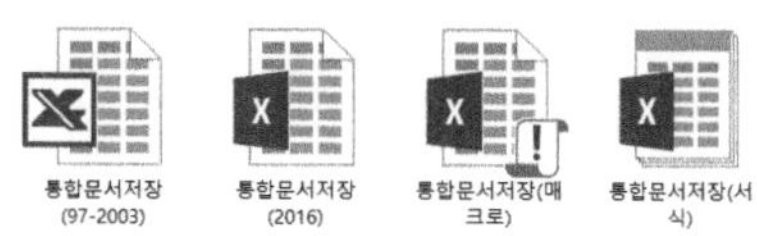

8-4 통합문서 보기 및 인쇄

학습목표 ■ 엑셀 작업을 더 쉽게 작업할 수 있도록 화면이나 창을 구성하는 다양한 화면 보기 모드와 여백, 용지 방향, 크기, 인쇄 영역과 같은 다양한 인쇄 설정을 할 수 있다.

예제파일 : 통합문서보기및인쇄.xlsx / 완성파일 : 통합문서보기및인쇄(완성).xlsx

1 통합문서 보기

[보기] 탭–[통합문서 보기] 그룹에는 기본, 페이지 레이아웃, 페이지 나누기 미리 보기, 사용자 지정 보기, 전체 화면 모드 등이 있다.

(1–1) 기본보기

제목 표시줄, 리본 탭, 워크시트, 상태 표시줄 등이 나타나는 기본 화면 보기이다.

2 페이지 레이아웃

기본 보기에서와 같이 데이터 형식과 레이아웃을 변경할 수 있고 눈금자를 사용하여 데이터의 너비와 높이, 용지 방향 등을 변경, 머리글/바닥글과 페이지 나누기 작업을 할 수 있다.

① [보기] 탭–[통합문서 보기] 그룹–[페이지 레이아웃] 명령을 실행하거나 상태 표시줄에서 [페이지 레이아웃] 단추를 선택하여 '기본'에서 '페이지 레이아웃' 보기로 전환한다.

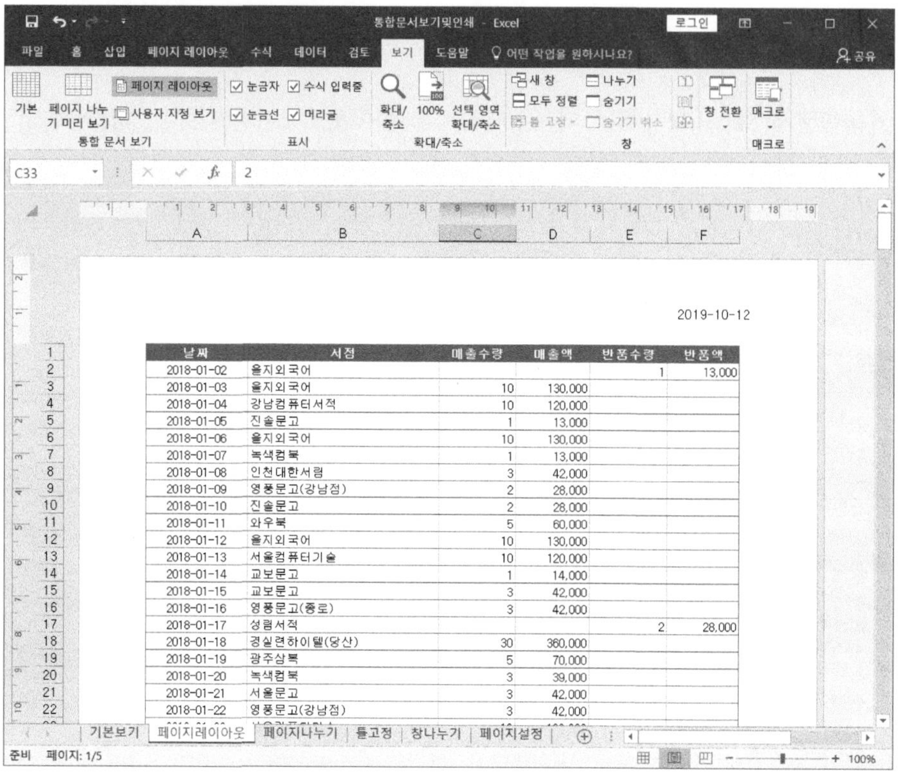

3 페이지 나누기 미리보기

인쇄할 문서 영역을 페이지 구분선으로 나누어 볼 수 있고 페이지 수를 정확하게 인쇄하려면 마우스로 페이지 구분선을 드래그한 페이지에 인쇄할 내용을 조절한다.

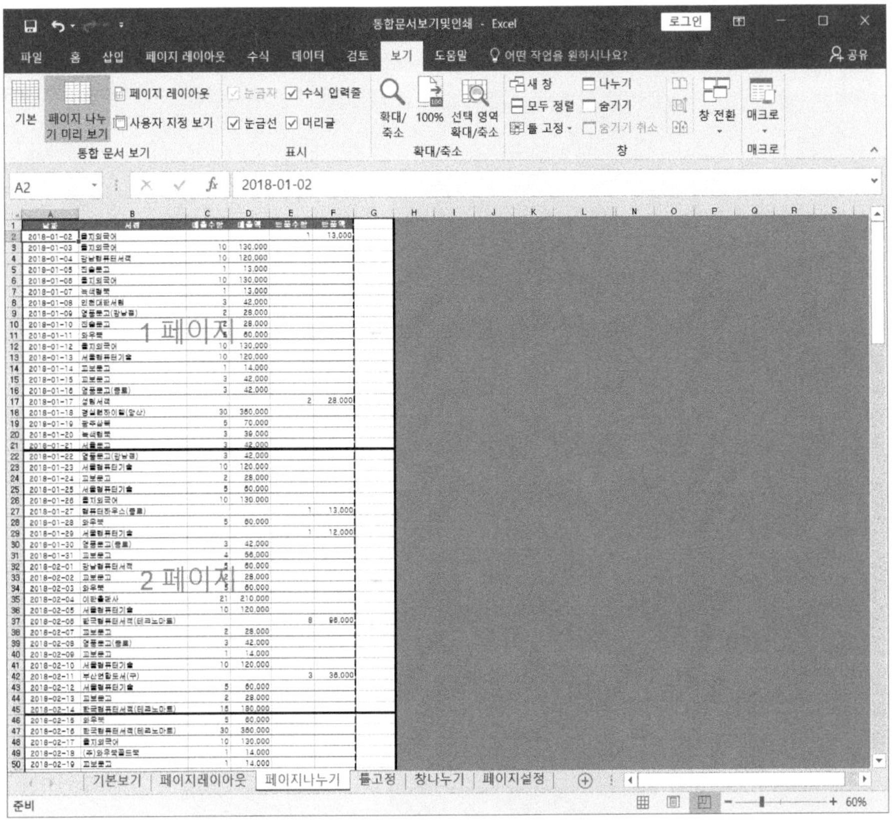

4 창 관리

엑셀에서 여러 통합문서를 띄워놓고 작업해야 할 경우 창을 잘 다룰 줄 알아야 한다. [보기] 탭-[창] 그룹에는 새 창, 모두 정렬, 틀 고정, 창 나누기와 같은 여러 명령들이 있다. 새 창 및 창 전환은 현재 문서 보기가 있는 새 창을 여러 개 열고 창을 전환하는 기능이다.

① [보기] 탭-[창] 그룹-[새 창] 명령을 실행해 새 창을 연다.

② '통합문서 보기 및 인쇄2', '통합문서 보기 및 인쇄3', '통합문서 보기 및 인쇄4' 와 같이 새 창이 생기며 처음 파일은 '통합문서 보기 및 인쇄1'로 이름이 변경되어 제목표시줄에 나타난다. 창을 전환하기 위해 [보기] 탭-[창] 그룹-[창 전환] 명령을 실행하면 원하는 창으로 전환된다.

5 창 정렬

두 개의 창을 비교해서 보거나 여러 통합문서가 열려 있을 경우 창을 정렬해야 하는 경우 사용한다.

① [보기] 탭-[창] 그룹-[모두 정렬] 명령을 실행하여 [창 정렬] 대화상자가 나타나면 바둑판, 가로, 세로, 계단식 옵션 중 하나를 선택한다.

[바둑판식 정렬]

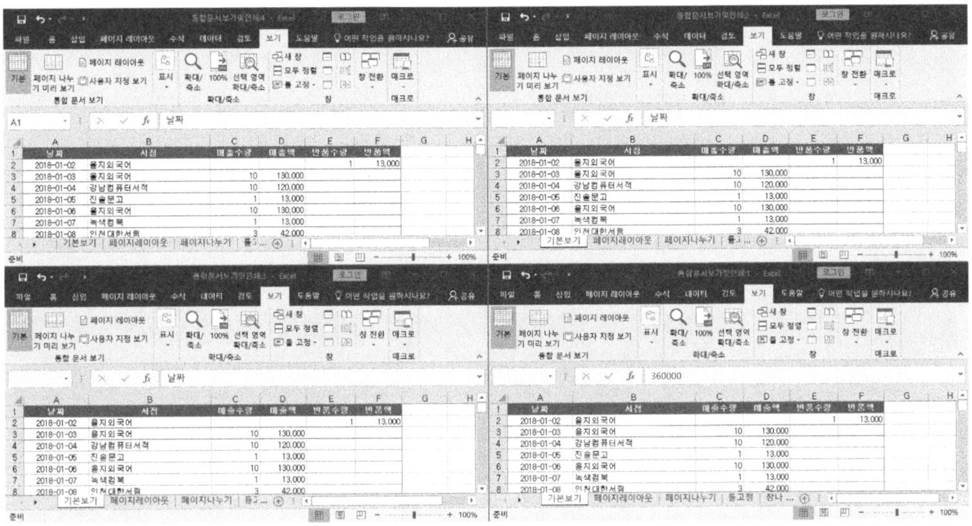

[가로 정렬]

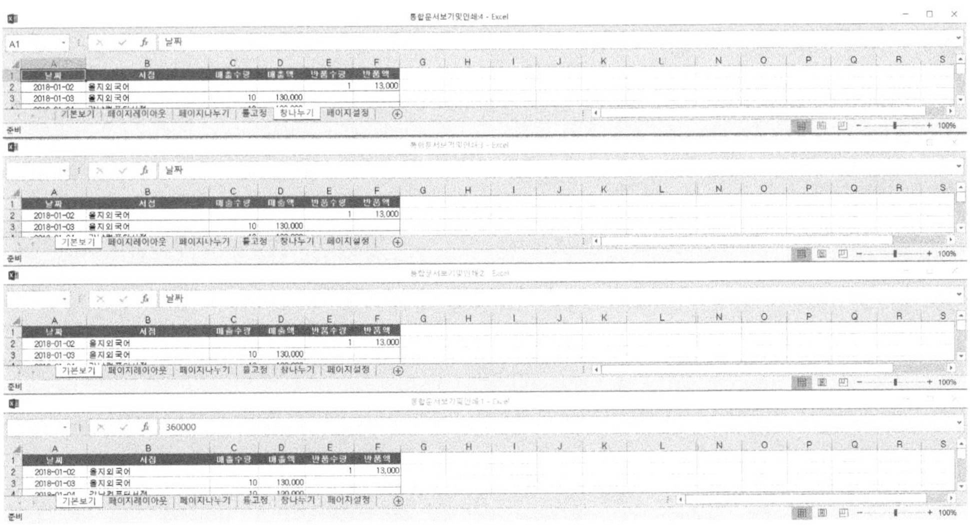

[세로 정렬]

[계단식 정렬]

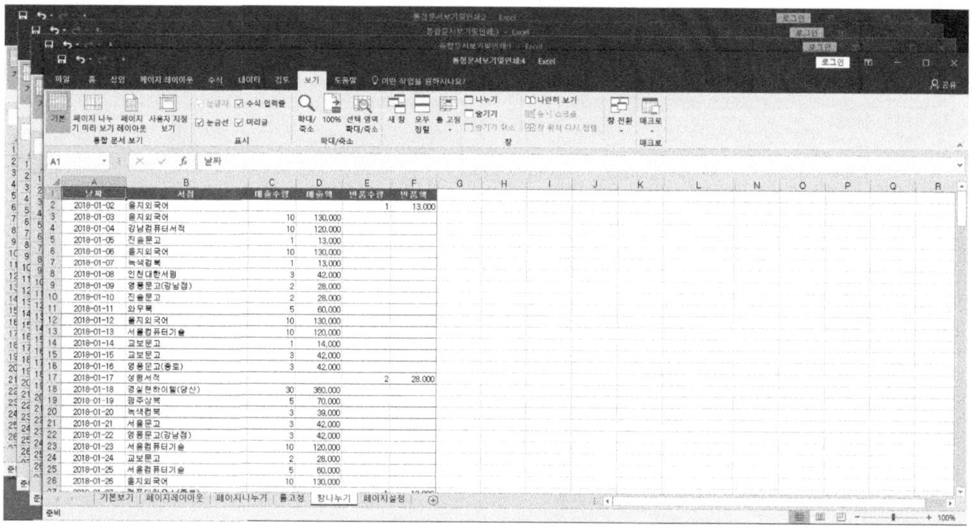

② [보기] 탭–[창] 그룹–[나란히 보기] 명령을 클릭하면 두 문서의 창을 가로 방향으로 정렬해서 내용을 비교할 수 있도록 두 워크시트를 나란히 표시한다.

③ 두 워크시트를 동시에 스크롤하려면 [보기] 탭–[창] 그룹에서 [동시 스크롤] 명령을 실행한다. 이 옵션은 나란히 보기가 설정되어 있는 경우에만 사용할 수 있다.

[나란히 보기]

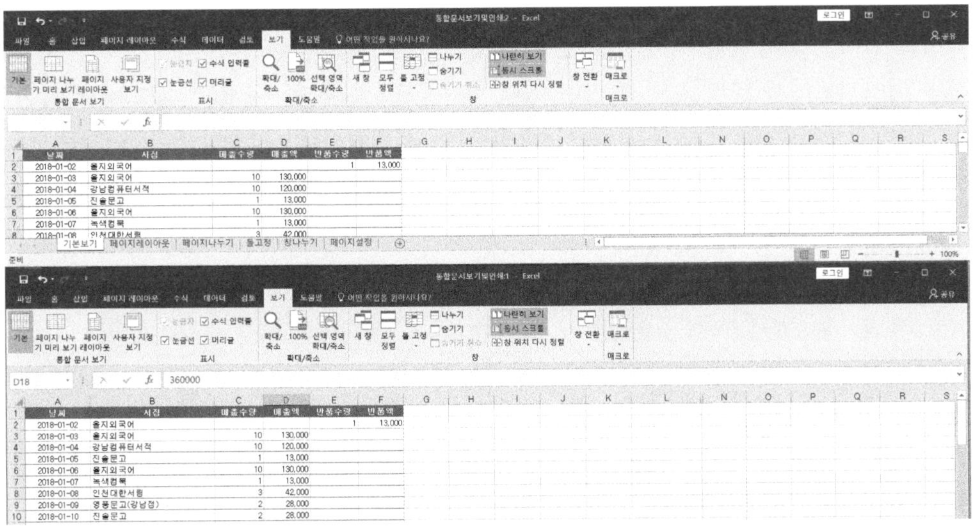

④ 통합문서 창의 크기를 조정한 경우 [창 위치 다시 정렬] 명령을 실행하면 원래의 설정으로 돌아갈 수 있다. 이 기능을 사용하려면 [나란히 보기]를 실행해야만 한다.

6 틀 고정

워크시트에 많은 양의 데이터가 있을 경우 틀 고정을 이용해 워크시트에 두 개의 영역을 표시하고 한 영역에서 행이나 열을 잠글 수 있다.

① 행을 잠그려면 창을 나눌 위치의 아래 행을 선택하고 열을 잠그려면 창을 나눌 위치의 오른쪽 열을 선택한다. 행과 열을 모두 잠그려면 창을 나눌 위치의 오른쪽 아래 셀을 선택한다. 다음과 같이 [B2]셀을 선택한 후 [보기] 탭-[틀 고정]-[틀 고정] 명령을 실행한다.

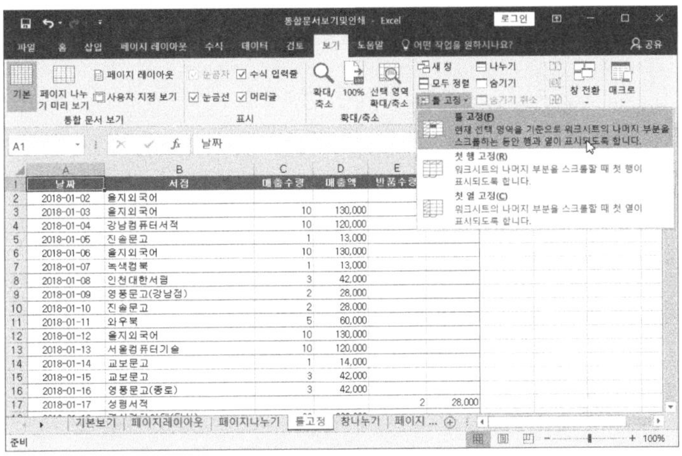

② 틀 고정을 취소하기 위해서는 [보기] 탭-[틀 고정]-[틀 고정 취소] 명령을 실행하면 된다.

7 창 나누기

워크시트 보기를 포함하여 크기를 조정할 수 있는 여러 창으로 분할하는 기능으로 이 기능을 사용하면 워크시트에서 멀리 떨어져 있는 여러 부분을 한 번에 볼 수 있다. [보기] 탭–[창] 그룹–[나누기]를 실행하면 다음과 같이 워크시트의 창이 선택된 셀의 왼쪽과 위쪽을 기준으로 4부분으로 분할된 것을 볼 수 있다. 창 나누기를 취소하려면 [보기] 탭의 [창] 그룹–[나누기]를 다시 실행하면 취소된다.

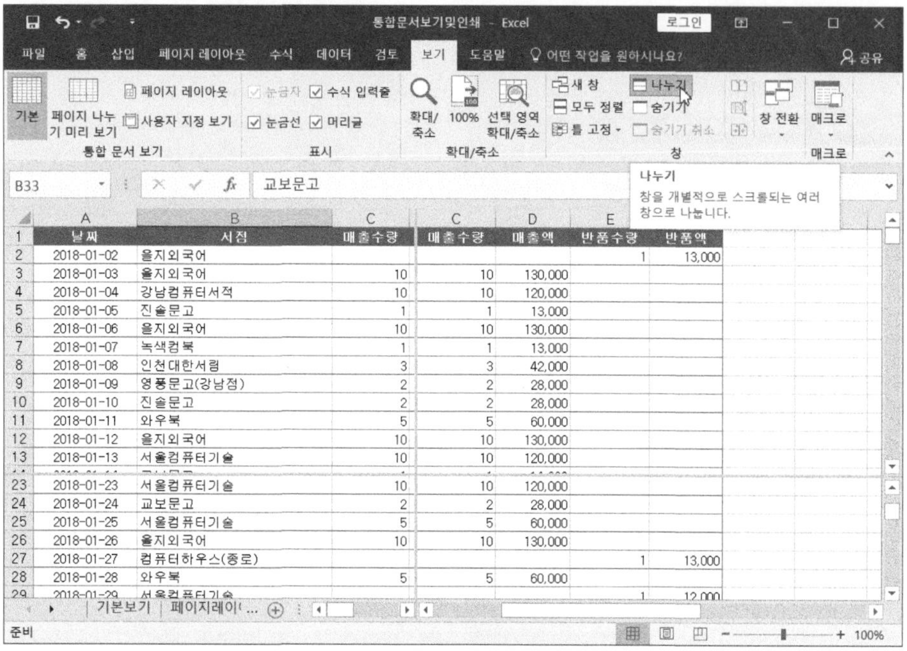

8-5 인쇄

통합문서를 인쇄하기 전에 여백, 용지 방향, 크기, 인쇄 영역을 지정하고 머리글/바닥글을 지정할 수 있다. 지정된 통합문서를 인쇄 미리보기를 이용해 미리 보고 변경할 수 있다.

1 페이지 설정

① [페이지 설정] 시트를 선택한 후 [보기] 탭-[통합문서 보기] 그룹-[페이지 레이아웃] 보기를 선택하여 페이지 단위로 지정한 후 [페이지 레이아웃] 탭-[페이지 설정] 그룹-[여백]-[사용자 지정 여백]을 실행하면 [페이지 설정] 대화상자가 나타난다.

② [페이지 레이아웃] 탭-[페이지 설정] 그룹-[용지 방향]-[가로] 명령을 실행한다.

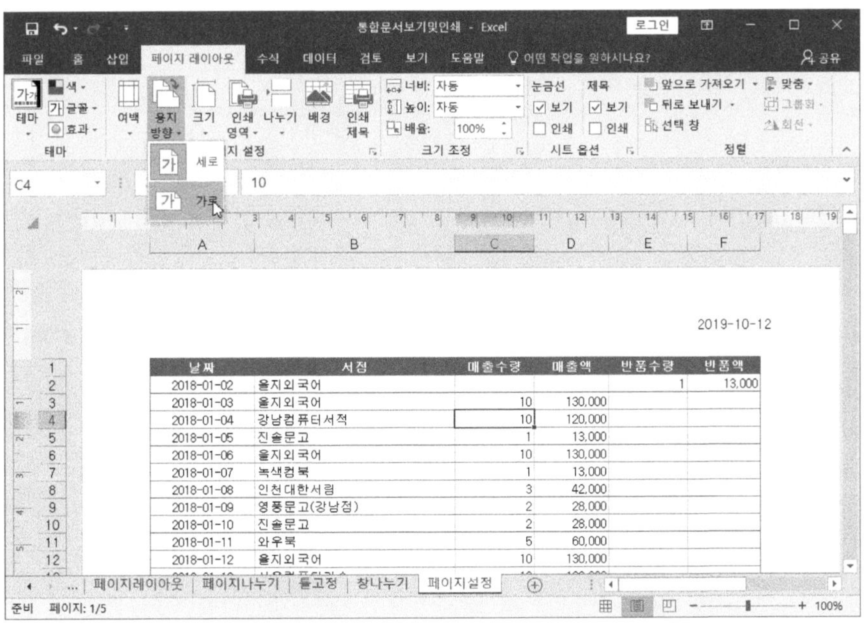

③ 제목 행이 모든 페이지에 반복적으로 나타나게 하기 위해 [페이지 레이아웃] 탭–[페이지 설정] 그룹–[인쇄 제목] 명령을 실행하면 나타나는 [페이지 설정] 대화상자의 시트 탭에서 인쇄 제목의 '반복할 행'에 [반복할 행]을 클릭하여 범위를 설정할 행을 클릭한 후 [확인]을 누른다.

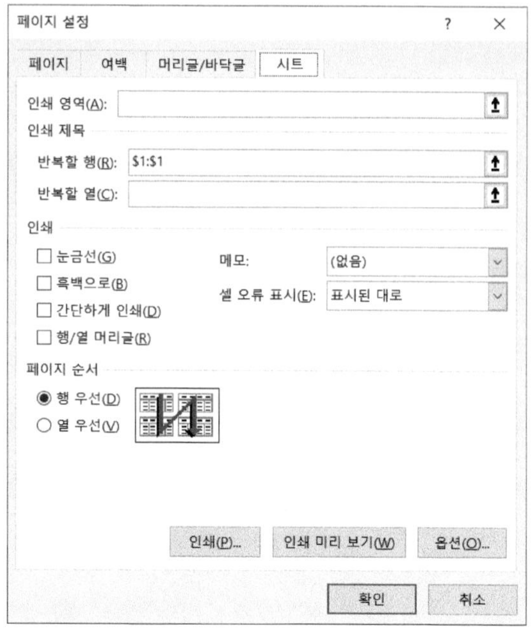

2 인쇄 미리보기

[페이지 설정]이 완료되면 [파일]–[인쇄]에서 문서를 미리 확인할 수 있다. [페이지 설정] 대화상자의 시트 탭에서 지정했던 제목 행이 반복되어 표시가 된다. [인쇄 미리보기] 창의 [여백 표시]에 체크를 하면 여백이 표시되며 마우스로 여백을 조절할 수 있다.

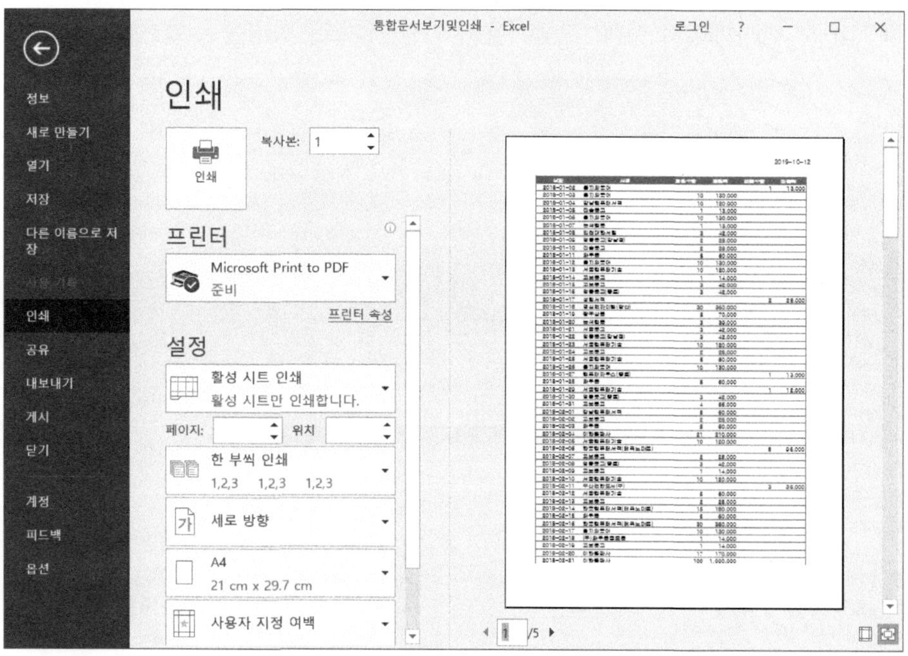

3 용지 크기 및 배율 조정

[페이지 설정] 대화상자의 [페이지] 탭에서 용지 크기와 배율을 조정할 수 있다. 배율은 확대 또는 축소해서 지정할 수도 있고 자동 맞춤 기능을 이용할 수도 있다.

① [페이지 레이아웃] 탭–[크기 조정] 그룹의 배율을 80%로 바꾸거나 [페이지 설정] 대화상자에서 배율을 '80%'으로 조정해 용지 배율을 축소한 후 [인쇄 미리보기]를 누른다.

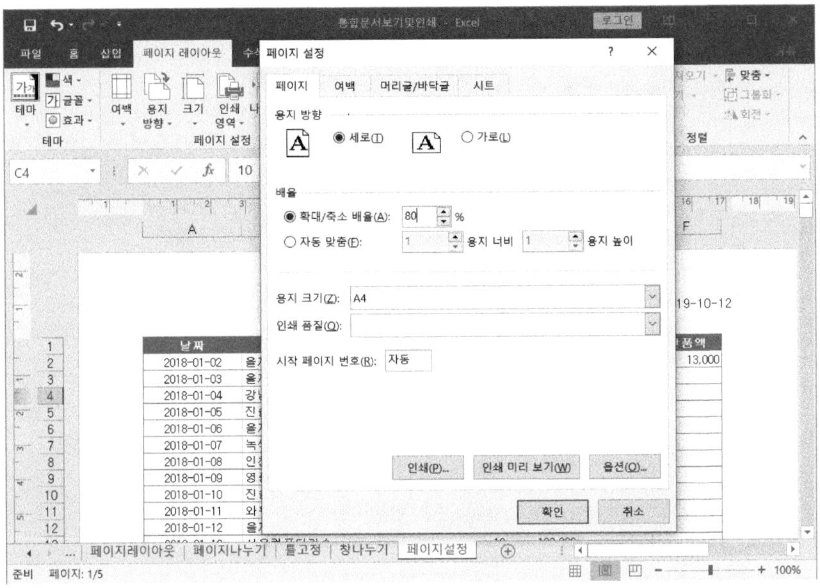

② 다음과 같이 용지 배율이 '80%'로 축소되어 표시된다.

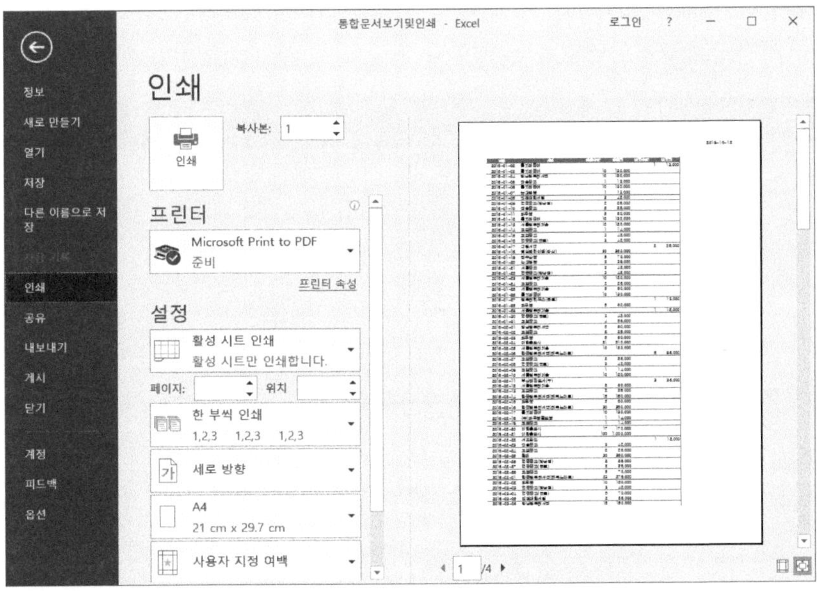

4 머리글/바닥글 지정

워크시트에 머리글 또는 바닥글을 추가하거나 변경할 수 있다. 미리 정의된 머리글 및 바닥글 정보를 추가할 수도 있고 페이지 번호, 날짜 및 시간, 파일 이름 등의 요소를 삽입할 수도 있다. 인쇄물에서 머리글 또는 바닥글이 나타날 위치, 크기, 맞춤을 하기 위해 머리글 및 바닥글 옵션 중에서 선택한다.

① 워크시트를 선택하고 [삽입] 탭-[텍스트] 그룹-[머리글/바닥글] 명령을 실행하면 다음과 같이 [페이지 레이아웃 보기]에서 워크시트가 표시된다. 상태 표시줄의 [페이지 레이아웃 보기] 명령을 선택하여 표시할 수도 있다.

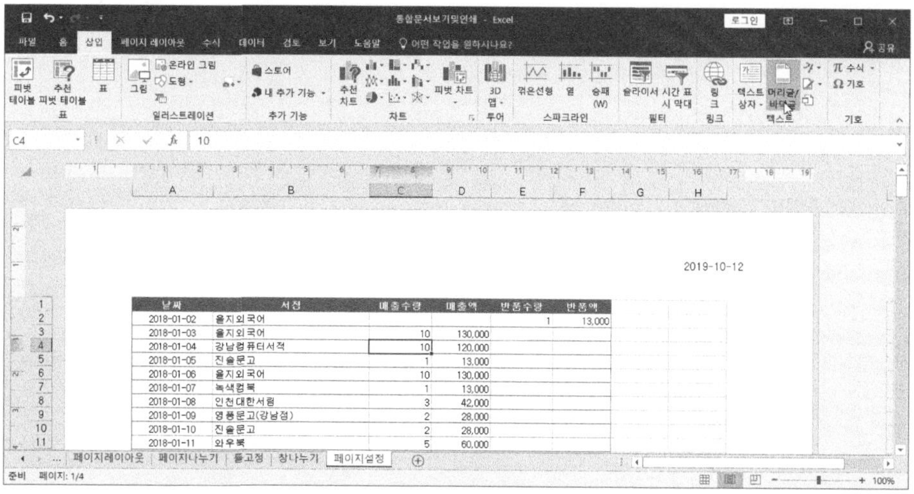

② 머리글이 추가되면 '서점별 매출액 현황'이라고 입력한 뒤 [머리글/바닥글 도구]-[디자인] 탭-[탐색] 그룹-[바닥글로 이동] 명령을 실행한다.

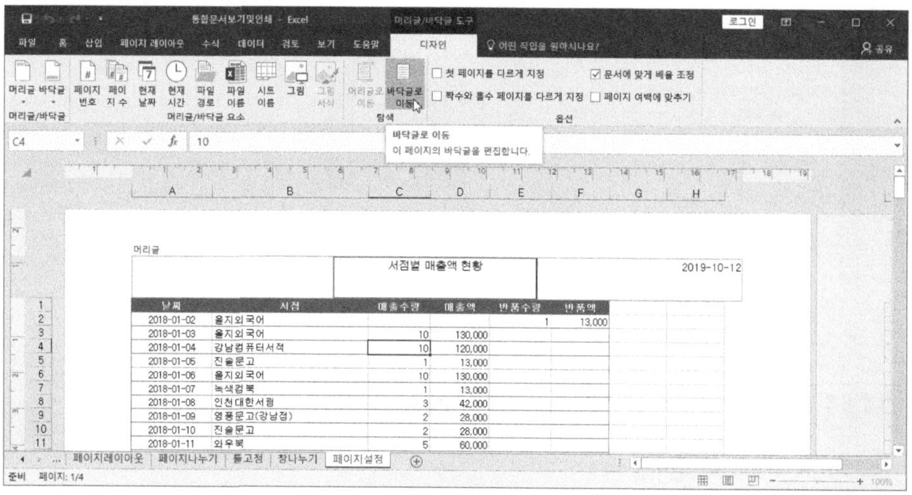

③ 바닥글로 이동이 되면 오른쪽 구역을 선택해서 [머리글/바닥글 도구]-[디자인] 탭-[머리글/바닥글 요소] 그룹-[페이지 번호]를 넣고 '/'를 입력한 후 [머리글/바닥글 도구]-[디자인] 탭-[머리글/바닥글 요소] 그룹- [페이지 수]명령을 실행하여 다음과 같이 넣는다.

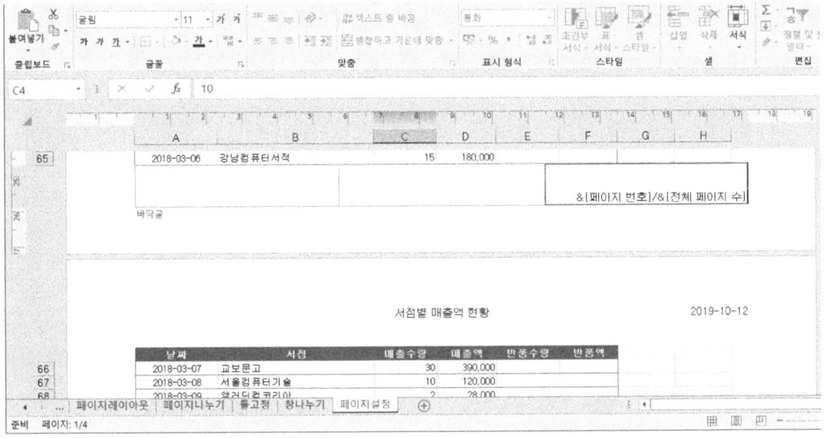

④ 바닥글이 설정된다.

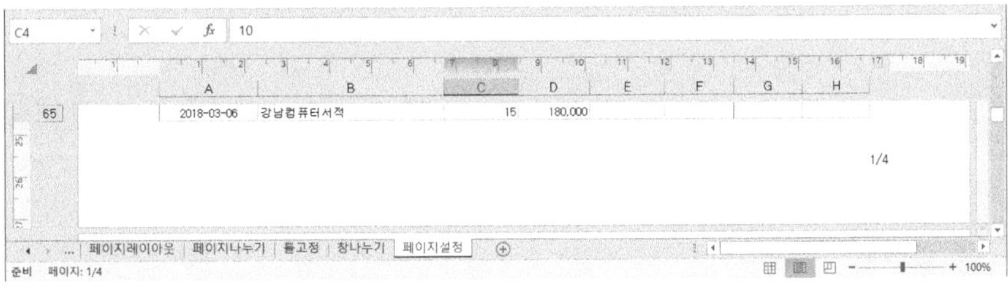

TIP | 머리글/바닥글 닫기 및 삭제

- 머리글이나 바닥글을 닫으려면 워크시트의 아무 곳이나 클릭하면 되고 내용을 변경하지 않고 머리글 또는 바닥글을 닫으려면 Esc 를 누르면 된다.
- 머리글이나 바닥글의 일부를 삭제하려면 머리글 또는 바닥글 텍스트 상자에서 삭제할 부분을 선택하고 Delete 또는 백스페이스 ⟵ 를 누른다.

5 시작페이지 변경

① 기본적으로 페이지 번호는 '1'부터 시작하여 순서대로 매겨지지만 이 순서의 시작 페이지를 다른 번호로 변경하기 위해 [페이지 레이아웃] 탭-[페이지 설정] 그룹 옆에 있는 대화상자 표시 아이콘(⧉)을 클릭하여 [페이지] 탭의 시작 페이지 번호 상자에 첫 페이지에 사용할 번호를 입력한다.

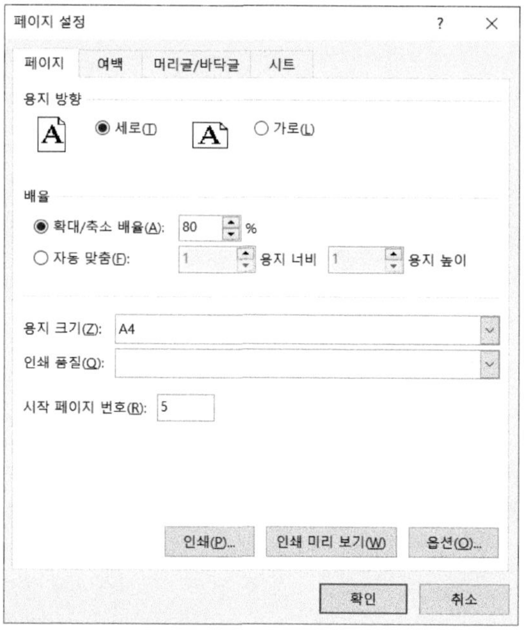

② 시작 페이지가 변경된다.

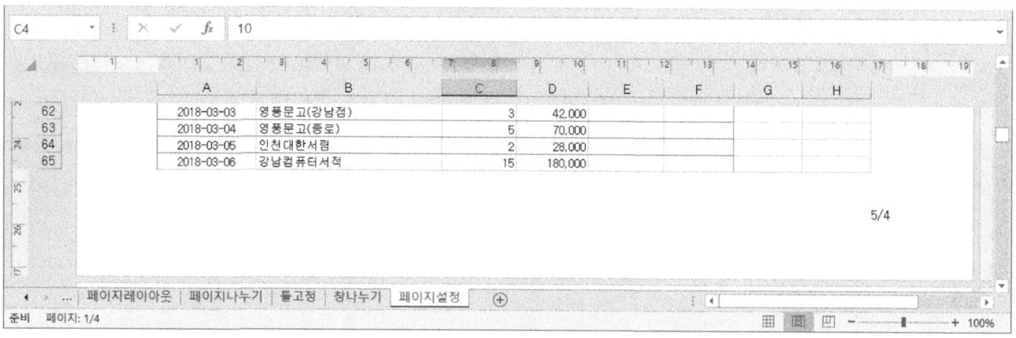

연습문제 08-2

문제파일 : 연습문제22.xlsx / 정답파일 : 연습문제22(완성).xlsx

01 [Sheet1] 시트의 쪽번호를 페이지 바닥글 가운데에 적용하시오.

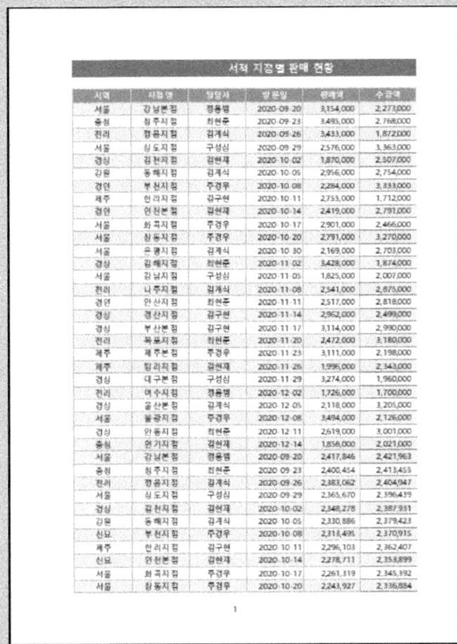

02 한페이지에 모든열을 맞추고 제목행이 반복되도록 설정하시오.

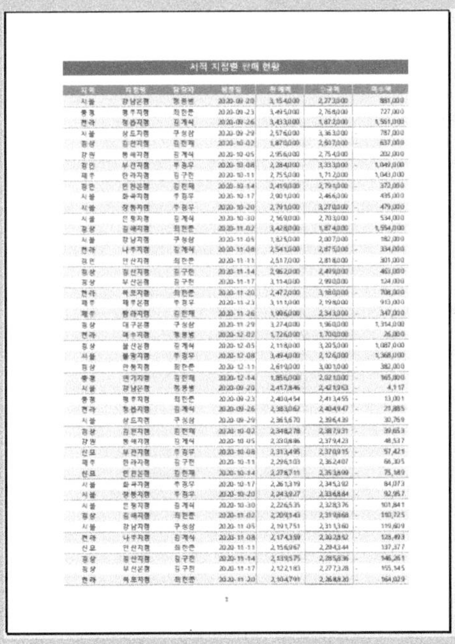

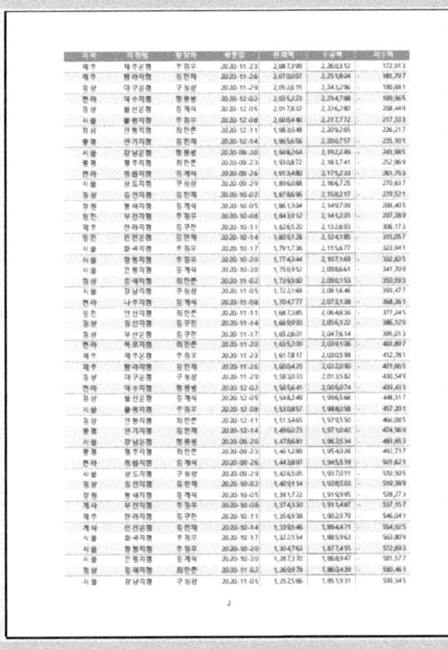

APPENDIX

1. 기출문제&실전문제

- 1-1 MOS EXCEL2016 모의고사
- 1-2 컴퓨터활용능력 2급 기출문제
- 1-3 정보기술자격(ITQ) 엑셀 기출문제
- 1-4 사무자동화 산업기사 기출문제

2. 엑셀 단축키 모음

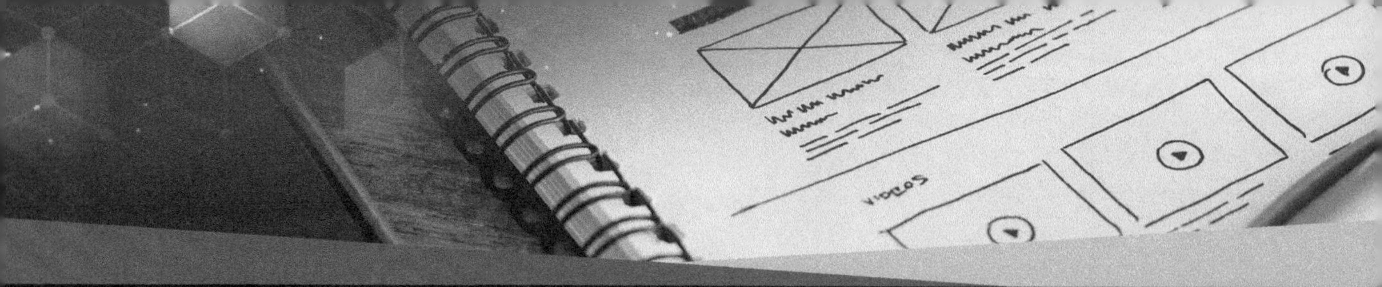

[1-1] MOS EXCEL2016 모의고사 1회

프로젝트1

▣ 준비파일 : 프로젝트1.xlsx

여러분은 서점에서 근무합니다. 여러분은 서적 지점별판매 자료를 정리하기 위한 통합 문서를 준비하고 있습니다.

서적 지점별 판매 현황

	지역	지점명	담당자	방문일	판매액	수금액	미수액		담당자	총판매액
5	서울	강남본점	정용범	2020.09.20(일)	3,154,000	2,273,000	881,000		정용범	16,430,813
27	전라	여수지점	정용범	2020.12.02(수)	1,726,000	1,700,000	26,000			
32	서울	강남본점	정용범	2020.09.20(일)	2,417,846	2,421,963	- 4,117			
54	전라	여수지점	정용범	2020.12.02(수)	2,035,223	2,234,788	- 199,565			
59	서울	강남본점	정용범	2020.09.20(일)	1,948,264	2,192,249	- 243,985			
81	전라	여수지점	정용범	2020.12.02(수)	1,565,641	2,005,074	- 439,433			
86	서울	강남본점	정용범	2020.09.20(일)	1,478,681	1,962,534	- 483,853			
108	전라	여수지점	정용범	2020.12.02(수)	1,096,059	1,775,360	- 679,301			
113	서울	강남본점	정용범	2020.09.20(일)	1,009,099	1,732,820	- 723,721			

작업1 – 데이터가 변경될 때 수식이 자동으로 계산되는 것을 방지하고, 통합 문서가 저장되기 전에 수식들이 다시 계산되도록 Excel 옵션을 수정합니다.

작업2 – 방문일열 E 열에 2020.09.20.(일)날짜 형식을 지정합니다.

작업3 – 담당자가 정용범인 사람들만 필터링 합니다.

작업4 – 각 지점별 판매액을 보여 주는 피벗 테이블을 새 워크시트에 만듭니다.

작업5 – K5셀에 하나의 조건부 합계 함수를 사용하여 담당자 정용범의 총 판매액의 합을 계산합니다.

프로젝트2

준비파일 : 프로젝트2.xlsx

여러분은 영업 부서에서 근무하고 있습니다. 부서 회의를 앞두고 매출목표 집계 작업을 하고 있습니다.

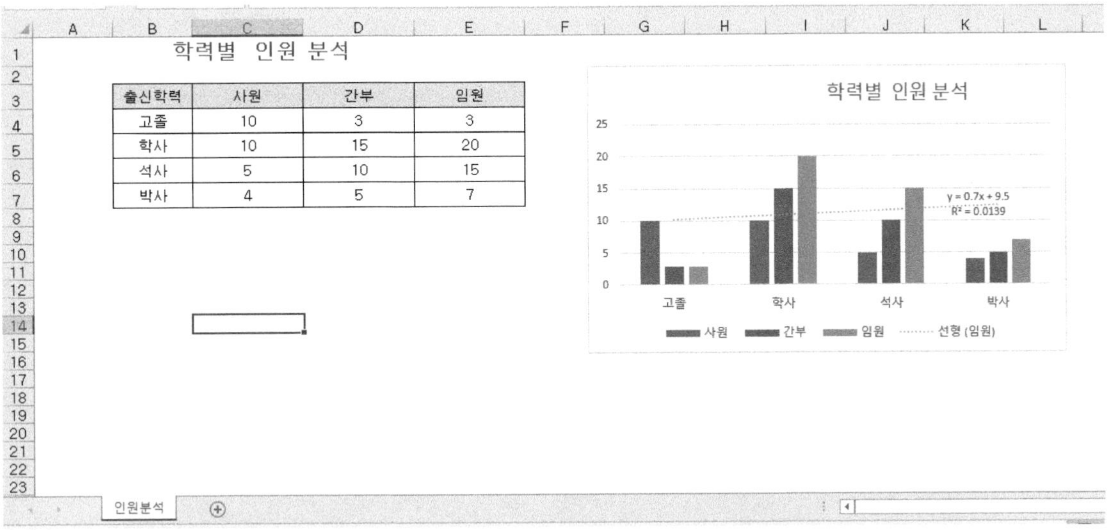

작업1 – 차트에 이동 평균 추세선을 추가합니다.

작업2 – 시트명을 인원분석으로 변경합니다.

작업3 – 임원 차트에 선형 추세선을 추가하고 R제곱값과 수식을 표시합니다.

작업4 – 사용자가 워크시트를 추가, 삭제 또는 수정할 수 없도록 암호 “@123”를 사용하여 통합 문서를 보호합니다.

프로젝트3

준비파일 : 프로젝트3.xlsx

여러분은 영업관리 부서에서 근무하고 있습니다. 작년 영업실적을 비교하고, 상반기 수출내역을 요약하는 워크시트 작업을 하고 있습니다.

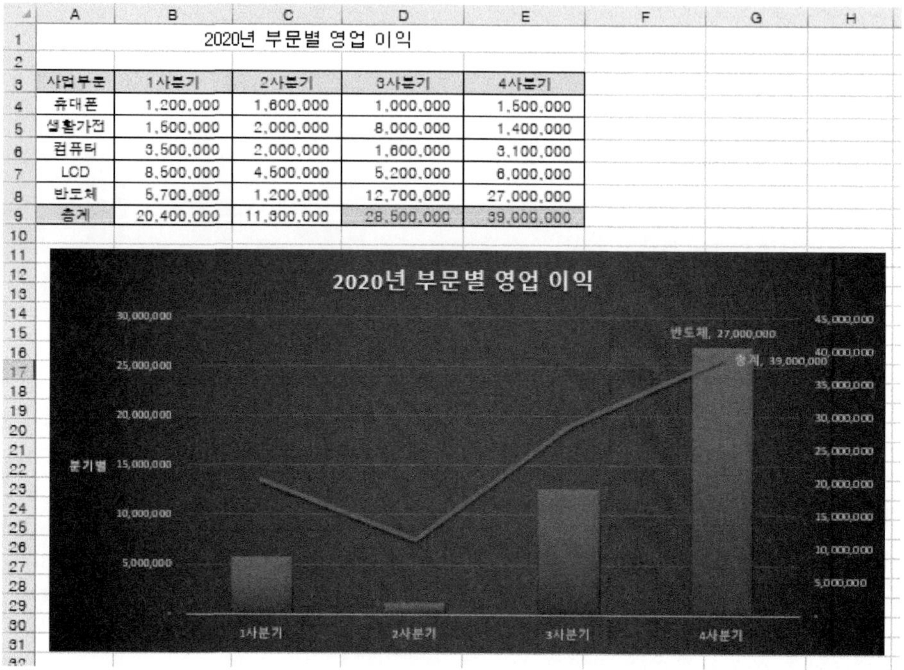

2020년 부문별 영업 이익

사업부문	1사분기	2사분기	3사분기	4사분기
휴대폰	1,200,000	1,600,000	1,000,000	1,500,000
생활가전	1,500,000	2,000,000	8,000,000	1,400,000
컴퓨터	3,500,000	2,000,000	1,600,000	3,100,000
LCD	8,500,000	4,500,000	5,200,000	6,000,000
반도체	5,700,000	1,200,000	12,700,000	27,000,000
총계	20,400,000	11,300,000	28,500,000	39,000,000

작업1 – "영업이익" 워크시트에서 반도체 1사분기에서 4사분기의 "영업실적"은 묶은 세로 막대형 차트를, "총계"는 꺾은선형 차트를 보조축으로 설정합니다. 이때, 가로 축 레이블은 "분기"로 설정하고 텍스트 방향은 가로로 지정한 후 범례 항목은 삭제합니다.

작업2 – "영업이익" 워크시트에 있는 차트를 "반도체 총계"라는 이름의 서식 파일로 문서폴더에 저장합니다.

작업3 – "영업이익" 워크시트에서 "총계" F열의 값이 상위 2 이상인 데이터에 진한 빨강 텍스트가 있는 연한 빨강 채우기 조건부 서식을 적용하시오.

작업4 – 작성된 차트의 레이아웃을 6로 변경하고 차트스타일을 6로 지정한 후 차트 제목은 표 제목과 연결합니다.

프로젝트4

준비파일 : 프로젝트4.xlsx

여러분은 고객관리 업무를 보고 있습니다. 고객별 할인판매금액을 계산하기 위한 양식 문서를 작성하고 있습니다.

	A	B	C	D	E	F	G	H	I	J	K
1	ID	성명	구분	회사	직급	성별	생일	근무지	거래금액		구분
2	M5130Y	오상석	프리미엄	한일상사	대표	남자	1975-10-23	제주	4,398,084		프리미엄 ▼
3	P3554O	이형운	프리미엄	왕성교역	과장	여자	1977-10-20	대전	7,958,406		
4	F2994V	이채원	프리미엄	은하수유통	과장	여자	1971-08-01	부산	1,051,142		
5	E1123V	차윤식	프리미엄	백두무역	대리	남자	1971-09-26	대전	4,534,613		
6	X7434N	이혜신	프리미엄	우주상사	사원	여자	1973-10-06	서울	5,599,926		
7	H5774S	오유나	골드	삼미상사	대표	여자	1970-03-05	서울	8,716,741		
8	V3455C	유준상	골드	관악유통	대표	남자	1965-07-08	서울	2,046,988		
9	C3868S	한영우	골드	대진상사	대표	남자	1959-03-19	대전	9,026,457		
10	Y9226H	한혜정	골드	한빛유통	부장	남자	1975-12-10	서울	5,020,303		
11	I7709A	이남주	골드	아틀란티스통상	과장	남자	1975-01-23	서울	6,947,683		
12	U387H	천진희	골드	상도무역	대리	여자	1974-11-16	인천	6,225,671		
13	L4286E	박영옥	골드	서희무역	대리	여자	1978-12-26	인천	2,661,843		
14	P8093Z	윤다인	골드	남해유통	대리	여자	1975-07-07	수원	3,803,218		
15	V1265R	김현필	골드	태평유통	대리	남자	1977-11-01	부산	4,870,489		
16	E4274H	한상민	골드	한빛유통	대리	남자	1979-05-04	제주	8,648,175		
17	D2678Q	조시현	골드	신세기상사	사원	남자	1972-08-06	서울	2,211,868		
18	K5102F	권우진	골드	나라백화점	사원	남자	1976-01-26	부산	8,106,644		
19	V3281W	박형준	골드	백두무역	사원	남자	1976-07-11	부산	4,659,333		
20	K9277R	김성준	실버	글로벌통상	대표	남자	1966-10-13	부산	7,722,499		
21	G4980K	이승현	실버	관악유통	부장	남자	1976-09-28	서울	7,455,440		
22	C7582Z	이혜원	실버	성준통상	부장	여자	1976-09-29	수원	3,834,375		
23	Y3727C	오지나	실버	한라교역	대리	여자	1977-07-31	천안	3,291,258		

작업1 - 구분 C열이 골드이고 거래금액이 5,000,000 이상인 전체 행에 1월에서 노랑색 배경색을 적용하는 조건부 서식 규칙을 추가합니다.

작업2 - 개발 도구 탭을 리본 메뉴에 표시합니다.

작업3 - 성별열에 남자, 여자 목록상자로 선택할 수 있도록 유효성 검사를 지정합니다.

작업4 - 구분 워크시트 B3:B6 고객관리 워크시트의 k2셀에 콤보상자(양식컨트롤)에 연결합니다

프로젝트5

준비파일 : 프로젝트5.xlsx

여러분들은 거래처를 관리하는 관리자입니다. 매년 말이 되면 거래처별로 주문 정보를 정리 합니다.

서적 지점별 판매 현황

코드	지역	지점명	담당자	방문일	판매액	수금액	미수액	비고
K001	서울	강남본점	정용범	2020-09-20	3,154,000	2,273,000	881,000	
K002	충청	청주지점	최현준	2020-09-23	3,495,000	2,768,000	727,000	
K003	전라	정읍지점	김계식	2020-09-26	3,433,000	1,872,000	1,561,000	
K001	서울	상도지점	구성삼	2020-09-29	2,576,000	3,363,000	(787,000)	수금예정
K003	전라	김천지점	김현재	2020-10-02	1,870,000	2,507,000	(637,000)	수금예정
K004	강원	동해지점	김계식	2020-10-05	2,956,000	2,754,000	202,000	
K002	충청	대구본점	구성삼	2020-11-29	3,274,000	1,960,000	1,314,000	
K001	서울	여수지점	정용범	2020-12-02	1,726,000	1,700,000	26,000	
K002	충청	울산본점	김계식	2020-12-05	2,118,000	3,205,000	(1,087,000)	수금예정
K004	강원	불광지점	주경우	2020-12-08	3,494,000	2,126,000	1,368,000	
K001	서울	안동지점	최현준	2020-12-11	2,619,000	3,001,000	(382,000)	수금예정
K002	충청	연기지점	김현재	2020-12-14	1,856,000	2,021,000	(165,000)	수금예정

작업1 – 셀 범위 B20:C25를 지역코드표로 이름 정의합니다.

작업2 – 지역 코드표를 참조하여 B5:B16의 코드에 지역을 C5:C16에 찾기/참조 함수 vlookup 함수를 사용하여 계산하시오.

작업3 – 수금액 – 판매액 값을 미수액열에 구합니다

작업4 – 미수열에 값이 –이면 – 값이 표시되지 않은 파랑색 으로 표시하고 양수이면 빨강색으로 값이 괄호가 지정되도록 셀 서식을 적용합니다.

작업5 – J5:J16열에 미수금이 – 값이면 공란 그렇지 않으면 "수금예정"이라는 값이 나오도록 계산 합니다.

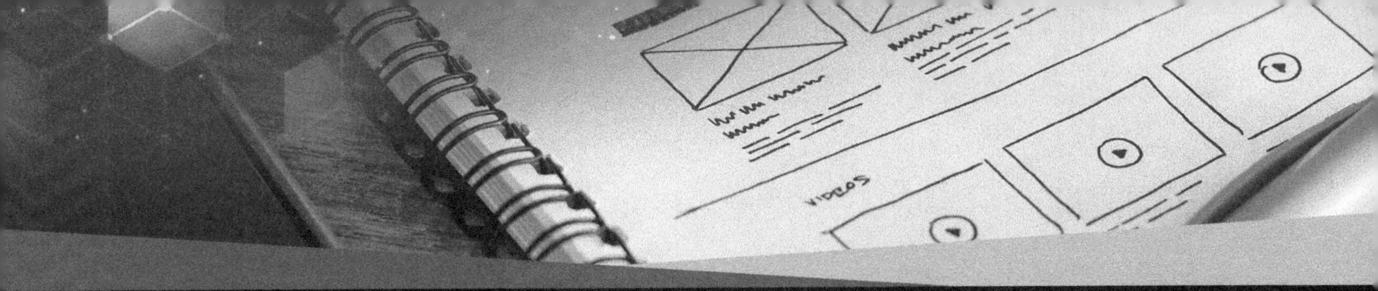

[1-1] MOS EXCEL2016 모의고사 2회

프로젝트1

준비파일 : 프로젝트1.xlsx

여러분은 총무과에서 근무하고 있습니다. 코드별 판매 현황 따른추가 주문수량 및 코드별 현황의 요구사항을 신청받기 위한 워크시트를 작성하고 있습니다.

코드별 판매 현황

코드	단가	입고수량	판매수량	재고수량(입고수량-판매수량	추가주문수량	비고
JS-5533	12,500	35	33	2BOX	10	
JS-5534	14,500	26	25	1BOX	8	
JS-5535	16,500	48	35	13BOX	30	
JS-5536	18,500	88	69	19BOX	10	
KU-5465	12,000	95	78	17BOX	5	
KU-5466	16,000	90	85	5BOX	70	
KU-5467	20,000	68	62	6BOX	0	
KU-5468	24,000	59	25	34BOX	60	
HJ-2435	22,500	94	79	15BOX	20	
HJ-2436	22,500	58	32	26BOX	15	
HJ-2437	22,500	70	36	34BOX	50	
HJ-2438	22,500	89	78	11BOX	30	
HJ-2439	22,500	98	89	9BOX	20	
합계						
요약					₩ 328	

작업1 – 재고수량(입고) F열 값 뒤에 "BOX" 텍스트가 표시되도록 설정합니다.

작업2 – 전체표를 표 스타일 보통7 스타일로 변경하고 요약행을 표시합니다.

작업3 – 비고 열에 추가주문수량 값이 50이상이면 재고확인 그렇지 않으면 공란으로 표시하는 값을 계산합니다.

작업4 – "재고수량" 이름으로 지정된 범위를 F5:F17 셀 범위만 포함되도록 수정합니다.

작업5 – G5 셀이 직접 또는 간접적으로 참조되는 모든 셀을 표시합니다.

프로젝트2

준비파일 : 프로젝트2.xlsx

여러분은 계절상품을 제작하는 회사의 경리 부서에서 근무하고 있습니다. 연간 지출내역을 정리하고 항목별로 분석하는 작업을 하고 있습니다.

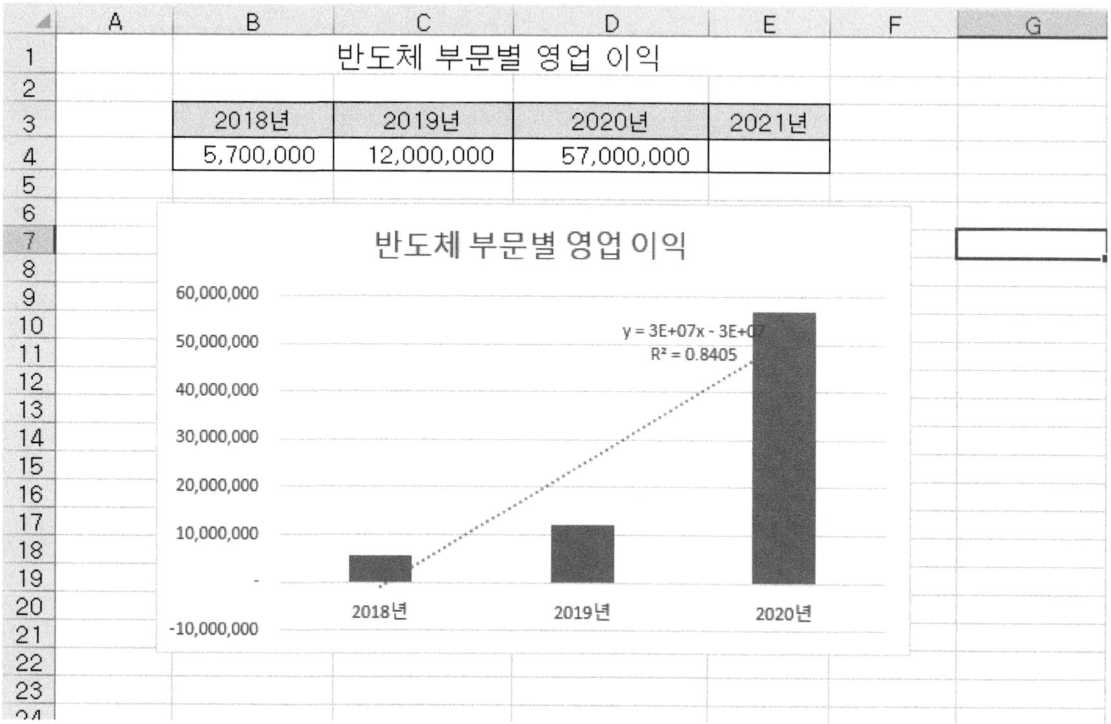

작업1 – 2018년도부터 2020년 (B3:D4) 영역을 이용하여 '묶은 새로 막대형' 그래프를 삽입하고, 차트 제목을 B1셀과 연결합니다.

작업2 – 해당차트에 선형 추세선을 삽입하고 수식을 차트에 표시하고, R-제곱 값을 차트에 표시합니다.

작업3 – "지출내역" 워크시트에 있는 데이터를 사용하여 "차트 분석" 워크시트에 거래유형별 지출항목별 금액의 개수를 구하는 피벗 차트를 만듭니다. 가로 축에는 "거래유형"과 "지출항목" 값이 표시되도록 합니다.

작업4 – "항목별 분석" 워크시트에서 사용자가 특정 지출항목 값만 표시할 수 있는 슬라이서를 추가합니다.

프로젝트3

준비파일 : 프로젝트3.xlsx

여러분은 컴퓨터공학과 시험 성적 결과를 정리하고 분석하는 작업을 하고 있습니다.

	A	B	C	D	E	F	G	H	I	J	K
1	학번	전공	학년	학적상태	출결	중간	기말	과제물	기타	총점	평점
2	20190012	컴퓨터정보과	1학년	재학	20	22	20	10	10	82	B
3	20190013	컴퓨터정보과	1학년	재학	20	18	24	10	10	82	B
4	20190014	컴퓨터정보과	1학년	재학	19	30	22	10	10	91	A
5	20190015	컴퓨터정보과	1학년	재학	20	16	15	10	10	71	C
6	20190016	컴퓨터정보과	1학년	재학	20	15	26	10	10	81	B
7	20190017	컴퓨터정보과	1학년	재학	20	17	21	10	10	78	C+
8	20190018	컴퓨터공학과	1학년	재학	20	10	25	10	10	75	C+
9	20190019	컴퓨터공학과	1학년	재학	18	21	30	10	10	89	B+
10	20190020	컴퓨터공학과	1학년	재학	20	10	23	10	10	73	C
11	20190021	컴퓨터공학과	1학년	재학	20	22	18	10	10	80	B
12	20190022	컴퓨터공학과	1학년	재학	18	28	15	10	10	81	B
13	20190023	컴퓨터공학과	1학년	재학	20	28	23	10	10	91	A
14	20190024	컴퓨터공학과	1학년	재학	20	23	28	10	10	91	A
15	20190025	컴퓨터공학과	1학년	재학	20	20	25	10	10	85	B+
16	20190026	컴퓨터공학과	1학년	재학	20	10	25	10	10	75	C+
17	20190027	컴퓨터공학과	1학년	재학	20	16	28	10	10	84	B
18	20190028	컴퓨터공학과	1학년	재학	19	23	20	10	10	82	B
19	20190029	컴퓨터공학과	1학년	재학	20	18	25	10	10	83	B
20	20190030	컴퓨터공학과	1학년	재학	20	10	20	10	10	70	C
21											

기준표

점수	평점
0~59	F
60~64	D
65~69	D+
70~74	C
75~79	C+
80~84	B
85~89	B+
90~94	A
95~100	A+

작업1 – [M3:N12]영역을 기준표로 이름정의를 합니다.

작업2 – 평점 [k2]셀에 총점[J5]에 기준표[M3:N12] 기준으로 평점을 VLOOKUP 함수로 구합니다.

작업3 – 총점열의 값에 상위 30%를 '진한 빨강 텍스트가 있는 연한 빨강 채우기'를 가 적용되는 조건부 서식을 적용합니다.

작업4 – "성적결과" 워크시트의 데이터를 암호 "t123"을 입력하지 않으면 사용자가 변경하지 못하도록 설정합니다. 이때 사용자가 암호를 입력하지 않고서 셀, 열 및 행을 선택하고 서식을 지정할 수 있어야 합니다.

프로젝트4

■ 준비파일 : 프로젝트5.xlsx

여러분은 유통회사에 근무하고 있습니다. 제품 발주 내역을 기록하고, 제품 내역을 통해 분석하여 보고서 작업을 수행하고 있습니다.

	C	D	E	F	G	H
4						
5	판매자 연락처	연락처보안	생산년도	주문수량	단가	합계
6	041-123-4567	041-123-****	08	10	20,000	
7	002-416-7890	002-416-****	02	3 (1이상 입력)	15,000	
8	031-985-2564	031-985-****	05	2	20,000	
9	051-456-5682	051-456-****	05	54	15,000	
10	031-585-9870	031-585-****	08	92	15,000	
11	002-672-8974	002-672-****	02	42	20,000	
12	043-350-5780	043-350-****	04	62	30,000	
13						
14						
15						
16						

작업1 – 판매자 연락처[C6:C12]를 [D6:D12]셀 영역에 함수를 사용하여 연락처 뒷자리 4개를 * 표시로 보안합니다.

작업2 – 제품코드의 3번째 자리에 2개를 생산년도[E6:E16]에 MID 함수를 사용하여 추출합니다.

작업3 – 합계열 [H5:H16]셀 영역을 단가열[G5:G16]셀 영역에 서식을 복사하여 붙여넣습니다.

주문4 – 주문수량열[F5:F16]의 값이 1이하가 입력이 되지 않도록 제한하고 '1이상 입력'라는 설명메시지가 나오도록 합니다.

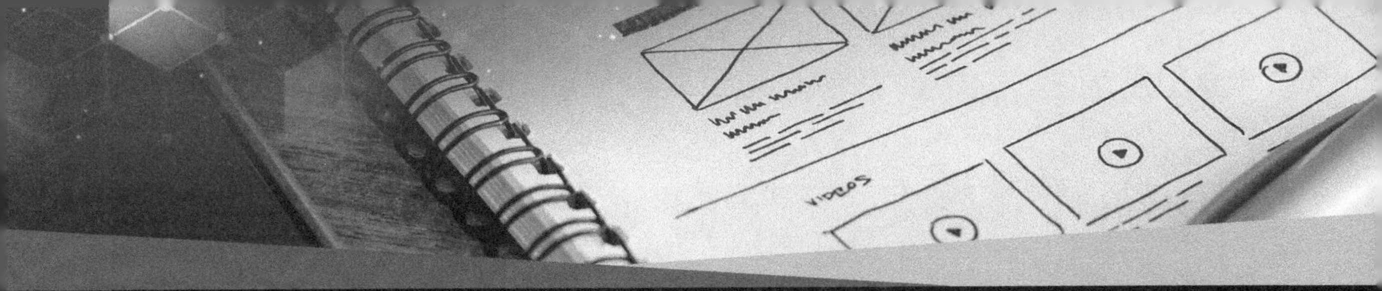

[1-2] 컴퓨터활용능력 2급 기출문제1

문제1 **기본작업(20점) 주어진 시트에서 다음 과정을 수행하고 저장하시오.**

1. ‘기본작업-1’ 시트에 다음의 자료를 주어진 대로 입력하시오. (5점)

	A	B	C	D	E	F	G
1	상공마트 인사기록						
2							
3	사번	성명	부서	입사일자	직통번호	주소지	실적
4	Kw11-05	김충희	경리부	2011-05-18	02) 302-4445	강북구 삼양동	12,530
5	Gp10-22	박선종	고객부	2010-02-18	02) 853-1520	도봉구 쌍문동	35,100
6	Au01-02	이국명	총무부	2001-03-01	02) 4655-6566	마포구 도화동	65,000
7	Ks04-01	장선호	식품부	2004-07-02	031) 8088-2322	의정부시 가능동	35,000
8	Sb09-15	최미란	가전부	2009-11-15	02) 526-5555	성북구 돈암동	58,260
9	Pm12-25	태진형	총무부	2012-03-28	031) 333-2356	부평구 작전동	8,352
10	Xv13-06	홍미선	식품부	2013-11-16	031) 750-1010	김포시 사우동	14,053

2. ‘기본작업-2’ 시트에 대하여 다음의 지시사항을 처리하시오. (각 2점)

① [A5:A6], [A7:A9], [A10:A12], [A13:B13] 영역은 ‘병합하고 가운데 맞춤’을 지정하고, [C4:G4] 영역은 글꼴 스타일 ‘굵게’, 채우기 색 ‘표준 색-노랑’으로 지정하시오.

② [C5:H13] 영역은 사용자 지정 표시 형식을 이용하여 1000 단위 구분 기호와 숫자 뒤에 ‘개’를 표시 예와 같이 표시하시오. [표시 예 : 3456 → 3,456개, 0 → 0개]

③ [A3:H13] 영역에 ‘모든 테두리(田)’를 적용한 후 ‘굵은 상자 테두리(□)’를 적용하여 표시하시오.

④ [B5:B12] 영역의 이름을 ‘제품명’으로 정의하시오.

⑤ [H7] 셀에 ‘최고인기품목’이라는 메모를 삽입한 후 항상 표시되도록 지정하고, 메모 서식에서 맞춤 ‘자동 크기’를 설정하시오.

3. ‘기본작업-3’ 시트에서 다음의 지시사항을 처리하시오. (5점)

- [A4:G15] 영역에 대하여 직위가 ‘주임’이면서 총급여가 4,000,000 미만인 행 전체에 대하여 글꼴 스타일을 ‘굵게’, 글꼴 색을 ‘표준 색-파랑’으로 지정하는 조건부 서식을 작성하시오.

▸ AND 함수 사용

▸ 단, 규칙 유형은 ‘수식을 사용하여 서식을 지정할 셀 결정’을 사용하고, 한 개의 규칙으로만 작성하시오.

문제2 계산작업(40점) '계산작업' 시트에서 다음 과정을 수행하고 저장하시오.

1. [표1]에서 지점[A3:A10]이 동부인 매출액[C3:C10]의 합계를 [C13] 셀에 계산하시오. (8점)
   - 동부지점 합계는 백의 자리에서 올림하여 천의 자리까지 표시 [표시 예 : 1,234,123 → 1,235,000]
   - 조건은 [A12:A13] 영역에 입력하시오.
   - DSUM, ROUND, ROUNDUP, ROUNDDOWN 함수 중 알맞은 함수들을 선택하여 사용

2. [표2]에서 상여금[J3:J10]이 1,200,000 보다 크면서 기본급이 기본급의 평균 이상인 인원수를 [J12]셀에 표시하시오. (8점)
   - 계산된 인원 수 뒤에 '명'을 포함하여 표시 [표시 예 : 2명]
   - AVERAGE, COUNTIFS 함수와 & 연산자 사용

3. [표3]에서 주민등록번호[C17:C24]의 왼쪽에서 8번째 문자가 '1' 또는 '3' 이면 '남', '2' 또는 '4' 이면 '여'를 성별[D17:D24]에 표시하시오. (8점)
   - CHOOSE, MID 함수 사용

4. [표4]에서 총점[I17:I24]이 첫 번째로 높은 사람은 '최우수', 두 번째로 높은 사람은 '우수', 그렇지 않은 사람은 공백을 순위[J17:J24]에 표시하시오. (8점)
   - IF, LARGE 함수 사용

5. [표5]에서 원서번호[A29:A36]의 왼쪽에서 첫 번째 문자와 [B38:D39] 영역을 참조하여 지원학과[D29:D36]를 표시하시오. (8점)
   - 단, 오류발생시 지원학과에 '코드오류'로 표시
   - IFERROR, HLOOKUP, LEFT 함수 사용

문제3 분석작업(20점) 주어진 시트에서 다음 작업을 수행하고 저장하시오.

1. '분석작업-1' 시트에 대하여 다음의 지시사항을 처리하시오. (10점)
   - [부분합] 기능을 이용하여 〈그림〉과 같이 학과별로 '출석'과 '평소'의 합계를 계산한 후 '총점'의 최대값을 계산하시오.
   - ▸ 정렬은 '학과'를 기준으로 오름차순으로 처리하시오.
   - ▸ 합계와 최대값은 위에 명시된 순서대로 처리하시오.

	A	B	C	D	E	F	G	H
1	[표1] 상공대학교 모바일프로그래밍 성적처리							
2								
3	학번	학과	이름	출석	평소	중간	기말	총점
4	N132056	네트워크과	이택준	12	13	21	23	69
5	N126354	네트워크과	장호영	19	18	27	26	90
6	N101253	네트워크과	고달호	12	10	15	18	55
7	N132416	네트워크과	표인범	17	15	22	23	77
8		네트워크과 최대값						90
9		네트워크과 요약		60	56			
10	M110456	멀티미디어과	도진영	17	16	28	24	85
11	M123460	멀티미디어과	최만중	19	19	26	28	92
12	M140632	멀티미디어과	전태호	16	17	23	21	77
13	M133625	멀티미디어과	임홍수	16	17	19	21	73
14	M150207	멀티미디어과	차인주	18	17	24	21	80
15		멀티미디어과 최대값						92
16		멀티미디어과 요약		86	86			
17	S121340	소프트웨어과	박진수	15	16	25	26	82
18	S145628	소프트웨어과	김창희	20	19	29	27	95
19	S130215	소프트웨어과	민경배	14	13	18	20	65
20	S123056	소프트웨어과	소인형	15	18	20	17	70
21		소프트웨어과 최대값						95
22		소프트웨어과 요약		64	66			
23		전체 최대값						95
24		총합계		210	208			

2. '분석작업-2' 시트에 대하여 다음의 지시사항을 처리하시오. (10점)
   - [정렬] 기능을 이용하여 [표1]에서 '포지션'을 투수-포수-내야수-외야수 순으로 정렬하고, 동일한 포지션인 경우 '가입기간'의 셀 색이 'RGB(215,228,188)'인 값이 위에 표시되도록 정렬하시오.

문제4 기타작업(20점) 주어진 시트에서 다음 작업을 수행하고 저장하시오.

1. '매크로작업' 시트의 [표1]에서 다음과 같은 기능을 수행하는 매크로를 현재 통합 문서에 작성하고실행하시오. (각 5점)
   ① [N4:N14] 영역에 평균을 계산하는 매크로를 생성하고, 매크로 이름을 '평균'으로 지정하시오.
   ▸ 평균은 1월부터 12월까지의 발생건수의 평균임
   ▸ [개발 도구]-[삽입]-[양식 컨트롤]의 '단추'를 동일 시트의 [C18:D19] 영역에 생성하고, 텍스트를'평균'으로 입력한 후 단추를 클릭할 때 '평균' 매크로가 실행되도록 설정하시오.
   ② [B3:B14], [D3:D14] 영역에 글꼴 색을 '표준 색-빨강'으로 적용하는 매크로를 생성하고, 매크로 이름을 '서식'으로 지정하시오.
   ▸ [도형]-[기본 도형]의 '빗면(▣)'을 동일 시트의 [F18:G19] 영역에 생성하고, 텍스트를 '서식'으로 입력한 후 도형을 클릭할 때 '서식' 매크로가 실행되도록 설정하시오.
   ※ 셀 포인터의 위치에 상관없이 현재 통합문서에서 매크로가 실행되어야 정답으로 인정됨

2. '차트작업' 시트의 차트를 지시사항에 따라 아래 그림과 같이 수정하시오. (각 2점)
   ※ 차트는 반드시 문제에서 제공한 차트를 사용하여야 하며, 신규로 작성 시 0점 처리됨
   ① '별정통신서비스' 계열이 제거되도록 데이터 범위를 수정하시오.
   ② 차트 종류를 '누적 세로 막대형'으로 변경하시오.
   ③ 차트 제목은 '차트 위'로 추가하여 〈그림〉과 같이 입력하시오.
   ④ '기간통신서비스' 계열의 '2015년' 요소에만 데이터 레이블 '값'을 표시하고, 레이블의 위치를 '가운데'로 설정하시오.
   ⑤ 전체 계열의 계열 겹치기와 간격 너비를 각각 0%로 설정하시오.

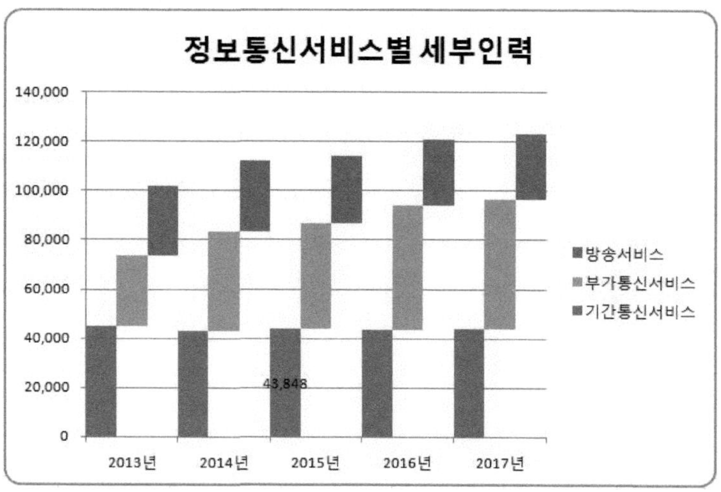

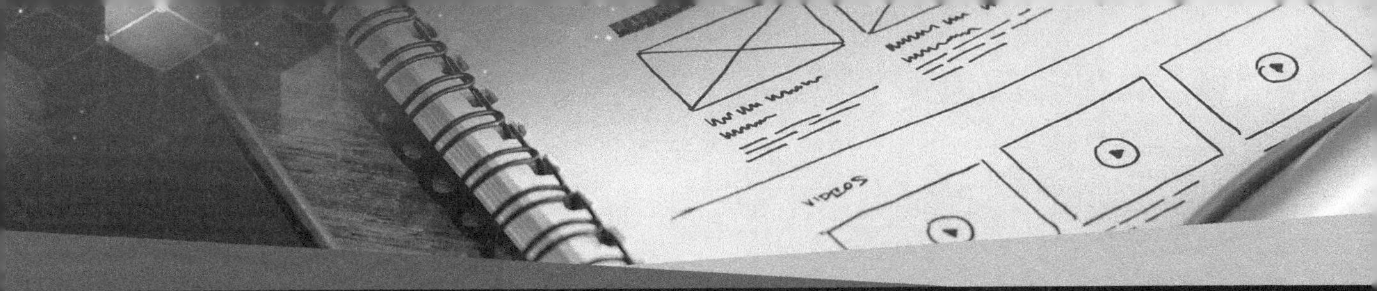

[1-2] 컴퓨터활용능력 2급 기출문제2

문제1 기본작업(20점) 주어진 시트에서 다음 과정을 수행하고 저장하시오.

1. '기본작업-1' 시트에 다음의 자료를 주어진 대로 입력하시오. (5점)

	A	B	C	D	E	F	G
1	교원확보율						
2							
3	학과코드	학과명	학제	전체 학생수	전체교원	정원/전임(겸임)	전임
4	KA-45267	경영정보과	2년	140	6명	6/3(3)	50.00%
5	LT-95872	간호과	4년	130	8명	7/6(2)	85.71%
6	SQ-89163	사회복지과	3년	150	7명	6/4(3)	66.67%
7	TB-37245	유아교육과	3년	210	9명	9/6(3)	66.67%
8	AV-32896	정보통신과	2년	150	6명	8/3(3)	37.50%
9	CT-92578	컴퓨터정보과	3년	105	4명	6/3(1)	50.00%
10	PW-4128	식품생명공학과	4년	120	7명	7/5(2)	71.43%

2. '기본작업-2' 시트에 대하여 다음의 지시사항을 처리하시오. (각 2점)

① [A1:F1] 영역은 '병합하고 가운데 맞춤', 글꼴 '맑은 고딕', 글꼴 크기 '16', 글꼴 스타일 '굵게', 밑줄'이중 실선'으로 지정하시오.

② [A4:A6], [A7:A9], [B4:B6], [F4:F6], [F7:F9] 영역은 '병합하고 가운데 맞춤'을 지정하고, [A3:F3] 영역은 셀 스타일 '강조색5'를 적용하시오.

③ [C4:C6] 영역은 사용자 지정 표시 형식을 이용하여 문자 뒤에 '%'를 [표시 예]와 같이 표시하시오.

[표시 예 : 80~90 → 80~90%]

④ [D4:D9] 영역의 이름을 '배점'으로 정의하시오.

⑤ [A3:F9] 영역에 '모든 테두리(⊞)'를 적용한 후 '굵은 상자 테두리(▣)'를 적용하여 표시하시오.

3. '기본작업-3' 시트에서 다음의 지시사항을 처리하시오. (5점)

- [A4:H18] 영역에서 학번이 '2014'로 시작하는 행 전체에 대하여 글꼴 색을 '표준 색-빨강'으로 지정하는 조건부 서식을 작성하시오.

▸ LEFT 함수 사용

▸ 단, 규칙 유형은 '수식을 사용하여 서식을 지정할 셀 결정'을 사용하고, 한 개의 규칙으로만 작성하시오.

문제2 계산작업(40점) '계산작업' 시트에서 다음 과정을 수행하고 저장하시오

1. [표1]에서 응시일[C3:C9]이 월요일부터 금요일이면 '평일', 그 외에는 '주말'로 요일[D3:D9]에 표시하시오. (8점)
   - ▸ 단, 요일 계산 시 월요일이 1 인 유형으로 지정
   - ▸ IF, WEEKDAY 함수 사용

2. [표2]에서 중간고사[G3:G9], 기말고사[H3:H9]와 학점기준표[G12:K14]를 참조하여 학점[I3:I9]을 계산하시오. (8점)
   - ▸ 평균은 각 학생의 중간고사와 기말고사로 구함

3. [표3]에서 학과[A14:A21]가 '경영학과'인 학생들의 평점에 대한 평균을 [D24] 셀에 계산하시오. (8점)
   - ▸ 평균은 소수점 이하 셋째자리에서 반올림하여 둘째자리까지 표시 [표시 예 : 3.5623 → 3.56]
   - ▸ 조건은 [A24:A25] 영역에 입력하시오.
   - ▸ DAVERAGE, ROUND 함수 사용

4. [표4]에서 커뮤니케이션[B29:B35], 회계[C29:C35], 경영전략[D29:D35]이 모두 70 이상인 학생 수를 [D37] 셀에 계산하시오. (8점)
   - ▸ COUNT, COUNTIF, COUNTIFS 함수 중 알맞은 함수 사용

5. [표5]에서 학과[F29:F36]의 앞 세 문자와 입학일자[G29:G36]의 연도를 이용하여 입학코드[H29:H36] 를 표시하시오. (8점)
   - ▸ 학과의 첫 글자만 대문자로 표시
     [표시 예 : 학과가 'HEALTHCARE', 입학일자가 '2015-03-02'인 경우 → Hea2015]
   - ▸ LEFT, PROPER, YEAR 함수와 & 연산자 사용

문제3 분석작업(20점) 주어진 시트에서 다음 작업을 수행하고 저장하시오.

1.'분석작업-1' 시트에 대하여 다음의 지시사항을 처리하시오. (10점)

- [부분합] 기능을 이용하여 '소양인증포인트 현황' 표에 〈그림〉과 같이 학과별 '합계'의 최대값을 계산한 후 '기본영역', '인성봉사', '교육훈련'의 평균을 계산하시오.
  - ▸ 정렬은 '학과'를 기준으로 오름차순으로 처리하시오.
  - ▸ 최대값과 평균은 위에 명시된 순서대로 처리하시오.

	A	B	C	D	E	F
1	소양인증포인트 현황					
2						
3	학과	성명	기본영역	인성봉사	교육훈련	합계
4	경영정보	정소영	85	75	75	235
5	경영정보	주경철	85	85	75	245
6	경영정보	한기철	90	70	85	245
7	**경영정보 평균**		86.66666667	77	78	
8	**경영정보 최대값**					245
9	유아교육	강소미	95	65	65	225
10	유아교육	이주현	100	90	80	270
11	유아교육	한보미	80	70	90	240
12	**유아교육 평균**		91.66666667	75	78	
13	**유아교육 최대값**					270
14	정보통신	김경호	95	75	95	265
15	정보통신	박주영	85	50	80	215
16	정보통신	임정민	90	80	60	230
17	**정보통신 평균**		90	68	78	
18	**정보통신 최대값**					265
19	**전체 평균**		89.44444444	73	78	
20	**전체 최대값**					270

2. '분석작업-2' 시트에 대하여 다음의 지시사항을 처리하시오. (10점)

- 데이터 도구 [통합] 기능을 이용하여 [표1], [표2], [표3]에 대한 학과별 '정보인증', '국제인증', '전공인증'의 합계를 [표4]의 [G5:I8] 영역에 계산하시오.

문제4 **기타작업(20점) 주어진 시트에서 다음 작업을 수행하고 저장하시오.**

1. '매크로작업' 시트의 [표]에서 다음과 같은 기능을 수행하는 매크로를 현재 통합 문서에 작성하고 실행하시오. (각 5점)
   ① [E4:E8] 영역에 총점을 계산하는 매크로를 생성하고, 매크로 이름을 '총점'으로 지정하시오.
   ▸ 총점 = 소양인증 + 직무인증
   ▸ [개발 도구]-[삽입]-[양식 컨트롤]의 '단추'를 동일 시트의 [A10:B11] 영역에 생성하고, 텍스트를 '총점'으로 입력한 후 단추를 클릭할 때 '총점' 매크로가 실행되도록 설정하시오.
   ② [A3:E3] 영역에 채우기 색 '표준 색-노랑'을 적용하는 매크로를 생성하고, 매크로 이름을 '채우기'로 지정하시오.
   ▸ [도형]-[기본 도형]의 '빗면(□)'을 동일 시트의 [D10:E11] 영역에 생성하고, 텍스트를 '채우기'로 입력한 후 도형을 클릭할 때 '채우기' 매크로가 실행되도록 설정하시오.
   ※ 셀 포인터의 위치에 상관없이 현재 통합문서에서 매크로가 실행되어야 정답으로 인정됨

2. '차트작업' 시트의 차트를 지시사항에 따라 아래 그림과 같이 수정하시오. (각 2점)
   ※ 차트는 반드시 문제에서 제공한 차트를 사용하여야 하며, 신규로 작성 시 0점 처리됨
   ① '합계' 계열과 '2012년' 요소가 제거되도록 데이터 범위를 수정하시오.
   ② 차트 종류를 '누적 세로 막대형'으로 변경하시오.
   ③ 차트 제목은 '차트 위'로 지정한 후 [A1] 셀과 연동되도록 설정하시오.
   ④ '근로장학' 계열에만 데이터 레이블 '값'을 표시하고, 레이블의 위치를 '안쪽 끝에'로 설정하시오.
   ⑤ 차트 영역의 테두리 스타일은 '둥근 모서리'로 설정하시오.

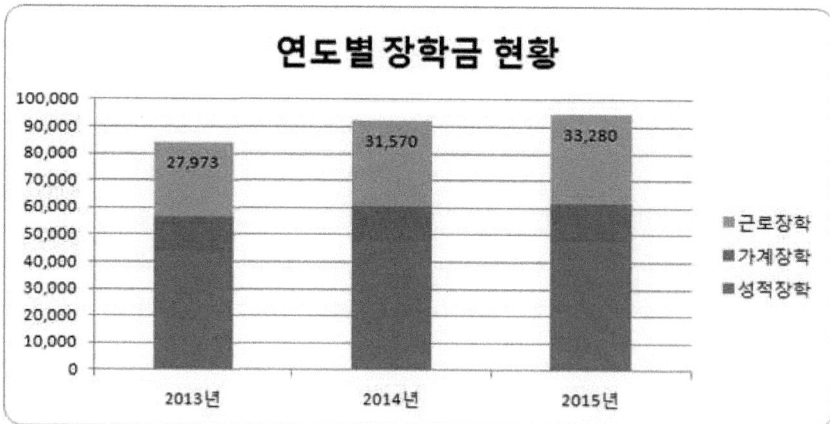

[1-3] 정보기술자격(ITQ) 엑셀 기출문제1

제1작업 표 서식 작성 및 값 계산 (240점)

국내 수상 태양광 설치 현황

결재	담당	팀장	부장

사업장	형태	설치 시공사	설치일	용량 (Kw)	발전규모 (Kw)	설치비용	보조 지원금	설치 요일
경남합천댐	부력일체형	그린에너지	2016-03-08	800	2,100	15,360,000	(1)	(2)
지평저수지	구조체형	미래전자	2017-03-15	1,500	4,200	27,860,000	(1)	(2)
운문댐	부력일체형	한국전자	2017-04-13	500	1,830	8,830,000	(1)	(2)
청호저수지	구조체형	미래전자	2015-10-09	300	1,150	5,500,000	(1)	(2)
보령댐	부력일체형	그린에너지	2016-11-15	1,800	4,540	32,760,000	(1)	(2)
오창저수지	프레임형	그린에너지	2015-11-10	200	870	4,520,000	(1)	(2)
용당저수지	프레임형	한국전자	2016-02-10	1,350	3,950	21,960,000	(1)	(2)
당진화력발전소	구조체형	미래전자	2017-06-12	1,000	3,540	18,120,000	(1)	(2)
부력일체형 설치비용의 평균			(3)		최저 용량(Kw)			(5)
용당저수지의 발전규모(Kw) 순위			(4)		사업장	경남합천댐	설치일	(6)

☞ 다음은 '국내 수상 태양광 설치 현황'에 대한 자료이다. 자료를 입력하고 조건에 맞도록 작업하시오.

≪출력형태≫

≪조건≫

○ 모든 데이터의 서식에는 글꼴(굴림, 11pt), 정렬은 숫자 및 회계 서식은 오른쪽 정렬, 나머지 서식은 가운데 정렬로 작성하며 예외적인 것은 ≪출력형태≫를 참조하시오.

○ 제 목 ⇒ 대각선 방향의 모서리가 잘린 사각형과 바깥쪽 그림자 스타일(오프셋 왼쪽)을 이용하여 작성하고 "국내 수상 태양광 설치 현황"을 입력한 후 다음 서식을 적용하시오(글꼴-굴림, 24pt, 검정, 굵게, 채우기-노랑).

○ 임의의 셀에 결재란을 작성하여 카메라 또는 그림복사 기능을 이용하여 붙이기 하시오(단, 원본 삭제).

○ 「B4:J4, G14, I14」영역은 '주황'으로 채우기 하시오.

○ 유효성 검사를 이용하여 「H14」셀에 사업장(「B5:B12」영역)이 선택 표시되도록 하시오.

○ 셀 서식 ⇒ 「H5:H12」영역에 셀 서식을 이용하여 숫자 뒤에 '원'을 표시하시오 (예 : 15,360,000원).

○ 「F5:F12」영역에 대해 '용량'으로 이름정의를 하시오.

◉ (1)~(6) 셀은 반드시 주어진 함수를 이용하여 값을 구하시오(결과값을 직접 입력하면 해당 셀은 0점 처리됨).

(1) 보조 지원금 ⇒ 「설치비용×지원비율」을 구하되, 지원비율은 용량(Kw)이 1,000이상이면 '50%', 500 이상이면 '30%', 그 외에는 '20%'로 지정하여 구하시오(IF 함수).

(2) 설치 요일 ⇒ 설치일의 요일을 구하시오(CHOOSE, WEEKDAY 함수)(예 : 월요일).

(3) 부력일체형 설치비용의 평균 ⇒ 반올림하여 천원 단위까지 구하시오. 단, 조건은 입력데이터를 이용하시오(ROUND, DAVERAGE 함수)(예 : 23,456,700 → 23,457,000).

(4) 용당저수지의 발전규모(Kw) 순위 ⇒ 내림차순으로 구한 결과값 뒤에 '위'를 붙이시오(RANK 함수, & 연산자)(예 : 2위).

(5) 최저 용량(Kw) ⇒ 정의된 이름(용량)을 이용하여 구하시오(SMALL 함수).

(6) 설치일 ⇒ 「H14」셀에서 선택한 사업장에 대한 설치일을 구하시오(VLOOKUP 함수)(예 : 2018-01-01).

(7) 조건부 서식의 수식을 이용하여 용량(Kw)이 '1,000' 이상인 행 전체에 다음 서식을 적용하시오(글꼴 : 파랑, 굵게).

제2작업 필터 및 서식 (80점)

☞ "제1작업" 시트의 「B4:H12」영역을 복사하여 "제2작업" 시트의 「B2」셀부터 모두 붙여넣기를 한 후 다음의 조건과 같이 작업하시오.

≪조건≫

(1) 고급필터 - 설치 시공사가 '한국전자'가 아니면서, 용량(Kw)이 '1,000' 이상인 자료의 사업장, 설치 시공사, 설치일, 설치비용 데이터만 추출하시오.
- 조건 위치 : 「B13」셀부터 입력하시오.
- 복사 위치 : 「B18」셀부터 나타나도록 하시오.

(2) 표 서식 - 고급필터의 결과 셀을 채우기 없음으로 설정한 후 '표 스타일 보통 11'의 서식을 적용하시오.

제3작업 피벗 테이블(80점)

☞ "제1작업" 시트를 이용하여 "제3작업" 시트에 조건에 따라 ≪출력형태≫와 같이 작업하시오.

≪조건≫

(1) 설치일 및 형태별 사업장의 개수와 발전규모(Kw)의 평균을 구하시오.

(2) 설치일을 그룹화하고, 레이블이 있는 셀 병합 및 가운데 맞춤으로 설정하시오.

(3) 형태를 ≪출력형태≫와 같이 정렬하고, 빈 셀은 '**'로 표시하시오.

(4) 행의 총합계를 지우고, 나머지 사항은 ≪출력형태≫에 맞게 작성하시오.

≪출력형태≫

	A	B	C	D	E	F	G	H
1								
2			형태					
3			프레임형		부력일체형		구조체형	
4		설치일	개수 : 사업장	평균 : 발전규모(Kw)	개수 : 사업장	평균 : 발전규모(Kw)	개수 : 사업장	평균 : 발전규모(Kw)
5		2015년	1	870	**	**	1	1,150
6		2016년	1	3,950	2	3,320	**	**
7		2017년	**	**	1	1,830	2	3,870
8		**총합계**	**2**	**2,410**	**3**	**2,823**	**3**	**2,963**

제4작업 그래프 (100점)

☞ "제1작업" 시트를 이용하여 조건에 따라 ≪출력형태≫와 같이 작업하시오.

≪조건≫

(1) 차트 종류 ⇒ 〈묶은 세로 막대형〉으로 작업하시오.

(2) 데이터 범위 ⇒ "제1작업" 시트의 내용을 이용하여 작업하시오.

(3) 위치 ⇒ "새 시트"로 이동하고, "제4작업"으로 시트 이름을 바꾸시오.

(4) 차트 디자인 도구 ⇒ 레이아웃 3, 스타일 26을 선택하여 ≪출력형태≫에 맞게 작업하시오.

(5) 영역 서식 ⇒ 차트 : 글꼴(굴림, 11pt), 채우기 효과(질감-분홍 박엽지)

그림 : 채우기(흰색)

(6) 제목 서식 ⇒ 차트 제목 : 글꼴(굴림, 굵게, 20pt), 채우기(흰색), 테두리

(7) 서식 ⇒ 발전규모(Kw) 계열의 차트 종류를 〈표식이 있는 꺾은선형〉으로 변경한 후 보조 축으로 지정하시오.

- 레이블 : 보령댐의 설치비용 계열 값을 표시하고, 위치는 ≪출력형태≫와 같이 표시하시오.
- 눈금선 : 선 스타일-파선
- 축 : ≪출력형태≫를 참조하시오.

(8) 범례 ⇒ 범례명을 변경하고, ≪출력형태≫를 참조하시오.

(9) 도형 ⇒ '타원형 설명선'을 삽입하고 ≪출력형태≫와 같이 내용을 입력하시오.

(10) 나머지 사항은 ≪출력형태≫에 맞게 작성하시오.

≪**출력형태**≫ "제1작업"

주의 ☞ 시트명 순서가 차례대로 "제1작업", "제2작업", "제3작업", "제4작업"이 되도록 할 것.

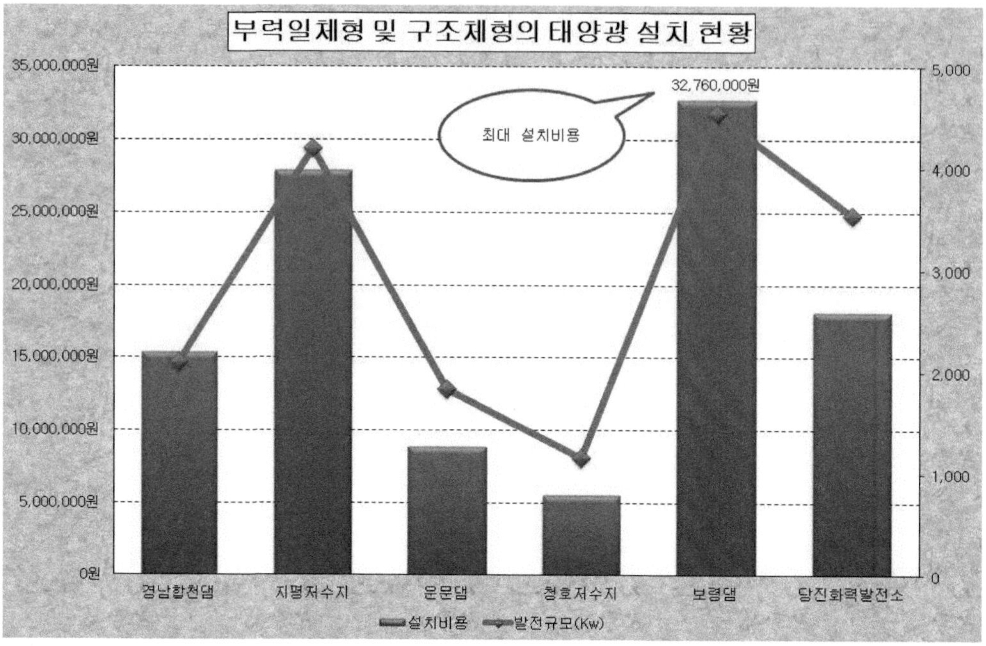

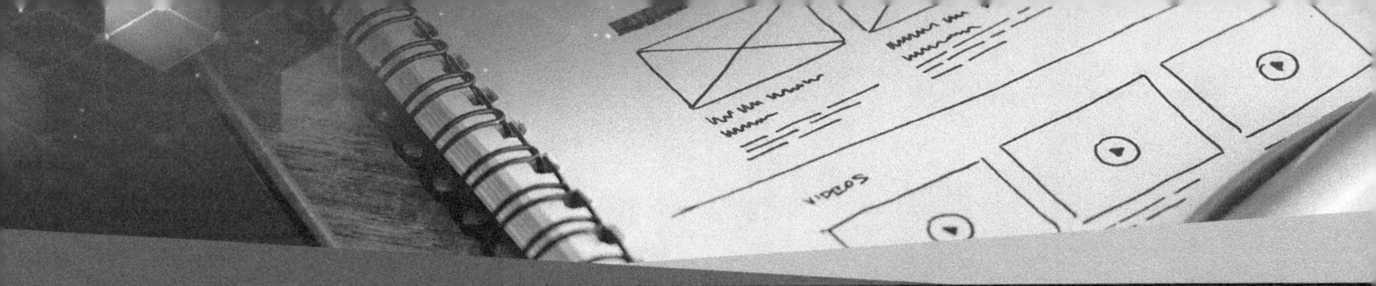

[1-3] 정보기술자격(ITQ) 엑셀 기출문제2

제1작업 표 서식 작성 및 값 계산 (240점)

도서관 현황 및 이용 실태

결재	담당	팀장	본부장

도서관명	설립주체	개관연도	장소	방문자수 (단위:명)	장서수	열람권수	도서관 개관기간	순위
종로도서관	교육청	1920	종로구 사직동	65,847	45,411	0.94	(1)	(2)
정독도서관	교육청	1997	종로구 화동	34,919	53,053	1.08	(1)	(2)
마포평생학습관	교육청	1995	마포구 서교동	41,534	4,712	0.14	(1)	(2)
서울중구구립도서관	지자체	2008	중구 신당동	19,526	25,850	0.71	(1)	(2)
이진아기념도서관	지자체	2005	서대문구 현저동	39,487	18,365	1.16	(1)	(2)
한국학생도서관	사립	1964	중구 묵정동	33,208	30,755	0.36	(1)	(2)
서대문도서관	교육청	1986	서대문구 연희동	59,813	65,366	1.31	(1)	(2)
4.19 혁명기념 도서관	사립	2000	종로구 평동	74,833	29,343	1.01	(1)	(2)
최저 장서수			(3)		교육청 도서관의 전체 장서수			(5)
교육청 설립 도서관의 평균 방문자수			(4)		도서관명	종로도서관	장서수	(6)

☞ 다음은 '도서관 현황 및 이용 실태'에 대한 자료이다. 자료를 입력하고 조건에 맞도록 작업하시오.

≪출력형태≫

≪조건≫

○ 모든 데이터의 서식에는 글꼴(굴림, 11pt), 정렬은 숫자 및 회계 서식은 오른쪽 정렬, 나머지 서식은 가운데 정렬로 작성하며 예외적인 것은 ≪출력형태≫를 참조하시오.

○ 제 목 ⇒ 사다리꼴 도형과 바깥쪽 그림자 스타일(오프셋 왼쪽)을 이용하여 작성하고 "도서관 현황 및 이용 실태"를 입력한 후 다음 서식을 적용하시오(글꼴-굴림, 24pt, 검정, 굵게, 채우기-노랑).

○ 임의의 셀에 결재란을 작성하여 카메라 또는 그림복사 기능을 이용하여 붙이기 하시오(단, 원본 삭제).

○ 「B4:J4, G14, I14」영역은 '주황'으로 채우기 하시오.

○ 유효성 검사를 이용하여 「H14」셀에 도서관명(「B5:B12」영역)이 선택 표시되도록 하시오.

○ 셀 서식 ⇒ 「G5:G12」영역에 셀 서식을 이용하여 숫자 뒤에 '권'을 표시하시오(예 : 45,411권)

○ 「C5:C12」영역에 대해 '설립주체'로 이름정의를 하시오.

◉ (1)~(6) 셀은 반드시 주어진 함수를 이용하여 값을 구하시오(결과값을 직접 입력하면 해당 셀은 0점 처리됨).

(1) 도서관 개관기간 ⇒「컴퓨터 시스템의 연도-개관연도」으 구한 결과값 뒤에 '년'을 붙이시오(YEAR, TODAY 함수, & 연산자)(예 : 3 → 3년).

(2) 순위 ⇒ 장서수의 내림차순 순위를 구하시오(RANK 함수).

(3) 최저 장서수 ⇒ (MIN함수)

(4) 교육청 설립 도서관의 평균 방문자수 ⇒ 조건은 입력데이터를 이용하고, 반올림하여 백 단위로 구하시오(ROUND, DAVERAGE 함수)(예 : 234,455 → 234,500).

(5) 교육청 도서관의 전체 장서수 ⇒ 정의된 이름(설립주체)을 이용하여 구하시오(SUMIF 함수).

(6) 장서수 ⇒「H14」셀에서 선택한 도서관명에 대한 장서수를 구하시오(VLOOKUP 함수).

(7) 조건부 서식의 수식을 이용하여 방문자수(단위:명)가 '50,000' 이상인 행 전체에 다음 서식을 적용하시오(글꼴 : 파랑, 굵게)

제2작업 필터 및 서식 (80점)

☞ "제1작업" 시트의「B4:H12」영역을 복사하여 "제2작업" 시트의「B2」셀부터 모두 붙여넣기를 한 후 다음의 조건과 같이 작업하시오.

≪조건≫

(1) 고급필터 - 설립주체가 '사립'이 아니면서, 방문자수(단위:명)가 '40,000' 이하인 자료의 도서관명, 개관연도, 방문자수(단위 : 명), 장서수 데이터만 추출하시오.
- 조건 위치 :「B13」셀부터 입력하시오.
- 복사 위치 :「B18」셀부터 나타나도록 하시오.

(2) 표 서식 - 고급필터의 결과 셀을 채우기 없음으로 설정한 후 '표 스타일 보통 11'의 서식을 적용하시오.

제3작업 피벗 테이블 (80점)

☞ “제1작업” 시트를 이용하여 “제3작업” 시트에 조건에 따라 ≪출력형태≫와 같이 작업하시오.

≪조건≫

(1) 개관연도 및 설립주체별 도서관명의 개수와 방문자수(단위 : 명)의 평균을 구하시오.

(2) 개관연도를 그룹화하고, 레이블이 있는 셀 병합 및 가운데 맞춤으로 설정하시오.

(3) 설립주체를 ≪출력형태≫와 같이 정렬하고, 빈 셀은 ‘**’로 표시하시오.

(4) 행의 총합계를 지우고, 나머지 사항은 ≪출력형태≫에 맞게 작성하시오.

≪출력형태≫

	A	B	C	D	E	F	G	H
1								
2			설립주체					
3				지자체		사립		교육청
4		개관연도	개수 : 도서관명	평균 : 방문자수(단위:명)	개수 : 도서관명	평균 : 방문자수(단위:명)	개수 : 도서관명	평균 : 방문자수(단위:명)
5		<1921	**	**	**	**	1	65,847
6		1951-1980	**	**	1	33,208	**	**
7		1981-2010	2	29,507	1	74,833	3	45,422
8		**총합계**	**2**	**29,507**	**2**	**54,021**	**4**	**50,528**

제4작업 그래프 (100점)

☞ “제1작업” 시트를 이용하여 조건에 따라 ≪출력형태≫와 같이 작업하시오.

≪조건≫

(1) 차트 종류 ⇒ 〈묶은 세로 막대형〉으로 작업하시오.

(2) 데이터 범위 ⇒ “제1작업” 시트의 내용을 이용하여 작업하시오.

(3) 위치 ⇒ “새 시트”로 이동하고, “제4작업”으로 시트 이름을 바꾸시오.

(4) 차트 디자인 도구 ⇒ 레이아웃 3, 스타일 26을 선택하여 ≪출력형태≫에 맞게 작업하시오.

(5) 영역 서식 ⇒ 차트 : 글꼴(굴림, 11pt), 채우기 효과(질감-분홍 박엽지), 그림 : 채우기(흰색)

(6) 제목 서식 ⇒ 차트 제목 : 글꼴(굴림, 굵게, 20pt), 채우기(흰색), 테두리

(7) 서식 ⇒ 장서수 계열의 차트 종류를 〈표식이 있는 꺾은선형〉으로 변경한 후 보조 축으로 지정하시오.

- 레이블 : 서대문도서관의 장서수 계열 값을 표시하고, 위치는 ≪출력형태≫와 같이 표시하시오.
- 눈금선 : 선 스타일-파선
- 축 : ≪출력형태≫를 참조하시오.

(8) 범례 ⇒ 범례명을 변경하고, ≪출력형태≫를 참조하시오.

⑼ 도형 ⇒ '타원형 설명선'을 삽입하고 ≪출력형태≫와 같이 내용을 입력하시오.

⑽ 나머지 사항은 ≪출력형태≫에 맞게 작성하시오.

≪**출력형태**≫

주의 ☞ 시트명 순서가 차례대로 "제1작업", "제2작업", "제3작업", "제4작업"이 되도록 할 것.

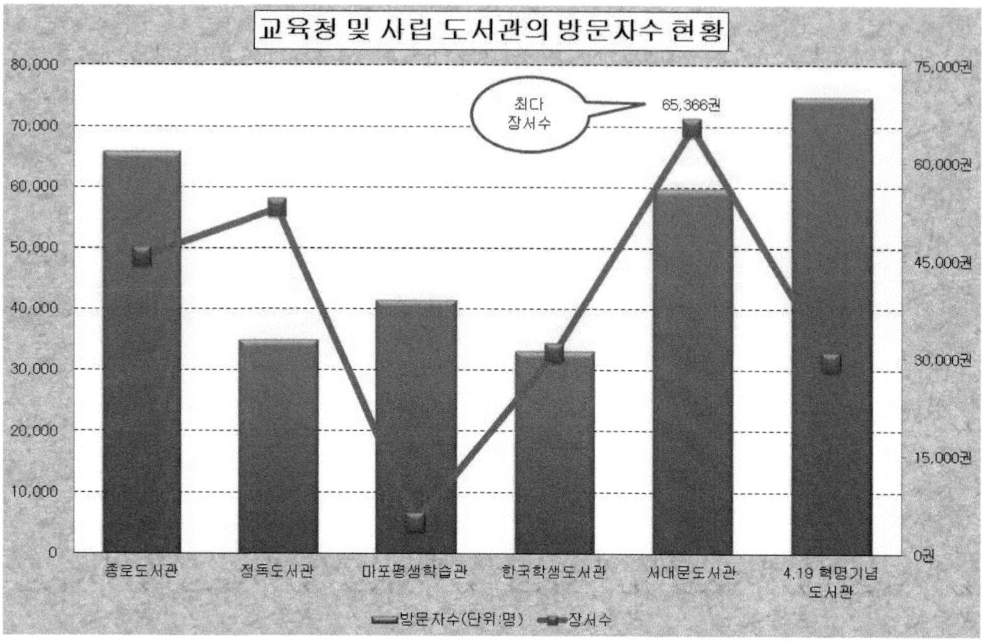

[1-4] 사무자동화 산업기사 기출문제1

자격종목	사무자동화산업기사	과제명	사무자동화 실무

3. 표계산(SP)작업

• 진진백화점에서는 포인트 점수 서비스를 작성하여 분석하고자 한다.
• 다음 자료(DATA)를 이용하여 작성 조건에 따라 작업표와 그래프를 작성하고, 그 인쇄출력물을 제출하시오.

가. 작업표(WORK SHEET) 작성

1) 자료(DATA)

상반기 포인트 점수 서비스
======================

	A	B	C	D	E
3	고객번호	고객명	분류	기본포인트	구매금액
4	MA101	이승주	우수	500	700,000
5	MC102	박윤정	신규	200	1,200,000
6	MB103	이광주	일반	300	350,000
7	MC104	정영일	신규	200	2,100,000
8	MA105	김승미	우수	500	1,800,000
9	MC106	이소라	신규	200	1,500,000
10	MA107	이우정	우수	500	1,900,000
11	MC108	이선화	신규	200	2,700,000
12	MB109	정희영	일반	300	500,000
13	MB110	정은지	일반	300	210,000
14	MA111	박유미	우수	500	310,000
15	MC112	김민수	신규	200	270,000
16	MA113	조선남	우수	500	90,000
17	MA114	이윤열	우수	300	700,000
18	MA115	김제동	신규	200	950,000
19	MB116	마재윤	일반	500	350,000
20	MA117	송병구	일반	200	2,000,000
21	MA118	홍진호	우수	500	1,700,000
22	MA119	김대희	신규	200	500,000
23	MC120	설경구	우수	300	310,000

※ 자료(DATA)부분에서 음영 처리 표시된 부분은 행/열의 기준선으로 작성(입력)하지 않음을 반드시 유의하시오.

2) 작업표 형식

진진백화점 사은품 증정 내역

	B	C	D	E	F	G	H	I
3	고객명	분류	기본포인트	구매금액	실적포인트	총포인트	사은품	순위
4 · · · · · 23	–	–	–	–	①	②	③	④
24	평균				⑤	⑤		
25	사은품이 상품권"인 합				⑥	⑥		
26	사은품이 "청소기"인 합				⑦	⑦		
27	"이"씨이면서 고객번호 "MA"로 시작하는 각 합				⑧	⑧		
28	순위가 10 이상 15 미만인 각 항목 합계				⑨	⑨		
29	⑩							
30	⑪							

※ 음영 처리 표시된 부분은 작성하지 않습니다.

3) 작성조건

가) 작성 시 유의 사항

Ⓐ 작업표의 작성은 "나)~마)" 항에 제시된 내용을 따르고 반드시 제시된 조건(함수 적용, 기재된 단서 조항 등)에 따라 처리하시오.

Ⓑ 제시된 작성 조건을 따르지 아니하고 여타의 방법 일체(제시된 함수 이외 다른 함수 적용, 함수 미적용, 별도 전자계산기 사용 등)를 사용하여 도출된 결과는 그 답이 맞더라도 정답으로 인정되지 않음을 반드시 유의하시오.

나) 작업표의 구성 및 서식

Ⓐ "작업표 형식"에서 행과 열에 관계된 음영 처리 표시된 부분은 작성하지 않음을 유의하고 반드시 제시된 행/열에 맞추도록 하시오.

Ⓑ 제목서식 : 20 포인트 크기로 하고 속성은 밑줄처리 하시오.

Ⓒ 글꼴서체 : 임의선정 하시오.

다) 원문자가 표시된 셀은 아래의 방법을 이용하여 작업하시오.

① 실적포인트 : 구매금액이 1,300,000원 이상이면 구매금액 × 5%,
구매금액이 1,300,000원 미만이면 구매금액 × 3%

② 총포인트 = 기본포인트 + 실적포인트

③ 사은품 : 총포인트가 10000 이상은 "청소기", 총포인트가 5000 이상 10000 미만은

"상품권", 총포인트가 1000 이상 5000 미만은 "타월"로 표시하고, 나머지는 공백으로 한다.

④ 순위 : 총포인트가 가장 낮은 경우를 1로 하고 순위를 정한다.

⑤ 평균 : 각 해당 항목별 평균을 산출하시오.

⑥ 사은품이 "상품권"인 각 해당 항목별 합계를 산출하시오.
(단, SUMIF 함수를 사용하시오.)

⑦ 사은품이 "청소기"인 각 해당 항목별 합계를 산출하시오.
(단, SUMIF 함수를 사용하시오.)

⑧ 성이 "이"씨이면서 고객번호가 "MA"로 시작하는 각 해당 항목별 합계를 산출하시오.

⑨ 순위가 10 이상 15 미만인 각 해당 항목별 합계를 산출하시오.
(단, SUMIF 또는 SUMIFS 함수를 사용하시오.)

⑩ "⑨ 항목"에 사용한 함수식을 기재하시오.
(단, 총포인트를 기준으로 하시오.)

⑪ "⑥ 항목"에 사용한 함수식을 기재하시오.
(단, 총포인트를 기준으로 하시오.)

※ 함수식을 기재하는 ⑩~⑪란은 반드시 해당항목에 제시된 함수의 작성조건에 따라 도출된 함수식을 기재하여야 하며, 작성조건을 위배하여 임의로 작성할 시 해당 답이 맞더라도 틀린 항목으로 채점됨을 유의하시오. 또한 함수식을 작성할 때는 "라) 작업표의 정렬순서 (SORT)에 따라 조건에 맞게 정렬 후 도출된 결과에 의한 함수식을 기재하시오.

라) 작업표의 정렬순서(SORT)는 분류의 오름차순으로 하고, 분류가 같으면 고객명의 오름차순으로 정렬하시오.

마) 기타

(1) 금액에 대한 수치는 원화(₩) 표시를 하고 천단위마다 ',' (Comma)를 표시하시오.
(단, 금액 이외의 수치는 ','(Comma)를 표시하지 않도록 하시오.)

※ 본 형별에서 포인트 관련 수치(기본포인트, 실적포인트, 총포인트)는 원화표시 및 콤마 표시를 하지 않습니다.

(2) 모든 수치(숫자, 통화, 회계, 백분율 등)는 셀 서식의 속성을 설정하는 과정에서 소수 자릿수를 "0"으로 지정하여 정수로 표시하시오.

(3) 음수는 "-"가 표시되도록 하시오.

(4) 숫자셀은 우측을 수직으로 맞추고, 문자 셀은 수평중앙으로 맞추며 이외 사항은 작업표 형식에 따르도록 하시오. 특히, 단서조항이 있을 경우는 단서조항을 우선으로 하고, 인쇄출력 시 판독불가능이 발생되지 않도록 인쇄 미리보기 등을 통하여 셀의 크기를 적당히 조정하시오.

나. 그래프(GRAPH) 작성

작성한 작업표에서 분류가 신규인 고객명별 실적포인트와 총포인트를 나타내는 그래프를 작성하시오.

[작성조건]

1) 그래프 형태
   실적포인트(묶은 세로 막대형), 총포인트(데이터 표식이 있는 꺾은 선형) : 혼합형 단일축 그래프
2) 그래프 제목 : 신규 고객 포인트 현황 ---- (확대출력, 제목밑줄)
3) X축 제목 : 고객명
4) Y축 제목 : 포인트
5) X축 항목 단위 : 해당 문자열
6) Y축 눈금 단위 : 임의
7) 범례 : 실적포인트, 총포인트
8) 출력물 크기 : A4용지 1/2장 범위내
9) 기타 : 작성조건에 없는 형식이나 모양 등은 기본 설정값에 따르며, 그래프 너비는 작업표 너비에 맞추도록 하시오.

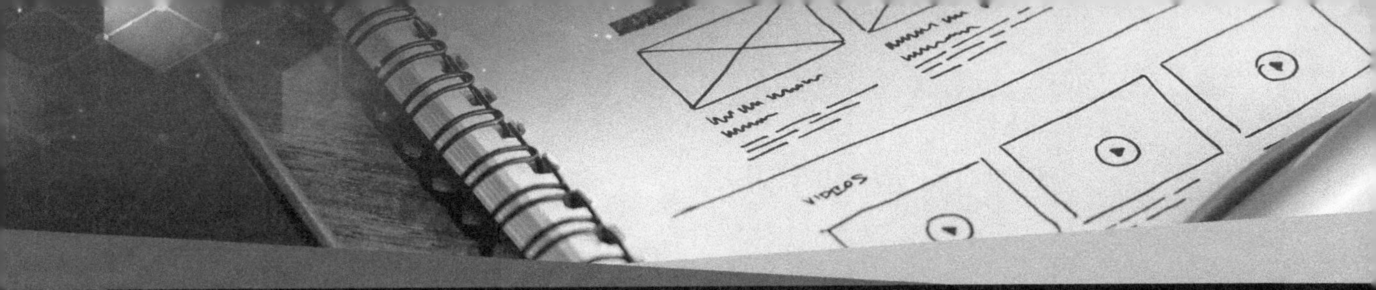

[1-4] 사무자동화 산업기사 기출문제2

자격종목	사무자동화산업기사	과제명	사무자동화 실무

3. 표계산(SP) 실무작업

가나다정보기술에서는 컴퓨터 부품별 매출실적 현황을 분석하고자 한다. 다음 자료 (DATA)를 이용하여 작성조건에 따라 작업표와 그래프를 작성하고, 그 인쇄출력물을 제출하시오.

가. 작업표(WORK SHEET) 작성

1) 자료(DATA)

입출고 현황

열 / 행	A	B	C	E
3	품목코드	품목이름	출고량	입고가
4	SS-218	스캐너	31	437,000
5	SS-219	스캐너	38	320,000
6	LM-229	모니터	68	240,000
7	PT-202	프린터	31	165,000
8	LM-227	모니터	39	150,000
9	PT-205	프린터	36	190,000
10	PT-204	프린터	48	180,000
11	LM-228	모니터	46	210,000
12	PT-203	프린터	57	170,000
13	MS-214	마우스	25	15,400
14	MS-215	마우스	43	6,800
15	SS-220	스캐너	34	480,000
16	LM-239	모니터	48	340,000
17	PT-232	프린터	21	130,000
18	LM-237	모니터	27	120,000
19	PT-235	프린터	22	210,000
20	PT-234	프린터	45	170,000
21	LM-238	모니터	23	210,000
22	PT-233	프린터	28	110,000
23	MS-234	마우스	22	6,200

※ 자료(DATA)부분에서 음영 처리 표시된 부분은 행/열의 기준선으로 작성(입력)하지 않음을 반드시 유의하시오.

2) 작업표 형식

<u>거래 이익금 현황</u>

<table>
<tr><th>행 \ 열</th><th>A</th><th>D</th><th>E</th><th>F</th><th>G</th><th>H</th><th>I</th><th>J</th></tr>
<tr><td>3</td><td>품목코드</td><td>품목명</td><td>입고가</td><td>출고가</td><td>거래금액</td><td>이익금액</td><td>평가</td><td>순위</td></tr>
<tr><td>4
.
23</td><td>–</td><td>①</td><td>–</td><td>②</td><td>③</td><td>④</td><td>⑤</td><td>⑥</td></tr>
<tr><td>24</td><td colspan="2" rowspan="2">품목별 합계</td><td colspan="2">프린터</td><td>⑦</td><td>⑦</td><td colspan="2" rowspan="5"></td></tr>
<tr><td>25</td><td colspan="2">모니터</td><td>⑧</td><td>⑧</td></tr>
<tr><td>26</td><td colspan="5">품목이름이 마우스이고 출고가가 7,000이상인 품목들의 합</td><td>⑨</td></tr>
<tr><td>27</td><td colspan="5">평가가 A급인 제품의 이익금액 합계</td><td>⑩</td></tr>
<tr><td>28</td><td colspan="5">이익금액이 1,000,000 이상 2,000,000 미만 품목들의 합</td><td>⑪</td></tr>
<tr><td>29</td><td colspan="8">⑫</td></tr>
<tr><td>30</td><td colspan="8">⑬</td></tr>
</table>

※ 음영 처리 표시된 부분은 작성하지 않습니다.

3) 작성조건

가) 작성 시 유의 사항

Ⓐ 작업표의 작성은 "나)~마)" 항에 제시된 내용을 따르고 반드시 제시된 조건 (함수 적용, 기재된 단서 조항 등)에 따라 처리하시오.

Ⓑ <u>제시된 작성 조건을 따르지 아니하고 여타의 방법</u> 일체(제시된 함수 이외 다른 함수 적용, 함수 미적용, 별도 전자계산기 사용 등)를 사용하여 도출된 결과는 그 답이 맞더라도 <u>정답으로 인정되지</u> 않음을 반드시 유의하시오.

나) 작업표의 구성 및 서식

Ⓐ "작업표 형식"에서 행과 열에 관계된 음영 처리 표시된 부분은 작성하지 않음을 유의하고 반드시 제시된 행/열에 맞추도록 하시오.

Ⓑ 제목서식 : 폰트는 20 포인트 크기로 하고 가운데 표시, 밑줄 처리합니다.

Ⓒ 글꼴 및 크기 : 이외 기타 글꼴 및 크기는 임의 선정 하시오.

다) 원문자가 표시된 셀은 아래의 방법을 이용하여 작성하시오.

① 품목명은 품목코드 앞 2개의 문자와 품목이름을 텍스트 함수 "CONCATENATE", 문자열함수 LEFT 함수를 조합하여 작성하시오.
(예를 들어, 품목코드 "SS-218", 품목이름이 "스캐너" 인 경우 "SS#스캐너" 로 표시되게 하시오.)

② 출고가 = 입고가 + (입고가 x 28%)

③ 거래금액 = 출고가 x 출고량

④ 이익금액 = (출고가 – 입고가) x 출고량

⑤ 평가 : 이익금액이 2,500,000 이상이면 “A급”, 2,500,000 미만 1,000,000 이상이면 “B급”, 그렇지 않으면 “C급”으로 표시하시오.
(단, IF 함수 사용).

⑥ 순위 : 거래금액을 기준으로 순위를 산정하시오.
(단, RANK함수를 사용하고 순위 산정 기준은 내림차순을 따릅니다.)

⑦ 프린터의 품목별 합계 : 품목이름이 프린터인 각 항목별 합계를 산출하시오.
(단, SUMIF 또는 SUMIFS 함수 사용)

⑧ 모니터의 품목별 합계 : 품목이름이 모니터인 각 항목별 합계를 산출하시오.
(단, SUMIF 또는 SUMIFS 함수 사용)

⑨ 품목이름이 마우스이고 출고가가 7,000 이상인 품목들의 합계를 산출하시오.
(단, SUMIFS 함수 사용)

⑩ 평가가 A급에 해당하는 품목의 이익금액의 합계를 산출하시오.
(단, SUMIF 또는 SUMIFS 함수 사용)

⑪ 이익금액이 1,000,000 이상 2,000,000 미만 품목들의 합계를 산출하시오.
(단, SUMIF 또는 SUMIFS 함수 사용)

⑫ “⑪”에 사용된 함수식을 기재하시오.

⑬ “①”에 사용된 함수식을 기재하시오.
(단, 품목코드 LM-228을 기준으로 하시오.)

※ 함수식을 기재하는 ⑫~⑬란은 반드시 해당항목에 제시된 함수의 작성조건에 따라 도출된 함수식을 기재하여야 하며, 작성조건을 위배하여 임의로 작성할 시 해당 답이 맞더라도 틀린 항목으로 채점됨을 유의하시오. 또한 함수식을 작성할 때는 라) 정렬순서(SORT)에 따른 조건에 맞게 정렬 후 도출된 결과에 따른 함수식을 기재하시오.

라) 작업표의 정렬순서(SORT)는 평가의 오름차순으로 정렬, 같은 평가 안에서는 이익금액의 오름차순으로 하시오.

마) 기타

(1) 금액에 대한 수치는 원화( ) 표시를 하고 천단위마다 ,(Comma)를 표시하시오.
(단, 금액 이외의 수치는, (Comma)를 표시하지 않도록 하시오.)

(2) 모든 수치(숫자, 통화, 회계, 백분율 등)는 셀 서식의 속성을 설정하는 과정에서 소수 자릿수를 “0”으로 지정하여 정수로 표시하시오.

(3) 음수는 “-”가 나타나도록 하시오.

(4) 숫자셀은 우측을 수직으로 맞추고, 문자셀은 수평중앙으로 맞추며 기타는 작업표 형식에 따르도록 하십시오. 특히, 인쇄출력 시 판독불가능이 발생되지 않도록 인쇄 미리보기 등을 통하여 셀의 크기를 적당히 조정하시오.

나. 그래프(GRAPH) 작성

작성한 작업표에서 평가가 A급인 경우의 품목코드별 입고가와 출고가를 나타내는 그래프를 작성하시오.

[작성조건]

1) 그래프 형태
   입고가(묶은 세로 막대형), 출고가(데이타 표식이 있는 꺾은 선형) :
   (단, 출고가만 데이터 레이블의 값이 표시된 혼합형 단일축 그래프로 하십시오.)
2) 그래프 제목 : 제품별 입출고가 현황 -- (글자크기:18, 글꼴서체 임의, 제목밑줄)
3) X축 제목 : 품목코드
4) Y축 제목 : 금액
5) X축 항목 단위 : 해당 문자열
6) Y축 눈금 단위 : 임의
7) 범례 : 입고가, 출고가
8) 출력물 크기 : A4용지 1/2장 범위내로 하시오.
9) 기타 : 작성조건에 없는 형식이나 모양 등은 기본 설정 값에 따르며, 그래프 너비는 작업표 너비에 맞추도록 하시오.

[2] 엑셀 단축키 모음

명령키 사용

키	기능
※ F1	도움말
F2	편집 상태
F3	이름 붙여넣기
F4	마지막 작업 반복
※ F5	이동
F6	다음 창틀로 이동
F7	맞춤법 검사
F8	선택 영역 확장
F9	수동 계산
※ F10	메뉴 활성화
※ F11	새 차트 삽입
※ F12	다른 이름으로 저장
Tab	다음 셀로 이동
※ =	수식 입력
Space Bar	공백 입력
Enter ↵	입력, 링크 실행
Insert	삽입 모드/수정 모드
Delete	삭제
※ Home	첫 행으로
End	end 모두 끔/켬
Page Up	한 화면 위로[

Ctrl

※ Ctrl + F1	리본 메뉴 최소화	Ctrl + W	닫기
Ctrl + F2	인쇄 미리 보기	Ctrl + E	통합문서 닫기
※ Ctrl + F3	이름 정의	Ctrl + R	오른쪽 채우기
※ Ctrl + F4	창 닫기	Ctrl + U	밑줄
Ctrl + F5	창 이전 크기	Ctrl + I	글자 기울임 효과
Ctrl + F6	다음 통합문서	※ Ctrl + O	파일 열기
Ctrl + F7	창 이동	※ Ctrl + A	모두 선택
Ctrl + F8	창 크기 조절	※ Ctrl + S	저장
Ctrl + F9	창 최소화	Ctrl + D	위 셀 복사 붙여넣기
Ctrl + F10	창 복원	※ Ctrl + Z	실행취소
Ctrl + F11	새 매크로 시트	Ctrl + X	잘라내기
Ctrl + F12	열기	※ Ctrl + F	찾기
Ctrl + Tab	다음 창	Ctrl + G	이동
Ctrl + Space Bar	열 전체 선택	※ Ctrl + C	복사
※ Ctrl + ;	현재 날짜 삽입	Ctrl + V	붙여넣기
Ctrl + :	현재 시간 삽입	Ctrl + B	굵은 글씨
Ctrl + Home	시트 처음으로	※ Ctrl + P	인쇄
Ctrl + End	시트 마지막으로	※ Ctrl + H	바꾸기
Ctrl + Page Up	이전 시트	※ Ctrl + N	새 통합문서 생성
Ctrl + Page Down	다음 시트	Ctrl + K	하이퍼링크 삽입
Ctrl + ←	왼쪽 끝 데이터	Ctrl + L	표 만들기
Ctrl + →	오른쪽 끝 데이터	※ Ctrl + Shift + 9	모두 선택
※ Ctrl + ↑	위쪽 끝 데이터	※ Ctrl + Shift + ↓	셀 아래쪽 선택
※ Ctrl + ↓	아래쪽 끝 데이터	※ Ctrl + Shift + ←	왼쪽 데이터 전체 선택
※ Ctrl + 1	셀 서식	※ Ctrl + Shift + →	오른쪽 데이터 전체 선택
Ctrl + 9	행 숨기기	※ Ctrl + Shift + ↑	위쪽 데이터 전체 선택
Ctrl + 0	열 숨기기		

Shift

Shift + F2	메모
※ Shift + F3	함수 마법사
Shift + F4	다음 찾기
Shift + F5	찾기
Shift + F6	이전 창틀
Shift + F7	동의어 사전
Shift + F8	추가 선택
Shift + F9	시트 재계산
※ Shift + F10	바로 가기 메뉴
※ Shift + F11	새 시트 삽입
※ Shift + F12	저장
Shift + Tab	이전 셀로 이동
Shift + Space Bar	행 전체 선택
Shift + Enter↵	위 셀로 이동
Shift + ←	왼쪽으로 영역 선택
Shift + →	오른쪽으로 영역 선택
Shift + ↑	위쪽으로 영역 선택
Shift + ↓	아래쪽으로 영역 선택

Alt

※ Alt + F1	차트 삽입
Alt + F2	다른 이름으로 저장
Alt + F4	끝내기
※ Alt + F8	매크로
Alt + F11	Visual Basic Editor
※ Alt + Enter↵	한셀 두 줄 입력
Alt + D	데이터 메뉴
Alt + E	편집 메뉴
Alt + F	파일 메뉴
Alt + I	삽입 메뉴
Alt + O	서식 메뉴
Alt + T	도구 메뉴

대학생 취준생 직장인을 위한 자격증부터 업무활용까지

컴퓨터 활용능력 지침서 EXCEL 2016

2021년 2월 20일 1판 인쇄
2021년 3월 1일 1판 발행

저 자 • 김의정 · 이해인
발행자 • 이영애
발행처 • 공감북스
주 소 • 02011 서울시 중랑구 중랑천로 256
전 화 • 02-971-9683
팩 스 • 02-972-9683
등 록 • 제 25100-2015-18호
등록일 • 2015년 7월 15일
e-mail • sympathybook@naver.com

ISBN 979-11-86898-62-8 (93560)
정 가 22,000원